한국사 능력검정시험

심화 1 · 2 · 3급

KB200183

7일 완성

시대에듀

한국사능력검정시험 알아보기

❖ 한국사능력검정시험이란?

한국사능력검정시험은 한 나라의 국민으로서 가져야 하는 기본적인 역사적 소양을 측정하고, 역사에 대한 전 국민적 공감대를 형성하기 위한 시험입니다. 한국사능력검정시험은 한국사에 관한 유일한 국가자격 시험으로, 국가기관인 교육부 직속 국사편찬위원회에서 직접 주관·시행하고 있습니다. 국사편찬위원회에서는 우리 역사에 대한 관심을 제고하고, 한국사 전반에 걸쳐 역사적 사고력을 평가하는 다양한 유형의 문항을 개발하고 있으며, 이를 통해 한국사 교육의 올바른 방향을 제공하고 있습니다. 특히, 한국사능력검정시험은 관공서나 기업체의 신규 채용이나 승진 시험 등에 다양하게 활용되면서 많은 사람들의 주목을 받고 있습니다.

❖ 한국사능력검정시험의 목적

1	우리 역사에 대한 관심을 확산·심화시키는 계기를 마련함	2	균형 잡힌 역사의식을 갖도록 함
3	역사 교육의 올바른 방향을 제시함	4	고차원적 사고력과 문제해결능력을 육성함

❖ 한국사능력검정시험의 특징

❶ 응시자의 계층이 매우 다양합니다.

한국사능력검정시험은 입시생이나 각종 채용 시험 준비생과 같은 동일한 집단이 아니라, 다양한 연령층과 직업군을 가진 사람들이 응시하고 있습니다. 한국사에 대한 관심과 애정만 있다면 응시자의 학력 수준이나 연령 등은 더욱 다양해질 것입니다.

❷ 국가기관인 국사편찬위원회가 주관합니다.

국사편찬위원회는 우리 역사에 대한 자료를 관장하고 있는 교육부 직속 기관입니다. 한국사능력검정시험은 우리나라 역사에 관한 자료를 조사·연구·편찬하는 국사편찬위원회가 주관·시행하여 문항의 수준이 높고 참신하며, 공신력 있는 관리를 통해 안정적으로 시험을 운영하고 있습니다.

❸ 참신한 문항 개발에 노력하고 있습니다.

매회 시험마다 단순 암기 위주의 보편적인 문항보다는, 다양한 영역에서 여러 접근 방법을 통해 풀 수 있는 참신한 문항을 새로 개발하고 있습니다. 또한, 탐구력을 증진할 수 있는 문항 개발을 통해 기존 시험의 틀을 탈피하려고 노력하고 있습니다.

❹ '선발 시험'이 아니라 '인증 시험'입니다.

합격의 당락을 결정하는 선발 시험의 성격이 아니라, 한국사의 학습 능력을 인증하는 시험입니다. 제시된 문제의 성격과 목적을 고려하여 절차와 방법에 따라 역사 탐구를 설계하고 수행할 수 있는 능력이 있는가를 묻고 있습니다.

❖ 한국사능력검정시험 종류 및 인증 등급

시험 종류	인증 등급	평가 수준	문항 수
심화	1급(80점 이상) / 2급(70~79점) / 3급(60~69점)	고등학교 심화 수준, 대학교 교양 및 전공 학습	50문항(5지 택1형)
기본	4급(80점 이상) / 5급(70~79점) / 6급(60~69점)	초등학교 심화 수준, 중 · 고등학교 학습	50문항(4지 택1형)

※ 배점: 100점 만점(문항별 1~3점 차등 배점)

❖ 한국사능력검정시험 시간

시험 종류	시간	내용	소요 시간
심화	10:00~10:10	오리엔테이션(시험 시 주의 사항)	10분
	10:10~10:15	신분증 확인(감독관)	5분
	10:15~10:20	문제지 배부	5분
	10:20~11:40	시험 실시(50문항)	80분
기본	10:00~10:10	오리엔테이션(시험 시 주의 사항)	10분
	10:10~10:15	신분증 확인(감독관)	5분
	10:15~10:20	문제지 배부	5분
	10:20~11:30	시험 실시(50문항)	70분

※ 시험 당일 시험장(시험실이 위치한 건물)은 08:30부터 10:00까지 입장 가능합니다.
※ 10:20(시험 시작) 이후에는 시험실에 들어갈 수 없습니다.

❖ 한국사능력검정시험 활용 및 특전

❶ 3급 이상 합격자에 한해 교원임용시험 응시자격 부여
❷ 2급 이상 합격자에 한해 인사혁신처 시행 5급 공무원 공개경쟁채용시험 및 외교관 후보자 선발 시험 응시자격 부여
❸ 2급 이상 합격자에 한해 인사혁신처 시행 지역인재 7급 수습직원 선발 시험 추천 자격 요건 부여
❹ 공무원 경력경쟁채용시험에 가산점 부여
❺ 군무원 공개경쟁채용시험에서 한국사 과목을 한국사능력검정시험으로 대체
❻ 국가직 · 지방직 공무원 7급 공개경쟁채용시험에서 한국사 과목을 한국사능력검정시험으로 대체
❼ 국비 유학생, 해외파견 공무원, 이공계 전문연구요원(병역) 선발 시 한국사 시험을 한국사능력검정시험(3급 이상 합격)으로 대체
❽ 2022년부터 경찰 공개경쟁채용시험에서 한국사 과목을 한국사능력검정시험으로 대체
❾ 2023년부터 소방공무원, 소방간부후보생 공개경쟁채용시험에서 한국사 과목을 한국사능력검정시험으로 대체
❿ 2024년부터 우정 9급 우정서기보(계리) 공개경쟁채용시험에서 한국사 과목을 한국사능력검정시험으로 대체
⓫ 2025년부터 국회 8급 공개경쟁채용시험에서 한국사 과목을 한국사능력검정시험으로 대체
⓬ 일부 대학의 수시모집 및 육군 · 해군 · 공군 · 국군간호사관학교 입시 가산점 부여
⓭ 일부 공기업 및 민간기업의 직원 채용이나 승진 시 반영

※ 인증서 유효 기간은 인증서를 요구하는 각 기관에서 별도로 정함
※ 인사혁신처 · 경찰청 · 소방청에서 시행하는 시험의 성적 인정 기간 폐지(단, 제1차 시험 시행 예정일 전날까지 등급이 발표되어야 함)

최근 5개년 주제별 출제 횟수, 출제 유형 분석

자주 출제되는 주제와 유형을 한눈에 파악할 수 있어요!

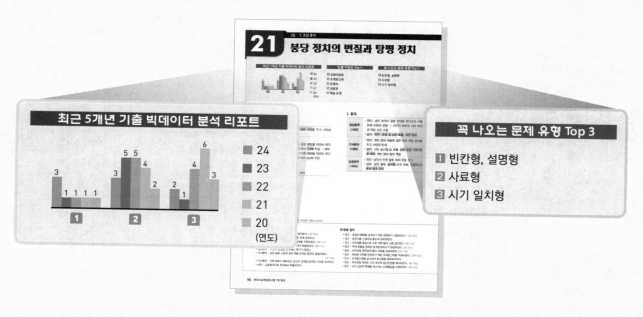

구분	① 붕당 정치의 변질		② 탕평 정치		③ 세도 정치		출제 유형
2024년 (제72~69회)	72회 26번 71회 24번 69회 26번	빈칸형 설명형 시기 일치형	72회 28번 71회 24번 69회 19번	빈칸형 설명형 사료형	71회 27번 69회 28번	설명형 설명형	
	▶ 출제 횟수: 3회		▶ 출제 횟수: 3회		▶ 출제 횟수: 2회		
2023년 (제68~63회)	68회 26번	사료형 + 연표형	68회 24번 67~65회 ⋮ 64회 26번	설명형 ⋮ 사료형	63회 26번	빈칸형 + 사료형	
	▶ 출제 횟수: 1회		▶ 출제 횟수: 5회		▶ 출제 횟수: 1회		1. 빈칸형, 설명형 → 16회
2022년 (제62~57회)	61회 23번	빈칸형	62회 27번 61, 59, 58회 ⋮ 57회 24번	빈칸형 + 합답형 ⋮ 빈칸형 + 설명형	61회 27번 59회 28번 59회 29번 59회 30번	사료형 설명형 사료형 사료형	2. 사료형 → 12회
	▶ 출제 횟수: 1회		▶ 출제 횟수: 5회		▶ 출제 횟수: 4회		3. 시기 일치형 → 3회
2021년 (제56~51회)	51회 25번	설명형	56회 24번 55회 24번 53회 26번 52회 25번	빈칸형 + 설명형 설명형 빈칸형 사료형	56회 28번 55~52회 ⋮ 51회 28번	빈칸형 + 사료형 ⋮ 설명형	
	▶ 출제 횟수: 1회		▶ 출제 횟수: 4회		▶ 출제 횟수: 6회		
2020년 (제50~46회)	46회 24번	설명형	50회 28번 46회 27번	사료형 설명형	49회 27번 47회 25번 47회 27번	빈칸형 + 사진형 사료형 + 합답형 빈칸형 + 사진형	
	▶ 출제 횟수: 1회		▶ 출제 횟수: 2회		▶ 출제 횟수: 3회		

PASSCODE 02 최근 5개년 주제별 빈출 선택지, 키워드 분석

자주 출제되는 선택지와 키워드를 한눈에 파악할 수 있어요!

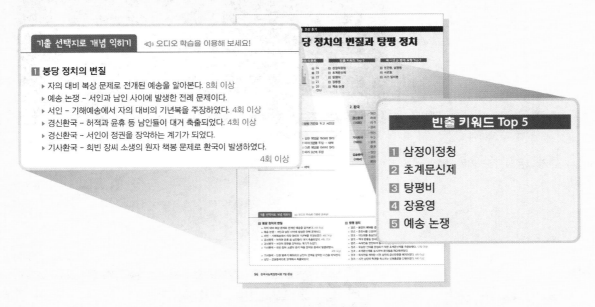

1 붕당 정치의 변질	빈출 키워드
기출 선택지	
• 자의 대비 복상 문제로 전개된 예송을 알아본다. (67, 66, 64, 60, 57, 53, 51, 49, 46회)⋮	1. 삼정이정청 → 18회
2 탕평 정치	2. 초계문신제 → 17회
기출 선택지	
• 영조 – 붕당의 폐해를 경계하기 위한 탕평비가 건립되었다. (72, 70, 69, 67, 65, 62, 57, 56, 55, 54, 53, 52, 49, 47, 46회) • 정조 – 유능한 인재를 양성하기 위한 초계문신제를 주관하였다. (72, 71, 70, 69, 68, 67, 66, 64, 63, 58, 57, 56, 55, 52, 51, 50, 46회) • 정조 – 국왕의 친위 부대인 장용영을 설치하였다. (71, 70, 68, 63, 59, 57, 54, 53, 52, 51, 48, 47, 46회)⋮	3. 탕평비 → 15회 4. 장용영 → 13회
3 세도 정치	5. 예송 논쟁 → 9회
기출 선택지	
• 임술 농민 봉기 – 삼정의 문란을 해결하기 위해 삼정이정청을 설치하였다. (71, 70, 69, 68, 67, 66, 65, 61, 60, 59, 58, 57, 54, 53, 52, 51, 47, 46회)⋮	

이 책의 활용법

STEP ❶ 시대별 · 주제별 중요도 한눈에 보기

개념 미리 보기

본격적인 학습에 들어가기 전, 최근 5개년 기출
출제 비율로 시대별 · 주제별 중요도를 확인해 보세요!

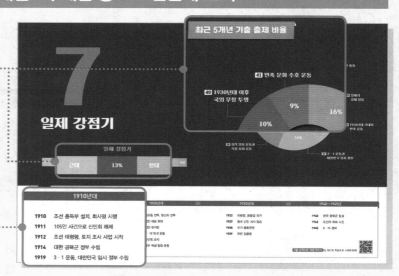

시대별 연표를 통해 사건의 흐름과 주요 키워드를
미리 파악해 보세요!

최근 5개년 기출 출제 비율

일제 강점기

근대	13%	현대

1910년대

1910	조선 총독부 설치, 회사령 시행
1911	105인 사건으로 신민회 해체
1912	조선 태형령, 토지 조사 사업 시작
1914	대한 광복군 정부 수립
1919	3 · 1 운동, 대한민국 임시 정부 수립

개념 파악하기

주제별 기출 빅데이터 분석을 통해 출제 경향을 확인
하며 개념을 체계적으로 파악해 보세요!

📎 오디오 학습 제공

오디오 학습을 통해 기출 선택지를 통째
로 머리에 쏙! 언제 어디서나 스마트하
게 학습해 보세요!

1940~1945년

1940	한국 광복군 창설
1942	조선어 학회 사건
1945	8 · 15 광복

기출 선택지로 개념 익히기 는 오디오 학습으로 스마트하게!

※ 오디오 학습 이용 방법: 대단원별 QR코드 스캔

5일 | 7. 일제 강점기

34 일제의 식민 통치

최근 5개년 기출 빅데이터 분석 리포트	빈출 키워드 Top 5	꼭 나오는 문제 유형 Top 3
■ 24 ■ 23 ■ 22 ■ 21 ■ 20 (연도)	❶ 항국 신민 서사 ❷ 조선 사상범 예방 구금령 ❸ 조선 태형령 ❹ 치안 유지법 ❺ 헌병 경찰제	❶ 설명형 ❷ 사료형 ❸ 시기 일치형

1 1910년대 무단 통치(헌병 경찰 통치)

식민 통치 기구 설치	· 조선 총독부: 식민 통치 중심 기관(입법 · 행 정 · 사법 및 군대 통수권까지 장악), 총독은 일 본 군인 중에 임명 · 중추원: 총독부 자문 기구(한국인 정치 참여 위 장, 친일파로 구성) · 동양 척식 주식회사: 토지 조사 사업, 토지 관 련 분배 업무, 회사 설립 등 담당
무단 통치 실시	· 헌병 경찰제: 헌병이 경찰 업무 수행, 범죄 즉 결(재판 없이 즉결 처벌)에 의해 한국인 처벌 · 조선 태형령: 한국인에 한하여 재판 없이 태형 을 가할 수 있도록 함 · 관리와 교사들까지 칼을 차고 제복 착용 · 출판 · 언론 · 결사의 자유 박탈, 한글 신문 폐간 · 제1차 조선 교육령: 보통 학교의 수업 연한을 4년으로 하는 등 식민지 교육 방침 규정

2 1920년대 기만적 문화 통치

배경	일제의 무단 통치에 대한 반발로 3 · 1 운동 발 생, 국제 여론 악화 → 무단 통치의 한계 인식
문화 통치 실시	· 문관 총독 임명 가능: 실제로는 문관 총독이 임 명되지 않음 · 도 평의회, 부 · 면 협의회 설치: 실권 없는 자 문 기관으로 의결권이 없음 · 친일파 양성: 우리 민족을 분열시키기 위한 친 일파 양성 · 보통 경찰제: 헌병 경찰제를 보통 경찰제로 전 환 → 경찰서 · 경찰관 수는 증가 · 치안 유지법(1925): 사회주의 운동을 탄압하기 위해 제정 · 출판 · 언론 · 결사의 자유 부분 허용 · 제2차 조선 교육령

기출 선택지로 개념 익히기 ◁» 오디오 학습을 이용해 보세요!

1 1910년대 무단 통치(헌병 경찰 통치)

▶ 강압적인 통치를 목적으로 헌병 경찰 제도가 실시되었다. 8회 이상
▶ 헌병대 사령관이 치안을 총괄하는 경무총감부가 신설되었다.
▶ 태형을 집행하는 헌병 경찰 4회 이상
▶ 조선 태형령을 관보에 게재하는 총독부 관리
▶ 한국인에 한해 적용되는 조선 태형령이 공포되었다.
▶ 범죄 즉결례에 의해 한국인을 처벌하였다.
▶ 회사령을 공포하는 총독부 관리 8회 이상

STEP ❷ 기출문제 풀이로 실전 연습

기출문제 공략하기

문제의 정답을 공략할 수 있는 키워드를 확인하고, 빈칸형, 사료형, 사진형, 설명형, 순서 나열형, 시기 일치형, 연표형, 합답형 으로 분류한 출제 유형을 확인해 보세요!

하프 기출 테스트로 마무리하기

7일차까지 개념 학습과 기출문제 풀이가 모두 끝났다면?
하프 기출 테스트로 배운 내용을 점검하고 실제 시험을 미리 경험해 보세요!

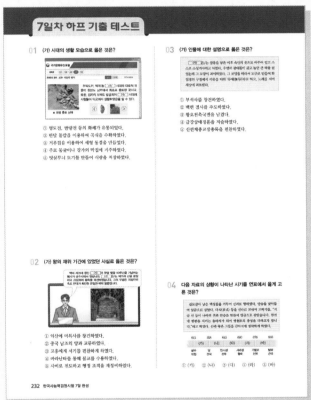

STEP ❸ 연표와 모의고사로 최종 마무리

온라인 다운로드 경로
www.sdedu.co.kr
➡ 학습 자료실 ➡ 도서 업데이트 게시판
➡ 'PASSCODE 한국사' 검색 후 자료 다운로드

▶ 시대별 연표 PDF

시대별 연표를 통해 주요 사건의 흐름을 한눈에 파악해 보세요!

▶ 최종 모의고사 1회분

실제 시험과 똑같이 재구성한 모의고사 1회분을 풀어 보며 합격을 준비해 보세요!

이 책의 차례

1일차

1. 선사
- 주제 1 구석기~철기 시대 · 4
- 주제 2 고조선과 여러 나라의 성장 · · · · · · · · · · · · · · · 8

2. 고대
- 주제 3 고구려의 성장과 멸망 · · · · · · · · · · · · · · · · · · · 14
- 주제 4 백제와 가야 · 18
- 주제 5 신라의 성장과 삼국 통일 과정 · · · · · · · · · · · · 22
- 주제 6 통일 신라와 발해 · 26
- 주제 7 고대 경제와 사회 · 30
- 주제 8 고대의 문화 · 34
- 1일차 복습 체크리스트 · 38

2일차

3. 고려
- 주제 9 고려 건국과 통치 체제 정비 · · · · · · · · · · · · · · 42
- 주제 10 문벌 귀족 사회와 무신 정권 · · · · · · · · · · · · · 46
- 주제 11 고려의 대외 관계 · 50
- 주제 12 원 간섭기와 고려 후기 정치 변동 · · · · · · · · · 54
- 주제 13 고려의 경제와 사회 · · · · · · · · · · · · · · · · · · · 58
- 주제 14 고려의 학문과 사상 · · · · · · · · · · · · · · · · · · · 62
- 주제 15 고려의 과학 기술 · 예술과 불교 문화 · · · · · · 66

4. 조선 전기
- 주제 16 조선 건국과 체제 정비 · · · · · · · · · · · · · · · · · 72
- 주제 17 사림의 대두와 붕당 정치 성립 · · · · · · · · · · · 76
- 주제 18 조선 전기의 경제와 사회 · · · · · · · · · · · · · · · 80
- 주제 19 조선 전기의 문화 · 84
- 주제 20 임진왜란과 병자호란 · · · · · · · · · · · · · · · · · · 88
- 2일차 복습 체크리스트 · 92

3일차

5. 조선 후기
- 주제 21 붕당 정치의 변질과 탕평 정치 · · · · · · · · · · · 96
- 주제 22 조선 후기 경제 · 사회 변화 · · · · · · · · · · · · · 100
- 주제 23 실학의 발달과 국학 연구 · · · · · · · · · · · · · · 104
- 주제 24 조선 후기 과학 기술과 문화 · · · · · · · · · · · · 108
- 3일차 복습 체크리스트 · 112

4일차

6. 근대

주제 25 흥선 대원군의 개혁 정치 · 116
주제 26 개항과 개화 정책 · 120
주제 27 임오군란과 갑신정변 · 124
주제 28 동학 농민 운동과 갑오 · 을미개혁 · · · · · · · · · · 128
주제 29 독립 협회와 대한 제국 · 132
주제 30 국권 피탈 과정 · 136
주제 31 항일 의병과 애국 계몽 운동 · · · · · · · · · · · · · · · · 140
주제 32 열강의 이권 침탈과 경제적 구국 운동 · · · · · · 144
주제 33 국학 · 문예의 변화와 근대 문물 수용 · · · · · · · 148
4일차 복습 체크리스트 · 152

5일차

7. 일제 강점기

주제 34 일제의 식민 통치 · 156
주제 35 일제의 경제 침탈 · 160
주제 36 1910년대 국내외 민족 운동 · · · · · · · · · · · · · · · · 164
주제 37 3 · 1 운동과 대한민국 임시 정부 · · · · · · · · · · · · 168
주제 38 실력 양성 운동과 각종 사회 운동 · · · · · · · · · · · 172
주제 39 1920년대 국외 무장 투쟁과 의열 투쟁 · · · · · · 176
주제 40 1930년대 이후 국외 무장 투쟁 · · · · · · · · · · · · · 180
주제 41 민족 문화 수호 운동 · 184
5일차 복습 체크리스트 · 188

6일차

8. 현대

주제 42 광복 이후 통일 정부 수립을 위한 노력 · · · · · · 192
주제 43 대한민국 정부 수립과 이승만 정부 · · · · · · · · · 196
주제 44 박정희 정부 · 200
주제 45 전두환 정부 이후 · 204
주제 46 현대 정부의 경제 · 통일 정책 · · · · · · · · · · · · · · · 208
6일차 복습 체크리스트 · 212

7일차

9. 특강

주제 47 지역사 · 216
주제 48 유네스코 세계 유산 · 220
주제 49 조선의 궁궐 · 224
주제 50 근현대 주요 인물 · 228
7일차 하프 기출 테스트 · 232

1

선사

선사
4% | 고대 | 고려 | 조선 전기 | 조선 후기 | 근대 | 일제 강점기 | 현대 | 특강

약 70만년 전	≫	B.C. 8000년경	≫

구석기 시대 시작

• 한반도에 사람이 살기 시작

• 뗀석기 사용, 이동 생활

신석기 시대 시작

• 간석기 사용

• 정착 생활

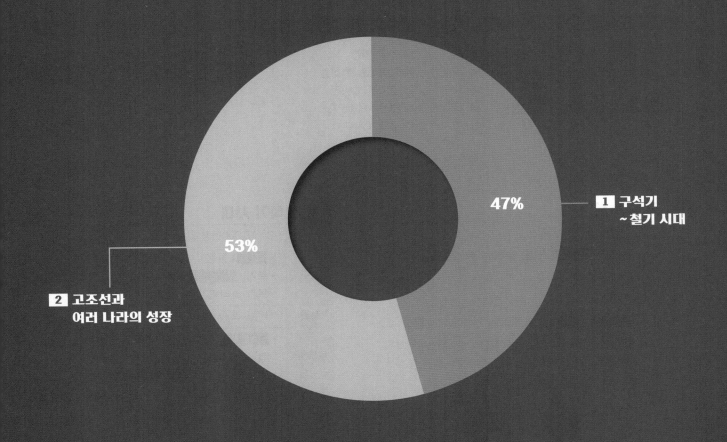

47%

1 구석기
~철기 시대

53%

2 고조선과
여러 나라의 성장

B.C. 2333년경	B.C. 2000~1500년경	B.C. 400년경

고조선 건국

• 단군왕검이 고조선 건국

청동기 문화 발달

• 농업 생산량 증가

• 계급 발생

철기 시대 시작

• 철제 농기구, 무기 보급

→ 농업 생산력 증대

기출 선택지로 개념 익히기 는 오디오 학습으로 스마트하게!

1

구석기~철기 시대

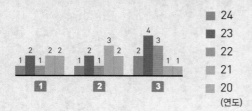

최근 5개년 기출 빅데이터 분석 리포트	빈출 키워드 Top 5	꼭 나오는 문제 유형 Top 3
■ 24 ■ 23 ■ 22 ■ 21 ■ 20 (연도)	1 동굴, 막집 2 가락바퀴, 뼈바늘 3 명도전, 반량전 4 빗살무늬 토기 5 철제 농기구	1 빈칸형 2 설명형 3 -

1 구석기 시대

시기	약 70만년 전에 시작
도구	뗀석기: 주먹도끼, 찍개, 팔매돌, 긁개, 밀개 등
사회	무리 생활, 평등 사회
경제	사냥과 채집
주거	이동 생활: 동굴이나 바위 그늘, 강가에 지은 막집
유적	경기 연천 전곡리, 충남 공주 석장리, 충북 단양 수양개, 충북 청원 두루봉, 평남 상원 검은모루 동굴 등
유물	▲ 주먹도끼 ▲ 슴베찌르개

2 신석기 시대

시기	B.C. 8,000년경에 시작
도구	• 간석기: 돌괭이, 돌낫, 돌보습, 갈돌과 갈판 • 토기: 빗살무늬 토기, 이른 민무늬 토기, 덧무늬 토기, 눌러찍기무늬 토기
사회	부족(씨족) 사회, 평등 사회
경제	• 농경 시작: 조 · 피 · 수수 등 원시 농경 → 신석기 혁명 • 원시적 수공업: 가락바퀴와 뼈바늘 이용
주거	정착 생활: 강가나 바닷가에 반지하 형태의 움집
유적	서울 암사동, 제주 한경 고산리, 강원 양양 오산리, 경남 김해 수가리, 평양 남경 등
유물	▲ 빗살무늬 토기 ▲ 갈돌과 갈판 ▲ 가락바퀴

기출 선택지로 개념 익히기   ◁» 오디오 학습을 이용해 보세요!

1 구석기 시대
▸ 주로 동굴이나 강가의 막집에서 거주하였다. 12회 이상
▸ 주로 동굴에 살면서 사냥과 채집 활동을 하였다.
▸ 계급이 없는 평등한 공동체 생활을 하였다.
▸ 대표적인 도구로 주먹도끼, 찍개 등을 제작하였다. 4회 이상

2 신석기 시대
▸ 가락바퀴를 이용하여 실을 뽑았다.
▸ 빗살무늬 토기를 만들어 식량을 저장하였다. 8회 이상
▸ 농경과 목축을 시작하여 식량을 생산하였다. 4회 이상
▸ 계급이 없는 평등한 공동체 생활을 하였다.
▸ 가락바퀴와 뼈바늘을 이용하여 옷을 만들어 입었다. 12회 이상

3 청동기 시대와 철기 시대

1. 청동기 시대

시기	B.C. 2,000년~1,500년경
도구	• 반달 돌칼, 비파형 동검, 거친무늬 거울 등 • 토기: 미송리식 토기, 민무늬 토기, 붉은 간토기 등
사회	계급 사회: 지배자 족장(군장) 출현
경제	• 벼농사 시작, 밭농사 중심 • 생산력 증대로 사유재산 발생
주거	움집의 지상화
무덤	고인돌(지배층 무덤), 돌널무덤
유적	충남 부여 송국리, 울산 검단리, 경기 여주 흔암리, 울산 무거동 옥현, 평북 의주 미송리 등
유물	 ▲ 반달 돌칼　　▲ 비파형 동검

2. 철기 시대

시기	B.C. 400년경
도구	• 철기: 농기구, 무기 • 청동기: 의식용 도구로 변화, 독자적인 청동기 문화 발달(세형 동검, 잔무늬 거울, 거푸집) • 토기: 덧띠 토기, 검은 간토기
사회	계급 사회
경제	• 벼농사 확대 → 농업 생산량 증가(철제 농기구 사용) • 중국과 교류: 명도전 · 반량전 · 오수전 등 중국 화폐, 붓 출토(한자 사용의 근거)
주거	여(呂)자형 · 철(凸)자형 주거 형태
무덤	널무덤, 독무덤
유적	경남 창원 다호리, 제주 삼양동, 강원 동해 송정동 등
유물	 ▲ 세형 동검　　▲ 잔무늬 거울　　▲ 거푸집

3 청동기 시대와 철기 시대

▸ 많은 인력을 동원하여 고인돌을 축조하였다. 8회 이상
▸ 반달 돌칼을 이용하여 곡식을 수확하였다. 8회 이상
▸ 의례 도구로 청동 거울과 청동 방울 등을 제작하였다. 4회 이상
▸ 거푸집을 이용하여 비파형 동검을 제작하였다.
▸ 쟁기, 쇠스랑 등의 철제 농기구를 사용하였다. 8회 이상
▸ 거푸집을 이용하여 세형 동검을 만들었다. 8회 이상
▸ 명도전, 반량전 등의 화폐를 사용하였다. 12회 이상
▸ 오수전, 화천 등의 중국 화폐로 교역하였다.

01 (가) 시대의 생활 모습으로 옳은 것은? [빈칸형 71회]

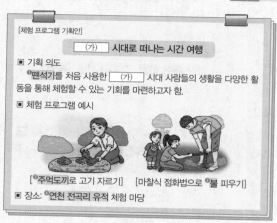

[체험 프로그램 기획안]

┌─────────────────────────────┐
│ (가) 시대로 떠나는 시간 여행 │

■ 기획 의도
*뗀석기를 처음 사용한 (가) 시대 사람들의 생활을 다양한 활동을 통해 체험할 수 있는 기회를 마련하고자 함.

■ 체험 프로그램 예시

[*주먹도끼로 고기 자르기]   [마찰식 점화법으로 *불 피우기]

■ 장소: *연천 전곡리 유적 체험 마당

① 주로 동굴이나 바위 그늘에서 살았다.
② 청동 방울 등을 의례 도구로 사용하였다.
③ 따비와 괭이로 땅을 갈아 농사를 지었다.
④ 거푸집을 이용하여 세형 동검을 제작하였다.
⑤ 빗살무늬 토기를 만들어 식량을 저장하였다.

02 (가) 시대의 생활 모습으로 옳은 것은? [빈칸형 56회]

이것은 제주 고산리 유적에서 발굴된 이른 민무늬 토기입니다. 이 토기의 출토로 우리나라의 (가) 시대가 기원전 8000년경부터 시작되었음을 알게 되었습니다. 고산리 유적에서는 화살촉, 갈돌, 갈판 등의 석기도 나왔습니다.

이른 민무늬 토기

① 고인돌, 돌널무덤 등을 만들었다.
② 거푸집을 이용하여 청동검을 제작하였다.
③ 농경과 목축을 시작하여 식량을 생산하였다.
④ 주로 동굴에 살면서 사냥과 채집 생활을 하였다.
⑤ 쟁기, 쇠스랑 등의 철제 농기구를 써서 농사를 지었다.

정답 분석 ③

🔍 정답의 단서 | 제주 고산리 유적, 이른 민무늬 토기, 기원전 8000년경, 화살촉, 갈돌, 갈판

제주 고산리 유적은 초기 신석기 시대 유적지로 이른 민무늬 토기 등 다량의 석기와 토기 파편 등이 출토되었다. 신석기 시대 사람들은 강가나 바닷가에 움집을 짓고 살면서 화살촉·돌화살·그물·돌창 등을 사용하여 채집·수렵 생활을 하였다. 또한, 갈돌과 갈판으로 곡식을 갈아서 음식을 만들어 먹었으며 가락바퀴로 실을 뽑아 뼈바늘로 옷을 지어 입기도 하였다.
③ 신석기 시대에는 조·피 등을 재배하는 농경 생활이 시작되었으며 가축을 기르기도 하였다.

오답 분석

① 청동기 시대에는 정치권력과 경제력을 가진 지배자인 군장이 등장하였다. 이들의 무덤인 고인돌, 돌널무덤 등의 규모를 통해 당시 지배층의 권력을 짐작할 수 있다.
② 후기 청동기 시대와 초기 철기 시대에는 거푸집을 이용하여 세형 동검 등의 청동검과 무기를 제작하였다.
④ 구석기 시대에는 동굴이나 강가에 막집을 짓고 거주하며 인근에서 사냥과 채집을 하였고 계절에 따라 이동 생활을 하였다.
⑤ 철기 시대 이후 쟁기, 쇠스랑, 호미 등의 철제 농기구가 널리 사용되기 시작하면서 농업 생산량이 늘어났다.

문제 파헤치기

정답 분석 ①

🔍 정답의 단서 | 뗀석기, 주먹도끼, 연천 전곡리 유적

구석기 시대에는 *주먹도끼, 슴베찌르개 등 *뗀석기가 처음 사용되었으며, *불을 사용하기 시작하여 음식을 조리할 수 있게 되었다. 구석기 시대의 대표적인 유적지로는 *연천 전곡리 유적, 공주 석장리 유적, 단양 수양개 유적이 있다.
① 구석기 시대 사람들은 주로 동굴이나 바위 그늘, 강가에 지은 막집에서 거주하였으며, 계절에 따라 이동 생활을 하였다.

오답 분석

② 청동기 시대에는 의례를 주관할 때 청동 방울을 제작하여 사용하였다.
③ 청동기 시대에는 벼농사가 시작되었으며, 농기구인 따비와 괭이를 사용하였다.
④ 후기 청동기 시대와 초기 철기 시대에는 거푸집을 이용하여 세형 동검을 제작하면서 독자적인 청동기 문화를 발달시켰다.
⑤ 신석기 시대에는 농경과 목축이 시작되어 조·피 등을 재배하였으며, 빗살무늬 토기를 만들어 곡식 등 식량을 저장하였다.

03 (가) 시대의 생활 모습으로 가장 적절한 것은?

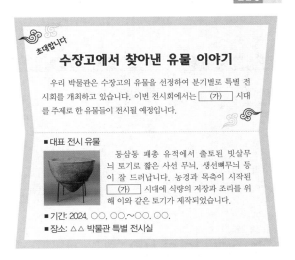

초대합니다

수장고에서 찾아낸 유물 이야기

우리 박물관은 수장고의 유물을 선정하여 분기별로 특별 전시회를 개최하고 있습니다. 이번 전시회에서는 ⬚(가)⬚ 시대를 주제로 한 유물들이 전시될 예정입니다.

■ 대표 전시 유물

동삼동 패총 유적에서 출토된 빗살무늬 토기로 짧은 사선 무늬, 생선뼈무늬 등이 잘 드러납니다. 농경과 목축이 시작된 ⬚(가)⬚ 시대에 식량의 저장과 조리를 위해 이와 같은 토기가 제작되었습니다.

■ 기간: 2024. ○○. ○○.~○○. ○○.
■ 장소: △△ 박물관 특별 전시실

① 반달 돌칼을 이용하여 벼를 수확하였다.
② 주로 동굴이나 강가의 막집에 거주하였다.
③ 가락바퀴와 뼈바늘로 옷을 만들어 입었다.
④ 많은 인력을 동원하여 고인돌을 축조하였다.
⑤ 주먹도끼, 찍개 등의 뗀석기를 처음 제작하였다.

04 (가) 시대의 생활 모습에 대한 설명으로 옳은 것은?

사진으로 만나는 고창 고인돌 유적

우리 박물관에서는 2000년 유네스코 세계 유산으로 등재된 고창 고인돌 유적을 소개하는 특별전을 마련하였습니다. 고인돌은 계급이 발생한 ⬚(가)⬚ 시대를 대표하는 무덤입니다. 사진을 통해 다양한 고인돌의 형태를 살펴보시기 바랍니다.

■ 기간: 2023년 ○○월 ○○일~○○월 ○○일
■ 장소: ▲▲ 박물관 기획 전시실

① 반달 돌칼로 벼를 수확하였다.
② 소를 이용하여 깊이갈이를 하였다.
③ 주로 동굴이나 강가의 막집에서 살았다.
④ 오수전, 화천 등의 중국 화폐로 교역하였다.
⑤ 옷을 만들 때 가락바퀴와 뼈바늘을 이용하기 시작하였다.

정답 분석 ③

🔍 **정답의 단서 |** 동삼동 패총 유적, 빗살무늬 토기, 농경과 목축이 시작

동삼동 패총(조개더미 무덤)은 **신석기 시대**의 대표적인 유적지로, **빗살무늬 토기**가 출토되었다. 신석기 시대에는 **농경과 목축이 시작**되어 조·피 등을 재배하였으며 빗살무늬 토기를 이용하여 곡식을 저장하고 **갈돌과 갈판**으로 곡식을 갈아 음식을 만들어 먹었다.
③ 신석기 시대에는 **가락바퀴와 뼈바늘**을 이용하여 옷이나 그물을 만들었다.

오답 분석

① **청동기 시대**에는 조, 보리, 콩 등의 밭농사와 함께 **벼농사**도 짓기 시작하였으며, **반달 돌칼**을 이용하여 곡물을 수확하였다.
② **구석기 시대** 사람들은 **동굴이나 강가에 막집**을 짓고 살았으며, 계절에 따라 이동 생활을 하였다.
④ **청동기 시대**에는 정치권력을 가진 지배자로서 군장이 등장하였다. 이들의 무덤인 **고인돌**의 규모를 통해 당시 지배층의 권력을 짐작할 수 있다.
⑤ **구석기 시대**에는 **주먹도끼, 찍개, 긁개** 등의 **뗀석기**를 제작하여 사용하였다.

정답 분석 ①

🔍 **정답의 단서 |** 유네스코 세계 유산, 고창 고인돌 유적, 계급이 발생

고창·화순·강화 고인돌 유적은 대표적인 **청동기 시대** 유적지로 유네스코 세계 유산으로 등재되어 있다. 청동기 시대에는 사유 재산이 발생하고 계급이 분화되면서 정치권력과 경제력을 가진 군장이 등장하였다. 고인돌은 당시 **지배층인 군장**의 무덤으로, 거대한 규모를 통해 군장이 가졌던 권력을 확인할 수 있다.
① 청동기 시대에는 **벼농사**를 짓기 시작하면서 **반달 돌칼**을 이용하여 벼를 수확하였다.

오답 분석

② **신라 지증왕** 때 소를 이용한 우경이 시행되면서 깊이갈이가 가능해져 농업 생산량이 증대되었고, 고려 시대에 이르러 일반화되었다.
③ **구석기 시대** 사람들은 **동굴이나 강가에 막집**을 짓고 살았으며, 계절에 따라 이동 생활을 하였다.
④ **철기 시대**에는 **중국과의 교류**가 활발하여 중국 화폐인 **오수전, 화천** 등이 사용되었다.
⑤ **신석기 시대**에는 **가락바퀴**로 실을 뽑아 **뼈바늘**로 옷을 지어 입었다.

2 고조선과 여러 나라의 성장

최근 5개년 기출 빅데이터 분석 리포트

■	24
■	23
■	22
■	21
■	20

(연도)

빈출 키워드 Top 5

1 사출도
2 천군, 소도
3 범금 8조
4 책화
5 민며느리제

꼭 나오는 문제 유형 Top 3

1 빈칸형, 사료형
2 설명형
3 합답형

1 고조선

건국	• 청동기 문화를 바탕으로 주변 여러 족장 사회 통합 • 기원전 2333년 단군왕검이 건국 → 이후 철기 문화를 수용하여 연맹체 국가로 성장 • 선민사상, 홍익인간 통치 이념, 제정일치(단군 + 왕검)
연의 침입	기원전 4세기경 요서 지방을 경계로 연과 대립할 정도로 성장 → 기원전 3세기 초 연 장수 진개의 침입으로 영토 빼앗김(왕검성으로 수도 옮김)
정치 조직 정비	• 왕위 세습: 준왕, 부왕 등 강력한 왕 등장 • 관직 정비: 상, 대부, 장군 등
위만 조선	• 위만의 등장: 중국 진·한 교체기에 망명하여 고조선 준왕에게 투항 → 준왕의 신임을 받아 서쪽 변경 수비 임무를 맡음 • 기원전 194년 위만이 준왕을 몰아내고 왕이 됨 • 영토 확장: 진번, 임둔 지역 복속 • 철기 문화 본격 수용, 중계 무역 번성
멸망	한 무제의 침입으로 멸망(기원전 108년) → 한 군현 설치
8조법 (범금 8조)	• 목적: 사회 질서 유지 • 기록: 3개 조항만 남아 있음 → 생명·사유재산 중시

2 여러 나라의 성장

1. 부여

위치	만주 쑹화강 유역 평야 지대
정치	• 5부족 연맹: 왕 아래 마가, 우가, 저가, 구가라는 가(加)들이 존재 • 사출도: 여러 가(加)들이 별도로 다스리는 행정 구역
풍속	• 제천 행사 영고(매년 12월) • 순장: 왕이 죽으면 사람을 함께 묻음 • 1책 12법: 도둑질한 자에게 12배로 배상하게 함

2. 고구려

위치	압록강 유역 졸본 지역
정치	• 부여 유이민과 압록강 토착 세력의 결합 • 왕 아래 대가들이 사자, 조의, 선인 등의 관리를 거느림
경제	집집마다 부경이라는 창고를 두어 곡식 저장
풍속	• 제천 행사: 동맹(매년 10월) • 서옥제: 혼인 후 신랑이 신부 집(서옥)에 살다가 자식이 장성하면 신랑 집으로 돌아가는 혼인 풍습 • 1책 12법, 형사취수제

기출 선택지로 개념 익히기 ◁) 오디오 학습을 이용해 보세요!

1 고조선

▸ 사회 질서를 유지하기 위해 범금 8조를 두었다. 12회 이상
▸ 한 무제가 파견한 군대의 공격으로 멸망하였다.
▸ 진번과 임둔을 복속하여 세력을 확장하였다.
▸ 연의 장수 진개의 공격을 받아 영토를 빼앗겼다. 4회 이상
▸ 한(漢)과 진국(辰國) 사이에서 중계 무역을 하였습니다.

▸ 전국 7웅 중 하나인 연과 대립할 만큼 성장하였습니다.
▸ 부왕(否王) 등 강력한 왕이 등장하여 왕위를 세습하였습니다.

2 여러 나라의 성장

▸ 부여 - 여러 가(加)들이 별도로 사출도를 주관하였다. 12회 이상
▸ 부여 - 12월에 영고라는 제천 행사를 열었다. 8회 이상

3. 옥저와 동예

구분	옥저	동예
위치	함경도 및 강원도 북부 동해안 지역	
정치	지배자인 읍군·삼로 등 군장이 자기 부족을 통치	
경제	어염, 해산물 풍부 → 고구려에 공납	특산물 단궁, 과하마, 반어피
풍속	• 민며느리제 • 가족 공동묘(골장제): 가족이 죽으면 가매장하였다가 뼈를 추려서 가족 공동 무덤인 목곽에 안치	• 제천 행사: 무천(매년 10월) • 책화: 읍락 간 경계를 중시하여 다른 부족의 영역을 침범하면 노비, 소, 말 등으로 배상하게 함

4. 삼한

위치	한반도 한강 이남의 남부 지방
정치	• 지배 세력인 신지·읍차 등의 군장이 다스림 • 제정 분리: 제사장 천군이 신성 지역 소도 주관
경제	• 변한은 철이 풍부하여 낙랑, 왜에 수출 • 철제 농기구 사용, 저수지 축조 → 벼농사 발달
풍속	제천 행사: 매년 5월(수릿날)과 10월(계절제)

개념 PLUS+

▶ **고조선과 동이족의 세력 범위**

▶ **고조선의 8조법**

대개 사람을 죽인 자는 즉시 죽이고, 남에게 상처를 입힌 자는 곡식으로 갚는다. 도둑질을 한 자는 노비로 삼는다. 용서를 받고자 하는 자는 한 사람마다 50만 전을 내게 한다. (중략) 이러해서 백성은 도둑질을 하지 않아 대문을 닫고 사는 일이 없었다. 여자는 모두 정숙하여 음란하고 편벽된 짓을 하지 않았다.

− 『한서』 −

▶ **초기 철기 시대 여러 나라의 성장**

▶ 부여 – 남의 물건을 훔쳤을 때에는 12배로 갚게 하였다.
▶ 고구려 – 대가들이 사자, 조의, 선인 등의 관리를 거느렸다.
▶ 고구려 – 집집마다 부경이라는 창고가 있었다. 8회 이상
▶ 고구려 – 혼인 풍습으로 서옥제가 있었다. 4회 이상
▶ 옥저 – 혼인 풍습으로 민며느리제가 있었다. 8회 이상
▶ 옥저, 동예 – 읍군이나 삼로라는 지배자가 있었다.

▶ 동예 – 읍락 간의 경계를 중시하는 책화가 있었다. 12회 이상
▶ 동예 – 단궁, 과하마, 반어피 등의 특산물이 유명하였다. 4회 이상
▶ 삼한 – 신지, 읍차라고 불린 지배자가 있었다. 4회 이상
▶ 삼한 – 제사장인 천군과 신성 지역인 소도가 존재하였다. 12회 이상

01 (가) 나라에 대한 설명으로 옳은 것은? 빈칸형 51회

이 유물은 중국 지린성 쑹화강 유역의 둥퇀산 유적에서 출토된 (가) 의 금동제 가면이다. 『삼국지』 동이전에 따르면 (가) 에는 °여러 가(加)들이 별도로 관할하는 °사출도가 있었으며, 사람을 죽여 °순장하는 풍습이 행해졌다고 한다.

① 12월에 영고라는 제천 행사를 열었다.
② 신지, 읍차라고 불린 지배자가 있었다.
③ 제사장인 천군과 신성 지역인 소도가 존재하였다.
④ 대가들이 사자, 조의, 선인 등의 관리를 거느렸다.
⑤ 다른 부족의 영역을 침범하면 소나 말로 변상하였다.

02 (가) 나라에 대한 설명으로 옳은 것을 〈보기〉에서 고른 것은? 사료형 합답형 50회

아들을 거쳐 손자 우거 때 이르러서는 …… 주변의 여러 나라들이 글을 올려 천자를 알현하고자 하였으나, 또한 가로막고 통하지 못하게 하였다. …… 좌장군이 두 군대를 합하여 맹렬히 (가) 을/를 공격하였다. 상 노인, 상 한음, 니계상 참, 장군 왕협 등이 서로 [항복을] 모의하였다. …… [우거]왕이 항복하려 하지 않았다. 한음, 왕협, 노인이 모두 도망하여 한에 항복하였는데, 노인은 도중에 죽었다.

- 『사기』 -

• 보기 •

ㄱ. 22담로에 왕족을 파견하였다.
ㄴ. 빈민을 구제하기 위해 진대법을 실시하였다.
ㄷ. 진번과 임둔을 복속시켜 세력을 확장하였다.
ㄹ. 살인, 절도 등의 죄를 다스리는 범금 8조가 있었다.

① ㄱ, ㄴ　　② ㄱ, ㄷ　　③ ㄴ, ㄷ
④ ㄴ, ㄹ　　⑤ ㄷ, ㄹ

정답 분석 ①

Q 정답의 단서 | 여러 가(加)들, 사출도, 순장

중국 지린성 쑹화강 유역의 둥퇀산에서 출토된 금동제 가면은 일제 강점기 때 발견된 **부여**의 유물로, 부여의 세력 범위와 당시 부여인의 외형적 특징을 알려준다. 부여는 왕 아래 °**마가, 우가, 저가, 구가 등의 가(加)**들이 각자의 행정 구역인 °**사출도**를 다스렸으며, 왕이 통치하는 중앙과 합쳐 5부를 구성하는 연맹 왕국이었다. 또한, 지배 계급이 죽었을 때 그 부인이나 노비 등 산 사람을 함께 묻는 °**순장**이라는 풍습이 있었다.
① 부여는 매년 12월에 수확제이자 추수 감사제의 성격을 지닌 **영고**라는 제천 행사를 열었다.

오답 분석

②·③ **삼한**은 **신지, 읍차**라는 정치적 지배자와 **천군이라는 제사장**이 있는 제정 분리 사회였다. 또한, 천군이 제사를 주관하는 소도라는 신성 지역을 두었으며, 이곳으로 죄인이 도망가면 잡아갈 수 없었다.
④ **고구려**는 왕 아래 상가, 고추가 등 **대가**들이 **사자, 조의, 선인** 등 관리를 거느렸다.
⑤ **동예**는 각 부족의 영역을 중요시하여 다른 부족의 영역을 침범하는 경우 노비와 소, 말로 변상하게 하는 **책화 제도**를 두었다.

정답 분석 ⑤

Q 정답의 단서 | 우거, 좌장군, 니계상 참, 한에 항복

위만의 손자인 **우거왕** 때 **한 무제가 고조선을** 침공하여 항전하였으나 결국 왕검성이 함락되고 고조선이 멸망하였다.
ㄷ. 위만은 고조선의 확산된 철기 문화를 바탕으로 **진번, 임둔 등 주위 부족을 통합**하여 세력을 크게 확장하였다.
ㄹ. 고조선은 사회 질서를 유지하기 위해 8개의 조항으로 이루어진 **범금 8조**를 만들었으나 현재는 3개의 조항만 전해진다.

오답 분석

ㄱ. **백제 무령왕**은 지방에 설치한 **22담로**에 왕족을 파견하여 지방 통제를 강화하였다.
ㄴ. **고구려 고국천왕**은 국상 을파소의 건의에 따라 빈민을 구제하기 위해 먹을거리가 부족한 봄에 곡식을 빌려주고 겨울에 갚게 하는 **진대법**을 실시하였다.

03 (가), (나) 나라에 대한 설명으로 옳은 것을 <보기>에서 고른 것은?

사료형 합답형 69회

> (가) 대군장이 없고, 그 관직으로는 후(侯)와 읍군과 삼로가 있다. …… 해마다 10월이면 하늘에 제사를 지내는데, 밤낮으로 술 마시며 노래 부르고 춤추니, 이를 무천이라 한다. 또 호랑이를 신으로 여겨 제사 지낸다.
> – 『후한서』 동이열전 –
> (나) 해마다 5월이면 씨뿌리기를 마치고 귀신에게 제사를 지낸다. 떼를 지어 모여서 노래와 춤을 즐기며 술 마시고 노는데 밤낮으로 쉬지 않는다. …… 국읍에 각각 한 사람씩 세워서 천신의 제사를 주관하게 하는데, 이를 천군이라 부른다.
> – 『삼국지』 위서 동이전 –

─ 보기 ●
ㄱ. (가) – 혼인 풍습으로 민며느리제가 있었다.
ㄴ. (가) – 읍락 간의 경계를 중시하는 책화가 있었다.
ㄷ. (나) – 신지, 읍차 등의 지배자가 있었다.
ㄹ. (나) – 여러 가(加)들이 별도로 사출도를 주관하였다.

① ㄱ, ㄴ ② ㄱ, ㄷ ③ ㄴ, ㄷ ④ ㄴ, ㄹ ⑤ ㄷ, ㄹ

04 다음 자료에 해당하는 나라에 대한 설명으로 옳은 것은?

사료형 54회

> 대군장이 없고 관직으로는 후·읍군·삼로가 있다. …… 해마다 10월이면 하늘에 제사를 지내는데, 밤낮으로 술 마시고 노래 부르며 춤추니 이를 무천이라 한다. …… 낙랑의 단궁이 그 지방에서 산출되고 무늬 있는 표범이 많다. 과하마가 있으며 바다에서는 반어가 난다.
> – 『후한서』 –

① 신성 지역인 소도가 존재하였다.
② 혼인 풍습으로 민며느리제가 있었다.
③ 읍락 간의 경계를 중시하는 책화가 있었다.
④ 제가 회의에서 나라의 중대사를 결정하였다.
⑤ 여러 가(加)들이 별도로 사출도를 주관하였다.

【정답 분석】 ③

🔍 정답의 단서 | 후(侯), 읍군, 삼로, 10월, 무천, 5월, 씨뿌리기를 마침, 천군

(가) 동예: 동예와 옥저는 왕이 없고 **읍군, 삼로, 후**라는 군장들이 각 부족을 통치하는 **군장 국가**였다. 동예는 각 부족의 영역을 중요시하여 다른 부족의 영역을 침범하는 경우 노비와 소, 말로 변상하게 하는 **책화 제도**를 두었으며, 매년 **10월 무천**이라는 제천 행사를 열었다(ㄴ).

(나) 삼한: 삼한은 마한, 진한, 변한으로 구성된 연맹 왕국으로 **신지, 견지, 읍차**와 같은 정치적 지배자가 있었다. 또한, 정치적 지배자 외에 **천군**이라는 제사장을 두는 **제정 분리 사회**였다. 벼농사가 발달하여 해마다 씨를 뿌리고 난 뒤인 **5월**과 추수를 하는 **10월**에는 **계절제**를 열어 하늘에 제사를 지냈다(ㄷ).

【오답 분석】
ㄱ. **옥저**에는 혼인 풍습으로 여자가 어렸을 때 혼인할 남자의 집에서 생활하다가 성인이 된 후에 혼인하는 **민며느리제**가 있었다.
ㄹ. **부여**는 왕 아래 **마가, 우가, 저가, 구가의 가(加)**들이 각자의 행정 구역인 **사출도**를 주관하였다.

【정답 분석】 ③

🔍 정답의 단서 | 후·읍군·삼로, 10월이면 하늘에 제사, 무천, 낙랑의 단궁, 과하마, 반어

동예는 **읍군**이나 **삼로**라는 군장들이 부족을 다스렸다. 매년 **10월**에는 **무천**이라는 제천 행사를 열었으며, **단궁, 과하마, 반어피** 등의 특산물이 유명하여 이를 낙랑과 왜에 수출하기도 하였다.
③ 동예에는 읍락 간의 영역을 중요시하여 다른 부족의 경계를 침범하는 경우 노비와 소, 말로 변상하게 하는 **책화** 제도가 있었다.

【오답 분석】
① **삼한**은 제정 분리 사회였으며, **소도**라는 **신성 지역**을 따로 두어 제사장인 **천군**이 이를 관리하였다.
② **옥저**에는 여자가 어렸을 때 혼인할 남자의 집에서 생활하다가 성인이 된 후에 혼인을 하는 **민며느리제**가 있었다.
④ **고구려**는 귀족 회의인 **제가 회의**를 통해 나라의 중대사를 결정하였다.
⑤ **부여**에는 왕 아래 가축의 이름을 딴 마가, 우가, 저가, 구가의 **가(加)**들이 있었다. 이들은 행정 구역인 **사출도**를 주관하였고 왕이 통치하는 중앙과 합쳐 5부를 구성하였다.

2

고대

고대

| 선사 | 13% | 고려 | 조선 전기 | 조선 후기 | 근대 | 일제 강점기 | 현대 | 특강 |

~4C ≫ 5C ≫

194	고구려, 진대법 실시(고국천왕)
260	백제, 율령 반포(고이왕)
371	백제, 고구려 평양성 공격(근초고왕)
372	고구려, 불교 공인, 태학 설치(소수림왕)
373	고구려, 율령 반포(소수림왕)
384	백제, 불교 전래 · 공인(침류왕)

427	고구려, 평양 천도(장수왕)
433	나제 동맹 성립(비유왕 – 눌지왕)
475	백제, 웅진 천도(문주왕)

최근 5개년 기출 출제 비율

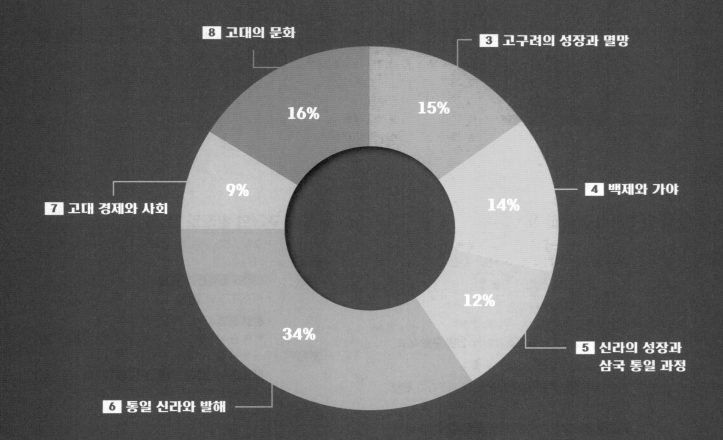

- 8 고대의 문화 16%
- 3 고구려의 성장과 멸망 15%
- 4 백제와 가야 14%
- 5 신라의 성장과 삼국 통일 과정 12%
- 6 통일 신라와 발해 34%
- 7 고대 경제와 사회 9%

6C	7C
520 신라, 율령 반포(법흥왕)	612 고구려, 살수 대첩(영양왕)
527 신라, 불교 공인(법흥왕)	645 고구려, 안시성 전투(보장왕)
538 백제, 사비 천도(성왕)	676 신라, 삼국 통일(문무왕)
555 신라, 북한산 순수비 건립(진흥왕)	698 발해 건국(대조영)

기출 선택지로 개념 익히기 는 오디오 학습으로 스마트하게!

3 고구려의 성장과 멸망

최근 5개년 기출 빅데이터 분석 리포트	빈출 키워드 Top 5	꼭 나오는 문제 유형 Top 3

최근 5개년 기출 빅데이터 분석 리포트
- 24
- 23
- 22
- 21
- 20 (연도)

빈출 키워드 Top 5
1. 을지문덕(살수 대첩)
2. 을파소(진대법)
3. 장수왕
4. 광개토 대왕
5. 소수림왕(태학)

꼭 나오는 문제 유형 Top 3
1. 사료형
2. 시기 일치형, 빈칸형
3. 순서 나열형

1 고구려의 건국과 성장

주몽	• 건국: 부여 이주민과 압록강 유역 토착민 연합 • 졸본성 도읍(유리왕 때 국내성으로 천도)
태조왕	옥저 · 동예 정복, 동해안 진출
고국천왕	• 왕위 부자 상속제 확립 • 5부 개편: 부족적 5부 → 행정적 5부 • 진대법 실시: 국상 을파소의 건의, 빈민 구휼 제도
미천왕	서안평 점령, 낙랑군 · 대방군 축출
고국원왕	백제 근초고왕이 평양성을 공격하여 싸우다가 전사(평양성 전투)
소수림왕	불교 수용 · 공인(전진의 순도), 태학 설립(최초의 국립 대학), 율령 반포 → 고대 중앙 집권 국가 체제 완성

2 고구려의 발전과 전성기

광개토 대왕	• 요동 지역 정복, 백제를 공격하여 한강 이북 지역 차지 • 신라에 침입한 왜 격퇴, 금관가야 공격 • 독자적 연호 '영락' 사용
장수왕	• 평양 천도(427) → 남진 정책 추진 • 백제 공격(475): 수도 한성 함락, 백제 개로왕 전사 → 한강 유역 확보 • 광개토 대왕릉비, 충주 고구려비 건립 → 고구려의 한강 유역 진출 사실과 번영을 반영
문자왕	부여 병합

기출 선택지로 개념 익히기 ◁» 오디오 학습을 이용해 보세요!

1 고구려의 건국과 성장

▸ 고구려의 태조왕이 옥저를 복속시켰다.
▸ 태조왕이 옥저를 정복하고 동해안으로 진출하였다.
▸ 태조왕 – 고구려가 동옥저를 정복하여 영토를 확장하였다.
▸ 고국천왕 – 빈민을 구제하기 위해 진대법을 실시하였다.
▸ 을파소의 건의로 진대법이 실시되었다. 12회 이상
▸ 미천왕 – 서안평을 공격하여 영토를 확장하였다. 4회 이상
▸ 미천왕 – 고구려가 낙랑군을 축출하였다. 4회 이상

▸ 고국원왕이 백제의 평양성 공격으로 전사하였다. 4회 이상
▸ 고국원왕이 평양성에서 전사하였다.
▸ 소수림왕 – 태학을 설립하여 인재를 양성하였다. 4회 이상
▸ 소수림왕이 태학을 설립하고 율령을 반포하였다.

2 고구려의 발전과 전성기

▸ 광개토 대왕이 군대를 보내 신라에 침입한 왜를 격퇴하였다. 8회 이상
▸ 광개토 대왕 – 후연을 격파하고 백제를 공격하였다.
▸ 고구려의 광개토 대왕이 백제를 공격하였다.

3 고구려의 대외 항쟁과 멸망

1. 수의 침략과 살수 대첩

고구려의 선제 침공	영양왕 때 수의 요서 지방 선제 침공
수 문제의 침략	30만 대군을 이끌고 침략 → 고구려 승리
수 양제의 침략	수 양제가 113만 대군을 이끌고 고구려 침략 → 우중문의 별동대가 평양성 공격 → 을지문덕이 살수 대첩에서 대승(612)
결과	무리한 고구려 침공으로 국력 소모 → 수 멸망 → 당 건국

2. 당의 침략과 안시성 전투

당과 고구려의 관계	당 건국 → 영류왕 때 우호 관계 유지 → 당 태종 즉위 후 고구려 압박 → 당 침략에 대비하여 천리장성(부여성~비사성) 축조
연개소문 집권	• 연개소문이 정변을 일으켜 영류왕 제거, 보장왕을 즉위시킴 • 스스로 대막리지가 되어 대당 강경책 추진
당의 침략	• 당 태종의 침략: 요동성 · 백암성 함락 • 안시성 전투(645): 당군 격퇴

3. 고구려의 멸망: 나당 연합군에 의해 멸망

지배층의 내분	• 수 · 당과 전쟁을 수행하며 국력이 약해짐 • 연개소문 사후 지배층 분열
나당 연합군의 공격	나당 연합군의 평양성 함락 → 보장왕이 항복하며 멸망(668)

개념 PLUS+

▶ 5세기 고구려의 발전

▶ 삼국과 수 · 당의 관계

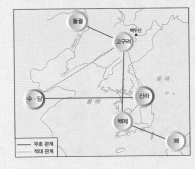

▶ 살수 대첩
을지문덕이 우문술의 군사가 굶주린 기색이 있음을 보고 하루에 일곱 번 싸워 모두 이기니, …… 드디어 동쪽으로 나아가 살수(薩水)를 건너 평양성에서 30리 떨어진 산에 진을 쳤다.
– 「삼국사기」 –

▶ 장수왕 – 도읍을 국내성에서 평양으로 옮겼다.
▶ 장수왕이 평양으로 천도하고 남진 정책을 본격화하였다. 8회 이상
▶ 장수왕 – 연가라는 독자적인 연호를 사용하였다.
▶ 장수왕이 백제를 공격하여 한성을 함락시켰다.
▶ 장수왕 – 글과 활쏘기를 가르치는 경당을 설립하다. 4회 이상

▶ 부여성에서 비사성에 이르는 천리장성이 축조되었다.
▶ 고구려가 당의 침입에 대비하여 천리장성을 완성하였다.
▶ 연개소문이 정변을 일으켜 권력을 장악하였다. 4회 이상
▶ 나당 연합군이 결성된 계기를 파악한다.

3 고구려의 대외 항쟁과 멸망
▶ 을지문덕이 살수에서 수의 군대를 크게 물리쳤다. 12회 이상
▶ 연개소문을 보내어 천리장성을 축조하였다. 4회 이상

01 (가)~(다)를 일어난 순서대로 옳게 나열한 것은?

> (가) ●온달이 왕에게 아뢰기를, "신라가 한강 이북 땅을 빼앗아 군현으로 삼았습니다. …… 저에게 군사를 주신다면 단번에 우리 땅을 반드시 되찾겠습니다."라고 하였다.
>
> (나) 10월에 ●백제 왕이 병력 3만 명을 거느리고 평양성을 공격해 왔다. 왕이 군대를 내어 막다가 날아온 화살에 맞아 이달 23일에 서거하였다.
>
> (다) 9월에 왕이 병력 3만 명을 거느리고 백제를 침략하여 도읍 ●한성을 함락하였다. 백제 왕 부여경을 죽이고 남녀 8천 명을 포로로 잡아 돌아왔다.

① (가) – (나) – (다)   ② (가) – (다) – (나)
③ (나) – (가) – (다)   ④ (나) – (다) – (가)
⑤ (다) – (나) – (가)

02 다음 상황 이후에 있었던 사실로 옳은 것은?

> 10월에 백제왕이 병력 3만 명을 거느리고 평양성을 공격해 왔다. 왕이 군대를 출정시켜 백제군을 막다가 날아온 화살에 맞아 이달 23일에 세상을 떠났다.

① 유리왕이 졸본에서 국내성으로 천도하였다.
② 미천왕이 낙랑군을 축출하여 영토를 확장하였다.
③ 소수림왕이 불교를 공인하고 율령을 반포하였다.
④ 고국천왕이 을파소를 등용하고 진대법을 실시하였다.
⑤ 유주자사 관구검이 이끄는 군대가 환도성을 함락하였다.

정답 분석 ③
Q **정답의 단서 |** 백제왕, 평양성을 공격, 날아온 화살에 맞아 세상을 떠남

4세기 중반 백제의 최전성기를 이끈 근초고왕은 정예군 3만 명을 거느리고 고구려 평양성을 공격하여 고구려 고국원왕을 전사시켰다(371).
③ 고구려 고국원왕이 백제와의 평양성 전투에서 전사하자 그 뒤를 이어 왕위에 오른 소수림왕은 중국 전진의 순도로부터 불교를 수용하여 왕실의 권위를 높이고자 하였다. 또한, 교육 기관인 태학을 설립하여 인재를 양성하고(372), 율령 반포를 통해 국가 조직을 정비하였다(373).

(**오답 분석**)
① 고구려의 시조 주몽은 압록강 중류의 졸본 지역을 첫 도읍으로 정하고 나라를 세웠다. 이후 유리왕 때 중국 지린성 지안 지역의 국내성으로 수도를 옮겼다(서기 3).
② 고구려 미천왕은 서안평을 공격하여 영토를 확장하였으며(311) 낙랑군과 대방군 등의 한 군현을 한반도 지역에서 몰아냈다(313, 314).
④ 고구려 고국천왕은 국상인 을파소의 건의에 따라 먹을거리가 부족한 봄에 곡식을 빌려주고 겨울에 갚게 하는 진대법을 실시하였다(194).
⑤ 고구려 동천왕 때 요동 진출로를 놓고 위(魏)를 선제공격하였으나 유주자사 관구검의 침입을 받아 환도성이 함락되었다(245).

문제 파헤치기

정답 분석 ④
Q **정답의 단서 |** 온달, 신라가 한강 이북 땅을 빼앗음, 백제 왕이 평양성 공격, 한성 함락, 백제 왕 부여경을 죽임

(나) 고국원왕 전사(371): 고구려 고국원왕은 ●백제 근초고왕이 평양성을 공격해 오자 이에 맞서 싸우다가 전사하였다.
(다) 장수왕의 한성 함락(475): 고구려 장수왕은 평양으로 천도하며 남진 정책을 추진하였다. 이를 바탕으로 ●백제의 수도 한성을 함락하고 백제 개로왕을 전사시킨 뒤 한강 유역을 차지하였다.
(가) 아단성(아차성) 전투(590): 고구려 영양왕 때 신라에게 뺏긴 한강을 수복하기 위해 일으킨 전투로, 이때 ●온달이 전사하였다.

03 다음 검색창에 들어갈 왕에 대한 설명으로 옳은 것은?

설명형 61회

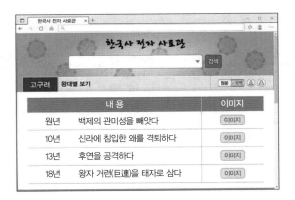

① 영락이라는 연호를 사용하였다.
② 태학을 설립하여 인재를 양성하였다.
③ 낙랑군을 축출하여 영토를 확장하였다.
④ 을파소를 등용하고 진대법을 시행하였다.
⑤ 당의 침입에 대비하여 천리장성을 축조하였다.

04 다음 상황 이후에 전개된 사실로 옳은 것은?

사료형 71회

> 12월에 황제가 함원전에서 포로를 받아들였다. [황제가] 왕은 정사를 자기가 한 것이 아니라 하였기에 용서하여 사평태상백 원외동정으로 삼았다. 천남산은 사재소경으로, 승려 신성은 은청광록대부로, 천남생은 우위대장군으로 삼았다. …… 천남건은 검주(黔州)로 유배를 보냈다. 5부, 176성, 69만여 호를 나누어 9도독부, 42주, 100현으로 만들고, 평양에 안동 도호부를 두어 이를 통치하게 하였다.
>
> – 『삼국사기』 –

① 안승이 보덕국 왕으로 임명되었다.
② 을지문덕이 살수에서 대승을 거두었다.
③ 김춘추가 당과의 군사 동맹을 성사시켰다.
④ 의자왕이 윤충을 보내 대야성을 함락하였다.
⑤ 연개소문이 정변을 일으켜 영류왕을 시해하였다.

정답 분석 ①

🔍 **정답의 단서 |** 백제의 관미성을 빼앗음, 신라에 침입한 왜 격퇴, 후연 공격, 왕자 거련(巨連)을 태자로 삼음

고구려 **광개토 대왕**은 391년 백제의 수도 한성을 지키는 전략적 요충지인 관미성을 공격하여 함락시켰으며, 400년에는 **신라의 원군 요청**을 받고 군대를 보내 신라에 침입한 **왜를 격퇴**하였다. 이 과정에서 전기 가야 연맹의 중심지였던 **금관가야가 쇠퇴**하였다. 또한, 북쪽으로는 중국 **후연**을 공격하여 옛 고조선의 영토였던 요동 땅을 차지하였다. 이후 광개토 대왕의 뒤를 이어 아들 거련이 **장수왕**으로 즉위하여 **평양으로 천도**하고, 남진 정책을 추진하였다.
① 고구려 광개토 대왕은 **영락**이라는 독자적 연호를 사용하였다.

오답 분석

② 고구려 **소수림왕**은 국가 교육 기관인 **태학**을 설립하여 인재를 양성하였다.
③ 고구려 **미천왕**은 **낙랑군**과 대방군 등의 한 군현을 한반도 지역에서 축출하고, **서안평**을 공격하여 영토를 확장하였다.
④ 고구려 **고국천왕**은 국상 **을파소**의 건의에 따라 빈민을 구제하기 위해 먹을거리가 부족한 봄에 곡식을 빌려주고 겨울에 갚게 하는 **진대법**을 시행하였다.
⑤ 고구려 **영류왕** 때 연개소문은 당의 침입에 대비하여 동북의 부여성에서 발해만의 비사성까지 **천리장성**을 축조하였다.

정답 분석 ①

🔍 **정답의 단서 |** 평양에 안동 도호부를 둠

나당 연합군에 의해 **평양성이 함락**된 후 고구려가 **멸망**하였다(668). 당은 보장왕과 천남산(연남산), 천남건(연남건) 등 고구려 지배 계층을 포로로 끌고 갔으며, 이 중 고구려 멸망에 공로가 많은 일부에게는 당의 관계를 부여하고, 끝까지 당에 저항한 일부는 유배에 처하였다. 또한, 고구려의 옛 땅을 다스리기 위해 **평양에 안동 도호부**를 설치하고 당에서 파견된 관리와 당에 협조적인 고구려인으로 하여금 다스리게 하였다.
① **신라 문무왕**은 당 세력을 몰아내기 위해 신라로 망명한 고구려 보장왕의 아들 **안승**을 **보덕국 왕**으로 임명하고, **금마저**에 땅을 주어 고구려 부흥 운동을 지원하였다(674).

오답 분석

② 고구려 **영양왕** 때 수 양제가 우중문의 30만 별동대로 **평양성**을 공격하였으나 **을지문덕**이 **살수**에서 2,700여 명을 제외한 수군을 전멸시키며 대승을 거두었다(612).
③ **신라 김춘추**는 고구려와의 동맹에 실패하자 당으로 건너가 당 태종으로부터 군사적 지원을 약속받는 데 성공하여 **나당 동맹**을 성사시키고 **나당 연합군**을 결성하였다(648).
④ 백제 **의자왕**은 윤충에게 1만여 명의 병력을 주어 신라의 **대야성**을 비롯한 40여 개의 성을 함락하였다(642).
⑤ **연개소문**은 **정변**을 일으켜 **영류왕을 시해**하고 보장왕을 왕위에 세운 뒤 스스로 대막리지가 되어 정권을 장악하였다(642).

4 백제와 가야

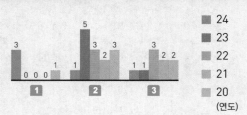

최근 5개년 기출 빅데이터 분석 리포트	빈출 키워드 Top 5	꼭 나오는 문제 유형 Top 3
■ 24 ■ 23 ■ 22 ■ 21 ■ 20 (연도)	1 무령왕(22담로) 2 대야성 전투 3 동진의 마라난타 4 황산벌 전투 5 낙랑, 왜	1 빈칸형 2 사료형 3 설명형

1 백제의 건국과 성장

온조	• 온조가 고구려 계통 유이민 세력과 남하하여 한강 유역 토착 세력과 결합 • 한성(하남 위례성)에 백제 건국
고이왕	• 한강 유역 장악 • 율령 반포, 6좌평과 16관등제 마련, 관리 복색 제정
근초고왕 (4세기)	• 고구려 평양성을 공격하여 고국원왕(사유) 전사 • 대외 교류: 산둥·요서 지방, 일본 규슈 진출, 왜왕에게 칠지도 하사 • 「서기」 편찬: 고흥에게 역사서 편찬 지시
침류왕	동진의 승려 마라난타로부터 불교 수용·공인

2 백제의 위기와 멸망

비유왕	고구려 장수왕의 남진 정책 추진 → 신라 눌지왕과 나제 동맹 체결
개로왕	고구려 장수왕의 공격으로 한성 함락, 개로왕 전사
문주왕	한성 함락으로 웅진(공주) 천도
동성왕	신라 소지왕과 나제 동맹 강화(결혼 동맹)
무령왕	• 지방에 22담로를 설치하고 왕족 파견 → 지방 통제 강화 • 대외 교류: 중국 남조 양과 외교 → 남조 문화 도입(무령왕릉, 「양직공도」)
성왕 (6세기)	• 사비(부여) 천도, 국호 '남부여' • 체제 정비: 중앙 관청 22부로 확대, 행정 구역 5부(수도) 5방(지방) • 신라 진흥왕과 연합하여 일시적으로 한강 하류 회복 → 진흥왕의 배신으로 신라에게 빼앗김 → 신라를 공격하였으나 관산성 전투에서 전사
무왕	익산(금마저) 천도 시도, 익산에 미륵사 건립
의자왕	• 신라 공격: 대야성 및 40여 개 성 함락 • 황산벌 전투: 김유신의 군대에 맞선 계백의 결사대 패배 • 나당 연합군의 공격으로 사비성 함락 → 백제 멸망(660)

기출 선택지로 개념 익히기 ◁)) 오디오 학습을 이용해 보세요!

1 백제의 건국과 성장
▸ 근초고왕 – 왜에 칠지도를 만들어 보냈다.
▸ 근초고왕 – 고흥에게 서기를 편찬하게 하였다. 4회 이상
▸ 근초고왕 – 평양성을 공격하여 고국원왕을 전사시켰다. 4회 이상
▸ 침류왕 – 백제가 동진으로부터 불교를 수용하였다.
▸ 침류왕 – 동진에서 온 마라난타를 통해 불교를 수용하였다. 8회 이상

2 백제의 위기와 멸망
▸ 백제의 문주왕이 웅진으로 천도하였다.

▸ 동성왕이 나제 동맹을 강화하였다.
▸ 무령왕 – 지방에 22담로를 두어 왕족을 파견하였다. 12회 이상
▸ 무령왕 – 중국 남조의 양과 교류하였다.
▸ 성왕이 관산성 전투에서 피살되었다. 4회 이상
▸ 성왕 – 백제가 신라와 연합하여 한강 유역을 수복하였다.
▸ 성왕 – 진흥왕과 연합하여 한강 하류 지역을 되찾았다.
▸ 성왕 – 사비로 천도하고 국호를 남부여로 고쳤다. 4회 이상
▸ 성왕 – 국호를 남부여로 바꿨어요.

3 가야 연맹

1. 금관가야

건국	• 김수로왕이 경남 김해 지역에서 건국 • 3세기경부터 전기 가야 연맹 주도
쇠퇴	고구려 광개토 대왕이 신라에 침입한 왜를 격퇴하는 과정에서 금관가야 공격 → 국력 약화
멸망	• 신라 법흥왕의 공격으로 멸망 • 왕족 김구해 등이 신라 진골 귀족으로 편입
경제	• 풍부한 철을 낙랑과 왜에 수출, 덩이쇠를 화폐처럼 사용, 철기류 판갑옷 • 농경 발달
유적	김해 대성동 고분군

2. 대가야

건국과 발전	• 이진아시왕이 경북 고령 지역에서 건국 • 금관가야가 쇠퇴한 이후 5세기경부터 후기 가야 연맹 주도 • 6세기 초 신라와 결혼 동맹
멸망	신라 진흥왕의 공격으로 멸망 → 가야 연맹 해체
유적	고령 지산동 고분군

▶ 4세기 백제의 발전

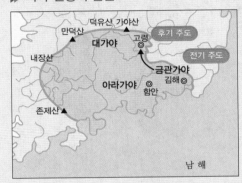

▶ 가야 연맹의 변천

▸ 성왕 – 백제가 사비로 천도하였다.
▸ 무왕 – 익산에 미륵사를 창건하였다. 8회 이상
▸ 무왕 – 금마저에 미륵사를 창건하였다.
▸ 의자왕이 신라를 공격하여 대야성을 함락시켰다.
▸ 의자왕 – 윤충을 보내 대야성을 함락하였다. 8회 이상
▸ 의자왕 – 백제와 신라 사이에 황산벌 전투가 벌어졌다. 8회 이상
▸ 의자왕 – 계백의 결사대를 보내 신라군에 맞서 싸웠다.
▸ 의자왕 – 백제와 고구려가 동맹을 맺고 신라에 대항하였다.

3 가야 연맹

▸ 가야 연맹의 중심지가 이동한 과정을 조사한다.
▸ 가야 – 철이 많이 생산되어 낙랑, 왜 등에 수출하였다. 8회 이상
▸ 금관가야 – 낙랑군에 수출할 덩이쇠를 주조하는 장인
▸ 금관가야 – 시조 김수로왕의 설화가 삼국유사에 전해진다.
▸ 대가야 – 진흥왕 때 신라에 복속되었다.
▸ 대가야 – 후기 가야 연맹을 주도하였다.

01 (가), (나) 사이의 시기에 있었던 사실로 옳은 것은?

(가) 고구려 병사는 비록 물러갔으나 성이 파괴되고 왕이 죽어서 ❶[문주가] 왕위에 올랐다. …… 겨울 10월, 웅진으로 도읍을 옮겼다.

ㅡ『삼국사기』ㅡ

(나) ❷왕이 신라를 습격하고자 몸소 보병과 기병 50명을 거느리고 밤에 구천(狗川)에 이르렀는데, 신라 복병을 만나 그들과 싸우다가 살해되었다.

ㅡ『삼국사기』ㅡ

① 익산에 미륵사가 창건되었다.
② 흑치상지가 임존성에서 군사를 일으켰다.
③ 동진에서 온 마라난타를 통해 불교가 수용되었다.
④ 지방을 통제하기 위하여 22담로에 왕족이 파견되었다.
⑤ 계백이 이끄는 결사대가 황산벌에서 신라군에 맞서 싸웠다.

02 (가) 왕의 업적으로 옳은 것은?

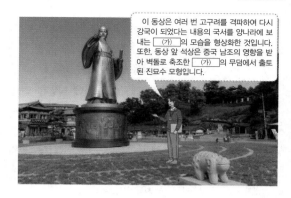

이 동상은 여러 번 고구려를 격파하여 다시 강국이 되었다는 내용의 국서를 양나라에 보내는 _(가)_ 의 모습을 형상화한 것입니다. 또한, 동상 앞 석상은 중국 남조의 영향을 받아 벽돌로 축조한 _(가)_ 의 무덤에서 출토된 진묘수 모형입니다.

① 익산에 미륵사를 창건하였다.
② 사비로 천도하고 국호를 남부여로 고쳤다.
③ 지방에 22담로를 두어 왕족을 파견하였다.
④ 평양성을 공격하여 고국원왕을 전사시켰다.
⑤ 동진에서 온 마라난타를 통해 불교를 수용하였다.

문제 파헤치기

정답 분석 ④

🔍 **정답의 단서 |** 고구려 병사, 문주가 왕위에 오름, 웅진으로 도읍 옮김, 왕이 신라 습격, 신라 복병을 만나 살해됨, 『삼국사기』

(가) ❶문주왕의 웅진 천도(475): 남진 정책을 추진하던 고구려 장수왕에 의해 수도 한성이 함락되고 백제 개로왕이 전사하였다. 한강 유역을 빼앗긴 이후 즉위한 백제 문주왕은 웅진(공주)으로 천도하였다.
(나) ❷성왕의 관산성 전투(554): 무령왕의 뒤를 이어 즉위한 백제 성왕은 신라 진흥왕에게 배신당한 후 신라를 공격하였으나 관산성 전투에서 전사하였다.
④ 백제는 무령왕 때 지방에 22담로를 설치하고 왕족을 파견하여 지방 통제를 강화하였다.

오답 분석

① 백제 무왕은 익산(금마저)에 미륵사를 창건하였다(601).
② 백제의 장군 흑치상지는 임존성에서 백제 부흥 운동을 일으켰다(660).
③ 백제 침류왕은 동진을 거쳐 백제로 건너 온 인도의 승려 마라난타로부터 불교를 수용하였다(384).
⑤ 신라는 당과 동맹을 맺고 나당 연합군을 결성하여 백제를 공격하였다. 이후 황산벌에서 김유신이 이끄는 나당 연합군의 공격에 계백의 결사대가 패배하면서 결국 멸망하게 되었다(660).

정답 분석 ③

🔍 **정답의 단서 |** 여러 번 고구려 격파, 국서를 양나라에 보냄, 중국 남조의 영향, 벽돌로 축조한 무덤, 진묘수

백제 무령왕은 개로왕 전사 이후 위태로운 상황을 벗어나기 위해 제도를 정비하고 고구려에 여러 차례 공세를 펼쳐 점차 한강 유역으로 진출하였다. 중국 남조의 양에 보내는 국서에 이러한 상황을 담아 백제가 국력을 회복하였음을 대내외로 알리고자 하였다. 무령왕의 무덤은 벽돌무덤으로 양과의 교류를 통해 무덤 양식에 영향을 받았음을 알 수 있으며, 무덤을 수호하는 진묘수 역할을 하는 '무령왕릉 석수'도 함께 출토되었다.
③ 무령왕은 지방에 설치한 22담로에 왕족을 파견하여 지방 통제를 강화하였다.

오답 분석

① 백제 무왕이 익산(금마저)에 창건한 미륵사는 백제의 절 중에서 최대 규모이다.
② 백제 성왕은 웅진(공주)에서 사비(부여)로 천도하고 국호를 남부여로 고쳐 새롭게 중흥을 도모하였다.
④ 4세기 중반 백제의 최전성기를 이끌었던 근초고왕은 고구려의 평양성을 공격하여 고국원왕을 전사시켰다.
⑤ 백제 침류왕은 동진을 거쳐 백제로 건너 온 인도의 승려 마라난타로부터 불교를 수용하였다.

03 다음 자료에 해당하는 왕에 대한 설명으로 옳은 것은?

설명형 67회

백제 제26대 왕 명농. 지혜와 식견이 뛰어나고 결단력이 있었다.

웅진에서 사비로 도읍을 옮기고 백제의 중흥을 꾀했다.

구천(관산성 부근)에서 신라의 복병에게 목숨을 잃었다.

1/3   2/3   3/3

① 국호를 남부여로 개칭하였다.
② 금마저에 미륵사를 창건하였다.
③ 고흥에게 서기를 편찬하게 하였다.
④ 윤충을 보내 대야성을 함락하였다.
⑤ 동진에서 온 마라난타를 통해 불교를 수용하였다.

정답 분석 ①

🔍 정답의 단서 | 백제 제26대 왕, 웅진에서 사비로 도읍을 옮김, 구천(관산성 부근)에서 목숨을 잃음

① 백제 무령왕의 뒤를 이어 즉위한 백제 제26대 왕 **성왕(명농)**은 웅진에서 **사비로 천도**하고 국호를 **남부여**로 고치며 백제의 중흥을 도모하였다. 또한, 신라 진흥왕과 함께 고구려를 공격하여 한강 하류 지역을 차지하였으나 진흥왕이 나제 동맹을 깨고 백제가 차지한 지역을 점령하자 신라를 공격하였고, 끝내 **관산성 전투에서 전사**하였다.

오답 분석

② **백제 무왕**은 금마저(익산)에 백제 최대의 사찰인 **미륵사**를 창건하였다.
③ **백제 근초고왕**은 **고흥**으로 하여금 역사서인 『**서기**』를 편찬하게 하였다.
④ **백제 의자왕**은 윤충에게 1만여 명의 병력을 주어 **신라의 대야성**을 비롯한 40여 개의 성을 함락시켰다.
⑤ **백제 침류왕** 때 **중국 동진**의 승려인 **마라난타**를 통해 **불교를 수용**하였다.

---

04 (가) 나라에 대한 탐구 활동으로 가장 적절한 것은?

빈칸형 54회

(가) 체험 축제

이진아시왕이 고령 일대에 세운 나라의 문화를 체험하는 축제에 여러분을 초대합니다.

◈ 주요 프로그램 ◈
– 금동관 모형 제작하기
– 투구와 갑옷 착용하기
– 지산동 고분군 야간 트레킹

■ 기간: 2021년 ○○월 ○○일 ~ ○○일
■ 장소: 경상북도 고령군 일대

① 범금 8조의 의미를 살펴본다.
② 임신서기석의 내용을 분석한다.
③ 안동 도호부가 설치된 경위를 찾아본다.
④ 22담로에 왕족이 파견된 목적을 알아본다.
⑤ 가야 연맹의 중심지가 이동한 과정을 조사한다.

정답 분석 ⑤

🔍 정답의 단서 | 이진아시왕, 고령, 금동관, 투구와 갑옷, 지산동 고분군

이진아시왕이 건국한 경상북도 고령 지역의 **대가야는 후기 가야 연맹의 중심지**였다. 고령의 **지산동 고분군**을 비롯한 유적지에서 **금동관과 투구, 판갑옷** 등이 출토되었다.
⑤ 김수로왕이 건국한 **김해 지역**의 금관가야는 전기 가야 연맹의 중심지였으나 고구려 광개토 대왕의 진출로 쇠퇴하기 시작하였고, 5세기 이후 고령 지역의 대가야가 가야 연맹을 주도하게 되었다.

오답 분석

① **고조선**은 사회 질서를 유지하기 위해 8개 조항으로 이루어진 **범금 8조**를 만들었으나 현재는 3개의 조항만 전해진다.
② **신라 중대**에 세워진 것으로 추정되는 **임신서기석**에는 충도와 유교 도덕에 대한 실천을 맹세하는 내용이 새겨져 있으며, 신라 금석문의 특징을 보여준다.
③ **나당 연합군**에 의해 평양성이 함락된 이후 당은 고구려의 옛 땅을 다스리기 위해 **평양에 안동 도호부를 설치**하였다. 그러나 당은 신라와의 매소성·기벌포 전투에서 패배한 후 안동 도호부를 요동으로 옮겼다.
④ **백제 무령왕**은 지방에 설치한 **22담로에 왕족을 파견**하여 지방 통제를 강화하였다.

5 신라의 성장과 삼국 통일 과정

최근 5개년 기출 빅데이터 분석 리포트	빈출 키워드 Top 5	꼭 나오는 문제 유형 Top 3

최근 5개년 기출 빅데이터 분석 리포트

(막대그래프: 0, 0, 1, 3, 3, 1, 6, 3, 5, 2)

■ 24
■ 23
■ 22
■ 21
■ 20
(연도)

빈출 키워드 Top 5

1 보덕국 왕 안승
2 우산국 복속
3 이차돈의 순교
4 나당 연합(동맹)
5 거칠부(『국사』)

꼭 나오는 문제 유형 Top 3

1 사료형
2 시기 일치형
3 설명형

1 신라의 건국과 발전

박혁거세	• 건국: 경주 지역 토착민과 유이민 세력 결합 • 진한의 소국 중 하나인 사로국에서 시작 • 박 · 석 · 김 3성이 번갈아 왕위 차지
내물왕	• 김씨 왕위 계승권 확립, 왕호 '마립간'으로 변경 • 광개토 대왕의 도움으로 왜 격퇴(400)
눌지왕	백제 비유왕과 나제 동맹 체결(소지왕 때 백제 동성왕과 결혼 동맹을 체결하여 나제 동맹 강화)
지증왕	• 국호 '신라', 왕호 '왕(王)'으로 변경 • 이사부를 보내 우산국(울릉도) 복속 • 소를 이용한 우경 장려, 순장 금지, 동시전 설치
법흥왕	• 체제 정비: 병부와 상대등 설치, 율령 반포, 공복 제정 • 독자적인 연호 '건원' 사용 • 금관가야 병합(532) • 이차돈의 순교를 계기로 불교 공인
진흥왕 (6세기)	• 한강 유역 확보, 대가야 병합 → 낙동강 유역 확보 • 단양 신라 적성비, 진흥왕 순수비(북한산비, 창녕비, 황초령비, 마운령비) 건립 • 역사서 『국사』 편찬(거칠부)
선덕 여왕	황룡사 구층 목탑 건립(승려 자장의 건의), 분황사 창건, 첨성대 건립

2 삼국 통일 과정

1. 백제와 고구려의 멸망

백제의 신라 공격	한강 유역을 빼앗긴 이후 관계 악화 → 의자왕이 신라 대야성 등 40여 개의 성 함락(642)
나당 연합 결성(648)	백제의 신라 공격 → 김춘추가 고구려에 구원 요청 → 고구려의 거절 → 나당 연합 체결
백제 멸망 (660)	황산벌 전투(660): 신라 김유신이 백제 계백의 결사대 격파 → 나당 연합군의 공격 → 사비성 함락
고구려 멸망 (668)	연개소문 사후 권력 다툼, 오랜 전쟁으로 국력 쇠퇴 → 나당 연합군의 공격 → 평양성 함락

2. 백제와 고구려의 부흥 운동

구분	백제	고구려
전개	• 중심인물: 복신, 도침(주류성), 흑치상지(임존성) • 백강 전투(663): 왜의 백제 부흥 운동 지원	• 중심인물: 검모잠, 안승(한성), 고연무(오골성) • 신라 문무왕이 금마저(익산)에 땅을 주어 안승을 보덕국 왕으로 임명
결과	지원군 왜의 패배와 지도층의 내분으로 실패	당과 신라의 회유 정책과 지도층의 내분으로 실패

기출 선택지로 개념 익히기 🔊 오디오 학습을 이용해 보세요!

1 신라의 건국과 발전

▸ 박, 석, 김의 3성이 교대로 왕위를 계승하였다.
▸ 내물왕 – 최고 지배자의 칭호가 마립간으로 바뀌었다. 4회 이상
▸ 내물왕 – 마립간이라는 칭호를 처음 사용하였다.
▸ 지증왕 – 이사부를 보내 우산국을 복속시켰다. 12회 이상
▸ 지증왕 – 소를 이용한 깊이갈이가 일반화되었다. 4회 이상

▸ 법흥왕 – 금관가야를 복속하여 영토를 확대하였다. 4회 이상
▸ 법흥왕 – 건원이라는 독자적 연호를 사용하였다. 4회 이상
▸ 법흥왕 – 병부와 상대등을 설치하고 관등을 정비하였다. 4회 이상
▸ 법흥왕 – 이차돈의 순교로 불교가 공인되었다. 8회 이상
▸ 신라 법흥왕이 불교를 공인하였다.
▸ 진흥왕 – 마운령, 황초령 등에 순수비를 세웠다.

3. 나당 전쟁과 신라의 삼국 통일

당의 한반도 지배 야욕	당이 한반도 전체를 지배하려는 야욕 표출 → 백제의 옛 땅에 웅진 도독부, 경주에 계림 도독부, 고구려의 옛 땅에 안동 도호부 설치
나당 전쟁 (670~676)	• 왜와 외교 관계 회복 시도, 신라의 고구려 부흥 운동 지원 → 나당 전쟁 • 매소성 전투(675): 당의 20만 대군 격파 • 기벌포 전투(676): 설인귀가 이끄는 당의 수군을 물리침 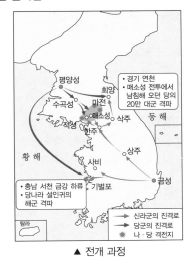 ▲ 전개 과정
결과	• 신라의 삼국 통일 → 당이 안동 도호부를 요동 지역으로 옮김 → 한반도에서 당 세력 축출 • 대동강에서 원산만까지의 경계 이남의 땅 차지

➕ 개념 PLUS+

▶ 6세기 신라의 발전

▶ 백제와 고구려의 부흥 운동

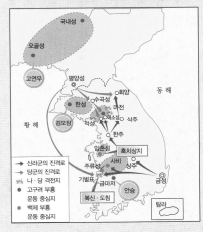

▸ 진흥왕 – 대가야를 병합하여 영토를 확장하였다.
▸ 진흥왕 – 거칠부가 왕명을 받들어 국사를 편찬하였다. 8회 이상
▸ 진흥왕 – 화랑도를 국가 조직으로 개편하였다. 4회 이상
▸ 김춘추가 당과의 군사 동맹을 성사시켰다. 8회 이상
▸ 진골 귀족인 김춘추가 왕위에 올랐다.

2 삼국 통일 과정
▸ 검모잠이 안승을 왕으로 추대하고 부흥 운동을 전개하였다.
▸ 고구려 안승이 신라에 의해 보덕국 왕으로 임명되었다. 12회 이상
▸ 복신과 도침이 부여풍을 왕으로 추대하였다. 4회 이상

▸ 복신과 도침이 주류성에서 군사를 일으켰다.
▸ 주류성에서 백제 부흥 운동을 벌이는 귀족
▸ 흑치상지가 임존성에서 군사를 일으켰다. 4회 이상
▸ 임존성에서 당군을 격퇴하였다.
▸ 부여풍이 백강에서 왜군과 함께 당군에 맞서 싸웠다. 4회 이상
▸ 신라와 당의 연합군이 백강에서 왜군을 물리쳤다.
▸ 당이 안동 도호부를 평양에 설치하였다.
▸ 신라가 당의 군대에 맞서 매소성에서 승리하였다. 4회 이상
▸ 신라군이 기벌포에서 적군을 격파하였다. 4회 이상
▸ 당이 안동 도호부를 요동 지역으로 옮겼다.

01 밑줄 그은 '이 왕'에 대한 설명으로 옳은 것은?

설명형 54회

> 이것은 국보 제242호인 *울진 봉평리 신라비로 *병부를 설치하고 *율령을 반포한 이 왕 때 건립되었습니다. 이 비석에는 신라 6부의 성격과 관등 체계, 지방 통치 조직과 촌락 구조 등 당시 사회상을 알려 주는 내용이 담겨 있습니다.

① 이사부를 보내 우산국을 복속하였다.
② 관료전을 지급하고 녹읍을 폐지하였다.
③ 이차돈의 순교를 계기로 불교를 공인하였다.
④ 인재 등용을 위해 독서삼품과를 시행하였다.
⑤ 거칠부에게 명하여 국사를 편찬하게 하였다.

02 다음 검색창에 들어갈 왕에 대한 설명으로 옳은 것은?

설명형 52회

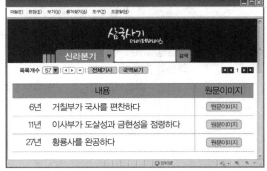

	내용	원문이미지
6년	거칠부가 국사를 편찬하다	원문이미지
11년	이사부가 도살성과 금현성을 점령하다	원문이미지
27년	황룡사를 완공하다	원문이미지

① 불국사 삼층 석탑을 건립하였다.
② 첨성대를 세워 천체를 관측하였다.
③ 마운령, 황초령 등에 순수비를 세웠다.
④ 금관가야를 복속하여 영토를 확대하였다.
⑤ 시장을 감독하는 관청인 동시전을 설치하였다.

정답 분석 ③

🔍 정답의 단서 | 울진 봉평리 신라비, 병부 설치, 율령 반포

신라 법흥왕은 상대등과 *병부를 설치하고 관등을 정비하여 중앙 집권적 국가 체제를 갖추었다. 법흥왕 때 세워진 것으로 추정되는 *울진 봉평리 신라비에는 울진 지방이 신라 영토에 포함되면서 항쟁이 일어나자 대책을 마련하기 위해 6부 회의를 열고, 대항하지 못하도록 벌을 주었다는 내용이 새겨져 있다. 이를 통해 *율령 반포와 6부 제도 실시 등 신라 사회의 전반적인 통치 제도와 관등 체계 등을 알 수 있다.
③ 법흥왕은 이차돈의 순교를 계기로 불교를 신라의 국교로 공인하였다.

오답 분석

① 신라 지증왕은 이사부를 시켜 우산국(울릉도)과 우산도(독도)를 복속하고 실직주의 군주로 삼았다.
② 통일 신라 신문왕은 귀족 세력을 약화시키기 위해 관료전을 지급하고 녹읍을 폐지하였다.
④ 통일 신라 원성왕은 국학의 학생들을 대상으로 독서삼품과를 시행하여 유교 경전의 이해 수준에 따라 관리로 채용하였다.
⑤ 신라 진흥왕은 거칠부에게 역사서인 『국사』를 편찬하게 하였다.

정답 분석 ③

🔍 정답의 단서 | 거칠부가 『국사』 편찬, 이사부, 황룡사 완공

신라 진흥왕은 한강 유역을 차지하고 대가야를 병합하는 등 정복 활동을 활발히 하였다. 백제가 고구려의 도살성을 빼앗고 고구려가 백제의 금현성을 함락시키는 등 양국이 결합을 벌일 때 진흥왕이 이찬 이사부를 시켜 도살성과 금현성을 모두 공격하여 빼앗고 성을 증축하기도 하였다. 또한, 대내적으로는 거칠부로 하여금 역사서인 『국사』를 편찬하도록 하였으며, 신라 최대의 사찰인 황룡사를 완공하였다.
③ 신라 진흥왕은 함경도 지역까지 영토를 확장하여 마운령비, 황초령비 등의 순수비를 세웠다.

오답 분석

① 통일 신라 경덕왕 때 불국사를 창건하였는데, 절의 대웅전 앞 서쪽에 세워져 있는 불국사 삼층 석탑도 이때 건립된 것으로 추정된다.
② 신라 선덕 여왕 때 천체 관측을 위한 첨성대를 세웠다.
④ 신라 법흥왕 때 금관가야를 복속하여 구해왕과 그 자손들이 신라 진골에 편입되었다.
⑤ 신라 지증왕은 수도 경주에 시장을 설치하고 이를 감독·관리하기 위한 관청인 동시전을 설치하였다.

03 (가), (나) 사이의 시기에 있었던 사실로 옳은 것은?

시기 일치형 사료형 54회

> (가) 잔치를 크게 열어 장수와 병사들을 위로하였다. 왕과 [소]정방 및 여러 장수들은 당상(堂上)에 앉고, 의자와 그 아들 융은 당하(堂下)에 앉혔다. 때로 의자에게 술을 따르게 하니 백제의 좌평 등 여러 신하는 모두 목이 메어 올었다.
>
> (나) 사찬 시득이 수군을 거느리고 설인귀와 소부리주 기벌포에서 싸웠으나 잇달아 패배하였다. [시득은] 다시 진군하여 크고 작은 22번의 싸움에서 승리하고 4천여 명의 목을 베었다.
>
> － 「삼국사기」 －

① 고국원왕이 평양성에서 전사하였다.
② 성왕이 관산성 전투에서 피살되었다.
③ 김춘추가 당과의 군사 동맹을 성사시켰다.
④ 을지문덕이 살수에서 수의 군대를 물리쳤다.
⑤ 안승이 신라에 의해 보덕왕으로 임명되었다.

정답 분석 ⑤

🔍 **정답의 단서 |** 소정방, 의자와 아들 융, 백제, 사찬 시득, 설인귀, 기벌포

(가) **백제 멸망**(660): 백제는 당의 장수 소정방이 이끄는 나당 연합군에 의해 수도 사비가 함락되고 의자왕과 태자 융이 당으로 송치되면서 멸망하였다.

(나) **신라의 삼국 통일**(676): 신라 문무왕은 기벌포 전투에서 설인귀가 이끄는 당군에 승리하고 당의 세력을 한반도에서 몰아내면서 삼국을 통일하였다.

⑤ **고구려 멸망 이후** 신라 문무왕은 당 세력을 몰아내기 위해 신라로 망명한 고구려 보장왕의 아들 **안승**을 보덕국 왕으로 임명하고 **금마저**에 땅을 주어 **고구려 부흥 운동**을 지원하였다(674).

오답 분석

① **고구려 고국원왕**은 백제 근초고왕이 평양성을 침략하자 이에 항전하다가 **전사**하였다(371).
② **백제 성왕**은 신라 진흥왕이 나제 동맹을 깨고 백제가 차지한 지역을 점령하자 이에 분노하여 신라를 공격하였으나 **관산성 전투**에서 피살되었다(554).
③ **신라 김춘추**는 당으로 건너가 당 태종으로부터 군사적 지원을 약속받는 데 성공하며 나당 동맹을 성사시키고 나당 연합군을 결성하였다(648).
④ **고구려 영양왕** 때 **수 양제**가 우중문의 30만 별동대로 평양성을 공격하였으나 **을지문덕**이 **살수**에서 2,700여 명을 제외한 수군을 전멸시켰다(살수 대첩, 612).

04 (가), (나) 사이의 시기에 있었던 사실로 옳은 것은?

시기 일치형 사료형 65회

> (가) 당의 손인사, 유인원과 신라왕 김법민은 육군을 거느려 나아가고, 유인궤 등은 수군과 군량을 실은 배를 거느리고 백강으로 가서 육군과 합세하여 주류성으로 갔다. 백강 어귀에서 왜의 군사를 만나 …… 그들의 배 4백 척을 불살랐다.
>
> (나) 이근행이 군사 20만 명을 이끌고 매소성에 머물렀다. 신라군이 공격하여 달아나게 하고 말 3만여 필을 얻었는데, 노획한 병장기의 수도 그 정도 되었다.

① 장문휴가 당의 등주를 공격하였다.
② 원광이 왕명으로 걸사표를 작성하였다.
③ 을지문덕이 살수에서 대승을 거두었다.
④ 김춘추가 당과의 군사 동맹을 성사시켰다.
⑤ 검모잠이 안승을 왕으로 세워 부흥 운동을 벌였다.

정답 분석 ⑤

🔍 **정답의 단서 |** 당, 신라왕 김법민, 백강, 주류성, 왜의 군사, 이근행, 매소성, 신라군이 공격

(가) **백강 전투**(663): 백제가 멸망한 이후 흑치상지는 임존성을, 복신과 도침 등은 주류성을 근거지로 백제 **부흥 운동**을 전개하였다. 이후 **나당 연합군**이 백제 부흥군의 본거지로 진군하자 부흥군은 왜에게 수군을 요청하여 함께 백강에서 전투를 벌였으나 패하였다.

(나) **매소성 전투**(675): 당이 평양에 안동 도호부를 설치하고 신라까지 지배하려 하자 **나당 전쟁**이 발발하였다. 신라는 매소성에서 당의 이근행이 이끄는 20만 군대를 격파시켰다. 이후 당나라 장수 설인귀의 수군을 기벌포에서 크게 무찌르면서 **삼국을 통일**하였다(기벌포 전투, 676).

⑤ **나당 연합군에** 의해 평양성이 함락되어 **고구려가 멸망하자**(668) **검모잠, 고연무** 등이 보장왕의 서자 안승을 왕으로 추대하고, 한성(황해도 재령)과 오골성을 근거지로 **고구려 부흥 운동**을 전개하였다(670). 그러나 내분으로 인해 안승이 검모잠을 죽인 뒤 고구려 유민을 이끌고 신라로 망명하자 신라 문무왕은 안승을 **보덕국의 왕**으로 임명하고 금마저 땅을 주어 당에 맞서도록 하였다(674).

오답 분석

① **발해 무왕**은 **장문휴의 수군**으로 **당의 등주**를 선제공격하여 당군을 격파하였다(732).
② **신라 진평왕** 때 **승려 원광**은 고구려의 잦은 침략을 물리치기 위해 수에 도움을 청하는 **걸사표**를 작성하였다(608).
③ **고구려 영양왕** 때 **수 양제**가 우중문의 30만 별동대로 평양성을 공격하였으나 **을지문덕**이 살수에서 수군에 대승을 거두었다(살수 대첩, 612).
④ **신라 김춘추**는 고구려와의 동맹에 실패하자 당으로 건너가 당 태종으로부터 군사적 지원을 약속받는 데 성공하여 **나당 동맹**을 성사시키고 **나당 연합군**을 결성하였다(648).

6 통일 신라와 발해

최근 5개년 기출 빅데이터 분석 리포트	빈출 키워드 Top 5	꼭 나오는 문제 유형 Top 3

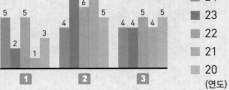

■ 24
■ 23
■ 22
■ 21
■ 20
(연도)

빈출 키워드 Top 5
1 독서삼품과
2 9서당 10정
3 관료전 지급, 녹읍 폐지
4 광평성
5 주자감

꼭 나오는 문제 유형 Top 3
1 빈칸형
2 사료형
3 설명형

1 통일 신라의 발전

1. 통일 직후 왕권 강화

문무왕	삼국 통일 완성
신문왕	• 김흠돌의 난 진압 → 귀족 세력 숙청, 왕권 강화 • 지방 행정 제도 정비: 9주 5소경 • 토지 제도 개편: 관료전 지급, 녹읍 폐지 • 유학 교육: 국립 교육 기관 국학 설립 • 감은사 완성(문무왕 때 짓기 시작), 만파식적 설화

2. 통일 신라의 통치 체제 정비

중앙 정치 제도	집사부 중심의 정치 운영: 장관 시중의 권한 강화, 위화부·사정부 등 13부가 행정 업무 분담
지방 행정 제도	• 9주 5소경: 전국을 9개의 주로 나누고 그 아래 군·현, 수도 외에 행정상 요지에 5소경 설치 • 지방 통제: 외사정 파견, 상수리 제도
군사 제도	9서당(중앙군), 10정(지방군)

2 통일 신라 말 혼란과 후삼국 시대

1. 통일 신라 말 혼란

통일 신라 말	• 진골 귀족들의 왕위 쟁탈전 심화 • 새로운 세력 성장: 6두품, 지방 호족 세력 • 새로운 사상 유행: 선종, 풍수지리설 등
원성왕	독서삼품과 실시 → 진골 귀족들의 반발로 실패
헌덕왕	웅천주 도독 김헌창의 난(822) → 진압
진성 여왕	• 농민 봉기 빈번: 원종과 애노의 난(889), 적고적의 난(896) • 최치원의 시무 10여 조 건의 • 『삼대목』 편찬(향가집)

2. 후삼국 시대

구분	후백제	후고구려
건국	견훤이 완산주(전주)에서 건국(900)	궁예가 송악(개성)에서 건국(901)
활동	• 중국 후당·오월에 사신을 파견하여 외교 관계 맺음 • 신라 수도 금성(경주)을 습격해 경애왕을 죽게 함	• 국호 '마진', 연호 '무태', 철원 천도 → 국호 '태봉' 변경 • 국정 기구 광평성 설치 • 전제 정치로 궁예 축출

기출 선택지로 개념 익히기 〔〕) 오디오 학습을 이용해 보세요!

1 통일 신라의 발전

▶ 무열왕의 직계 자손이 왕위를 세습하였다.
▶ 신문왕 – 왕의 장인인 김흠돌이 반란을 일으켰다. 8회 이상
▶ 신문왕 – 김흠돌을 비롯한 진골 귀족 세력을 숙청하였다. 4회 이상
▶ 신문왕 – 관료전을 지급하고 녹읍을 폐지하였다. 12회 이상
▶ 신문왕 – 지방 행정 제도를 9주 5소경으로 정비하였어요. 4회 이상
▶ 신문왕 – 국학을 설립하여 유교 교육을 실시하였다.
▶ 지방관을 감찰하기 위해 외사정을 파견하였다. 8회 이상

▶ 관리 감찰을 위해 사정부를 두었습니다.
▶ 9서당 10정의 군사 조직을 운영하였다. 12회 이상
▶ 중앙군으로 9서당을 편성하였다.
▶ 상수리 제도를 실시하여 지방 세력을 견제하였다. 4회 이상

2 통일 신라 말 혼란과 후삼국 시대

▶ 혜공왕이 귀족 세력에게 죽임을 당하였다.
▶ 빈공과를 준비하는 6두품 출신 유학생

3 발해

1. 발해의 건국과 발전

대조영	• 고구려 유민 세력을 이끌고 만주 지린성 동모산에서 발해 건국(698) • 고구려 계승 의식
무왕 (대무예)	• 연호 '인안' → 당과 대등 의식 • 당과 대립: 장문휴를 보내 산둥반도 공격
문왕 (대흠무)	• 연호 '대흥', 상경 용천부로 천도 • 당·신라와 친선 관계: 신라와 상설 교통로(신라도) 개설
선왕 (대인수)	발해의 전성기 → 주변국으로부터 해동성국으로 불림

2. 발해의 통치 체제

중앙 정치 제도	• 3성 6부: 당의 3성 6부 제도 수용, 운영 방식과 명칭은 독자적, 정당성 중심으로 운영(장관인 대내상이 국정 총괄) • 중정대(관리 감찰), 문적원(서적 관리), 주자감(국립 대학)
지방 행정 제도	5경 15부 62주(지방관 파견) → 선왕 때 완비
군사 제도	중앙군(10위), 지방군

3. 발해의 고구려 계승 의식

일본에 보낸 국서	'고려', '고려 국왕'이라는 명칭 사용
문화적 유사성	온돌, 대형 치미, 이불 병좌상, 발해 석등 등이 고구려 문화와 유사

개념 PLUS+

▶ 9주 5소경

▶ 발해와 신라의 외교 대립
9세기에 발해가 대동강 유역까지 진출하자 신라는 장성을 축조하여 발해의 침략에 대비하였다. 이로써 양국의 대립은 점차 심해졌고, 9세기 후반에는 당에서 외교 의례의 순위를 놓고 다툼을 벌이기도 하였다(쟁장 사건).

▶ 발해의 중앙 정치 조직
※ 괄호 안은 당의 관제

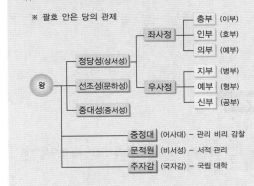

▶ 원성왕 – 인재를 등용하기 위하여 독서삼품과를 시행하였다. 12회 이상
▶ 독서삼품과 – 원성왕이 인재 등용 제도로 제정하였다.
▶ 웅천주 도독 김헌창이 반란을 일으켰다. 4회 이상
▶ 진성 여왕 – 원종과 애노가 사벌주에서 봉기하였다. 8회 이상
▶ 진성 여왕 – 최치원이 왕에게 시무 10여 조를 건의하였다. 4회 이상
▶ 진성 여왕 – 위홍과 대구화상에게 삼대목을 편찬하도록 하였다. 4회 이상
▶ 견훤이 후백제를 건국하였다.
▶ 견훤 – 후당과 오월에 사신을 파견하였다. 8회 이상
▶ 견훤 – 오월(吳越)에 사신을 보내고 검교태보의 직을 받았다.
▶ 견훤 – 양길의 휘하에서 세력을 키웠다.
▶ 견훤 – 신라의 금성을 습격하여 경애왕을 죽게 하였다.
▶ 궁예가 국호를 마진에서 태봉으로 바꾸었다. 4회 이상
▶ 궁예 – 국호를 마진으로 바꾸고 철원으로 천도하였다. 4회 이상
▶ 궁예 – 광평성을 비롯한 각종 정치 기구를 마련하였다. 12회 이상

▶ 궁예가 정변으로 왕위에서 축출되었다.

3 발해
▶ 대조영이 고구려 유민을 이끌고 동모산에서 건국하였다.
▶ 전성기에 해동성국이라고도 불렸다.
▶ 인안, 대흥 등의 연호를 사용하였다.
▶ 장문휴를 보내 등주를 공격했어요. 4회 이상
▶ 신라도를 통하여 신라와 교류하였다.
▶ 중앙 관제를 3성 6부로 정비했습니다.
▶ 주자감을 설치하여 인재를 양성하였다. 8회 이상
▶ 5경 15부 62주의 지방 행정 제도를 갖추었다. 4회 이상
▶ 정당성의 대내상이 국정을 총괄하였다.
▶ 중정대를 두어 관리를 감찰하였다. 4회 이상
▶ 고구려와 당의 양식이 혼합된 벽돌무덤을 만들었다.

01 밑줄 그은 '왕'에 대한 설명으로 옳은 것은? `사료형` `50회`

> 용이 검은 옥대를 바쳤다. …… 왕이 놀라고 기뻐하여 오색 비단·금·옥으로 보답하고, 사람을 시켜 대나무를 베어서 바다로 나오자, 산과 용은 홀연히 사라져 보이지 않았다. 왕이 감은사에서 유숙하고 …… 행차에서 돌아와 그 대나무로 피리를 만들어 월성의 천존고에 보관하였다. 이 피리를 불면 적병이 물러가고 병이 나으며, 가물 때 비가 오고 비올 때 개며, 바람이 잦아들고 파도가 평온해졌다. 이를 ❶만파식적(萬波息笛)이라 부르고 국보로 삼았다.
>
> — 『삼국유사』 —

① 병부와 상대등을 설치하였다.
② 이사부를 보내 우산국을 복속하였다.
③ 마립간이라는 칭호를 처음 사용하였다.
④ 매소성 전투에서 당의 군대를 격파하였다.
⑤ 김흠돌을 비롯한 진골 귀족 세력을 숙청하였다.

02 (가)~(다)를 일어난 순서대로 옳게 나열한 것은?

`순서 나열형` `사료형` `54회`

> (가) 도적들이 나라의 서남쪽에서 일어났는데, 붉은색 바지를 입어 모습을 다르게 하였기 때문에 적고적(赤袴賊)이라고 불렸다. 그들은 주와 현을 도륙하고, 수도의 서부 모량리까지 와서 민가를 노략질하고 돌아갔다.
>
> (나) 웅천주 도독 헌창은 그의 아버지 주원이 임금이 되지 못하였다는 이유로 반란을 일으켜 국호를 장안이라 하고, 연호를 세워 경운 원년이라 하였다.
>
> (다) 아찬 우징은 청해진에 있으면서 김명이 왕위를 빼앗았다는 소식을 듣고 청해진 대사 궁복에게 말하였다. "김명은 임금을 죽이고 스스로 왕이 되었으니, …… 장군의 군사를 빌려 임금과 아버지의 원수를 갚고자 합니다."
>
> — 『삼국사기』 —

① (가) – (나) – (다)　　② (가) – (다) – (나)
③ (나) – (가) – (다)　　④ (나) – (다) – (가)
⑤ (다) – (가) – (나)

문제 파헤치기

정답 분석 ⑤

🔍 정답의 단서 | 감은사, 대나무로 피리를 만듦, 월성의 천존고, 만파식적(萬波息笛), 『삼국유사』

『삼국유사』에서 전해지는 통일 신라 때 전설상의 피리인 ❶만파식적(萬波息笛) 설화에 따르면 신문왕은 아버지 문무왕을 위해 동해에 감은사를 지었다. 이후 문무왕이 죽어서 된 해룡(海龍)과 김유신이 죽어서 된 천신(天神)이 용을 시켜 보낸 대나무로 피리를 만들었으며, 이 피리를 불면 적병이 물러가고 병이 낫는 등 나라의 근심이 사라졌다고 한다.
⑤ 신문왕은 장인이었던 김흠돌이 일으킨 난을 진압한 후 진골 귀족 세력을 숙청하여 왕권을 강화하였다.

오답 분석

① 신라 법흥왕은 병부와 상대등을 설치하고 관등을 정비하여 중앙 집권적 국가 체계를 갖추었다.
② 신라 지증왕은 이사부를 시켜 우산국(울릉도)과 우산도(독도)를 복속시키고 실직주의 군주로 삼았다.
③ 신라 내물왕은 '가장 높은 우두머리'라는 뜻의 마립간 칭호를 처음으로 사용하였다.
④ 신라 문무왕은 매소성 전투와 기벌포 전투에서 승리하여 당의 세력을 한반도에서 몰아냈다.

정답 분석 ④

🔍 정답의 단서 | 적고적(赤袴賊), 웅천주 도독 헌창, 아버지 주원, 아찬 우징, 청해진 대사 궁복, 『삼국사기』

(나) 김헌창의 난(822): 통일 신라 헌덕왕 때 김주원이 왕위 쟁탈전에서 패배하자 아들인 웅천주 도독 김헌창이 반란을 일으켰다가 관군에 진압되어 실패하였다.
(다) 신무왕 즉위(839): 통일 신라 원성왕의 증손자 김우징은 흥덕왕이 적장자가 없는 상태에서 죽자 아버지 김균정을 왕으로 세우려 하였다. 그러나 시중 김명이 김균정을 죽이고 희강왕을 즉위시켰다가 이후 직접 왕위에 오르자 김우징은 청해진 대사 장보고(궁복)에게 군사 지원을 받아 신무왕으로 즉위하였다.
(가) 적고적의 난(896): 통일 신라 진성 여왕 때 서남쪽 지방에서 적고적이라고 불리는 도적들이 반란을 일으켜 수도인 경주 근방까지 진출하고 민가를 약탈하였다.

03 (가) 인물의 활동으로 옳은 것은? 빈칸형 사료형 52회

> ○ (가) 이/가 스스로 왕이라 칭하며 말하기를, "지난날 신라가 당에 군사를 청하여 고구려를 격파하였다. 그래서 평양 옛 도읍은 잡초만 무성하게 되었으니, 내가 반드시 그 원수를 갚겠다."라고 하였다.
>
> -『삼국사기』-
>
> ○ (가) 이/가 미륵불을 자칭하였다. 머리에 금책(金幘)을 쓰고 몸에는 가사를 걸쳤으며 큰아들을 청광보살, 막내아들을 신광보살이라고 불렀다.
>
> -『삼국사기』-

① 임존성에서 당군을 격퇴하였다.
② 일리천 전투에서 신검에게 승리하였다.
③ 광평성을 비롯한 여러 관서를 설치하였다.
④ 청해진을 통하여 해상 무역을 전개하였다.
⑤ 오월(吳越)에 사신을 보내고 검교태보의 직을 받았다.

정답 분석 ③

정답의 단서 | 평양 옛 도읍, 미륵불 자칭, 『삼국사기』

③ 궁예는 북원 양길의 휘하로 들어가 세력을 키워 송악에 도읍을 정하고 후고구려를 세웠다. 그는 광평성을 중심으로 한 정치 기구를 새롭게 마련하기도 하였으나 미륵 신앙을 바탕으로 한 전제 정치로 인해 백성과 신하들의 원성을 사면서 왕건에 의해 축출되었다.

오답 분석

① **흑치상지**는 백제가 멸망한 이후 복신, 도침 등과 함께 왕자 풍을 왕으로 추대하고 **임존성**, 주류성을 거점으로 **백제 부흥 운동**을 전개하였다.
② 견훤의 고려 귀순 후 **신검의 후백제군과 왕건의 고려군**이 **일리천** 일대에서 전투를 벌여 고려군이 크게 승리하였다.
④ **통일 신라 장보고**는 완도에 **청해진**을 설치하여 **해상 무역**을 장악하였다.
⑤ **후백제**를 건국한 **견훤**이 **중국 오월에 사신을 파견**하자 오월 왕이 답례 사절을 보내면서 견훤에게 검교태보(檢校太保)의 직을 주며 외교 관계를 맺었다.

04 (가) 국가에 대한 설명으로 옳은 것은? 빈칸형 사료형 52회

> 대무예가 대장 장문휴를 보내 수군을 거느리고 등주를 공격하였다. 당 현종은 급히 대문예에게 유주의 군사를 거느리고 반격하게 하고, 태복경 김사란을 보내 신라군으로 하여금 (가) 의 남쪽을 치게 하였다. 날씨가 매우 추운 데다 눈이 한 길이나 쌓여서 군사들이 태반이나 얼어 죽으니, 공을 거두지 못하고 돌아왔다.

① 평양을 서경으로 삼아 중시하였다.
② 주자감을 설치하여 인재를 양성하였다.
③ 건원이라는 독자적 연호를 사용하였다.
④ 내신 좌평 등 6좌평의 관제를 정비하였다.
⑤ 지방관 감찰을 위해 외사정을 파견하였다.

정답 분석 ②

정답의 단서 | 대무예, 장문휴, 등주 공격, 당 현종, 신라군

발해의 제2대 왕인 무왕(대무예)은 동북방의 여러 세력을 복속하여 영토를 확장하는 과정에서 동생 대문예를 보내 흑수 말갈을 정벌하게 하였고, 장문휴의 수군으로 당의 등주를 공격하였다. 그러자 당은 대문예에게 유주의 병사를 주어 발해를 공격하게 하고, 동시에 신라에도 사신을 파견하여 발해 남쪽 국경을 공격하도록 하였으나 실패하였다.
② 발해는 당의 국자감 제도를 받아들여 중앙에 최고 교육 기관인 주자감을 설치하였다. 이곳에서는 왕족과 귀족을 대상으로 유교 교육을 실시하여 인재를 양성하였다.

오답 분석

① **고려 태조 왕건**은 **평양**을 군사적 · 정치적으로 중요시하여 **서경으로** 삼았다.
③ **신라 법흥왕**은 **건원**이라는 독자적인 연호를 사용하였다.
④ **백제 고이왕**은 **6좌평제와 16관등제**를 정비하여 중앙 집권 국가의 기틀을 마련하였다.
⑤ **통일 신라 문무왕**은 삼국 통일 이후 왕권을 강화하고 지방관을 감찰하기 위해 **외사정을 파견**하였다.

7 고대 경제와 사회

최근 5개년 기출 빅데이터 분석 리포트	빈출 키워드 Top 5	꼭 나오는 문제 유형 Top 3

최근 5개년 기출 빅데이터 분석 리포트

막대그래프: 4, 2, 2, 2, 1 / 3, 2, 2, 1, 0 (연도)
1, 2

빈출 키워드 Top 5
- ■ 24
- ■ 23
- ■ 22
- ■ 21
- ■ 20 (연도)

1 동시전
2 정사암
3 솔빈부의 말
4 골품 제도
5 청해진

꼭 나오는 문제 유형 Top 3
1 빈칸형
2 설명형
3 사료형

1 고대의 경제

1. 삼국의 경제

수공업과 상업 발달	• 관청에서 필요한 물품 생산 • 시장 설치, 동시전에서 시장 감독(신라)
경제 기반	• 귀족: 국가에서 지급받는 토지(녹읍·식읍 등)와 노비 소유 • 농민: 소유지 혹은 빌린 토지에서 경작

2. 남북국의 경제

통일 신라	• 국제 무역: 울산항·당항성이 국제 무역항으로 번성, 장보고가 완도에 청해진을 설치하여 해상 무역 장악 • 민정 문서(신라 촌락 문서): 일본 도다이사 쇼소인에서 발견, 세금 징수를 목적으로 촌주가 3년마다 작성(토지 면적, 인구수, 소·말 수 등)
발해	• 교통로: 영주도(당), 일본도(일본), 신라도(신라), 거란도(거란)를 통해 국제 교류 • 목축 발달, 솔빈부의 말을 특산물로 수출

2 고대의 사회

1. 삼국의 사회

신분 제도 확립		• 귀족: 옛 부족장 세력의 중앙 귀족화, 국가 중대사 결정 • 평민: 대부분 농민, 조세 징수와 노동력 징발의 대상 • 천민: 대부분 노비(전쟁 노비, 채무 노비)
사회 모습	고구려	• 지배층: 왕족 고씨 + 5부 출신 귀족 • 귀족 회의: 제가 회의
	백제	• 지배층: 왕족 부여씨 + 8성 귀족 • 귀족 회의: 정사암 회의
	신라	• 지배층: 성골, 진골, 6~1두품 • 귀족 회의: 화백 회의(만장일치제)

기출 선택지로 개념 익히기 🔊오디오 학습을 이용해 보세요!

1 고대의 경제

▸ 신라 - 시장을 감독하는 동시전이 설치되었다. 12회 이상
▸ 신라 - 시장을 감독하는 동시전의 관리
▸ 통일 신라 - 울산항, 당항성이 무역항으로 번성하였다. 4회 이상
▸ 통일 신라 - 완도에 청해진을 설치해 해상 무역을 장악하였다. 8회 이상
▸ 통일 신라 - 청해진이 국제 무역 거점으로 번성하였다.

▸ 통일 신라 - 장보고가 청해진을 설치하였다.
▸ 통일 신라 - 신라방을 형성하여 중국과 활발히 교역하였다.
▸ 신라 민정 문서 - 세금 수취를 위해 3년마다 작성되었다.
▸ 발해 - 거란도, 영주도 등을 통해 주변국과 교류하였다. 4회 이상
▸ 발해 - 솔빈부의 말이 특산물로 거래되었다. 12회 이상

2. 신라의 골품 제도

신분 구별	• 성골, 진골, 6~1두품으로 구분 • 6두품: 6등급(아찬)까지만 승진, 학문 · 종교 분야에서 활동 • 5두품: 10등급(대나마)까지만 승진 • 4두품: 12등급(대사)까지만 승진
일상생활 규제	• 골품에 따라 관직 승진 제한 • 옷차림, 집과 수레의 크기까지 제한
중위제	6두품 이하 계층에게 제한된 관등 범위 안에서 특진 기회 부여

3. 남북국의 사회

통일 신라	• 백제와 고구려의 옛 유민 포섭 • 중앙군인 9서당에 고구려인, 백제인, 말갈인 포함 • 골품제 변화: 3~1두품 사이의 구분이 사라지고 평민과 동등하게 간주
발해	• 지배층: 대씨(왕족), 고씨(귀족) 등 고구려계가 다수 차지, 일부 말갈계 • 피지배층: 고구려에 편입된 말갈족이 대다수, 토착 세력이 말갈 주민 통치

▶ 남북국 시대의 교통로

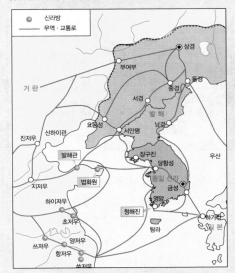

▶ 신라의 골품 제도

등급	관등명	공복	진골	6두품	5두품	4두품
1	이벌찬	자색				
2	이찬	자색				
3	잡찬	자색				
4	파진찬	자색				
5	대아찬	자색				
6	아찬	비색				
7	일길찬	비색				
8	사찬	비색				
9	급벌찬	비색				
10	대나마	청색				
11	나마	청색				
12	대사	황색				
13	사지	황색				
14	길사	황색				
15	대오	황색				
16	소오	황색				
17	조위	황색				

2 고대의 사회

▸ 고구려 – 제가 회의에서 나라의 중대사를 결정하였다.
▸ 백제 – 정사암에 모여 국가의 중대사를 논의하였다. 12회 이상
▸ 백제 – 정사암에 모여 재상을 선출하였다.
▸ 신라 – 만장일치제로 운영된 화백 회의가 있었다.
▸ 신라 – 화백 회의에서 국가의 중대사를 논의하였다. 4회 이상

▸ 신라 – 귀족 합의체인 화백 회의를 운영하였다.
▸ 신라 – 골품에 따라 관등 승진에 제한이 있었다. 12회 이상
▸ 신라 – 골품제라는 엄격한 신분제를 마련하였다.
▸ 골품 제도 – 집과 수레의 크기 등 일상생활까지 규제하였다.

01 밑줄 그은 '인물'이 활동한 시기의 경제 모습으로 옳은 것은? 설명형 53회

이곳은 새롭게 중건된 ⓐ산둥반도의 적산 법화원입니다. 이 사찰을 창건한 인물에 대해 말해 주세요.

ON 대화창
당에 건너가 군인으로 활약했어요.

왕위 쟁탈전에 가담하여 반란을 일으켰어요.

ⓑ문성왕이 보낸 자객에게 살해당했어요.

글쓰기

① 활구라고 불리는 은병이 유통되었다.
② 중국의 농서인 농상집요가 소개되었다.
③ 면화, 고추 등이 상품 작물로 재배되었다.
④ 청해진을 중심으로 해상 무역이 전개되었다.
⑤ 수도의 시전을 감독하기 위해 경시서가 설치되었다.

02 밑줄 그은 '왕'의 업적으로 옳은 것은? 사료형 63회

> ○ 담당 관청에 명하여 월성의 동쪽에 새 궁궐을 짓게 하였는데, 그곳에서 황룡이 나타났다. 왕이 이것을 기이하게 여기고는 [계획을] 바꾸어 사찰을 짓고, '황룡'이라는 이름을 내려 주었다.
>
> ○ [거칠부가] 왕의 명령을 받들어 여러 문사(文士)를 모아 국사를 편찬하였다.
>
> – 『삼국사기』 –

① 이사부를 보내 우산국을 복속시켰다.
② 예성강 이북에 패강진을 설치하였다.
③ 관료전을 지급하고 녹읍을 폐지하였다.
④ 국가적인 조직으로 화랑도를 개편하였다.
⑤ 이차돈의 순교를 계기로 불교를 공인하였다.

문제 파헤치기

정답 분석 ④

Q 정답의 단서 | 산둥반도 적산 법화원, 당에 건너가 군인으로 활약, 왕위 쟁탈전 가담, 문성왕이 보낸 자객에게 살해당함

통일 신라는 삼국 통일 이후 한강 하류의 당항성을 중심으로 당의 산둥반도와 이어지는 해상 무역이 발전하였다. 신라인의 왕래가 빈번한 당의 산둥반도 등지에는 신라인의 집단 거주지인 신라방과 사찰인 신라원 등이 세워졌으며, 흥덕왕 때 장보고가 ⓐ산둥반도 적산촌에 세운 법화원은 신라원 중 가장 유명한 사찰이었다. 이후 해상 무역권을 장악하여 권세를 누리던 장보고는 ⓑ문성왕이 자신의 딸을 왕비로 삼기로 한 것을 철회하자 분노하여 반란을 일으켰고, 불안을 느낀 왕실과 귀족들은 자객 염장을 보내 장보고를 살해하였다(장보고의 난, 846).
④ 통일 신라 장보고는 완도에 청해진을 설치하고 해적을 소탕하여 당, 신라, 일본 간 해상 무역을 전개하였다.

오답 분석

① **고려** 시대에는 상업 활동이 활발해지면서 성종 때 건원중보, 숙종 때 삼한통보, 해동통보, 해동중보 등의 동전과 **활구(은병)**가 발행·유통되었다.
② **고려 충정왕** 때 **이암**이 중국의 농서인 『**농상집요**』를 소개하였으나 한반도 농업의 실정과 맞지 않았다.
③ **조선 후기**에 상업의 발달로 면화, 고추, 인삼, 담배 등 **상품 작물**의 재배가 활발해졌다.
⑤ **고려**는 수도 개경에 시전을 설치하였고, 시전을 관리·감독하는 **경시서**를 두었다.

정답 분석 ④

Q 정답의 단서 | 황룡, 사찰을 지음, 거칠부, 국사를 편찬

신라 **진흥왕**은 거칠부에게 역사서인 『**국사**』를 편찬하게 하였다. 또한, 궁성인 월성 동쪽에 황룡이 나타나자 이를 기이하게 여겨 궁궐 대신 절인 **황룡사**를 지었다고 전해진다. 이후 황룡사는 경주에 있던 7개의 주요 사찰 중 하나가 되어 신라의 역대 왕들은 나라에 큰일이 있을 때마다 이곳에서 불법 강론회를 열었다.
④ 진흥왕은 **화랑도를 국가적인 조직으로 개편**하였고, 이들은 진평왕 때 원광이 지은 **세속 5계**를 생활 규범으로 삼아 명산대천을 찾아다니며 수련을 하였다.

오답 분석

① **신라 지증왕** 때 **이사부**는 왕의 명령으로 우산국(울릉도)과 우산도(독도)를 복속하고 실직주의 군주가 되었다.
② **통일 신라 선덕왕** 때 예성강 이북에 군사적 특수 구역인 **패강진**을 설치하였다.
③ **통일 신라 신문왕**은 귀족 세력을 약화시키기 위해 **관료전**을 **지급**하고 **녹읍**을 **폐지**하였다.
⑤ **신라 법흥왕**은 **이차돈의 순교**를 계기로 **불교를 국교**로 **공인**하였다.

03 (가) 국가에 대한 설명으로 옳은 것을 〈보기〉에서 고른 것은?

빈칸형 합답형 53회

> 〈한국사 온라인 강좌〉
>
> 우리 연구소에서는 □(가)□의 역사적 의미를 조명하기 위해 온라인 강좌를 마련하였습니다. 관심 있는 분들의 많은 참여 바랍니다.
>
> ▣ 강좌 주제 ▣
>
> 제1강 일본에 보낸 외교 문서에 나타난 역사의식
> 제2강 정혜 공주 무덤의 구조로 알 수 있는 고분 양식
> 제3강 장문휴의 등주 공격을 통해 본 대외 인식
> 제4강 인안, 대흥 연호 사용에 반영된 천하관
>
> ▪일시: 2021년 6월 매주 목요일 19:00~21:00
> ▪방식: 화상 회의 플랫폼 활용
> ▪주관: △△연구소

┌─ 보기 ─────────────────────
│ ㄱ. 철전인 건원중보를 발행하였다.
│ ㄴ. 솔빈부의 말이 특산물로 거래되었다.
│ ㄷ. 지방관을 감찰하고자 외사정을 파견하였다.
│ ㄹ. 거란도, 영주도 등을 통해 주변국과 교류하였다.
└────────────────────────────

① ㄱ, ㄴ　　　② ㄱ, ㄷ　　　③ ㄴ, ㄷ
④ ㄴ, ㄹ　　　⑤ ㄷ, ㄹ

04 밑줄 그은 '이 제도'에 대한 설명으로 옳은 것은?

설명형 55회

① 원화(源花)에 기원을 두고 있다.
② 을파소의 건의로 처음 마련되었다.
③ 서얼의 관직 진출을 법으로 제한하였다.
④ 집과 수레의 크기 등 일상생활을 규제하였다.
⑤ 문무 5품 이상 관리의 자손을 대상으로 하였다.

정답 분석 ④

🔍 **정답의 단서 |** 일본에 보낸 외교 문서, 정혜 공주 무덤, 장문휴의 등주 공격, 인안, 대흥 연호

발해는 문왕 때 **일본과 주고받은 외교 문서**에서 '고려 국왕'을 자처하는 등 **고구려 계승 의식**을 지니고 있었으며, 중국 지린성에 위치한 문왕의 둘째 딸 **정혜 공주 무덤**에는 고구려의 고분 양식을 계승한 굴식 돌방무덤의 모줄임 천장 구조가 나타난다. 또한, 발해는 무왕 때 **인안**, 문왕 때 **대흥**이라는 독자적인 연호를 사용하였으며, 무왕은 동생 대문예를 보내 흑수 말갈을 정벌하고 **장문휴의 수군으로 당의 등주를 공격**하였다.
ㄴ. 솔빈부는 발해의 지방 행정 구역인 15부 중 하나로, 당시 발해는 목축과 수렵이 발달하여 **솔빈부의 말을 주변 국가에 수출**하였다.
ㄹ. **거란도, 영주도, 일본도, 신라도와 같은 발해의 교통로**들은 상인과 사신들이 이동하는 교역로였으며, 이를 통해 발해가 당, 신라, 일본 등 **주변 국가와 대외 무역**을 전개하였음을 알 수 있다.

오답 분석

ㄱ. **고려 성종** 때 우리나라 최초의 화폐인 **건원중보**가 발행되었고, 철전과 동전 두 종류가 있었다.
ㄷ. **통일 신라**는 감찰 기관인 **사정부**를 두었고, 지방관을 감찰하기 위해 **외사정**을 파견하였다.

정답 분석 ④

🔍 **정답의 단서 |** 6두품, 아찬에서 더 이상 올라갈 수 없음

④ **신라**는 **골품제**라는 특수한 신분 제도를 운영하였다. 골품에 따라 **관등 승진에 제한**을 두어 6두품은 능력이 뛰어나도 신라의 17관등 중 제6관등인 아찬까지만 오를 수 있었다. 또한, 골품 제도는 가옥의 규모와 장식물은 물론 복색이나 수레의 크기 등 일상생활까지 규제하였다.

오답 분석

① **신라**는 **화랑도**라는 청소년 단체가 교육적·군사적 기능을 담당하며 인재를 배출하였다. 화랑도는 많은 인물들을 무리지어 놀게 한 뒤 행실을 보고 인재를 뽑는 **원화(源花) 제도**에 기원을 두었다.
② **고구려 고국천왕**은 국상 을파소의 건의에 따라 빈민을 구제하기 위해 먹을거리가 부족한 봄에 곡식을 빌려주고 겨울에 갚게 하는 **진대법**을 실시하였다.
③ **조선 태종** 때 **서얼 금고법**을 제정하여 양반의 자손이라도 서얼(첩의 자식)인 경우 관직에 진출할 수 없도록 하였다.
⑤ **고려**는 **음서 제도**를 통해 공신이나 문무 5품 이상 고위 관리의 자손들을 시험 없이 관리에 등용하였다.

8 고대의 문화

최근 5개년 기출 빅데이터 분석 리포트	빈출 키워드 Top 5	꼭 나오는 문제 유형 Top 3

<table>
<tr><td rowspan="5">
0 1 0 4 0 6 5 5 7 4 (연도)
■ 24
■ 23
■ 22
■ 21
■ 20
</td><td>
① 황룡사 구층 목탑
② 『왕오천축국전』
③ 세속 5계
④ 『화엄일승법계도』
⑤ 경주 불국사 다보탑
</td><td>
① 빈칸형
② 사진형
③ 설명형
</td></tr>
</table>

① 고대의 고분·과학 기술

1. 고분과 벽화

고구려	• 초기: 돌무지무덤 → 만주 집안 지역에 다수 분포 • 후기: 굴식 돌방무덤, 모줄임천장 구조 → 벽화 발견, 만주 집안·평안도 용강 지역 등 분포 • 고분 벽화: 무덤 주인의 생활 표현(초기) → 사신도 등 추상적인 그림(후기)
백제	• 한성 시대: 계단식 돌무지무덤(고구려의 영향, 서울 석촌동 고분군) • 웅진 시대: 굴식 돌방무덤, 벽돌무덤(중국 남조의 영향, 무령왕릉) • 사비 시대: 굴식 돌방무덤(부여 능산리 고분군)
신라	돌무지덧널무덤: 도굴이 어려워 껴묻거리가 많이 남아 있음(천마총) → 삼국 통일 직전 굴식 돌방무덤 등장

2. 과학 기술

고구려	고분 벽화에 별자리를 그린 천문도
백제	금속 공예 발달: 백제 금동 대향로, 칠지도 등
신라	• 천문 관측: 첨성대 축조(선덕 여왕) • 금속 주조 기술: 성덕 대왕 신종

② 불교·도교 사상과 문화유산

1. 승려

신라	원광	• 화랑도의 행동 규범인 세속 5계 제시 • 걸사표 작성
	자장	선덕 여왕에게 황룡사 구층 목탑 건립 건의
통일 신라	원효	• 불교 대중화: 「무애가」 • 화쟁 사상, 일심 사상 • 저술: 『금강삼매경론』, 『대승기신론소』, 『십문화쟁론』
	의상	• 화엄 사상 정립: 『화엄일승법계도』 • 관음 신앙: 아미타 신앙, 현세의 고난에서 구원받고자 함 • 영주 부석사 창건
	혜초	인도와 중앙아시아를 순례하고 『왕오천축국전』 저술

기출 선택지로 개념 익히기 🔊 오디오 학습을 이용해 보세요!

① 고대의 고분·과학 기술

▸ 돌무지덧널무덤으로 축조되었다.
▸ 당시 생활상을 담은 수렵도 등의 벽화가 남아 있다.
▸ 무령왕릉 – 매지권(買地券)이 새겨진 지석과 석수가 출토되었다.
▸ 무령왕릉 – 중국 남조의 영향을 받아 벽돌로 축조하였다.
▸ 무령왕릉 – 벽돌무덤으로 중국 양나라와의 문화적 교류를 보여 준다.
▸ 서울 석촌동 고분군에 위치하고 있다.

▸ 돌무지덧널무덤으로 다양한 껴묻거리가 출토되었다.
▸ 천마총 – 내부에서 천마도가 수습되었다.
▸ 나무로 곽을 짜고 그 위에 돌을 쌓았다.
▸ 무덤의 둘레돌에 12지 신상을 조각하였다.
▸ 첨성대를 세워 천체를 관측하였다.
▸ 고구려와 당의 양식이 혼합된 벽돌무덤을 만들었다.

2. 탑

익산 미륵사지 석탑 (백제)	부여 정림사지 오층 석탑(백제)	경주 분황사 모전 석탑(신라)
백제 무왕 건립		현존하는 신라 석탑 중 가장 오래됨
경주 불국사 삼층 석탑 (통일 신라)	경주 불국사 다보탑 (통일 신라)	경주 감은사지 (동서) 삼층 석탑 (통일 신라)
「무구정광대다라니경」 발견		
양양 진전사지 삼층 석탑 (통일 신라)	구례 화엄사 사사자 삼층 석탑 (통일 신라)	영광탑 (발해)

3. 불상

금동 연가 7년명 여래 입상(고구려)	서산 용현리 마애 여래 삼존상(백제)	경주 배동 석조여래 삼존 입상(신라)
경주 석굴암 본존불 (통일 신라)	경주 구황동 금제여래 좌상(통일 신라)	철원 도피안사 철조 비로자나불 좌상 (통일 신라)
이불 병좌상 (발해)	발해 석등 (발해)	금동 미륵보살 반가사유상(삼국)

4. 도교 문화유산

산수무늬 벽돌 (백제)	백제 금동 대향로 (백제)	사신도 – 현무 (고구려)

2 불교·도교 사상과 문화유산

▸ 원광 – 화랑도의 규범인 세속 5계를 제시하였다. 8회 이상
▸ 자장의 건의로 황룡사 구층 목탑을 건립하였다. 12회 이상
▸ 원효 – 무애가를 지어 불교 대중화에 기여하였다. 4회 이상
▸ 원효가 금강삼매경론을 저술하였다.
▸ 의상 – 부석사를 창건하였다.
▸ 의상 – 화엄일승법계도를 지어 화엄 사상을 정리하였다. 8회 이상
▸ 혜초 – 인도와 중앙아시아를 여행하고 왕오천축국전을 저술하였다. 8회 이상
▸ 혜초 – 구법 순례기인 왕오천축국전을 저술하였다.
▸ 익산 미륵사지 석탑 4회 이상

▸ 경주 분황사 모전 석탑 – 돌을 벽돌 모양으로 다듬어 쌓아 올린 탑이 남아 있다.
▸ 경주 불국사 다보탑 4회 이상
▸ 경주 불국사 삼층 석탑 4회 이상
▸ 경주 불국사 삼층 석탑 – 경내의 삼층 석탑에서 무구정광대다라니경이 발견되었다.
▸ 발해 영광탑
▸ 금동 연가 7년명 여래 입상 4회 이상
▸ 서산 용현리 마애여래 삼존상
▸ 금동 미륵보살 반가사유상
▸ 백제 금동 대향로 4회 이상

01 밑줄 그은 '대사'의 활동으로 옳은 것은?

설명형 51회

부석사 창건 설화

당에 유학했던 <u>대사</u>가 공부를 마치고 귀국길에 오르자 그를 사모했던 선묘라는 여인이 용으로 변하여 귀국길을 도왔다. 신라에 돌아온 <u>대사</u>는 불법을 전파하던 중 자신이 원하는 절을 찾았다. 그런데 그곳은 이미 다른 종파의 무리들이 있었다. 이때 선묘룡이 나타나 공중에서 커다란 바위로 변신하여 절의 지붕 위에서 떨어질 듯 말 듯 하자 많은 무리들이 혼비백산하여 달아났다. 이러한 연유로 이 절을 '돌이 공중에 떴다'는 의미의 ❶부석사(浮石寺)로 불렀다.

① 향가 모음집인 삼대목을 편찬하였다.
② 무애가를 지어 불교 대중화에 힘썼다.
③ 화랑도의 규범으로 세속 5계를 제시하였다.
④ 화엄일승법계도를 지어 화엄 사상을 정리하였다.
⑤ 인도와 중앙아시아를 다녀와서 왕오천축국전을 남겼다.

문제 파헤치기

정답 분석 ④

Q **정답의 단서 |** 부석사 창건, 당에 유학, 선묘, 불법 전파

경상북도 일대에 구전되어 내려오는 부석사 전설(선묘 설화)에 의하면, 통일 신라의 승려 의상이 당에 가서 공부할 때 머물던 집주인의 딸 선묘가 의상을 사모하였다. 선묘는 용으로 변하여 의상이 신라로 돌아올 때 탄 배의 바닥을 받쳐 무사히 귀국하도록 도왔다. 이후 의상이 신라에서 불법을 전파하던 중 원하는 절을 찾았으나 이미 다른 종파의 무리들이 살고 있자 선묘룡이 공중에서 절의 정상을 덮고 떨어질 듯 위협하였다. 이를 통해 그들을 모두 내쫓고 의상이 이 절에 들어갈 수 있도록 도왔다고 한다. 이때 이 절의 이름을 '돌이 공중에 떴다'는 의미의 ❶부석사(浮石寺)로 부르게 되었다.
④ 의상은 부석사를 중심으로 수많은 제자들을 양성하였으며, 『화엄일승법계도』를 저술하여 화엄 사상을 정립하고 화엄 교단을 세웠다.

오답 분석

① 통일 신라 말 각간 위홍과 대구화상이 진성 여왕의 명을 받아 향가 모음집인 『삼대목』을 편찬하였다.
② 원효는 불교의 대중화를 위해 불교의 교리를 쉬운 노래로 표현한 『무애가』를 지었다.
③ 원광은 신라 화랑도의 생활 규범으로 사군이충(事君以忠)·사친이효(事親以孝)·교우이신(交友以信)·임전무퇴(臨戰無退)·살생유택(殺生有擇)의 내용이 담긴 세속 5계를 제시하였다.
⑤ 혜초는 인도와 중앙아시아 지역을 답사하고 여행기인 『왕오천축국전』을 지었다.

02 밑줄 그은 '이 국가'의 벽화로 옳지 <u>않은</u> 것은?

설명형 사진형 54회

이 국가의 고분 벽화는 도읍이었던 지안과 평양 일대에 주로 남아 있는데, 일상생활과 풍속, 신앙과 의례를 묘사한 것으로 유명합니다. 이제 벽화 사진을 바탕으로 제작한 영상을 생생하게 만나 보세요.

①
②

③
④

⑤

정답 분석 ⑤

Q **정답의 단서 |** 고분 벽화, 도읍 지안과 평양

고구려의 굴식 돌방무덤은 만주 지안(집안)이나 평양, 용강 등지에 분포되어 있는 고분 양식이다. 돌로 널방을 만들고 그 위를 흙으로 덮어 봉분을 만든 형식으로 널방의 벽과 천장에는 벽화를 그리기도 하였다.
⑤ 밀양 박익 벽화묘의 벽화로, 조선 시대 것으로는 처음 발굴된 채색 벽화이다. 벽화에 그려진 인물, 말, 도구 등을 통해 조선 전기의 생활 풍속을 유추할 수 있다.

오답 분석

①·②·③·④ 모두 고구려의 고분 벽화이다.

03 (가)에 해당하는 문화유산으로 옳은 것은?

빈칸형 사진형 51회

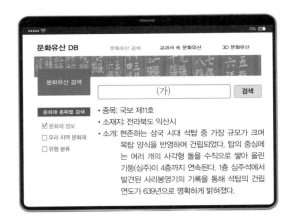

문화유산 DB   문화유산 검색   교과서 속 문화유산   3D 문화유산

문화유산 검색

[(가)]   검색

문화재 종목별 검색
☑ 문화재 정보
☐ 우리 지역 문화재
☐ 유형 분류

• 종목: 국보 제11호
• 소재지: 전라북도 익산시
• 소개: 현존하는 삼국 시대 석탑 중 가장 규모가 크며 목탑 양식을 반영하여 건립되었다. 탑의 중심에는 여러 개의 사각형 돌을 수직으로 쌓아 올린 기둥(심주)이 4층까지 연속된다. 1층 심주석에서 발견된 사리봉영기의 기록을 통해 석탑의 건립 연도가 639년으로 명확하게 밝혀졌다.

 ①
 ②
 ③
 ④
 ⑤

정답 분석 ③

🔍 **정답의 단서** | 전라북도 익산시, 현존하는 삼국 시대 석탑 중 가장 규모가 큼, 목탑 양식 반영, 심주석에서 발견된 사리봉영기

③ 백제 무왕 때 건립된 것으로 추정되는 **익산 미륵사지 석탑**은 목탑의 형태로 만들어진 석탑으로, 현존하는 삼국 시대의 석탑 중 가장 크며 당시 백제의 건축 기술을 확인할 수 있다. 또한, 1층의 첫 번째 심주석에서 발견된 사리봉영기의 기록을 통해 석탑의 건립 연도가 639년으로 명확하게 밝혀졌다.

오답 분석

① **부여 정림사지 오층 석탑**은 목탑의 구조와 비슷하지만 돌의 특성을 잘 살린 탑이다. 익산 미륵사지 석탑과 함께 **백제**의 대표적인 석탑으로 평가받는다.
② **경주 불국사 다보탑**은 경주 불국사에 있는 **통일 신라**의 화강석 석탑으로, 다보여래의 사리를 모신 탑이다.
④ **발해 영광탑**은 중국 지린성에 있는 전탑으로, 당의 영향을 받았다.
⑤ **익산 왕궁리 오층 석탑**은 기단과 사리 장치에 백제와 신라의 석탑 양식이 어우러진 석탑으로, **고려 전기** 작품으로 추정된다.

---

04 (가)에 해당하는 문화유산으로 옳은 것은?

빈칸형 사진형 53회

국보로 지정된 이 마애불은 둥근 얼굴 윤곽에 자비로운 인상을 지녀 '백제의 미소'라고 불립니다. 6세기 말에서 7세기 초, 중국을 오가던 사람들의 안녕을 기원하고자 교통로에 만들어진 것으로 보입니다.

한국의 마애불

(가)

① ② ③
④ ⑤

정답 분석 ④

🔍 **정답의 단서** | 마애불, 백제의 미소

④ **서산 용현리 마애여래 삼존상**은 충남 서산시 가야산 층암절벽에 조각된 거대한 **백제**의 화강석 불상이다. 마애불의 자비로운 인상으로 '백제의 미소'로도 알려져 있다. 불상은 백제 때 중국으로 통하는 교통로의 중심지에서 부여로 가는 길목에 위치하고 있어 당시 중국과 교역이 활발하였음을 알 수 있다.

오답 분석

① **안동 이천동 마애여래 입상**은 자연 암벽에 신체를 새기고 머리를 따로 올려놓은 거대 불상으로, **고려** 시대에 유행하던 형식이다.
② 경주 남산의 가파른 산비탈 병풍바위에 새겨진 **경주 남산 칠불암 마애불상군**은 **통일 신라** 8세기경의 작품으로 추정된다.
③ **영암 월출산 마애여래 좌상**은 영암 월출산 구정봉의 암벽을 깊게 판 뒤 그 안에 만든 거대 불상이다. 신체에 비해 큰 얼굴과 작게 표현된 팔 등 불균형한 비례를 통해 **통일 신라** 말에서 **고려** 초기에 만들어진 불상으로 추측된다.
⑤ **파주 용미리 마애이불 입상**은 자연 암벽에 신체를 새기고 머리 위에 돌갓을 얹어 토속적인 분위기를 풍기는 거대 불상으로, 신체 비율이 맞지 않는 **고려** 시대 불상의 특징이 잘 나타난다.

1일차 복습 체크리스트

☑ 고조선(단군)을 기록한 역사서

『삼국유사』	• 고려 충렬왕, 일연 • 최초로 단군 기록
『제왕운기』	• 고려 충렬왕, 이승휴 • 우리나라 역사를 단군에서부터 서술
『동국통감』	• 조선 성종, 서거정 • 단군 조선부터 고려 말까지의 역사 서술

☑ 고대 중앙 정치 조직의 변화

삼국		• 귀족 회의체에서 국가 중대사 결정: 고구려 – 제가 회의, 백제 – 정사암 회의, 신라 – 화백 회의 • 관등제 정비(신라는 관등제와 골품제를 결합하여 운영)
남북국	통일 신라	• 집사부 시중의 지위를 높임, 행정 업무 분담(위화부를 비롯한 13부) • 사정부(감찰 기구), 국학(국립 대학) 설립
	발해	• 3성 6부제: 당의 제도를 수용하였지만 명칭과 행정은 독자적으로 운영 • 정당성 장관 대내상이 국정 총괄

☑ 고대 지방 행정 조직의 변화

삼국		• 정복 지역을 세력의 크기에 따라 성 · 촌 단위로 개편 • 지방관 파견: 지방에 대한 중앙 정부의 지배력이 약함, 지방 세력가의 자치가 오랜 기간 유지
남북국	통일 신라	• 9주: 행정적 기능 강화, 주 아래 군 · 현을 두어 지방관 파견(외사정), 촌의 촌주가 실무 담당 • 5소경: 군사 · 행정상 요지, 수도의 편재성 보완, 지방 균형 발전 도모 • 특수 행정 구역: 향, 부곡 • 상수리 제도: 지방 세력 견제
	발해	• 5경: 전략적 요충지에 설치 • 15부: 지방 행정의 중심 • 62주: 주와 현에 지방관 파견

☑ 고대 군사 조직의 변화

삼국		지방 행정 조직을 군사 조직으로 편제, 지방관이 군대 지휘
남북국	통일 신라	• 9서당: 중앙군, 민족 융합책 • 10정: 지방군
	발해	10위(중앙군), 지방군, 독립 부대(국경 요충지)

☑ 삼국 시대의 역사서 편찬

삼국	고구려	영양왕 때 이문진의 『신집』 5권(고구려의 역사서 『유기』를 간추림)
	백제	근초고왕 때 고흥의 『서기』
	신라	진흥왕 때 거칠부의 『국사』

☑ 고대 국가의 고분 양식 변화

삼국	고구려	초기 – 돌무지무덤(장군총) → 굴식 돌방무덤(벽화 있음)
	백제	• 한성 시기: 계단식 돌무지무덤 • 웅진 시기: 굴식 돌방무덤, 벽돌무덤(무령왕릉) • 사비 시기: 굴식 돌방무덤
	신라	돌무지덧널무덤(천마총)
남북국	통일 신라	• 불교 영향으로 화장 유행 • 굴식 돌방무덤(둘레돌, 12지 신상)
	발해	• 정혜 공주 무덤: 굴식 돌방무덤, 고구려 양식 계승 • 정효 공주 무덤: 벽돌무덤(묘지, 벽화 있음)

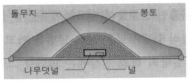

▲ 돌무지덧널무덤 단면도

3

고려

고려

| 선사 | 고대 | 16% | 조선 전기 | 조선 후기 | 근대 | 일제 강점기 | 현대 | 특강 |

10C

918	고려 건국(태조 왕건)
936	후삼국 통일
956	노비안검법 시행(광종)
994	서희의 외교 담판, 강동 6주 획득(성종)

11~12C

1019	강감찬의 귀주 대첩(현종)
1107	윤관의 여진 정벌, 동북 9성 설치(예종)
1126	이자겸의 난(인종)
1170	무신 정변(의종)

최근 5개년 기출 출제 비율

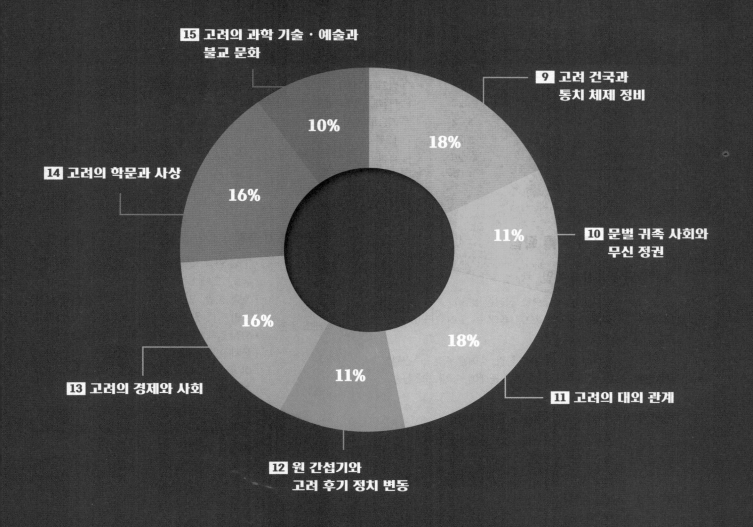

- **15** 고려의 과학 기술·예술과 불교 문화 — 10%
- **14** 고려의 학문과 사상 — 16%
- **13** 고려의 경제와 사회 — 16%
- **12** 원 간섭기와 고려 후기 정치 변동 — 11%
- **9** 고려 건국과 통치 체제 정비 — 18%
- **10** 문벌 귀족 사회와 무신 정권 — 11%
- **11** 고려의 대외 관계 — 18%

13C		14C	
1231	몽골의 1차 침입(고종)	1356	쌍성총관부 폐지(공민왕)
1232	강화도 천도(고종)	1380	황산 대첩, 진포 대첩(우왕)
1270	개경 환도(원종)	1388	이성계의 위화도 회군(우왕)
1281	일연의 『삼국유사』 저술(충렬왕)	1392	고려 멸망(공양왕)

기출 선택지로 개념 익히기 는 오디오 학습으로 스마트하게!

9 고려 건국과 통치 체제 정비

최근 5개년 기출 빅데이터 분석 리포트

■	24
■	23
■	22
■	21
■	20
	(연도)

(막대그래프: 11, 9, 3, 5, 6 / 2, 3, 2, 2, 0)
1 2

빈출 키워드 Top 5

1 쌍기(과거제)
2 『정계』, 『계백료서』
3 최승로의 시무 28조
4 12목
5 흑창

꼭 나오는 문제 유형 Top 3

1 사료형
2 빈칸형
3 설명형

1 건국과 국가 기틀 확립

1. 고려 건국과 후삼국 통일

고려 건국	왕건(해상 무역으로 성장한 호족) → 후고구려 궁예 축출 후 왕으로 추대 → 고려 건국(918), 송악(개성) 도읍
공산 전투	후백제 견훤의 신라 침입, 경애왕 죽음 → 견훤이 공산에서 고려 왕건 군대에 승리(고려 신숭겸 전사)
고창 전투	견훤의 군대가 왕건의 군대에 패배
견훤 투항	견훤이 아들 신검에 의해 금산사에 유폐 → 탈출 후 고려에 투항
발해 멸망	발해 멸망(926) 이후 왕자 대광현이 유민들과 함께 고려로 망명 → 유민 수용, 대광현에게 왕씨 성 하사
신라의 항복	신라 경순왕(김부)이 고려에 투항(935) → 태조 왕건이 김부를 경주의 사심관으로 임명
일리천 전투	후백제 신검의 군대가 일리천에서 왕건 군대에 패배
후삼국 통일	후백제 멸망 → 고려의 후삼국 통일(936)

2. 고려 초기 국왕

태조 왕건	• 민생 안정: 흑창 설치, 과도한 수취 금지(취민유도), 조세 1/10 징수 • 호족 통합·견제 정책: 공신에게 역분전 지급, 혼인 정책, 왕씨 성 하사, 사심관 제도, 기인 제도 • 북진 정책: 고구려 계승 의식, 서경(평양) 중시 • 통치 이념: 『정계』와 『계백료서』로 관리가 지켜야 할 규범 제시, 훈요 10조로 후대 왕들이 지켜야 할 정책 방향 제시
광종	• 독자적인 연호 광덕, 준풍 사용 • 노비안검법: 호족 세력 약화, 국가 재정 확대 • 과거제: 쌍기의 건의, 신진 인사 등용 • 공복 제정: 지배층의 위계 질서 확립
성종	• 최승로의 시무 28조 수용: 유교를 통치 이념으로 삼음, 불교 행사 억제 • 중앙: 2성 6부제 마련, 국립 대학 국자감 설치 • 지방: 12목 설치 → 지방관, 경학박사·의학박사 파견 • 향리 제도 실시
현종	전국을 5도 양계와 경기로 정비, 도병마사 설치

기출 선택지로 개념 익히기 ◁» 오디오 학습을 이용해 보세요!

1 건국과 국가 기틀 확립

▸ 신숭겸이 공산 전투에서 전사하였다.
▸ 왕건이 고창 전투에서 후백제군을 상대로 승리하였다.
▸ 경순왕 김부가 경주의 사심관이 되었다. 4회 이상
▸ 신검이 일리천에서 고려군에게 패배하였다. 4회 이상
▸ 태조 왕건 – 한양을 남경으로 승격시켰다.
▸ 태조 왕건 – 평양을 서경으로 삼아 중시하였다.
▸ 태조 왕건 – 공신에게 공로와 인품에 따라 역분전을 지급하였다. 4회 이상
▸ 태조 왕건 – 빈민을 구제하기 위해 흑창을 처음 설치하였다. 8회 이상

▸ 태조 왕건 – 정계와 계백료서를 지어 관리의 규범을 제시하였다. 12회 이상
▸ 광종 – 광덕, 준풍 등의 독자적인 연호를 사용하였다. 8회 이상
▸ 광종 – 왕권을 강화하기 위해 노비안검법을 실시하였다. 8회 이상
▸ 광종 – 쌍기의 건의를 받아들여 과거제를 실시하였다. 12회 이상
▸ 광종 – 후주 출신인 쌍기의 건의로 실시되었다.
▸ 성종 – 전국의 주요 지역에 12목을 설치하여 지방관을 파견하였다. 8회 이상
▸ 성종 – 최승로의 시무 28조를 받아들여 통치 체제를 정비하였다. 8회 이상
▸ 성종 – 지방 세력 통제를 위해 향리제를 정비하였다.
▸ 성종 – 빈민 구제를 위해 의창이 설치되었다.

2 통치 체제 정비

1. 중앙 정치 조직

특징	• 당의 제도 + 송의 제도 + 독자적 제도 • 귀족 정치(도병마사, 식목도감)	
2성 6부	• 중서문하성: 재신과 낭사로 구성, 수상인 문하 시중이 국정 총괄 • 상서성: 6부를 관장하며 행정 업무 집행	
중추원	• 송의 제도 모방 • 군사 기밀(추밀) + 왕명 출납(승선)	
어사대	관리 감찰, 탄핵	
삼사	화폐와 곡식의 출납 회계	
도병마사	국방 문제 논의, 도평의사 사로 개편(원 간섭기)	귀족 합의 기구 → 재신과 추밀의 합의
식목도감	법률 · 제도 개정 논의	제로 운영
대간	• 어사대의 관원(대관)과 중서문하성의 낭사로 구성 • 간쟁, 봉박, 서경권 → 정치 운영의 견제와 균형	

2. 지방 행정 체제

5도	일반 행정 구역, 안찰사 파견
양계	북방 국경 지역의 군사 행정 구역, 병마사 파견
주현과 속현	• 지방관이 파견된 주현보다 파견되지 않은 속현이 더 많음 • 향리가 실무 담당
향 · 부곡 · 소	• 특수 행정 구역 • 향 · 부곡: 농업 • 소: 수공업

3. 군사 제도

중앙군	• 2군: 국왕 친위 부대(응양군, 용호군) • 6위: 수도 · 국경 방어 • 특징: 직업 군인, 군인전 지급
지방군	• 주현군: 5도의 일반 군현, 예비군 • 주진군: 양계 주둔, 상비군

4. 관리 등용 제도

과거 제도	• 종류: 문과(문관), 잡과(기술관), 승과(승려) → 무과는 시행되지 않음 • 법적으로 양인 이상 응시 가능 • 특징: 지공거(과거 시험관)와 급제자 사이에 좌주 – 문생의 관계가 성립되어 깊은 유대 형성
음서 제도	공신이나 5품 이상 고위 관리의 자손을 과거 없이 등용

➕ 개념 PLUS+

▶ 고려의 지방 행정 체제

---

2 통치 체제 정비

▸ 중서문하성 – 국정을 총괄하는 중앙 관서였다.
▸ 도병마사 – 원 간섭기에 도평의사사로 명칭이 바뀌었다. 4회 이상
▸ 고관들의 합좌 기구인 도병마사를 설치하였다.
▸ 어사대 – 소속 관원이 낭사와 함께 서경권을 행사하였다.
▸ 대간 – 관리 임명에 대한 서경권을 가지고 있었다.
▸ 삼사 – 화폐, 곡식의 출납과 회계를 맡았다.
▸ 5도 – 지방관으로 안찰사를 파견했습니다.
▸ 북계에 병마사를 파견하여 적의 침입에 대비하였다.

▸ 중앙군을 2군 6위로 설치하였다.
▸ 응양군 – 용호군과 함께 궁성을 호위하였다.
▸ 주진군 – 국경 지역인 북계와 동계에 배치되었다.
▸ 음서 – 문무 5품 이상 관리의 자손을 대상으로 하였다.

01 (가) 왕에 대한 설명으로 옳은 것은? 빈칸형 55회

초대합니다

창작 뮤지컬
'삼태사, 후삼국 통일의 길을 열다'

❶고창 전투에서 [(가)] 을/를 도와 견훤에 맞서 싸운 공로로 태사(太師)의 칭호를 받은 김선평·장길(장정필)·권행, 그리고 ❷후삼국 통일을 염원했던 백성들의 이야기를 한 편의 뮤지컬로 선보입니다. 많은 관람 바랍니다.

• 일시: 2021년 ○○월 ○○일 20:00
• 장소: 안동 민속촌 특설 무대

① 신라에 침입하여 경애왕을 죽게 하였다.
② 국자감에 7재라는 전문 강좌를 개설하였다.
③ 마진이라는 국호와 무태라는 연호를 사용하였다.
④ 정계와 계백료서를 지어 관리의 규범을 제시하였다.
⑤ 후주와 사신을 교환하여 대외 관계의 안정을 꾀하였다.

02 밑줄 그은 '왕'의 업적으로 옳은 것은? 사료형 54회

왕이 "중앙의 5품 이상 관리들은 각자 봉사를 올려 시정(時政)의 잘잘못을 논하라."라고 명령하였다. 최승로가 상소하였는데 대략 다음과 같은 내용이었다. "······ 이제 앞선 5대 조정의 정치와 교화에 대해서 잘되고 잘못된 행적들을 기록하고, 거울로 삼거나 경계할 만한 것들을 삼가 조목별로 아뢰겠습니다. ······ 신이 또 시무(時務) 28조를 기록하여 장계와 함께 따로 봉하여 올립니다."

－『고려사절요』

① 빈민을 구제하기 위해 흑창을 처음 설치하였다.
② 왕권을 강화하기 위해 노비안검법을 실시하였다.
③ 청연각과 보문각을 두어 학문 연구를 장려하였다.
④ 권문세족을 견제하기 위해 전민변정도감을 운영하였다.
⑤ 전국의 주요 지역에 12목을 설치하여 지방관을 파견하였다.

문제 파헤치기

정답 분석 ④

🔍 **정답의 단서 |** 삼태사, 후삼국 통일, 고창 전투, 견훤에 맞서 싸움

공산 전투에서 고려에 승리한 후백제 견훤은 교통 요충지였던 고창(안동)을 포위하여 고려를 공격하였다. 그러나 ❶고창 전투에서 고려 왕건이 크게 승리하여 경상도 일대에서 견훤 세력을 몰아내고 ❷후삼국 통일의 기반을 마련하였다. 이때 안동 김씨의 시조 김선평, 안동 권씨의 시조 권행, 안동 장씨의 시조 장정필이 후삼국 통일에 기여한 공로를 인정받아 태사의 칭호를 받았다.
④ 태조 왕건은 고려를 건국한 뒤 『정계』와 『계백료서』를 통해 관리가 지켜야 할 규범을 제시하였다.

오답 분석

① 후백제 견훤은 신라의 수도 금성을 공격하여 **경애왕을 죽이고** 경순왕을 즉위시켰다.
② 고려 중기에 최충헌의 문헌공도를 대표로 하는 사학 12도의 발전으로 관학이 위축되자 **예종** 때 국자감을 재정비하여 **전문 강좌인 7재**를 개설하였다.
③ 통일 신라 말 왕족 출신 궁예는 송악에 도읍을 정하고 **후고구려**를 세웠다. 이후 **국호를 마진**으로 바꿨다가 다시 태봉으로 바꾸었으며 **무태라는 연호**를 사용하였다.
⑤ 고려 광종은 **중국 후주와 사신을 교환**하는 등의 유대 관계를 통해 왕권을 강화하고자 하였다. 이때 후주의 사신 설문우와 함께 고려에 건너온 쌍기의 건의에 따라 과거제를 실시하기도 하였다.

정답 분석 ⑤

🔍 **정답의 단서 |** 최승로, 시무 28조, 『고려사절요』

⑤ 고려 성종은 최승로의 시무 28조를 받아들여 통치 체제를 정비하였다. 이에 지방관을 파견하고 향리제를 마련하여 지방 세력을 견제하였으며, 전국 주요 지역에는 12목을 설치하고 지방관인 목사를 파견하였다.

오답 분석

① 태조 왕건은 조세 제도를 합리적으로 조정하여 세율을 1/10로 경감하고, 빈민을 구제하여 민생을 안정시키기 위해 **흑창**을 설치하였다.
② 광종은 **노비안검법**을 실시하여 억울하게 노비가 된 사람들을 해방시켜 국가 재정을 튼튼히 하는 동시에 호족의 세력을 약화시켰다.
③ 예종은 관학을 진흥시키기 위해 궁중에 **청연각·보문각**을 설치하여 학문 연구를 장려하였다.
④ 공민왕은 신돈을 등용하고 **전민변정도감**을 운영하여 권문세족에 의해 점탈된 토지를 돌려주고 억울하게 노비가 된 자를 풀어 주는 등 개혁을 단행하였다.

03 (가) 기구에 대한 설명으로 옳은 것은? 빈칸형 사료형 53회

> 시정(時政)을 논박하고 풍속을 교정하며 규찰과 탄핵 업무를 담당하였다. 국초에는 사헌대(司憲臺)라 불렸다. 성종 14년에 [(가)](으)로 고쳤으며 [관원으로] 대부, 중승, 시어사, 전중(殿中)시어사, 감찰어사가 있었다.
>
> — 『고려사』 —

① 국정을 총괄하는 중앙 관서였다.
② 무신 집권기 최고 권력 기구였다.
③ 사간원, 홍문관과 함께 삼사로 불렸다.
④ 원 간섭기에 도평의사사로 명칭이 바뀌었다.
⑤ 소속 관원이 낭사와 함께 서경권을 행사하였다.

04 (가) 왕의 재위 시기에 있었던 사실로 옳은 것은?
빈칸형 사료형 68회

공은 대송(大宋) 강남 천주 출신이다. …… 예빈성 낭중에 임명하고 집 한 채를 내려 주었다.

이것은 고려에 귀화한 채인범의 묘지명으로 현존하는 고려 시대 묘지명 중 가장 오래된 것입니다. 노비안검법을 실시한 [(가)]은/는 채인범, 쌍기 등의 귀화인들을 적극 등용하였습니다.

① 최승로가 시무 28조를 건의하였다.
② 경기에 한하여 과전법이 실시되었다.
③ 신돈이 전민변정도감의 판사가 되었다.
④ 빈민 구제 기관인 흑창이 처음 설치되었다.
⑤ 광덕, 준풍 등의 독자적 연호가 사용되었다.

정답 분석 ⑤

Q 정답의 단서 | 시정 논박, 풍속 교정, 규찰과 탄핵, 사헌대, 『고려사』

고려의 어사대는 정치의 잘잘못을 논의하고 풍속을 교정하며 관리의 비리를 규찰하고 탄핵하였다. 고려 초에는 사헌대라고 불렸으나 성종 때 어사대로, 현종 때 금오대로 바뀌었다가 이듬해 다시 사헌대로 바뀌었다.
⑤ 고려 어사대의 소속 관원과 중서문하성의 낭사는 대간으로 불리며 간쟁·봉박권과 함께 관리 임명에 대한 서경권을 행사할 수 있었다.

오답 분석

① 고려의 중서문하성은 국정을 총괄하고 정책을 결정하는 최고 중앙 관서였다.
② 고려 무신 정권 시기에 최충헌이 설치한 교정도감은 최고 권력 기구로서 국정 전반을 장악하였고, 최고 관직인 교정별감이 인사 및 재정 등을 주관하였다.
③ 조선의 사헌부는 사간원, 홍문관과 함께 삼사로 불리며 서경·간쟁·봉박 등의 권한을 가지고 있었다.
④ 고려의 도병마사는 재신(중서문하성의 2품 이상)과 추밀(중추원의 2품 이상)이 국방 및 군사 문제를 논의하는 임시적인 회의 기구였다. 그러나 원 간섭기인 충렬왕 때 도평의사사로 명칭이 바뀌었고 최고 정무 기구로서 국사 전반에 관여하게 되었다.

정답 분석 ⑤

Q 정답의 단서 | 노비안검법, 쌍기

고려 광종은 중국의 선진 제도를 수용하여 개혁 정치를 펼치고자 하였다. 이를 위해 중국에서 귀화한 사람들을 우대하였는데, 천주 출신의 채인범과 후주 출신의 쌍기가 대표적인 귀화인이다. 특히, 쌍기는 광종에게 중국 수나라 때부터 시행된 과거제를 건의하여 고려 내에 신분적 특권보다 학문적 소양을 중시하는 문화가 형성되는 데 큰 도움을 주었다.
⑤ 고려는 고구려를 계승하여 건국한 나라로, 스스로를 중국의 지배를 받지 않는 자주적인 황제의 국가로 여겼다. 이에 고려 태조 왕건은 중국과 다른 연호인 천수를 사용하였으며, 고려 광종은 광덕, 준풍이라는 독자적인 연호를 통해 주체성을 내세웠다.

오답 분석

① 성종은 최승로의 시무 28조를 받아들여 12목을 설치하고 지방관을 파견하였다(983).
② 공양왕 때 신진 사대부 조준 등의 건의로 토지 개혁법인 과전법이 실시되었으며, 원칙적으로 경기 지역에 한정하여 토지를 지급하였다(1391).
③ 공민왕 때 신돈이 전민변정도감의 책임자로 임명되어 권문세족이 빼앗은 토지를 돌려주고 억울하게 노비가 된 자를 풀어 주는 등 개혁을 단행하였다(1366).
④ 태조 왕건 때 빈민 구휼을 위해 흑창을 설치하여 춘궁기에 곡식을 대여해 주고 추수 후에 회수하였다(918).

10 문벌 귀족 사회와 무신 정권

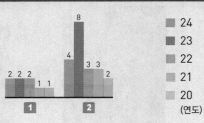

최근 5개년 기출 빅데이터 분석 리포트

- ■ 24
- ■ 23
- ■ 22
- ■ 21
- ■ 20

(연도)

빈출 키워드 Top 5

1 만적의 난
2 망이 · 망소이의 난
3 강화도 천도
4 김보당의 난
5 묘청의 서경 천도 운동

꼭 나오는 문제 유형 Top 3

1 사료형
2 설명형
3 빈칸형, 시기 일치형

1 문벌 귀족 사회의 성립과 동요

성립	• 지방 호족, 신라 6두품 유학자 출신이 여러 대에 걸쳐 중앙 고위 관직 차지 → 문벌 귀족 형성 • 특징: 과거와 음서를 통해 관직 독점, 전시과의 과전과 공음전 혜택, 왕실과 혼인 관계를 맺어 권력 장악
이자겸의 난 (1126)	• 배경: 문벌 귀족 이자겸이 왕실 외척으로 권력 독점, 왕의 측근 세력과 갈등 • 전개: 인종이 이자겸 제거 시도(실패) → 이자겸이 척준경과 난을 일으킴 → 척준경이 이자겸 제거 → 인종이 척준경 축출 • 결과: 문벌 귀족 사회 붕괴 촉진, 왕실 권위 하락
묘청의 서경 천도 운동 (1135)	• 배경: 이자겸의 난 이후 인종이 왕권 강화를 위한 개혁을 추진하는 과정에서 개경파(김부식)와 서경파(묘청, 정지상)의 대립 발생 • 전개: 묘청 등 서경파가 서경 천도, 금 정벌, 칭제 건원 주장 → 개경파의 반대 → 묘청이 난을 일으킴(국호 대위, 연호 천개) → 김부식의 관군에 의해 진압 • 결과: 문벌 귀족 사회의 동요 심화

2 무신 정권의 성립과 변천

1. 무신 정권

무신 정변	• 배경: 문벌 귀족 지배 체제의 모순 심화, 무신 차별, 의종의 실정, 하급 군인들의 불만 • 전개: 정중부 · 이의방 등이 보현원에서 무신 정변을 일으키고 문신 제거(1170) → 의종 폐위, 명종 옹립 후 정권 장악
초기	정중부 이후 경대승, 이의민이 차례로 집권
최충헌	• 이의민 제거 후 집권(최충헌 이후 최씨 4대가 연이어 집권) • 봉사 10조: 사회 개혁안 제시 • 교정도감: 국정 총괄 최고 기구, 최씨 정권 반대 세력 제거, 최충헌이 교정별감이 되어 인사 · 재정 등 국정 전반 장악 • 도방: 경대승이 설치한 사병 집단 확대 개편
최우	• 정방 설치: 모든 관직에 대한 인사권 장악 • 서방 설치: 문신 등용 • 삼별초 조직: 최우 때 설치된 야별초에서 유래, 좌별초 · 우별초 · 신의군으로 구성, 최씨 무신 정권의 군사적 기반 • 강화도 천도: 몽골과의 장기 항쟁

기출 선택지로 개념 익히기 🔊 오디오 학습을 이용해 보세요!

1 문벌 귀족 사회의 성립과 동요

▸ 이자겸이 왕실의 외척이 되어 권력을 독점하였다.
▸ 왕실의 외척인 이자겸이 난을 일으켰다. 4회 이상
▸ 이자겸과 척준경이 반란을 일으켜 궁궐을 불태웠다.
▸ 묘청 등이 중심이 되어 서경 천도를 주장하였다. 4회 이상
▸ 묘청 – 칭제 건원과 금국 정벌을 주장하였다. 4회 이상
▸ 묘청 – 서경에서 난을 일으키고 국호를 대위로 하였다. 4회 이상

▸ 김부식이 서경의 반란군을 진압하기 위해 출정하였다. 4회 이상

2 무신 정권의 성립과 변천

▸ 정중부가 반란을 일으켜 권력을 차지하였다. 4회 이상
▸ 최충헌 – 교정별감이 되어 국정 전반을 장악하였다. 4회 이상
▸ 최충헌이 봉사 10조를 올려 시정 개혁을 건의하였다. 4회 이상
▸ 교정도감이 국정을 총괄하는 기구로 부상하였다. 4회 이상

2. 무신 정권 시기의 사회 혼란

농민 봉기	• 망이·망소이의 난: 특수 행정 구역인 공주 명학소에서 가혹한 수탈에 저항하여 봉기 • 김사미·효심의 난: 김사미는 운문(청도), 효심은 초전(울산)에서 봉기 → 경상도 전 지역으로 확대
하층민 봉기	• 만적의 난: 최충헌의 사노비 만적이 개경에서 노비들을 규합하여 신분 해방 운동 주도 • 전주 관노의 봉기: 지방관의 가혹한 수탈에 반발
반(反) 무신의 난	• 김보당의 난: 동북면 병마사 김보당이 의종 복위를 주장하며 반란 • 조위총의 난: 서경 유수 조위총이 정중부를 제거하기 위해 반란

▶ **묘청의 서경 천도 운동**

제가 보건대, 서경 임원역의 땅은 풍수지리를 하는 사람들이 말하는 아주 좋은 땅입니다. 만약 이곳에 궁궐을 짓고 옮겨 앉으시면 천하를 다스릴 수 있습니다. 또한, 금이 선물을 바치고 스스로 항복할 것이요, 주변의 36국이 모두 머리를 조아릴 것입니다.

– 『고려사』 –

▶ **무신 정권 시기 지배 기구**

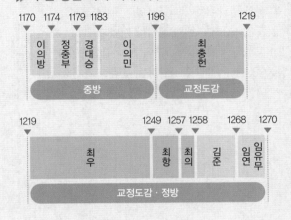

▶ **봉사 10조**

최충헌이 명종에게 올린 10개조의 개혁 방안으로, 정변의 정당성과 권력 안정을 위한 제도적 장치를 마련하는 데 기여하였다. 이는 결과적으로 최충헌의 권력을 안정시키는 수단이 되었다.

▶ 교정도감 – 무신 정권 시기 최고 권력 기구였다.
▶ 최우가 정방을 설치하여 인사권을 장악하였다. 4회 이상
▶ 최우 – 강화도로 도읍을 옮겨 장기 항전을 준비하였다. 8회 이상
▶ 최우 – 좌·우별초와 신의군으로 삼별초를 조직하였다. 4회 이상
▶ 삼별초 – 최씨 무신 정권의 군사적 기반 역할을 하였다.
▶ 명학소의 망이·망소이가 봉기하였다. 8회 이상
▶ 망이·망소이가 가혹한 수탈에 저항하여 봉기하였다.

▶ 김사미와 효심이 가혹한 수탈에 저항하여 봉기하였다. 4회 이상
▶ 만적을 비롯한 노비들이 신분 해방을 도모하였다. 8회 이상
▶ 만적이 개경에서 신분 해방을 도모하였다.
▶ 김보당의 난 – 의종 복위를 도모하여 군사를 일으켰다. 8회 이상
▶ 동북면 병마사 김보당이 난을 일으켰다.

01 다음 대화에 나타난 사건에 대한 설명으로 옳은 것은?

설명형 55회

- *서경 천도와 금국 정벌을 주장하며 일어났어.
- *연호를 천개로 하는 대위국이 선포되었어.
- *신채호는 '조선 역사상 일천년래 제일 대사건'으로 평가하였어.

① 국왕이 나주까지 피란하였다.
② 초조대장경 간행의 계기가 되었다.
③ 김부식 등이 이끈 관군에 의해 진압되었다.
④ 이성계가 정권을 장악하는 결과를 가져왔다.
⑤ 여진 정벌을 위한 별무반 편성에 영향을 주었다.

02 (가)~(다)를 일어난 순서대로 옳게 나열한 것은?

순서 나열형 사료형 65회

> (가) 왕이 보현원 문에 들어서자 …… 이고 등이 왕을 모시던 문관 및 대소 신료, 환관들을 모두 살해하였다. …… 정중부 등이 왕을 모시고 환궁하였다.
>
> (나) 이자겸과 척준경이 왕을 위협하여 남궁(南宮)으로 거처를 옮기게 하고 안보린, 최탁 등 17인을 죽였다. 이 외에도 죽인 군사가 헤아릴 수 없을 정도였다.
>
> (다) 묘청이 서경을 근거지로 삼고 반란을 일으켰다. …… 국호를 대위, 연호를 천개, 그 군대를 천견충의군이라 불렀다.

① (가) – (나) – (다) ② (가) – (다) – (나)
③ (나) – (가) – (다) ④ (나) – (다) – (가)
⑤ (다) – (가) – (나)

문제 파헤치기

정답 분석 ③

🔍 **정답의 단서 |** 서경 천도, 금국 정벌, 연호 천개, 대위국, 신채호는 '조선 역사상 일천년래 제일 대사건'으로 평가

③ 고려 인종 때 묘청, 정지상을 중심으로 한 서경 세력이 서경 천도 운동을 전개하며 ❶서경 천도와 칭제 건원, 금 정벌을 주장하였다. 이후 요구가 받아들여지지 않자 ❷국호를 대위, 연호를 천개로 하여 서경에서 반란을 일으켰으나 김부식의 관군에 의해 진압되었다. 일제 강점기 때 ❸신채호는 『조선상고사』를 통해 묘청의 서경 천도 운동을 민족의 자주 정신에 입각한 조선 일천년 역사상 제일의 대사건이라고 평가하였다.

오답 분석

①·② 현종 때 거란이 강조의 정변을 구실로 침입하였고, 개경이 함락되자 현종은 나주까지 피란하였다. 거란의 2, 3차 침입 이후 현종은 거란의 침입을 불력으로 물리치고자 초조대장경을 제작하기 시작하였다.
④ 우왕 때 명이 원에서 관리한 철령 이북의 땅을 반환하라고 요구하자 최영을 중심으로 요동 정벌을 추진하였다. 이성계는 4불가론을 제시하며 반대하였으나 왕명에 따라 출정하게 되었고, 결국 압록강 위화도에서 말을 돌려 개경으로 회군하였다. 이성계는 위화도 회군 이후 신진 사대부 세력과 결탁하여 정권을 장악하였다.
⑤ 숙종 때 윤관의 건의로 설치된 별무반은 신기군, 신보군, 항마군으로 구성되었으며, 여진을 공격하여 동북 지역에 9성을 개척하였다.

정답 분석 ④

🔍 **정답의 단서 |** 보현원, 정중부, 이자겸과 척준경이 왕을 위협, 묘청, 서경을 근거지로 삼고 반란을 일으킴, 국호를 대위, 연호를 천개

(나) **이자겸의 난(1126):** 고려 중기 문벌 귀족인 이자겸은 자신의 딸들을 예종과 인종의 왕비로 삼고 외척 세력으로서 막강한 권력을 행사하였다. 그러자 위협을 느낀 인종이 이자겸을 제거하려 하였지만 실패하였고, 이에 이자겸이 반발하면서 무신 척준경과 함께 난을 일으켰다.
(다) **묘청의 서경 천도 운동(1135):** 이자겸의 난 이후, 인종은 왕권을 회복시키고자 정치 개혁을 추진하였다. 이 과정에서 김부식을 중심으로 한 개경 세력과 묘청, 정지상을 중심으로 한 서경 세력 간의 대립이 발생하였다. 서경 세력은 서경 천도와 칭제 건원, 금 정벌을 주장하였으나 받아들여지지 않았다. 이에 묘청이 국호를 대위, 연호를 천개, 군대를 천견충의군으로 하여 서경에서 반란을 일으켰으나, 김부식의 관군에 의해 진압되었다.
(가) **무신 정변(1170):** 고려 의종이 무신들을 천대하고 향락에 빠져 실정을 일삼자 무신들의 불만이 쌓여갔다. 그러던 중 보현원에서 수박희를 하다가 대장군 이소응이 문신 한뢰에게 뺨을 맞는 사건이 발생하였고, 이를 계기로 분노가 폭발한 무신들이 정변을 일으켰다. 정중부와 이의방을 중심으로 조정을 장악한 무신들은 의종을 폐위하여 거제도로 추방한 뒤 명종을 즉위시켰다.

03 다음 사건 이후에 일어난 사실로 옳은 것은? 사료형 51회

만적 등 6명이 북산에서 땔나무를 하다가, 공사(公私)의 노복들을 불러 모아 모의하며 말하기를, "국가에서 경인년과 계사년 이래로 높은 관직도 천예(賤隸)에서 많이 나왔으니, 장상(將相)에 어찌 씨가 있겠는가? 때가 되면 (누구나) 차지할 수 있는 것이다. 우리들이라고 어찌 뼈 빠지게 일만 하면서 채찍 아래에서 고통만 당하겠는가?"라고 하였다. 여러 노(奴)들이 모두 그렇다고 하였다. …… 가노(家奴) 순정이 한충유에게 변란을 고하자 한충유가 최충헌에게 알렸다. 마침내 만적 등 100여 명을 체포하여 강에 던졌다.

① 묘청이 서경 천도를 주장하였다.
② 쌍기가 과거제의 시행을 건의하였다.
③ 왕실의 외척인 이자겸이 난을 일으켰다.
④ 정중부가 반란을 일으켜 권력을 차지하였다.
⑤ 최우가 정방을 설치하여 인사권을 장악하였다.

04 다음 사건이 일어난 시기를 연표에서 옳게 고른 것은?

사료형 연표형 53회

○ 명학소의 백성 망이·망소이 등이 무리를 모아서 산행병마사라고 자칭하고는 공주를 공격하여 함락하였다.
○ 망이의 고향인 명학소를 충순현으로 승격시키고 양수탁을 현령으로, 김윤실을 현위로 임명하여 그들을 달래었다.

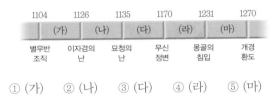

1104	1126	1135	1170	1231	1270
(가)	(나)	(다)	(라)	(마)	
별무반 조직	이자겸의 난	묘청의 난	무신 정변	몽골의 침입	개경 환도

① (가)　② (나)　③ (다)　④ (라)　⑤ (마)

정답 분석 ⑤

Q 정답의 단서 | 만적, 공사(公私)의 노복, 장상(將相)에 어찌 씨가 있겠는가, 가노(家奴), 최충헌

최씨 무신 정권 시기에 최충헌의 사노비인 만적이 개경(개성)에서 노비들을 규합하여 신분 차별에 항거하는 반란을 도모하였으나 사전에 발각되어 실패하였다(1198).
⑤ 무신 정권 시기 최충헌의 뒤를 이어 집권한 **최우**는 자신의 집에 **정방**을 설치하고 인사 행정을 담당하는 기관으로 삼아 인사권을 완전히 장악하였다(1225).

오답 분석

①·③ **인종** 때 문벌 귀족 이자겸은 왕의 외척으로서 최고 권력을 누렸다. 이자겸이 왕의 자리까지 넘보자 인종은 이자겸을 제거하려 하였으나 실패하였고 이에 반발한 이자겸에 의해 **이자겸의 난**이 일어났다(1126). 이자겸의 난 이후 인종은 왕권을 회복시키고자 정치 개혁을 추진하였다. 이 과정에서 묘청, 정지상을 중심으로 한 서경 세력은 서경 천도와 칭제 건원, 금 정벌을 주장하였는데 받아들여지지 않자 **묘청이 서경에서 반란**을 일으켰다(1135).
② **광종**은 후주 출신 **쌍기의 건의**를 받아들여 **과거제**를 시행하였다(958).
④ **정중부**를 중심으로 한 무신들이 보현원에서 **정변**을 일으켜 권력을 차지하고 의종을 폐위시켰다(1170).

정답 분석 ④

Q 정답의 단서 | 명학소, 망이·망소이, 공주, 충순현으로 승격, 현령, 현위

④ 고려 무신 정권 시기에 공주 명학소에서 망이·망소이가 과도한 부역과 소·부곡민에 대한 차별 대우에 항거하여 반란을 일으켰다(1176).

11 고려의 대외 관계

최근 5개년 기출 빅데이터 분석 리포트

7 7 6 3 3 / 4 4 4 1 4

■ 24 ■ 23 ■ 22 ■ 21 ■ 20 (연도)

1 **2**

빈출 키워드 Top 5

1 최무선, 화통도감
2 별무반
3 광군
4 박위
5 강동 6주

꼭 나오는 문제 유형 Top 3

1 사료형
2 빈칸형
3 시기 일치형

---

1 거란 · 여진과의 대외 관계

1. 거란

배경	고려 초기 친송 · 북진 정책 → 거란과 대립(만부교 사건), 정종 때 광군(사) 조직
과정	• 1차 침입(성종, 993): 거란이 송과의 외교 단절 요구 → 거란 장수 소손녕과 서희의 외교 담판 → 강동 6주 확보 • 2차 침입(현종, 1010): 강조의 정변을 구실로 한 거란의 재침입 → 개경 함락, 현종의 나주 피난 → 흥화진에서 양규의 활약 • 3차 침입(현종, 1018): 거란 장수 소배압이 강동 6주 반환을 요구하며 침입 → 강감찬이 귀주 대첩에서 거란 격퇴(1019)
영향	• 고려 · 송 · 요의 세력 균형 • 개경 주위에 나성 축조, 압록강~도련포에 천리장성 축조 • 초조대장경 제작: 현종 때 부처의 힘으로 거란을 물리치고자 간행

2. 여진

	• 별무반 조직(숙종, 1104): 윤관의 건의로 편성, 신기군(기병) · 신보군(보병) · 항마군(승병)으로 구성 • 별무반의 여진 정벌(예종) → 동북 9성 축조(1107) • 동북 9성 반환(예종): 관리에 어려움을 겪어 여진에 동북 9성 반환 • 「척경입비도」: 윤관이 동북 9성을 개척하고 비석을 세우는 장면을 그린 조선 후기의 그림  ▲ 「척경입비도」
여진 정벌 과정	
금의 사대 요구 수용	여진의 금 건국(1115), 거란(요) 멸망 → 고려에 사대(군신 관계) 요구 → 당시 집권자였던 문벌 귀족 이자겸이 금의 사대 요구 수용

기출 선택지로 개념 익히기 ◁》오디오 학습을 이용해 보세요!

1 거란 · 여진과의 대외 관계

▸ 거란 – 광군을 조직하여 침입에 대비하였다. 12회 이상
▸ 광군 – 거란의 침입에 대비하여 창설되었다.
▸ 거란을 배척하여 만부교 사건이 일어났다.
▸ 거란 – 서희가 외교 담판으로 강동 6주를 확보하였다. 8회 이상
▸ 거란 – 강조가 정변을 일으켜 목종을 폐위시켰다. 8회 이상
▸ 거란 – 강감찬이 귀주에서 대승을 거두었다.
▸ 거란 침입에 대비하여 개경에 나성을 축조하였다. 4회 이상

▸ 거란 – 개경에 나성을 쌓아 침입에 대비하였다.
▸ 초조대장경 – 거란의 침략을 물리치기 위해 제작하였다. 8회 이상
▸ 여진 – 별무반을 편성하여 침입에 대비하였다. 4회 이상
▸ 여진 – 신기군, 신보군, 항마군 등으로 구성된 별무반을 조직하였다. 4회 이상
▸ 별무반 – 여진을 정벌한 후 동북 9성을 축조하였다. 4회 이상
▸ 여진 – 윤관을 보내 동북 9성을 개척하였다. 4회 이상
▸ 이자겸이 금의 사대 요구 수용을 주장하였다.

2 몽골과의 전쟁 및 홍건적 · 왜구의 침입

1. 몽골과의 전쟁

배경	몽골 사신 저고여 피살 사건, 고려에 무리한 공물 요구
몽골의 침입 과정	• 1차 침입(1231): 평안도 귀주성에서 박서의 항쟁 → 몽골과 강화 체결 → 최우의 강화도 천도 (1232), 장기 항쟁 준비 • 2차 침입(1232): 몽골 재침입 → 김윤후가 몽골 장수 살리타 사살(처인성 전투), 초조대장경 소실 • 3차 침입(1235~1239): 황룡사 구층 목탑 등 문화재 소실 → 팔만대장경(재조대장경) 제작 시작 • 5차 침입(1253): 김윤후가 충주성에서 몽골군을 격퇴(충주성 전투) • 6차 침입(1254): 충주 다인철소 주민들이 몽골에 항전
삼별초의 항쟁	• 배경: 무신 정권 붕괴 → 몽골과 강화 체결(원종) → 개경 환도(1270) • 과정: 무신 정권의 군사적 기반이었던 삼별초가 개경 환도에 반발 → 왕족 승화후 온을 추대하고 강화도에 정부 수립 → 진도에서 배중손의 지휘 아래 용장성을 쌓고 대몽 항쟁 → 제주도에서 김통정의 지휘 아래 항전(항파두리 항몽 유적지) → 고려 · 몽골 연합군에 의해 진압

2. 홍건적 · 왜구의 침입

홍건적의 침입	홍건적의 침입으로 개경 함락 → 공민왕의 복주(안동) 피난 → 최영, 이성계 등이 홍건적 격퇴
왜구의 침입	• 홍산 대첩(최영) • 진포 대첩(최무선): 최무선의 건의로 화약 무기 제조를 담당하는 화통도감 설치, 화포를 사용하여 왜구 격퇴, 나세 · 심덕부 등 활약 • 황산 대첩(이성계) • 쓰시마섬 토벌: 박위 파견 • 영향: 신흥 무인 세력 성장

2일차

개념 PLUS+

▶ 만부교 사건
고려는 건국 초부터 거란을 적대시하였다. 태조 때 거란이 보낸 사신을 귀양 보내고 낙타 50마리를 만부교에 묶어 굶어 죽게 하였다.

▶ 강조의 정변
목종이 즉위하자 그 어머니인 천추 태후가 섭정을 하였다. 천추 태후는 김치양 일파와 손잡고 고려의 국정을 좌지우지하였다. 이에 강조가 정변을 일으켜 천추 태후와 김치양 일파를 숙청한 후, 목종을 몰아내고 현종을 세워 정권을 장악하였다.

2 몽골과의 전쟁 및 홍건적 · 왜구의 침입
▸ 사신 저고여가 귀국길에 피살되었다. 4회 이상
▸ 처인성에서 몽골 장수 살리타를 사살하였다. 4회 이상
▸ 김윤후가 처인성에서 몽골군을 물리쳤다.
▸ 다인철소 주민들이 충주 지역에서 저항하였다.
▸ 대장도감을 설치하여 팔만대장경을 간행하였다. 4회 이상
▸ 부처의 힘을 빌려 외침을 막고자 팔만대장경이 조판되었다.
▸ 외적의 침입을 받아 황룡사 구층 목탑이 소실되었다.
▸ 배중손이 삼별초를 이끌고 진도에서 항전하였다. 4회 이상

▸ 삼별초를 이끌고 진도로 이동하여 대몽 항쟁을 펼쳤다.
▸ 삼별초가 용장성을 쌓고 몽골에 대항하였다. 4회 이상
▸ 최영이 홍산 전투에서 큰 승리를 거두었다.
▸ 나세, 심덕부 등이 진포에서 왜구를 격퇴하였다. 3회 이상
▸ 최무선 – 화약과 화포 제작을 위한 화통도감 설치를 건의하였다. 12회 이상
▸ 최무선 – 화통도감을 설치하여 화포를 제작하였다.
▸ 최무선이 진포에서 왜구를 격퇴하였다.
▸ 왜구 – 박위를 파견하여 근거지를 토벌하였다. 4회 이상

01 (가)~(다)를 일어난 순서대로 옳게 나열한 것은?

순서 나열형 사료형 68회

(가) ❶금의 군주 아구다가 국서를 보내 이르기를, "형인 금 황제가 아우인 고려 국왕에게 문서를 보낸다. ······ 이제는 거란을 섬멸하였으니, 고려는 우리와 ❷형제의 관계를 맺어 대대로 무궁한 우호 관계를 이루기 바란다."라고 하였다.

(나) ❶윤관이 ❷여진인 포로 346명과 말, 소 등을 조정에 바치고 영주·복주·웅주·길주·함주 및 공험진에 ❸성을 쌓았다. 공험진에 비(碑)를 세워 경계로 삼고 변경 남쪽의 백성을 옮겨 와 살게 하였다.

(다) ❶정지상 등이 왕에게 아뢰기를, "대동강에 상서로운 기운이 있으니 신령스러운 용이 침을 토하는 형국으로, 천 년에 한 번 만나기 어려운 일입니다. 천심에 응답하고 백성들의 뜻에 따르시어 금을 제압하소서."라고 하였다.

① (가) – (나) – (다) ② (가) – (다) – (나)
③ (나) – (가) – (다) ④ (나) – (다) – (가)
⑤ (다) – (나) – (가)

02 (가)~(다) 학생이 발표한 내용을 순서대로 옳게 나열한 것은?

순서 나열형 66회

① (가) – (나) – (다) ② (가) – (다) – (나)
③ (나) – (가) – (다) ④ (나) – (다) – (가)
⑤ (다) – (나) – (가)

정답 분석 ③

🔍 **정답의 단서 |** 금의 군주 아구다, 거란을 섬멸함, 형제의 관계, 윤관, 여진인, 성을 쌓음, 정지상, 대동강, 금을 제압

(나) 윤관의 동북 9성 축조(1107): 고려 숙종 때 ❶여진이 고려의 국경을 자주 침입하자 ❷윤관이 왕에게 건의하여 신기군, 신보군, 항마군으로 구성된 별무반을 조직하였다. 이후 예종 때 윤관은 별무반을 이끌고 여진을 물리친 뒤 고려 동북쪽의 변경 지역을 개척하기 위하여 ❸동북 지방 일대에 9개의 성을 쌓았다.

(가) 금의 형제 관계 요구(1117): ❶여진의 아구다(아골타)가 금을 건국하고 거란을 멸망시킨 후, 고려에게 ❷형제 관계를 요구하였다.

(다) 묘청의 서경 천도 운동(1135): 이자겸의 난 이후, 고려 인종은 왕권을 회복시키고자 정치 개혁을 추진하였다. 이 과정에서 ❶묘청, 정지상을 중심으로 한 서경 세력과 김부식을 중심으로 한 개경 세력 간의 대립이 발생하였다. 서경 세력은 서경 천도와 칭제 건원, 금 정벌을 주장하였으나 받아들여지지 않자 서경에서 반란을 일으켰고 결국 김부식의 관군에 의해 진압되었다.

정답 분석 ②

🔍 **정답의 단서 |** 거란, 광군, 강감찬, 귀주, 서희, 소손녕과 외교 담판, 강동 6주 지역을 확보

(가) 광군 창설(947): 고려 정종 때 최광윤의 의견을 받아들여 거란의 침입을 대비하기 위해 광군을 조직하고, 광군사를 설치하여 이를 관장하였다.

(다) 강동 6주 확보(993): 고려 성종 때 거란이 고려가 차지하고 있는 옛 고구려 땅을 내놓고 송과 교류를 끊을 것을 요구하며 침략하자, 서희가 소손녕과의 외교 담판을 통해 이를 해결하고 강동 6주를 획득하였다.

(나) 귀주 대첩(1019): 거란의 소배압이 이끄는 10만 대군이 다시 고려를 침입하자 강감찬은 이에 맞서 귀주에서 대승을 거두었다.

03 (가) 시대의 지방 통치 체제에 대한 설명으로 옳은 것은?

빈칸형 68회

개경으로 가는 주요 길목인 혜음령에 세워졌던 혜음원에는 행인의 안전한 통행을 위한 숙소와 사원이 있었습니다. 혜음원지를 통해 개경 외에 남경, 동경 등이 설치되었던 [(가)] 시대 원(院)의 모습을 유추할 수 있습니다.

고지도와 항공 사진을 통해 본 혜음원지

① 22담로에 왕족을 파견하였다.
② 전국에 9주 5소경을 설치하였다.
③ 특수 행정 구역으로 향·부곡·소가 있었다.
④ 지방관을 감찰하기 위하여 외사정을 두었다.
⑤ 지방 행정 구역을 8도에서 23부로 개편하였다.

정답 분석 ③

Q 정답의 단서 | 개경, 혜음령, 남경, 동경

고려 태조 왕건은 평양에 서경을 설치하여 수도 개경과 함께 양경 체제를 성립하였으며, **성종**은 경주를 **동경**으로 승격시키면서 개경, 서경, 동경의 3경을 형성하였다. 이후 **숙종** 때 본격적으로 **남경**이 양주(현 서울시 종로구)에 건설되면서 서경, 동경, 남경의 3경 체제가 마련되었다. 파주 혜음령은 현재의 파주시와 고양시를 잇는 고개로 고려 시대의 개경과 남경을 연결하는 **교통로**였다.

③ 고려 시대에는 **특수 행정 구역**인 **향·부곡·소**가 있었다. 향과 부곡에는 농민이, 소에는 광업 또는 수공업에 종사하여 지방의 특산물을 생산하는 백성들이 살았다. 향·부곡·소의 백성들은 **신분상 양인**이었으나 과거 응시가 금지되는 등 일반 군현의 백성에 비해 사회적으로 **차별 대우**를 받았다.

오답 분석

① **백제 무령왕**은 지방에 설치한 **22담로**에 왕족을 파견하여 지방 통제를 강화하였다.
② **통일 신라 신문왕** 때 **9주 5소경**의 지방 행정 구역 체계를 확립하여 수도 경주의 편재성을 보완하였다.
④ **통일 신라는 문무왕** 때부터 지방관을 감찰하기 위하여 **외사정**을 두었다.
⑤ 제2차 갑오개혁 때 홍범 14조를 반포하여 개혁의 기본 방향을 제시하였고, 지방 행정 구역을 8도에서 23부로 개편하였다.

04 (가), (나) 사이의 시기에 있었던 사실로 옳은 것은?

시기 일치형 사료형 55회

(가) 최우가 왕에게 아뢰어 속히 대전(大殿)에서 내려와 서쪽 강화도로 행차할 것을 청하였으나, 왕이 망설이고 결정하지 못하였다. 최우가 녹전거(祿轉車) 100여 대를 빼앗아 집안의 재물을 강화도로 옮기니, 수도가 흉흉하였다.
　　　　　　　　　　　　　　　　　　　　－『고려사절요』－

(나) 재추(宰樞)가 옛 수도로 다시 천도할 것을 회의하고 날짜를 정해 게시하였으나, 삼별초가 다른 마음을 품고 따르지 않으면서 함부로 부고(府庫)를 개방하였다.
　　　　　　　　　　　　　　　　　　　　－『고려사』－

① 인사 행정을 담당하던 정방이 폐지되었다.
② 만적이 개경에서 신분 해방을 도모하였다.
③ 묘청이 중심이 되어 서경 천도를 주장하였다.
④ 정중부 등이 정변을 일으켜 권력을 장악하였다.
⑤ 외적의 침입을 받아 황룡사 구층 목탑이 소실되었다.

정답 분석 ⑤

Q 정답의 단서 | 최우, 강화도 행차, 『고려사절요』, 재추(宰樞), 옛 수도로 다시 천도, 삼별초가 따르지 않음, 『고려사』

(가) **최우의 강화도 천도**(1232): 고려 최씨 무신 정권 시기 최우는 몽골의 침입에 대항하기 위해 강화도로 천도하고 장기 항쟁을 준비하였다.
(나) **고려의 개경 환도**(1270): 무신 정권이 해체되고 강화도에 있던 고려 조정이 개경으로 환도하면서 몽골과의 강화가 성립되었다. 최씨 무신 정권의 군사적 기반이었던 삼별초는 이에 반발하여 배중손의 지휘하에 진도로 이동하여 대몽 항쟁을 전개하였다.
⑤ 몽골의 침입으로 신라 선덕 여왕 때 승려 자장의 건의로 세워진 **황룡사 구층 목탑**이 **소실되었다**(1238).

오답 분석

① **공민왕**은 왕권 강화를 위해 모든 관직에 대한 인사권을 장악하였던 **정방을 폐지**하고 인사권을 이부와 병부로 이관하였다(1356).
② 고려 무신 정권 시기 최충헌의 사노비 만적은 개성에서 노비들을 규합하여 **신분 차별에 항거하는 반란**을 도모하였으나 사전에 발각되어 실패하였다(1198).
③ 묘청, 정지상 등을 중심으로 한 서경 세력은 서경 천도와 칭제 건원, 금 정벌 등을 주장하였으나 받아들여지지 않았다. 이에 묘청은 서경에서 반란을 일으켰으나 김부식의 관군에 의해 진압되었다(1136).
④ 정중부를 중심으로 한 무신들이 보현원에서 **무신 정변**을 일으키고 조정을 장악하여 의종이 폐위되고 명종이 즉위하였다(1170).

12 원 간섭기와 고려 후기 정치 변동

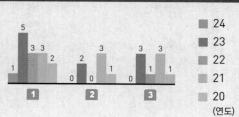

최근 5개년 기출 빅데이터 분석 리포트	빈출 키워드 Top 5	꼭 나오는 문제 유형 Top 3
■ 24 ■ 23 ■ 22 ■ 21 ■ 20 (연도)	1 만권당 2 요동 정벌 3 쌍성총관부 4 변발, 호복 5 도평의사사	1 사료형 2 시기 일치형 3 설명형

1 원 간섭기의 변화

왕실 호칭 및 관제 격하	• 2성(중서문하성, 상서성) → 첨의부, 6부 → 4사, 도병마사 → 도평의사사, 중추원 → 밀직사로 격하 • 국왕의 시호에 '충(忠)'을 붙임(충렬왕, 충선왕 등), 조 · 종 → 왕, 폐하 · 태자 → 전하 · 세자
영토 상실	쌍성총관부(철령 이북), 동녕부(자비령 이북), 탐라총관부(제주도) 설치
일본 원정 동원	• 정동행성 설치: 원이 일본 원정을 위해 설치 → 내정 간섭 기구로 이용 • 충렬왕 때 두 차례 일본 원정에 강제 동원
다루가치 파견	감찰관 다루가치를 파견하여 고려 내정 간섭
인적 · 물적 수탈	• 결혼도감: 고려의 처녀들을 공녀로 징발 • 응방: 고려의 매 징발
권문세족 대두	• 친원 세력, 도평의사사 장악 → 권력 독점 • 특징: 주로 음서로 관직 진출, 대농장 소유, 농민 핍박 → 사회 모순 심화
몽골풍 유행	변발, 호복 등 몽골의 풍습이 고려에서 유행
만권당	충선왕이 원의 연경에 만권당 설치 → 이제현 등 고려 유학자들과 교류

2 공민왕의 개혁 정치

1. 반원 자주 정책

친원 세력 숙청	기철 등 친원 세력 숙청
관제 복구 및 기구 혁파	원의 연호 사용 중지, 중서문하성과 상서성 복구, 정동행성 이문소 폐지
영토 수복	쌍성총관부를 공격하여 철령 이북 지역 수복 (유인우, 이자춘 등)
몽골풍 폐지	변발, 호복 금지

2. 왕권 강화 정책

정방 폐지	인사 행정 주도
유학 교육 강화	국립 교육 기관 국자감을 성균관으로 개칭
전민변정 도감 설치	• 신돈을 등용하여 전민변정도감의 책임자로 임명 • 권문세족이 빼앗은 토지를 원래 주인에게 돌려주고 불법적으로 노비가 된 자들을 양인으로 회복

기출 선택지로 개념 익히기   ◀)) 오디오 학습을 이용해 보세요!

1 원 간섭기의 변화
▸ 중서문하성과 상서성이 첨의부로 개편되었다.
▸ 도병마사 – 원 간섭기에 도평의사사로 명칭이 바뀌었다. 4회 이상
▸ 권문세족이 도평의사사를 장악했어요.
▸ 원의 요청으로 일본 원정에 참여하였다.
▸ 지배층을 중심으로 변발과 호복이 확산되었다. 4회 이상
▸ 만권당을 두어 원의 학자들과 교유하였다. 8회 이상

2 공민왕의 개혁 정치
▸ 대표적 친원 세력인 기철이 숙청되었다.
▸ 중서문하성과 상서성을 복구하였다.
▸ 정동행성 이문소를 폐지하였다.
▸ 쌍성총관부를 공격하여 철령 이북을 수복하였다. 4회 이상
▸ 유인우, 이자춘 등이 쌍성총관부를 수복하였다.
▸ 인사 행정을 담당하던 정방을 폐지하였다.

3 고려 말 정치 상황

1. 신흥 세력의 성장

신진 사대부	• 형성: 지방 향리 및 중소 지주 출신, 과거를 통해 중앙 진출, 공민왕의 개혁 정책 참여 • 특징: 권문세족과 대립, 성리학 수용, 친명적 성향, 불교 비판 • 분열: 정몽주, 이색 등 온건 개혁파(고려 왕조 유지)와 정도전, 권근 등 급진 개혁파(새로운 왕조인 조선 건국 주장)
신흥 무인 세력	고려 말 홍건적, 왜구 등 외적의 침입을 물리치는 과정에서 성장(최영, 이성계 등)

2. 고려 멸망

요동 정벌	우왕 때 명의 철령 이북 지역에 철령위 설치 요구 → 최영의 요동 정벌 주장, 이성계는 반대 (4불가론)
위화도 회군 (1388)	우왕의 명으로 요동 정벌에 출정한 이성계가 압록강 위화도에서 회군 → 최영 제거, 군사적 실권 장악
고려 멸망	이성계와 급진 개혁파 세력이 정몽주 등 온건 개혁파 제거 → 과전법 공포(1391) → 조선 건국(1392)

개념 PLUS+

▶ **정동행성**
원은 직할지 통치와 대규모 군사 행동을 위해 여러 가지 성격의 행성을 설치하였다. 이중 정동행성은 일본 원정을 위해 충렬왕 6년(1280)에 설치되었다.

▶ **공민왕의 영토 수복**

▶ **이성계의 4불가론**
1. 작은 나라로서 큰 나라를 거역하는 일
2. 여름철에 군사를 일으키는 것은 불가능한 일
3. 요동을 공격하게 되면 왜구에게 침입할 틈을 주게 되는 일
4. 장마철이라서 활은 아교가 풀어지고, 많은 군사들이 역병을 앓게 되는 일

▸ 권문세족을 견제하기 위해 전민변정도감을 운영하였다.
▸ 신돈을 등용하여 전민변정도감을 운영하였다.
▸ 성균관을 설치하여 유교 경전을 교육하였다.
▸ 국자감을 성균관으로 개칭하고 유학 교육을 강화하였다. 4회 이상

3 고려 말 정치 상황
▸ 이인임 일파를 축출하고 왕권을 회복하였다.

▸ 최영을 중심으로 요동 정벌을 추진하였다.
▸ 명의 철령위 설치에 반발하여 요동 정벌이 추진되었다. 8회 이상
▸ 이성계 – 위화도에서 회군하여 정권을 장악하였다.
▸ 이성계 – 위화도에서 회군하여 최영을 제거하였다.
▸ 위화도 회군의 결과를 알아본다.

01 (가), (나) 사이의 시기에 있었던 사실로 옳은 것은?

> (가) 다루가치가 왕을 비난하면서 말하기를, "선지(宣旨)라 칭하고, 짐(朕)이라 칭하고, 사(赦)라 칭하니 어찌 이렇게 참람합니까?"라고 하였다. …… 이에 ●선지를 왕지(王旨)로, 짐을 고(孤)로, 사를 유(宥)로, 주(奏)를 정(呈)으로 고쳤다.
>
> (나) 왕이 시해당하자 태후가 종실에서 [후사를] 골라 세우고자 하니, 시중 ●이인임이 백관을 거느리고 우왕을 세웠다.
>
> — 『고려사』 —

① 화통도감을 설치하여 화포를 제작하였다.
② 유인우, 이자춘 등이 쌍성총관부를 수복하였다.
③ 정중부 등이 정변을 일으켜 권력을 장악하였다.
④ 최우가 강화도로 도읍을 옮겨 장기 항전을 준비하였다.
⑤ 명의 철령위 설치에 반발하여 요동 정벌을 추진하였다.

02 다음 상황 이후에 전개된 사실로 옳은 것은?

> 고려의 태자가 배알하니 쿠빌라이가 기뻐하며 말하기를, "고려의 세자가 스스로 오니 이는 하늘의 뜻이다."라고 하였다. 강회선무사 조양필이 말하기를, "고려는 비록 소국이나 20여 년간 군사를 동원하였어도 아직 신하가 되지 않았습니다. …… 이는 한 명의 병졸도 수고롭게 하지 않고 한 나라를 얻는 것입니다."라고 하였다.

① 쌍기의 건의로 과거제가 도입되었다.
② 동북면 병마사 김보당이 난을 일으켰다.
③ 이제현이 만권당에서 유학자들과 교류하였다.
④ 묘청 등이 중심이 되어 서경 천도를 주장하였다.
⑤ 최충헌이 봉사 10조를 올려 시정 개혁을 건의하였다.

정답 분석 ②

Q **정답의 단서** | 다루가치, 짐을 고(孤)로 고침, 시중 이인임, 우왕, 『고려사』

(가) 원 간섭기(1259~1356): 고려는 고종 때 원(몽골)의 쿠빌라이 칸과 강화를 맺고(1259), 원종 이후 충렬왕부터 공민왕에 이르는 약 100여 년 동안 원 간섭기가 유지되었다. 충렬왕 때는 행정에 대한 간섭이 심화되어 조(祖)·종(宗) 대신 왕(王)으로 칭하고 충성을 뜻하는 충(忠)을 붙이게 되었으며, 폐하(陛下)는 전하(殿下)로, ●선지(宣旨)는 왕지(王旨)로, 짐(朕)은 고(孤)로, 사(赦)는 유(宥)로 하였다. 또한, 관제가 격하되어 중서문하성과 상서성을 합쳐 첨의부로, 6부는 4사로 통폐합되었다.

(나) 우왕 즉위(1374): 공민왕이 피살되자 ●이인임 일파가 10세의 어린 우왕을 즉위시켰다. 이후 이인임은 권력을 유지하기 위해 친원 정책을 시행하고 친명파를 제거하면서 권력을 휘둘렀으며, 관직을 팔고 전국의 토지와 노비를 축적하는 등 탐학을 일삼았다.

② 고려 원 간섭기에 공민왕은 반원 정책의 일환으로 유인우, 이자춘 등으로 하여금 동계 지역의 쌍성총관부를 공격하여 원에 빼앗긴 철령 이북의 땅을 수복하였다(1356).

오답 분석

① 우왕 때 최무선이 화통도감 설치를 건의하여 화약과 화포를 제작하였고, 화포를 활용하여 진포 대첩에서 왜구를 격퇴하였다(1380).
③ 정중부를 중심으로 한 무신들이 보현원에서 무신 정변을 일으키고 조정을 장악하여 의종이 폐위되고 명종이 즉위하였다(1170).
④ 고려 최씨 무신 정권 시기 최우는 몽골의 침입에 대항하기 위해 강화도로 천도하고 장기 항전을 준비하였다(1232).
⑤ 우왕 때 명이 원의 쌍성총관부가 있던 철령 이북의 땅에 철령위를 설치하겠다며 반환을 요구하자 이에 반발한 고려는 최영을 중심으로 요동 정벌을 추진하였다(1388).

정답 분석 ③

Q **정답의 단서** | 고려의 태자가 배알, 쿠빌라이, 고려 세자가 스스로 옴

고려는 1231년부터 원(몽골)의 침략을 받아 30여 년 동안 항전을 벌이며 이로 인한 피해가 극심해졌다. 이에 고종은 태자로 하여금 표문을 들고 원으로 건너가 쿠빌라이 칸에게 고려 국왕의 입조와 개경 환도 등을 약속하고 강화를 맺게 하였다(1259). 태자는 원에 인질로 머무르다가 고종이 죽자 귀국하여 원종으로 즉위하였으며, 이때부터 고려의 왕이 죽어 이를 계승할 때까지 태자가 원에 머무는 것이 상례가 되었다. 원종 이후 충렬왕부터 공민왕에 이르는 약 100여 년 동안 원 간섭기가 유지되었다.

③ 충선왕은 왕위에서 물러난 뒤 원의 연경에 만권당을 세우고 원의 학자와 문인들을 드나들게 했는데, 이때 이제현 등의 성리학자들을 고려에서 데려와 교류하게 하였다(1314).

오답 분석

① 광종은 후주 출신 쌍기의 건의를 받아들여 과거제를 시행하였다(958).
② 동북면 병마사로 있던 고려의 문신 김보당은 정중부의 무신 정변 이후 정권을 잡은 정중부, 이의방 등을 토벌하고 폐위된 의종을 다시 세우고자 난을 일으켰으나 실패하였다(1173).
④ 인종 때 묘청, 정지상 등을 중심으로 한 서경 세력은 서경 천도와 칭제 건원, 금 정벌 등을 주장하였으나 받아들여지지 않자 서경에서 반란을 일으켰다(1135).
⑤ 고려 무신 정권 시기 최충헌은 권력을 장악하고 있던 이의민을 몰아내고 봉사 10조라는 사회 개혁안을 명종에게 제시하였으나, 국가의 발전이나 민생 안정보다는 권력 유지에 목적을 두고 있어 큰 성과를 거두지는 못하였다(1196).

03 밑줄 그은 '이 왕'의 정책으로 옳은 것은? 설명형 53회

이곳에는 <u>이 왕</u>과 그의 왕비인 노국 대장 공주의 영정이 봉안되어 있습니다. 조선의 종묘에 고려 왕의 신당이 조성되었다는 점이 특이합니다. <u>이 왕</u>은 기철 등 친원 세력을 숙청하고 정동행성 이문소를 폐지하였습니다.

① 만권당을 두어 원의 학자들과 교유하였다.

② 신돈을 등용하여 전민변정도감을 운영하였다.

③ 쌍기의 건의를 받아들여 과거제를 실시하였다.

④ 정계와 계백료서를 지어 관리의 규범을 제시하였다.

⑤ 최승로의 시무 28조를 받아들여 통치 체제를 정비하였다.

04 (가) 인물의 활동으로 옳은 것은? 빈칸형 51회

이것은 황산 대첩비의 탁본입니다. 비문에는 당시 양광전라경상도 도순찰사였던 ___(가)___ 이/가 고려군을 이끌고 전라도 황산에서 적장 아지발도를 사살하는 등 왜구를 크게 물리친 일이 기록되어 있습니다.

① 처인성에서 몽골군을 물리쳤다.

② 정변을 일으켜 목종을 폐위하였다.

③ 위화도에서 회군하여 최영을 제거하였다.

④ 교정별감이 되어 국정 전반을 장악하였다.

⑤ 전민변정도감의 책임자로서 개혁을 이끌었다.

정답 분석 ②

🔍 **정답의 단서 |** 왕비인 노국 대장 공주, 기철 등 친원 세력 숙청, 정동행성 이문소 폐지

고려 말 다양한 개혁 정치를 펼친 **공민왕**은 대외적으로는 **반원 자주 정책**을, 대내적으로는 **왕권 강화**를 추진하였다. 이 정책의 일환으로 **원의 연호 폐지, 기철 등 친원 세력 숙청**을 실시하고 내정 간섭 기구로 유지되었던 **정동행성 이문소를 폐지**하였으며, 쌍성총관부를 공격하여 원에 빼앗긴 **철령 이북의 땅을 수복**하였다. 이후 공민왕은 조선 종묘 창건 당시 태조 이성계의 명으로 노국 대장 공주의 영정과 함께 별도의 신당에 모셔졌다.

② 공민왕 때 등용된 **신돈**은 **전민변정도감**의 책임자로서 권문세족이 빼앗은 토지를 돌려주고 노비가 된 자를 풀어주는 등 개혁을 단행하였다.

오답 분석

① **충선왕**은 왕위에서 물러난 뒤 원의 연경에 **만권당**을 세우고 **이제현** 등 성리학자들을 고려에서 데려와 **원의 학자들과 교유**하게 하였다.

③ **광종**은 후주 출신 **쌍기의 건의**에 따라 **과거제를 실시**하여 신진 세력을 등용하였다.

④ **태조 왕건**은 고려를 건국한 뒤 『정계』와 『계백료서』를 통해 관리가 지켜야 할 규범을 제시하였다.

⑤ **성종**은 **최승로의 시무 28조**를 받아들여 통치 체제를 정비하였다. 지방관을 파견하고 향리제를 마련하여 지방 세력을 견제하였으며, 전국 주요 지역에는 12목을 설치하고 목사를 파견하였다.

정답 분석 ③

🔍 **정답의 단서 |** 황산 대첩비, 아지발도 사살, 왜구를 크게 물리침

고려 말 도순찰사였던 **이성계**가 1380년 황산에서 왜구를 크게 물리친 **황산 대첩**은 홍산 대첩, 진포 대첩과 함께 왜구와의 3대 대첩 중 하나로 꼽힌다. 황산 대첩에서의 승리를 후대에 널리 알리기 위하여 1577년 조선 선조 때 황산 대첩비를 세웠으나, 일제 강점기 때 파괴되어 1957년 이를 다시 만들어 세웠다.

③ 우왕 때 최영을 중심으로 요동 정벌을 추진하였다. 이성계는 4불가론을 제시하며 이를 반대하였으나 왕명에 의해 출병하게 되었고, 의주 부근의 **위화도에서 개경으로 회군**하여 최영을 제거하였다.

오답 분석

① 몽골의 2차 침입 때 승장 **김윤후**가 이끄는 민병과 승군이 **처인성**에서 몽골군에 대항하여 적장 살리타를 사살하고 승리를 거두었다.

② 고려의 무신 **강조**가 국가의 혼란을 바로잡고자 정변을 일으켜 목종의 외척인 김치양을 제거한 뒤 **목종을 폐위**시키고 **현종을 옹립**하였다.

④ 고려 무신 정권의 최고 권력자였던 **최충헌**은 최고 집정부 역할을 하는 교정도감을 설치하고 자신이 그 수장인 **교정별감**이 되어 국정을 장악하였다.

⑤ **공민왕**은 **신돈**을 등용하여 책임자로서 권문세족이 빼앗은 토지를 돌려주고 노비가 된 자를 풀어주는 등 개혁을 단행하였다.

13 고려의 경제와 사회

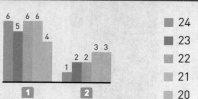

최근 5개년 기출 빅데이터 분석 리포트	빈출 키워드 Top 5	꼭 나오는 문제 유형 Top 3
■ 24 ■ 23 ■ 22 ■ 21 ■ 20 (연도)	1 흑창 2 경시서, 시전 3 활구(은병) 4 삼한통보, 해동통보 5 벽란도	1 사료형 2 빈칸형 3 설명형

1 고려의 경제

1. 토지 제도의 변화

역분전		태조 때 개국 공신들에게 인품과 공로에 따라 토지 지급(논공행상적 성격)
전시과	운영	18등급으로 나누어 전지(곡물 수취) · 시지(땔감 확보) 지급, 수조권만 지급
	변천	• 시정 전시과(경종): 인품과 관등 기준, 전 · 현직 관리에게 전지 · 시지 지급 • 개정 전시과(목종): 관등 기준, 전 · 현직 관리 • 경정 전시과(문종): 현직 관리에게만 토지 지급, 무신 대우 개선
	기타 종류	공음전(5품 이상 관료, 세습 가능), 한인전(6품 이하 하급 관료 자제로 관직이 없는 자), 군인전(군역의 대가, 세습 가능), 구분전(하급 관료와 군인 유가족), 내장전(왕실 경비), 공해전(관청 경비), 민전(개인 사유지)
과전법		공양왕 때 신진 사대부의 주도로 경기 지역에 한정하여 과전 지급

2. 농업 및 상공업

중농 정책	개간 장려(일정 기간 면세 혜택), 농번기 잡역 동원 금지, 재해 시 세금 감면, 고리대 이자 제한
농업 기술	저수지 증가, 우경 일반화, 시비법 발달로 휴경지 감소, 2년 3작, 모내기법 보급(일부 남부 지방), 목화 전래(문익점), 『농상집요』 소개
상업	• 경시서: 시전의 상행위를 감독하는 관청 • 화폐 주조: 건원중보(성종), 주전도감 설치(숙종), 삼한통보, 해동통보, 활구(은병)
수공업	• 전기: 관청 수공업(기술자를 공장안에 올려 물품 생산), 소 수공업(특수 행정 구역인 소에서 생산물을 공물로 납부) • 후기: 민간 수공업(가내 수공업 중심), 사원 수공업(승려와 노비가 제품 생산) 발달

3. 무역과 대외 교류

송	왕실 · 귀족의 수요품 수입, 수공업품 · 토산품 수출
거란 · 여진	은 수입, 농기구 · 식량 수출
일본	수은 · 황 등 거래
벽란도	예성강 하구의 벽란도가 국제 무역항으로 발달 → 송 및 아라비아 상인들도 교류

기출 선택지로 개념 익히기   ◁◙ 오디오 학습을 이용해 보세요!

1 고려의 경제
▸ 역분전 – 개국 공신에게 인성, 공로를 기준으로 토지를 지급하였다. 4회 이상
▸ 전시과 – 관등에 따라 관리에게 전지와 시지를 차등 지급하였다. 4회 이상
▸ 전시과 제도를 마련하여 관리에게 토지를 지급하였다.
▸ 조준 등의 건의로 과전법을 제정하였다.
▸ 중국의 농서인 농상집요가 소개되었다.
▸ 『농상집요』 – 목화 재배와 양잠 등 중국 화북 지방의 농법 소개

▸ 경시서의 관리들이 수도의 시전을 감독하였다. 8회 이상
▸ 서적점, 다점 등의 관영 상점이 운영되었다. 4회 이상
▸ 건원중보가 발행되어 금속 화폐의 통용이 추진되었다. 4회 이상
▸ 철전인 건원중보를 발행하였다.
▸ 국가 주도로 삼한통보, 해동통보가 발행되었다. 4회 이상
▸ 주전도감을 설치하여 해동통보를 발행하였다. 8회 이상
▸ 활구라고 불리는 은병이 유통되었다. 8회 이상
▸ 고액 화폐인 활구가 주조되었다.
▸ 은병이 화폐로 제작되었다.

2 고려의 사회

1. 신분 제도

지배층	귀족	• 왕족, 5품 이상의 관료들이 주류 형성 • 과거, 음서를 통해 고위 관직 독점 • 경제적 특권: 공음전, 과전, 녹봉 등 • 지배 세력의 변천: 문벌 귀족 → 무신(무신 정권 시기) → 권문세족(원 간섭기)
	중류층	• 잡류(중앙 관청의 말단 서리), 남반(궁중 실무 관리), 향리(지방 행정 실무 담당), 군반 (하급 장교), 역리(지방의 역 관리) 등 • 향리: 호장·부호장 등 여러 단계, 과거를 통하여 중앙 관리로 진출 가능 • 고위 관직까지 진출하기 어려움, 신분 세습
피지배층	양민	• 대다수가 농민(백정), 조세·공납·역의 의무 • 향·부곡·소 주민: 일반 군현민과 달리 차별 대우, 거주지 이전의 자유 제한, 과거 응시 금지
	천민	• 대부분 노비 • 노비: 매매·증여·상속의 대상, 노비끼리 통혼, 일천즉천(부모 중 한 명이 노비이면 자식도 노비), 공노비와 사노비

2. 사회 제도

흑창·의창	흉년에 곡식을 빌려주는 기구, 태조 왕건 때 흑창 → 성종 때 의창으로 개칭
상평창	성종 때 설치, 물가 조절 기구
제위보	광종 때 설치, 기금을 모아 그 이자로 빈민 구제
구제도감	병자 치료 담당
혜민국	예종 때 설치, 의약품 전담
동서 대비원	환자 치료, 빈민 구휼 담당

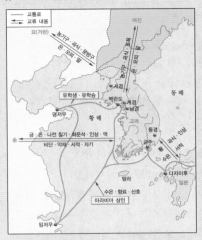

▶ 고려의 무역 활동

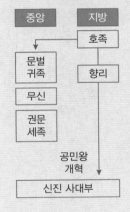

▶ 고려 지배층의 변천

▶ 백정
조선 시대의 백정은 도축업을 담당하는 천민 계층을 의미하였으나, 고려 시대의 백정은 특정한 직역이 없는 일반 농민을 의미한다.

▸ 예성강 하구의 벽란도가 국제 무역항으로 번성하였어요. 4회 이상
▸ 벽란도에서 물품을 거래하는 송의 상인 4회 이상
▸ 벽란도에서 교역하는 아라비아 상인

2 고려의 사회
▸ 특수 행정 구역인 소의 주민들이 차별을 받았다.
▸ 기금을 모아 그 이자로 빈민을 구휼하는 제위보를 운영하였다. 4회 이상
▸ 빈민을 구제하기 위해 흑창을 처음 설치하였다. 8회 이상
▸ 민생 안정을 위해 흑창을 설치하였다.

▸ 물가 조절을 위해 상평창을 설치하였어.
▸ 병자에게 의약품을 제공하는 혜민국이 있었어.
▸ 개경에 국립 의료기관인 동서 대비원을 설치하였다.
▸ 환자 치료와 빈민 구제를 위해 동서 대비원을 두었어.

01 다음 자료에 나타난 시기의 경제 상황으로 옳은 것은?

사료형 52회

> ○ °주전도감에서 아뢰기를, "백성들이 비로소 동전 사용의 이로움을 알아 편리하게 여기고 있습니다."라고 하였다. 또한, 이 해에 °은병을 화폐로 삼았다. 은 1근으로 만들되 우리나라 지형을 본떠 만들었으며 속칭 활구라 하였다.
>
> ○ 저포, 은병으로 가치를 표준하여 교역하고 작은 일용품은 쌀로 가격을 계산하여 거래한다. 백성들은 그런 풍속에 익숙하여 편하게 여긴다.

① 책문 후시를 통한 교역이 활발하였다.
② 송상이 전국 각지에 송방을 설치하였다.
③ 감자, 고구마 등이 구황 작물로 재배되었다.
④ 경시서의 관리들이 수도의 시전을 감독하였다.
⑤ 광산을 전문적으로 경영하는 덕대가 나타났다.

02 밑줄 그은 '토지 제도'가 시행된 국가의 경제 상황으로 옳은 것은?

설명형 54회

① 초량 왜관을 통해 일본과 무역하였다.
② 독점적 도매상인인 도고가 활동하였다.
③ 시장을 관리하는 관청인 동시전이 설치되었다.
④ 국가 주도로 삼한통보, 해동통보가 발행되었다.
⑤ 민간의 광산 개발을 허용하는 설점수세제를 시행하였다.

문제 파헤치기

정답 분석 ④

Q 정답의 단서 | 주전도감, 동전, 은병을 화폐로 삼음, 활구

고려 시대에는 상업 활동이 활발해지면서 국가 재정 관리의 효율성을 위해 화폐 발행의 필요성이 대두되었다. 이에 따라 숙종 때 화폐 주조를 전담하는 관서인 °주전도감을 설치하고 삼한통보, 해동통보, 해동중보 등의 동전과 °활구(은병)를 만들어 통용을 추진하였다.
④ 고려 문종 때 경시서를 설치하여 수도 개경의 시전을 감독하였다. 또한, 충렬왕 때에는 경시서에서 매년 그해의 풍흉에 따라 은병의 품질 저하와 가치 하락에 대응하기 위해서 미곡과의 교환 비율을 공표하여 그 가치를 조절하도록 하였다.

오답 분석

①·② 조선 후기에는 상업이 발전하여 사상(私商)이 전국 각지에서 활발한 상업 활동을 전개하였다. 의주의 만상은 압록강 밖 책문에서 행해지던 사무역인 책문 후시를 통해 청과의 무역 활동을 주도하며 성장하였다. 또한, 개성의 송상은 전국에 송방이라는 지점을 설치하고, 청과 일본 사이의 중계 무역으로 많은 부를 축적하였다.
③ 조선 후기에 감자와 고구마 등의 구황 작물이 전래되어 재배되기 시작하였다.
⑤ 조선 후기 광산 개발이 활성화되면서 전문적으로 광산을 경영하는 덕대가 나타났다.

정답 분석 ④

Q 정답의 단서 | 토지 제도, 인품 배제, 관직과 위계의 높고 낮음을 기준으로 전지와 시지 지급, 지급 기준 점차 정비

고려 경종 때 처음 시행된 전시과는 관직 복무와 직역의 대가로 토지를 나눠 주는 제도였다. 관리부터 군인, 한인까지 총 18등급으로 나누어 곡물을 수취할 수 있는 전지와 땔감을 얻을 수 있는 시지를 주었고, 수급자들은 지급된 토지에 대해 수조권만 가졌다. 이후 목종 때의 개정 전시과 제도는 인품에 관계없이 관등을 기준으로 지급하였고, 문종 때의 경정 전시과는 현직 관리에게만 지급하는 등 지급 기준이 점차 정비되었다.
④ 고려 시대에는 상업 활동이 활발해지면서 화폐를 발행하였다. 성종 때 우리나라 최초의 주화인 건원중보가 발행되었고, 이후 숙종 때 삼한통보, 해동통보, 해동중보 등의 동전과 활구(은병)를 만들어 통용을 추진하였으나 결과적으로 널리 유통되지는 못하였다.

오답 분석

① 조선 후기에는 임진왜란 이후 왜와 단절되었던 국교가 재개되면서 초량 왜관이 설치되었고, 내상은 왜관에서 인삼을 판매하며 일본 상인과의 무역을 주도하였다.
② 조선 후기에는 생산력 증대와 유통 경제의 발달로 상업이 발전하였고, 상품의 매점이나 독점을 통해 가격을 조작하고 이익을 취하는 도고가 등장하였다.
③ 신라 지증왕은 경주에 시장을 설치하고 이를 관리·감독하기 위한 기구인 동시전을 설치하였다.
⑤ 조선 초기에는 민간에서 광산을 개발하는 것을 금지하였으나 조선 후기인 효종 때 설점수세제를 시행하여 민간 광산의 개발을 허가해 주고 세금을 징수하였다.

03 다음 정책을 실시한 국가의 경제 상황으로 옳은 것은?

사료형 50회

> ○ 토지의 비옥함과 척박함을 구분하여 문무백관에서 부병(府兵), 한인(閑人)에 이르기까지 모두 과(科)에 해당하는 토지를 주고, 또 과에 따라 땔나무를 구할 땅을 주었다.
>
> ○ 도평의사사에서 방을 붙여 알리기를, "지금부터 은병 1개를 쌀로 환산하여 개경에서는 15~16석, 지방에서는 18~19석의 비율로 하되, 경시서에서 그 해의 풍흉을 살펴 그 값을 정할 것이다."라고 하였다.

① 모내기법이 전국적으로 확산되었다.
② 덕대가 광산을 전문적으로 경영하였다.
③ 면화, 담배 등이 상품 작물로 재배되었다.
④ 예성강 하구의 벽란도가 국제 무역항으로 번성하였다.
⑤ 토지의 비옥도에 따라 6등급으로 나누어 전세를 거두었다.

04 (가) 시대의 정책으로 옳은 것을 〈보기〉에서 고른 것은?

빈칸형 합답형 52회

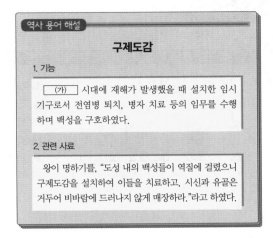

역사 용어 해설

구제도감

1. 기능

　　[(가)] 시대에 재해가 발생했을 때 설치한 임시 기구로서 전염병 퇴치, 병자 치료 등의 임무를 수행하며 백성을 구호하였다.

2. 관련 사료

　　왕이 명하기를, "도성 내의 백성들이 역질에 걸렸으니 구제도감을 설치하여 이들을 치료하고, 시신과 유골은 거두어 비바람에 드러나지 않게 매장하라."라고 하였다.

• 보기 •

ㄱ. 기근에 대비하기 위하여 구황촬요를 간행하였다.
ㄴ. 개경에 국립 의료기관인 동서 대비원을 설치하였다.
ㄷ. 호조에서 정한 사창절목에 따라 사창제를 시행하였다.
ㄹ. 기금을 모아 그 이자로 빈민을 구휼하는 제위보를 운영하였다.

① ㄱ, ㄴ　　　② ㄱ, ㄷ　　　③ ㄴ, ㄷ
④ ㄴ, ㄹ　　　⑤ ㄷ, ㄹ

정답 분석 ④

Q **정답의 단서 |** 과(科)에 해당하는 토지, 땔나무를 구할 땅, 도평의사사, 은병, 경시서

· 고려 경종에 의해 처음 시행된 전시과는 관직 복무와 직역의 대가로 관료들에게 토지를 나누어 주는 제도였다. 관료를 총 18등급으로 나누어 곡물을 수취할 수 있는 전지와 땔감을 얻을 수 있는 시지를 주었고, 지급된 토지는 수조권만 가졌다.
· 은병은 고려 숙종 때 주조·유통된 화폐로, 충렬왕 때 은병의 품질 저하와 가치 하락에 대응하기 위해서 미곡과의 교환 비율을 공표하였고, 경시서에서 매년 그해의 풍흉에 따라 가치를 조절하도록 하였다.
④ 고려 시대의 국제 무역항으로 번성하였던 벽란도는 예성강 하구에 위치하였고, 이곳을 통해 송·아라비아 상인들과 교역을 전개하였다.

오답 분석

① 조선 후기에 모내기법이 확대되면서 벼와 보리의 이모작이 확산되어 농업 생산량이 증가하였다.
② 조선 후기 광산 개발이 활발해지면서 전문적으로 광산을 경영하는 덕대가 등장하였다.
③ 조선 후기에 상업의 발달로 면화, 담배 등 상품 작물의 재배가 활발해졌다.
⑤ 조선 세종은 토지의 비옥도에 따라 6등급으로 나누어 전세를 차등 징수하는 전분 6등법을 제정하여 시행하였다.

정답 분석 ④

Q **정답의 단서 |** 구제도감, 재해, 전염병 퇴치, 병자 치료, 백성 구호

고려 시대에는 구제도감과 구급도감 등을 임시 기관으로 설치하여 재해가 발생하였을 때 백성을 구제하였다. 그중 구제도감은 질병 환자를 치료하고 병사자의 매장을 관장하며 감염병 확산 등에 대처하는 기능을 담당하였다.
ㄴ. 고려는 개경에 동서 대비원을 설치하여 환자 진료 및 빈민 구휼을 담당하게 하였다.
ㄹ. 고려 광종 때 제위보를 운영하여 기금을 모았다가 백성에게 빌려주고 그 이자로 빈민을 구휼하도록 하였다.

오답 분석

ㄱ. 조선 명종 때 『구황촬요』를 간행하여 흉년으로 기근이 극심한 때에 발생하는 각종 문제에 대비하는 방법을 정리하였다.
ㄷ. 조선 후기 실권을 잡은 흥선 대원군은 환곡의 폐단을 해결하기 위해 호조에서 사창의 설치와 운영에 대해 규정한 『사창절목』에 따라 향촌에서 마을 단위로 운영하던 사창제를 전국적으로 실시하였다.

14 고려의 학문과 사상

최근 5개년 기출 빅데이터 분석 리포트

■	24
■	23
■	22
■	21
■	20

(연도)

빈출 키워드 Top 5

1 초조대장경
2 정혜쌍수, 돈오점수
3 최충의 9재 학당
4 의천(천태종)
5 『삼국유사』

꼭 나오는 문제 유형 Top 3

1 빈칸형
2 설명형
3 사료형

1 유학 발달과 역사서 편찬

1. 유학 발달

구분	성격	특징
고려 전기	자주적, 주체적	광종 때 과거제 실시, 성종 때 국자감과 향교 설립 및 유교 정치사상 확립(최승로의 시무 28조)
고려 중기	보수적, 사대적	• 최충: 문헌공도(9재 학당), 해동공자 • 김부식: 보수적·현실적 성격
고려 말기	성리학적 가치관 중시	• 성리학: 인간 심성과 우주의 원리 문제를 철학적으로 탐구 • 전래: 안향(실천적) → 이제현(만권당) → 이색 → 정몽주, 정도전 등

2. 교육 기관

사학 발달	최충의 문헌공도 등 사학 12도 융성으로 관학 위축
관학	• 중앙에 국자감(유학부, 기술학부), 지방에 향교 • 관학 진흥책: 예종이 국자감에 7재(전문 강좌) 설치, 양현고(장학 재단) 설립, 학문 연구소 청연각·보문각 설치

3. 역사서 편찬

구분	역사서	특징
고려 초기	『고려왕조실록』, 『7대 실록』(태조~목종)	현존하지 않음
고려 중기	『삼국사기』(김부식)	• 현존하는 우리나라에서 가장 오래된 역사서 • 유교적 합리주의 사관, 기전체 서술, 신라 계승 의식
무신 정권 시기	『해동고승전』(각훈)	삼국 시대 승려들의 일대기
	「동명왕편」(이규보)	우리 역사를 단군에서부터 서술, 고구려 건국 시조인 동명왕(주몽) 일대기를 서사시 형태로 서술
원 간섭기	『삼국유사』(일연)	충렬왕 때 편찬, 불교사 중심으로 민간 설화 수록, 단군 신화 수록 → 우리 고유 문화와 전통 중시
	『제왕운기』(이승휴)	충렬왕 때 편찬, 고조선 건국 설화 수록
고려 말기	『사략』(이제현)	정통 의식과 대의명분 강조, 성리학적 유교 사관

기출 선택지로 개념 익히기   ◁》 오디오 학습을 이용해 보세요!

1 유학 발달과 역사서 편찬

▸ 국자감에 서적포를 두어 출판을 담당하게 하였다.
▸ 이제현 – 만권당에서 원의 학자들과 교유하다. 4회 이상
▸ 최충이 9재 학당을 세워 유학 교육을 실시하였다. 8회 이상
▸ 유학을 비롯하여 율학, 서학, 산학을 교육하였다.
▸ 전문 강좌인 7재를 운영하였다.
▸ 국자감에 7재라는 전문 강좌를 개설하였다. 8회 이상
▸ 관학을 진흥하고자 양현고를 설치하였다. 4회 이상

▸ 청연각과 보문각을 두어 학문 연구를 장려하였다.
▸ 『삼국사기』 – 유교 사관에 입각하여 기전체 형식으로 서술하였다.
▸ 『삼국사기』 – 본기, 열전 등 기전체 형식으로 서술되었다. 4회 이상
▸ 『삼국사기』 – 현존하는 우리나라 최고(最古)의 역사서이다.
▸ 『삼국유사』 – 불교사를 중심으로 고대의 민간 설화 등을 수록하였습니다.
　　　　　　　　　　　　　　　　　　　　　　4회 이상
▸ 『삼국유사』 – 단군왕검의 건국 이야기를 수록하였다. 4회 이상
▸ 일연이 삼국유사를 집필하였습니다.

2 불교 성행

1. 고려 전기 숭불 정책

태조	훈요 10조를 통해 연등회·팔관회의 성대한 개최 당부
광종	승과 제도 및 국사·왕사 제도 정비, 균여의 화엄종 성행(귀법사)

2. 승려

의천 (대각국사)	• 국청사를 중심으로 해동 천태종 창시 → 교종을 중심으로 선종을 통합하고자 함 • 이론 연마와 실천을 함께 강조하는 교관겸수 제시 • 불교 서적 수집·정리 → 『신편제종교장총록』 편찬 • 의천 사후 다시 교단 분열
지눌 (보조국사)	• 송광사에서 수선사 결사 운동(불교 개혁 운동) • 조계종 개창 → 선종을 중심으로 교종과의 조화 추구 • 정혜쌍수·돈오점수 강조
혜심	심성 도야 강조, 유불일치설 주장 → 성리학 수용의 사상적 토대 마련, 『선문염송집』 편찬
요세	법화 신앙을 중심으로 강진 만덕사에서 백련 결사 주도 → 불교 혁신과 민중 교화 노력

3. 대장경 간행

특징	경·율·론 삼장으로 구성, 불교 관련 저술을 모아 체계적으로 정리한 것
간행 과정	• 초조대장경: 거란의 침략을 부처의 힘으로 이겨내고자 간행 → 몽골 침략 때 소실 • 교장: 여러 불교 서적의 주석서를 모아 간행한 것, 교장도감 설치(의천의 『신편제종교장총록』) • 재조대장경(팔만대장경): 몽골과의 전쟁 때 부처의 힘으로 이겨내고자 간행 → 대장도감 설치, 유네스코 세계 기록 유산(합천 해인사 보관)

개념 PLUS+

▶ 고려의 교육 기관

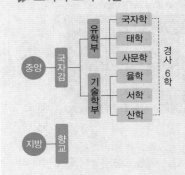

▶ 『삼국유사』와 『제왕운기』
『삼국사기』에서는 언급하지 않은 단군을 우리 역사의 시조로 서술하는 등 민족적 자주 의식이 반영되어 있다.

▶ 국사, 왕사
승려에게 주었던 최고의 승직으로 왕사는 왕의 스승, 국사는 나라의 스승이 될 만한 승려에게 내린 칭호이다.

▶ 『해동고승전』 – 왕명에 의해 고승들의 전기를 기록하였다. 4회 이상
▶ 『동명왕편』 – 고구려 건국 시조의 일대기를 서사시로 표현하였다. 4회 이상
▶ 『제왕운기』 – 단군부터 충렬왕까지의 역사서를 서사시로 서술
▶ 『제왕운기』 – 중국과 우리나라의 역대 왕의 계보가 수록되었다.
▶ 이제현 – 역사서인 사략을 저술하였다.

2 불교 성행
▶ 개경에 귀법사를 세우고 균여를 주지로 삼았다.
▶ 의천 – 불교 교단을 통합하기 위해 천태종을 개창하였다. 8회 이상
▶ 의천 – 이론 연마와 수행을 함께 강조하는 교관겸수를 제시하였다.
▶ 의천 – 교장도감을 설치하여 불교 경전 주석서를 편찬하였다. 4회 이상
▶ 의천이 신편제종교장총록을 편찬하였습니다.
▶ 지눌이 정혜쌍수와 돈오점수를 내세웠습니다. 8회 이상
▶ 지눌 – 정혜 결사를 통해 불교 개혁에 앞장섰다.
▶ 지눌 – 불교 개혁을 주장하며 수선사 결사를 조직하였다.
▶ 혜심 – 심성 도야를 강조한 유불 일치설을 주장하였다.
▶ 혜심 – 선문염송집을 편찬하고 유불 일치설을 주장하였다. 8회 이상
▶ 요세 – 법화 신앙을 바탕으로 백련 결사를 이끌었다. 4회 이상
▶ 균여 – 보현십원가를 지어 불교 교리를 전파하였다. 4회 이상
▶ 초조대장경 – 거란의 침략을 물리치기 위해 제작하였다. 8회 이상
▶ 대장도감을 설치하여 팔만대장경을 간행하였다. 4회 이상
▶ 부처의 힘을 빌려 외침을 막고자 팔만대장경이 조판되었다.

01 (가) 인물에 대한 설명으로 옳은 것은? 빈칸형 54회

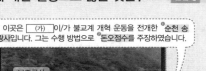

이곳은 (가) 이/가 불교계 개혁 운동을 전개한 순천 송광사입니다. 그는 수행 방법으로 돈오점수를 주장하였습니다.

보조국사 감로탑 국사전

① 승려들의 전기를 담은 해동고승전을 집필하였다.
② 화엄일승법계도를 지어 화엄 사상을 정리하였다.
③ 권수정혜결사문을 작성하여 정혜쌍수를 강조하였다.
④ 불교 경전에 대한 주석서를 모아 교장을 편찬하였다.
⑤ 보현십원가를 지어 불교 교리를 대중에게 전파하였다.

02 (가)~(마)에 들어갈 내용으로 옳은 것은? 빈칸형 51회

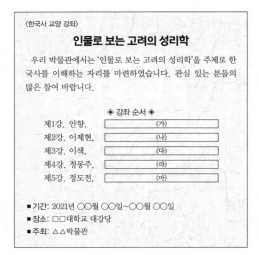

〈한국사 교양 강좌〉

인물로 보는 고려의 성리학

우리 박물관에서는 '인물로 보는 고려의 성리학'을 주제로 한 국사를 이해하는 자리를 마련하였습니다. 관심 있는 분들의 많은 참여 바랍니다.

◈ 강좌 순서 ◈

제1강. 안향,	(가)
제2강. 이제현,	(나)
제3강. 이색,	(다)
제4강. 정몽주,	(라)
제5강. 정도전,	(마)

■ 기간: 2021년 ○○월 ○○일~○○월 ○○일
■ 장소: □□대학교 대강당
■ 주최: △△박물관

① (가) – 봉사 10조를 올려 시정 개혁을 제안하다.
② (나) – 만권당에서 원의 학자들과 교유하다.
③ (다) – 9재 학당을 세워 유학 교육에 힘쓰다.
④ (라) – 경제문감을 저술하고 재상 중심의 정치를 주장하다.
⑤ (마) – 성학십도에서 군주의 도를 도식으로 설명하다.

정답 분석 ③

Q 정답의 단서 | 불교계 개혁 운동, 순천 송광사, 돈오점수, 보조국사

- **순천 송광사 보조국사 감로탑**: 송광사를 중심으로 정혜 결사 운동을 주도한 지눌의 사후에 고려 희종이 '불일 보조국사'라는 시호와 함께 '감로탑'이라는 탑호를 내렸고, 3년 뒤인 강종 때 세워졌다.
- **순천 송광사 국사전**: 송광사의 상징적인 건물로, 나라를 빛낸 스님 16명을 기리기 위해 공민왕 때 지어졌다. 이후 조선 시대에 두 차례에 걸쳐 중수되었다.
- ③ 고려 승려 지눌은 불교의 타락을 비판하며 **순천 송광사**를 중심으로 승려의 기본인 독경, 수행, 노동에 힘쓸 것을 주장하는 정혜 결사 운동(수선사 결사 운동)을 전개하였다. 또한, 『권수정혜결사문』을 통해 정혜쌍수를 사상적 바탕으로 하여 철저한 수행을 강조하였으며, 내가 곧 부처라는 깨달음을 위한 노력과 함께 꾸준한 수행으로 이를 확인하는 **돈오점수**를 강조하였다.

오답 분석

① 고려 승려 **각훈**은 **삼국 시대 이래 승려들의 전기**를 기록한 『**해동고승전**』을 편찬하였다.
② 통일 신라 승려 **의상**은 당에 가서 지엄으로부터 화엄에 대한 가르침을 받고 돌아와 신라에서 화엄 **사상**을 펼쳤다. 그는 부석사를 중심으로 수많은 제자들을 양성하였으며, 『**화엄일승법계도**』를 저술하여 화엄 교단을 세웠다.
④ 고려 문종의 넷째 아들로 승려가 된 **의천**은 중국 및 우리나라의 불교 경전에 대한 주석서를 모은 『**신편제종교장총록**』을 편찬하였다.
⑤ 고려 승려 **균여**는 어려운 불교의 교리를 설파하기 위해 사람들이 따라 부르기 쉬운 노래를 이용하여 『**보현십원가**』라는 향가를 만들었다.

정답 분석 ②

Q 정답의 단서 | 고려의 성리학, 안향, 이제현, 이색, 정몽주, 정도전

② 고려 충선왕은 왕위에서 물러난 뒤 **원의 연경에 만권당**을 세우고 원의 학자와 문인들을 드나들게 했는데, 이때 **이제현 등의 성리학자**들을 고려에서 데려와 교유하게 하였다. 이제현은 유교 사관에 입각한 역사서인 『사략』, 문학적 소양을 바탕으로 한 시화집 『역옹패설』 등을 저술하기도 하였다.

오답 분석

① **최충헌**은 고려 무신 정권 시기 권력을 장악하고 있던 이의민을 몰아내고 최고 권력자가 되었다. 이후 명종에게 **봉사 10조**라는 사회 개혁안을 제시하였으나, 이는 민생 안정보다는 본인의 권력 유지에 목적을 둔 것이었다.
③ 고려 문종 때 **최충**이 세운 **9재 학당**은 사학 12도 중 가장 번성하여 많은 후진을 양성하였으며, 최충의 사후 그의 시호를 바탕으로 문헌공도라 칭하였다.
④ **정도전**은 조선 건국 이후 한양으로 도읍을 옮긴 후 도성을 쌓고 왕조의 기틀을 마련하는 데 공헌하였다. 또한, 재상 중심의 정치 제도를 제시한 『**경제문감**』을 저술하였다.
⑤ 조선 중기의 유학자 **이황**은 조선의 성리학이 발전하는 데 큰 기여를 하였으며 군주의 도를 도식으로 설명한 『**성학십도**』를 저술하였다.

03 (가)에 들어갈 내용으로 옳은 것은?

빈칸형 63회

① 독서삼품과를 통해 인재를 등용하였어요.
② 사액 서원에 서적과 노비를 지급하였어요.
③ 중등 교육 기관으로 4부 학당을 설립하였어요.
④ 양현고를 설치하여 장학 기금을 마련하였어요.
⑤ 초계문신제를 시행하여 문신을 재교육하였어요.

정답 분석 ④
🔍 정답의 단서 | 최충의 9재 학당, 위축된 관학 진흥, 서적포, 국자감, 7재

④ 고려 중기 **최충의 문헌공도**를 대표로 하는 **사학 12도**의 발전으로 **관학이 위축**되자 **숙종** 때 관학 진흥책의 일환으로 최고 국립 교육 기관인 국자감에 **서적포**를 설치하여 모든 책판을 옮기고 인쇄와 출판을 담당하게 하였다. **예종** 때에는 국자감을 재정비하여 **7재**를 세우고 **양현고**를 설치하는 등 관학 진흥책을 추진하였다.

오답 분석

① **통일 신라 원성왕**은 국학의 학생들을 대상으로 **독서삼품과**를 실시하여 유교 경전의 이해 수준에 따라 관리로 채용하였다.
② **조선 시대**에는 국가의 공식 승인을 받은 **사액 서원**에 토지와 노비, 서적을 지급하고 면세와 면역의 특권을 부여하였다.
③ **조선**은 수도 한양에 중등 교육 기관으로 **4부 학당**을 설립하였다.
⑤ **조선 후기 정조**는 새롭게 관직에 오른 자 또는 기존 관리들 중 능력 있는 관리들을 규장각에서 재교육시키는 **초계문신제**를 시행하였다.

04 밑줄 그은 '역사서'에 대한 설명으로 옳은 것은?

설명형 54회

이번에 왕명을 받아 편찬한 역사서에 대해 설명해 주세요.

이 책은 묘청의 난을 진압한 뒤, 우리나라의 역사를 좀 더 잘 알아야 한다는 폐하의 말씀에 따라 유교 사관을 바탕으로 삼국의 역사를 충실히 기록하였습니다.

① 남북국이라는 용어를 처음 사용하였다.
② 사초, 시정기 등을 바탕으로 편찬되었다.
③ 단군의 고조선 건국 이야기를 수록하였다.
④ 본기, 열전 등 기전체 형식으로 서술되었다.
⑤ 고구려 건국 시조의 일대기를 서사시로 표현하였다.

정답 분석 ④
🔍 정답의 단서 | 왕명을 받아 편찬한 역사서, 묘청의 난 진압, 유교 사관, 삼국의 역사 기록

④ 『**삼국사기**』는 **고려 인종의 명**을 받아 **김부식**이 편찬한 현존 우리나라 최고(最古)의 역사서이다. 이는 유교적 사관을 바탕으로 본기, 연표, 지, 열전 등으로 구성된 **기전체** 형식으로 서술되었다.

오답 분석

① **조선** 정조 때 서얼 출신 **유득공**이 저술한 『**발해고**』에서는 발해를 우리의 역사로 인식하고 최초로 '**남북국**'이라는 용어를 사용하였다.
② **조선** 시대에는 국왕의 사후에 실록청을 설치하고 사관이 기록한 사초, 시정기를 정리하여 『**조선왕조실록**』을 편찬하였다.
③ **고려** 원 간섭기 때 승려 일연이 저술한 『**삼국유사**』에는 불교사를 중심으로 왕력과 함께 기이편을 통해 전래 기록이 수록되어 있으며, 특히 단군을 우리 민족의 시초로 여겨 고조선 건국 설화를 수록하였다.
⑤ **고려 무신 정권 시기**의 문인 **이규보**는 『**동국이상국집**』을 저술하였다. 권3의 「동명왕편」은 한국 문학 최초의 서사시로, 고구려를 건국한 동명왕의 업적을 칭송하고 고려가 고구려를 계승하였다는 고려인의 자부심을 표현하였다.

15 고려의 과학 기술·예술과 불교 문화

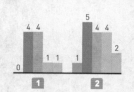

■ 24
■ 23
■ 22
■ 21
■ 20
(연도)

빈출 키워드 Top 5

1 화통도감
2 『직지심체요절』
3 평창 월정사 팔각 구층 석탑
4 청자 상감 운학문 매병
5 논산 관촉사 석조 미륵보살 입상

꼭 나오는 문제 유형 Top 3

1 사진형
2 빈칸형
3 설명형

1 과학 기술과 예술

1. 인쇄술

금속 활자	• 『상정고금예문』: 금속 활자를 이용한 최초의 책(서양보다 200년 앞섰으나 현존하지 않음), 강화도에서 인쇄 • 『직지심체요절』(1377): 청주 흥덕사에서 간행, 현존하는 세계 최고(最古)의 금속 활자본, 유네스코 세계 기록 유산
제지술	닥나무 재배 장려, 종이 제조 전담 관서 설치 → 중국에 종이 수출

2. 천문학·의학·화약 기술

천문학	• 사천대(서운관): 일식·혜성·태양 흑점 등 기록 • 역법: 당의 선명력 → 원의 수시력
의학	• 태의감: 의료 업무, 의학 교육, 의과 시행 • 『향약구급방』: 현존하는 가장 오래된 의학 서적, 각종 질병에 대한 처방과 국산 약재 소개
화약	화통도감 설치: 최무선 중심, 화약·화포 제작

3. 청자와 공예

청자	• 발달 과정: 순수 청자(11세기) → 상감청자(12세기) → 쇠퇴(원 간섭기 이후) • 청자 상감 운학문 매병, 청자 참외모양 병 등
공예	• 은입사 기술 발달: 청동 향로, 청동 정병 • 나전 칠기: 옻칠한 바탕에 자개를 붙여 무늬를 새김

4. 서예, 회화, 음악

서예	• 고려 전기: 구양순체, 왕희지체(탄연) • 고려 후기: 송설체(이암)
회화	• 공민왕의 「천산대렵도」 → 원 화풍의 영향 • 불화: 혜허의 「양류관음도」 • 사경화: 불교 경전을 알기 쉽게 그림으로 설명
음악	아악(송에서 수입된 대성악이 궁중 음악으로 발전), 향악(속악)

기출 선택지로 개념 익히기 ◁》 오디오 학습을 이용해 보세요!

1 과학 기술과 예술

▸ 『직지심체요절』 – 청주 흥덕사에서 금속 활자본으로 간행되었다. 8회 이상
▸ 『직지심체요절』 – 유네스코 세계 기록 유산으로 등재되었다.
▸ 현존 최고(最古)의 금속 활자본인 직지심체요절이 간행되었다.
▸ 우리의 약재를 소개한 향약구급방을 편찬했어요.

▸ 화통도감을 설치하여 화포를 제작하였다. 12회 이상
▸ 화통도감에서 화약 무기를 시험하는 군인
▸ 청자 상감 운학문 매병 4회 이상
▸ 청자 참외모양 병

2 불교 문화 발달

1. 불교 건축

궁궐·사찰	흥왕사 터, 개성 만월대 궁궐 터

<table>
<tr><td rowspan="5">목조
건축</td><td colspan="2" align="center">주심포 양식</td></tr>
<tr><td>기둥 위에만 공포를 짜 올리는 방식</td><td></td></tr>
<tr><td colspan="2" align="center"> 
▲ 영주 부석사 무량수전　▲ 안동 봉정사 극락전

▲ 예산 수덕사 대웅전</td></tr>
<tr><td colspan="2" align="center">다포 양식</td></tr>
<tr><td>기둥 위뿐 아니라 기둥 사이에도 공포를 짜 올리는 방식</td><td></td></tr>
</table>

▲ 사리원 성불사 응진전

2. 석탑과 승탑(탑비)

평창 월정사 팔각 구층 석탑	개성 경천사지 십층 석탑
고달사지 승탑	법천사 지광국사 현묘탑

3. 불상

하남 하사창동 철조 석가여래 좌상	논산 관촉사 석조 미륵보살 입상
안동 이천동 마애여래 입상	영주 부석사 소조여래 좌상

---

2 불교 문화 발달

▸ 평창 월정사 팔각 구층 석탑 4회 이상
▸ 논산 관촉사 석조 미륵보살 입상 4회 이상
▸ 안동 이천동 마애여래 입상 4회 이상
▸ 파주 용미리 마애이불 입상

01 (가)에 대한 설명으로 옳은 것은?

`빈칸형` `54회`

국외 소재 우리 문화유산을 찾기 위해 헌신한 **박병선** 박사를 조명하는 다큐멘터리가 방영될 예정입니다. 그녀는 **①청주 흥덕사**에서 **②금속 활자**로 간행된 ___(가)___ 을/를 **③프랑스 국립 도서관**에서 발견하였습니다. 또한, 외규장각 의궤의 반환을 위해서도 노력하였습니다.

① 군주의 도를 도식으로 설명하였다.
② 세금 수취를 위해 3년마다 작성되었다.
③ 유네스코 세계 기록 유산으로 등재되었다.
④ 거란의 침략을 물리치기 위해 제작하였다.
⑤ 충신, 효자, 열녀를 알리기 위해 간행하였다.

문제 파헤치기

정답 분석 ③

🔍 **정답의 단서 |** 박병선, 청주 흥덕사, 금속 활자, 프랑스 국립 도서관, 외규장각 의궤 반환

③ 고려 우왕 때인 1377년, 충북 **①청주 흥덕사**에서 **②금속 활자**로 『직지심체요절』을 인쇄하였다. 이는 구한말 프랑스 공사로 왔던 콜랭 드 플랑시가 수집하여 임기를 마치고 귀국할 때 프랑스로 유출되었다. 이후 1967년 프랑스 국립 도서관 연구원에서 일하던 박병선 박사가 『직지심체요절』을 발견하였고, 정확한 인쇄 장소와 연대가 기록된 금속 활자본임을 발표하였다. 이후 『직지심체요절』은 독일의 구텐베르크 성서보다 78년이나 앞서 만들어진 것임을 공인받아 현존하는 세계 최고(最古)의 금속 활자본으로서 유네스코 세계 기록 유산으로 등재되었으며, 현재 **③프랑스 국립 도서관**에 소장되어 있다.

오답 분석

① **조선 중기**의 성리학자 **퇴계 이황**은 조선의 성리학이 발전하는 데 크게 기여하였으며, 군주의 도를 도식으로 설명한 **『성학십도』**를 저술하였다.
② **통일 신라** 때 촌락에 대한 세금을 정확히 수취하기 위해 **민정 문서**를 기록하였는데, 이는 촌주가 3년마다 작성하였다. 또한, 755년경 서원경 인근 4개 마을에 대한 인구, 토지, 마전, 가축 등을 조사한 내용이 담겨 있다.
④ **고려 현종** 때 거란의 침입을 불력으로 물리치고자 우리나라 최초의 대장경인 **초조대장경**을 제작하기 시작하였다.
⑤ **조선 세종** 때 군신·부자·부부 삼강에 모범이 될 만한 충신·효자·열녀의 행실을 모아 글과 그림으로 설명한 윤리서인 **『삼강행실도』**를 간행하였다.

02 (가) 국가의 국가유산으로 옳지 <u>않은</u> 것은?

`빈칸형` `사진형` `71회`

□□신문

제△△호   2024년 ○○월 ○○일

'국보 순회전: 모두의 곁으로', 강진군에서 열려

▲ 청자 상감 모란무늬 항아리

국립중앙박물관이 지역 간의 문화 격차를 해소하기 위해 기획한 국보 순회전이 전남 강진군에서 '도자기에 핀 꽃, 상감 청자'를 주제로 개최된다. 이번 전시에서는 청자 상감 모란무늬 항아리, 청자 상감 물가풍경무늬 매병 등 ___(가)___ 의 대표적인 국가유산인 상감 청자가 공개된다. 특히, 국보 '청자 상감 모란무늬 항아리'는 왕실 자기의 전형을 보여주는 유물로 모란을 정교하고 화려하면서도 사실적으로 묘사하였다는 평가를 받는다. 전시회 관계자는 "상감 청자의 생산지였던 강진군에서 개최되어 더 큰 의미가 있다."라고 밝혔다.

정답 분석 ⑤

🔍 **정답의 단서 |** 상감 청자, 청자 상감 모란무늬 항아리

고려 시대에는 그릇 표면에 무늬를 파내고 백토와 자토(붉은 흙)를 메워 유약을 발라 구워내는 상감 기법으로 만들어진 **상감 청자**가 유행하였다. 특히, 전남 강진은 상감 청자의 중심 생산지로, 국보로 지정된 **청자 상감 모란무늬 항아리**가 생산되었다.
⑤ 김득신의 「파적도」는 조선 후기의 풍속화이다.

오답 분석

① **논산 관촉사 석조 미륵보살 입상**은 대형 철불이 유행하였던 고려 시대의 불상이다.
② **나전 국화 넝쿨무늬 합**은 자개를 무늬대로 잘라 목심이나 칠면에 박아 넣거나 붙이는 **나전 기법**으로 만들어진 고려 시대의 유물이다.
③ **「수월관음도」**는 고려 후기에 제작된 불화로 『화엄경(華嚴經)』 「입법계품(入法界品)」에 나오는 관음보살의 거처와 형상을 묘사한 그림이다.
④ **개성 경천사지 십층 석탑**은 원의 석탑 양식에 영향을 받아 대리석으로 만들어진 고려 시대의 석탑으로, **서울 원각사지 십층 석탑**에 영향을 주었다.

03 다음 구성안의 소재가 된 탑으로 옳은 것은?

설명형 사진형 56회

○○ 박물관 실감 콘텐츠 구성안	
제목	오늘, 탑을 만나다
기획 의도	증강 현실(AR) 기술을 활용하여 우리 문화유산을 실감나게 체험하는 기회 제공
대상 유물 특징	• 원의 영향을 받아 대리석으로 만든 석탑 • 원각사지 십층 석탑에 영향을 주었음
체험 내용	• 탑을 쌓으며 각 층의 구조 파악하기 • 기단부에 조각된 서유기 이야기를 퀴즈로 풀기

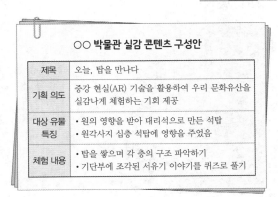

04 (가)에 해당하는 문화유산으로 옳은 것은?

빈칸형 사진형 65회

충청남도 예산군에 있는 이 건물은 맞배지붕에 주심포 양식입니다. 건물 보수 중 묵서명이 발견되어 충렬왕 34년이라는 정확한 건립 연도를 알게 되었습니다.

국보로 지정된 불교 건축물

(가)

수덕사 대웅전

화엄사 각황전

부석사 무량수전

봉정사 극락전

법주사 팔상전

정답 분석 ⑤

Q 정답의 단서 | 원의 영향, 대리석, 원각사지 십층 석탑에 영향을 줌, 기단부에 조각된 서유기 이야기

⑤ 개성 경천사지 십층 석탑은 원의 석탑 양식의 영향을 받아 대리석으로 만들어진 고려 원 간섭기의 석탑이다. 다각 다층 석탑이며 기단부에는 연꽃, 용, 소설 『서유기』의 장면 등이 새겨져 있다. 이 석탑은 조선 세조 때 대리석으로 제작된 서울 원각사지 십층 석탑에 영향을 주었다.

오답 분석

① 경주 불국사 삼층 석탑은 통일 신라 경덕왕 때 김대성이 불국사를 창건하면서 조성된 탑으로 추측되며, 8세기경 유행한 통일 신라 삼층 석탑의 전형적인 양식이 나타난다.

② 구례 화엄사 사사자 삼층 석탑은 통일 신라 전성기인 8세기경 제작된 것으로 추정된다. 기단의 사자 조각이 탑 구성의 한 역할을 하는 우리나라의 대표적인 이형(異形) 석탑이다.

③ 양양 진전사지 삼층 석탑은 통일 신라의 전형적인 석탑이다. 2층 기단 위에 3층의 탑신을 올려놓았고 꼭대기의 머리장식은 없어졌다.

④ 평창 월정사 팔각 구층 석탑은 강원도 오대산 월정사 경내에 있는 석탑으로 고려 전기의 대표적인 석탑이다.

정답 분석 ①

Q 정답의 단서 | 충청남도 예산군, 맞배지붕, 주심포 양식, 충렬왕 34년

① 예산 수덕사 대웅전은 고려 충렬왕 때 충남 덕숭산에 지은 불교 건축물이다. 지붕은 옆면에서 볼 때 사람 인(人)자 모양을 한 맞배지붕으로 꾸미고 지붕 처마를 받치기 위한 구조인 공포가 기둥 위에만 있는 주심포 양식을 사용하였다. 또한, 건물 옆면의 장식 요소가 특징적이며 건립 연대가 분명하고 뛰어난 형태미를 가지고 있다.

오답 분석

② 구례 화엄사 각황전은 조선 시대에 지어진 다포계 중층 팔작지붕 건물이며 내부 공간이 통층으로 구성되어 있다.

③ 영주 부석사 무량수전은 현재 남아 있는 고려 시대 목조 건물 중 하나로, 공포가 기둥 위에만 있는 주심포 양식과 배흘림 기둥으로 제작되었다.

④ 안동 봉정사 극락전은 고려 시대 목조 건물로, 우리나라의 목조 건물 중 가장 오래되었다. 공포가 기둥 위에만 있는 주심포 양식과 맞배지붕의 형태로 지어졌다. 상량문(건물의 건축 내력을 적는 문서)에 공민왕 때 지붕을 수리하였다는 기록이 남아 있어 극락전의 건축 연대를 추정할 수 있다.

⑤ 보은 법주사 팔상전은 현존하는 유일한 조선 시대 목탑으로, 석가모니의 일생을 여덟 폭의 그림으로 나누어 그린 팔상도가 있어 팔상전이라고 불린다.

4

조선 전기

조선 전기

선사	고대	고려	12%	조선 후기	근대	일제 강점기	현대	특강

1392 조선 건국(태조)

1398 제1차 왕자의 난(태조)

1419 이종무의 쓰시마섬 토벌(세종)

1446 훈민정음 반포(세종)

1453 수양 대군의 계유정난(단종)

1466 직전법 시행(세조)

1485 『경국대전』 반포(성종)

1498 무오사화(연산군)

최근 5개년 기출 출제 비율

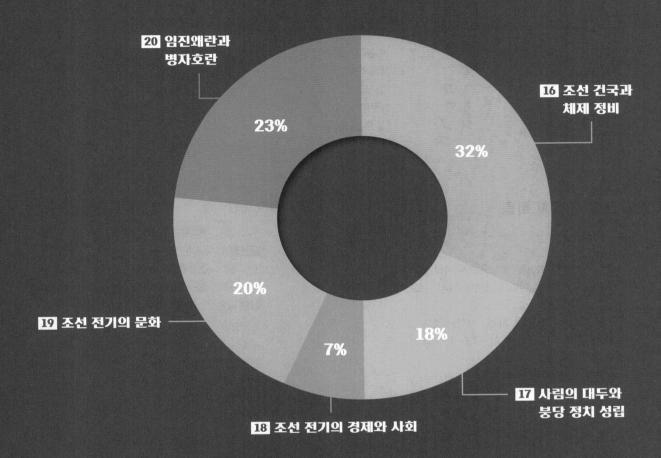

- 20 임진왜란과 병자호란 — 23%
- 16 조선 건국과 체제 정비 — 32%
- 19 조선 전기의 문화 — 20%
- 18 조선 전기의 경제와 사회 — 7%
- 17 사림의 대두와 붕당 정치 성립 — 18%

16C 전반		16C 후반~17C 전반	
1504	갑자사화(연산군)	1592	임진왜란 발발(선조)
1506	중종반정(연산군)	1589	정여립 모반 사건(선조)
1519	기묘사화(중종)	1623	인조반정(광해군)
1545	을사사화(명종)	1636	병자호란(인조)

기출 선택지로 개념 익히기 는 오디오 학습으로 스마트하게!

16 조선 건국과 체제 정비

최근 5개년 기출 빅데이터 분석 리포트

10 11
4 7 7
4 3 3 4
① ②

■ 24
■ 23
■ 22
■ 21
■ 20
(연도)

빈출 키워드 Top 5

1 이종무(쓰시마섬 정벌)
2 계해약조
3 의금부
4 홍문관
5 『불씨잡변』

꼭 나오는 문제 유형 Top 3

1 빈칸형
2 설명형
3 사료형

1 건국과 유교 정치 확립

1. 조선 건국

태조 (이성계)	• 조선 건국(1392): 양반 중심 관료제 사회 성립 • 한양 천도(1394): 한반도 중앙에 위치, 수로 교통 편리, 방어 유리 • 도시 계획: 경복궁(왕 거처), 사직단(경복궁의 오른쪽), 종묘(경복궁의 왼쪽), 육조 거리(경복궁 정문 앞) • 정도전: 재상 중심 정치 주장, 『조선경국전』, 『경제문감』 등 저술, 억불 정책(『불씨잡변』) 주장, 요동 정벌 추진, 한양 도시 계획 수립
태종 (이방원)	• 즉위 과정: 두 차례 왕자의 난을 일으켜 정도전 제거 후 즉위 • 국왕 중심 통치 체제 정비: 의정부 설치, 6조 직계제 시행, 사간원 독립, 사병 철폐 • 국가 재정 확보: 양전 사업, 호패법 실시, 시전 설치, 사원 토지 몰수 • 문화 발전: 주자소 설치(계미자 주조), 『혼일강리역대국도지도』 제작 • 신문고 설치

2. 유교 정치 실현

세종	• 유교 정치: 의정부 서사제(왕권과 신권 조화 추구), 집현전 설치(학문 연구) • 문물 정비: 훈민정음 창제 · 반포, 『삼강행실도』 • 국방 정책: 4군 6진 설치(오늘날 국경선), 쓰시마섬 정벌(이종무), 계해약조 체결
세조	• 계유정난: 수양 대군 시절 단종을 몰아내고 즉위, 사육신 처형 • 왕권 강화: 6조 직계제 시행, 집현전 · 경연 제도 폐지, 유향소 폐지(이시애의 난), 『경국대전』 편찬 시작(호전, 형전) • 군제 개편: 진관 체제
성종	• 문물 정비: 『경국대전』 완성 · 반포 → 유교적 통치 체제 확립 • 홍문관 설치: 집현전 계승(옥당), 경연 강화 • 편찬 사업: 『동국여지승람』, 『동국통감』, 『악학궤범』 등

기출 선택지로 개념 익히기 ◁》 오디오 학습을 이용해 보세요!

1 건국과 유교 정치 확립

▶ 태조 – 조선 건국 이후 한양으로 천도한 과정을 조사한다.
▶ 정도전 – 불씨잡변을 지어 불교를 비판하였다. 4회 이상
▶ 정도전 – 재상 중심의 정치를 강조한 조선경국전을 편찬하였다.
▶ 정도전을 중심으로 요동 정벌을 추진하였다.
▶ 태종 – 문하부를 폐지하고 낭사를 사간원으로 독립시켰다.
▶ 태종 – 왕자의 난으로 정도전 등이 피살되었다.
▶ 세종 – 북방에 4군과 6진을 설치하였다. 4회 이상
▶ 세종 – 계해약조를 맺어 일본과의 무역을 규정하였다. 8회 이상

▶ 세종 – 염포의 왜관에서 교역하는 상인 4회 이상
▶ 세종 – 이종무가 적의 근거지인 쓰시마를 정벌하였다. 8회 이상
▶ 세종 – 훈민정음을 창제한 목적을 파악한다.
▶ 세종 – 학문 연구 기관으로 집현전을 설치하였다.
▶ 세조 – 왕에게 직계하는 이조 판서
▶ 세조 – 수양 대군이 정권을 장악하는 과정을 정리한다.
▶ 세조 – 성삼문 등이 상왕의 복위를 꾀하다 처형되었다. 4회 이상
▶ 세조 – 함길도 토착 세력이 일으킨 이시애의 난을 진압하였다. 4회 이상
▶ 성종 – 조선의 기본 법전인 경국대전을 완성하였다. 12회 이상

2 통치 체제 정비

1. 중앙 정치 조직

의정부	3정승(영의정 + 좌의정 + 우의정)의 합의를 통해 국정 총괄
6조	• 왕의 명령을 집행하는 행정 기구 • 이 · 호 · 예 · 병 · 형 · 공조로 구성
승정원	왕명 출납을 담당하는 왕의 비서 기관
의금부	• 국왕 직속 사법 기구 • 반역죄, 강상죄 등 국가의 중죄인 처벌
삼사 (3사)	• 언론 역할 → 권력 독점 · 부정 방지 • 대간(양사): 사헌부의 대관 + 사간원의 간원 → 5품 이하 관리 임명에 대한 서경권 행사 • 사헌부: 관리 감찰, 고려의 어사대 • 사간원: 정책에 대한 간언 · 간쟁 • 홍문관: 경연 주관, 학문 · 학술 연구
한성부	수도의 행정 · 치안 담당
춘추관	역사서 편찬 · 보관
성균관	최고 교육 기관(국립 대학)

2. 지방 행정 조직

8도	전국을 8도로 나누고 관찰사 파견(수령 견제)
군 · 현	• 8도 아래 부 · 목 · 군 · 현 등을 두어 수령 파견 • 수령 권한 강화: 국왕의 대리인으로서 조세 징수, 농업 · 교육 장려, 호구 조사, 재판 등 • 향리 세력 약화: 수령의 행정 실무 보좌, 직역 세습, 세습적 아전화
유향소	• 지방 유력 양반들로 구성, 수령 보좌 · 향리 비리 감시, 향촌 풍속 교화 • 중앙에 경재소를 설치하여 통제 • 좌수, 별감 등이 회의 주도
특수 행정 구역	향 · 부곡 · 소 폐지 → 일반 군현으로 흡수 · 승격

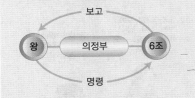

개념 PLUS+

▶ 6조 직계제

▶ 의정부 서사제

▶ 왕권과 관련된 중앙 정치 기구
• 왕권 강화: 승정원, 의금부
• 왕권 견제: 삼사(사헌부, 사간원, 홍문관)

▶ 조선의 8도

---

2 통치 체제 정비

▶ 의정부 – 6조 직계제의 실시로 권한이 약화되었다.
▶ 승정원 – 왕의 비서 기관으로 왕명의 출납을 담당하였다. 4회 이상
▶ 승정원 – 은대(銀臺), 후원(喉院)이라고도 불리었다. 4회 이상
▶ 의금부 – 국왕 직속 사법 기구로 반역죄, 강상죄 등을 처결하였다. 8회 이상
▶ 삼사 – 간관으로서 간쟁과 봉박을 담당하였다.
▶ 홍문관 – 집현전의 학문 연구 기능을 계승하였다.
▶ 홍문관 – 사헌부, 사간원과 함께 삼사로 불렸다. 4회 이상
▶ 대간(양사) – 5품 이하의 관리 임명에 대한 서경권을 가졌다. 4회 이상

▶ 한성부 – 수도의 행정과 치안을 담당하였다. 4회 이상
▶ 춘추관 – 실록을 보관하고 관리하는 업무를 맡았다.
▶ 성균관 – 소과에 합격한 생원, 진사에게 입학 자격이 부여되었다. 4회 이상
▶ 성균관 – 대성전과 명륜당을 중심으로 구성되어 있다.
▶ 성균관 – 최고의 관립 교육 기관으로 성현의 제사도 지냈다.
▶ 관찰사 – 관내 군현의 수령을 감독하고 근무 성적을 평가하였다.
▶ 수령 – 지방의 행정 · 사법 · 군사권을 행사하였다.
▶ 유향소 – 좌수와 별감을 선발하여 운영되었다. 4회 이상
▶ 유향소 – 출신지의 경재소를 관장하고 유향소 품관을 감독하였다.

01 밑줄 그은 '인물'에 대한 설명으로 옳은 것은?

설명형 68회

① 최초의 서원인 백운동 서원을 건립하였다.
② 일본에 다녀와서 해동제국기를 편찬하였다.
③ 성학십도를 지어 군주의 도를 도식으로 설명하였다.
④ 조선경국전을 저술하여 통치 제도 정비에 기여하였다.
⑤ 경세유표를 집필하여 국가 제도의 개혁 방향을 제시하였다.

02 밑줄 그은 '왕'의 재위 기간에 있었던 사실로 옳은 것은?

설명형 68회

〈역사 다큐멘터리 제작 기획안〉

조선, 전국적인 규모의 여론 조사를 실시하다!

■ **기획 의도**
여론 조사를 통해 정책을 추진하려는 왕의 모습에서 '민본'의 의미를 생각해 본다.

■ **장면별 주요 내용**
#1. 왕은 관리와 백성을 대상으로 공법 시행에 대한 전국적인 찬반 조사를 명하다.
#2. 호조에서 찬성 98,657명, 반대 74,149명이라는 결과를 보고하다.
#3. 여러 차례 보완을 거쳐 토지의 비옥도와 풍흉에 따라 조세를 차등 징수하는 내용의 공법을 확정하다.

① 세계 지도인 혼일강리역대국도지도가 제작되었다.
② 각지의 농법을 작물별로 정리한 농사직설이 간행되었다.
③ 유능한 인재를 양성하기 위해 초계문신제가 시행되었다.
④ 우리나라와 중국의 의서를 망라한 동의보감이 완성되었다.
⑤ 전국의 지리, 풍속 등이 수록된 동국여지승람이 편찬되었다.

문제 파헤치기

정답 분석 ④

🔍 **정답의 단서** | 『불씨잡변』, 불교를 비판, 도성의 축조 계획을 세움, 경복궁이라고 이름 지음, 이방원에게 죽임을 당함

고려 말 급진 개혁파를 이끌었던 **정도전**은 신흥 무인 세력인 **이성계**와 연합하여 **조선 건국**을 주도하였다. 정도전은 조선 건국 이후 한양으로 도읍을 옮긴 후 ❷**도성을 쌓고 새 궁궐의 이름을 경복궁으로 이름 짓는** 등 왕조의 기틀을 마련하였다. 또한, ❶『**불씨잡변**』을 통해 유학의 입장에서 불교의 진리를 논파하며 **불교의 배척**을 주장하였다. 이후 정도전은 세자 책봉 문제로 발생한 ❸**제1차 왕자의 난 때 이방원에 의해 죽임**을 당하였다.
④ 정도전은 조선의 유교적 이념을 성문화하여 통치 제도를 정비하기 위해 『**조선경국전**』을 저술하였다.

오답 분석

① **중종** 때 풍기 군수 **주세붕**은 성리학을 전래한 고려 말의 학자 **안향**을 기리기 위해 **최초의 서원**인 **백운동 서원**을 건립하였다. 백운동 서원은 **이황의 건의로 소수 서원**이라는 명종의 사액을 받아 최초의 **사액 서원**이 되었다.
② **신숙주**는 세종 때 **통신사**로 일본에 다녀온 후 성종 때 일본의 지리와 국정, 외교 관계 등을 기록한 『**해동제국기**』를 편찬하였다.
③ 조선 중기의 성리학자 **퇴계 이황**은 조선의 성리학이 발전하는 데 크게 기여하였으며, 군주의 도를 도식으로 설명한 『**성학십도**』를 저술하였다.
⑤ **정약용**은 **신유박해**로 인해 강진에서 유배 생활을 하던 중 국가 제도의 개혁에 대한 내용을 다룬 『**경세유표**』를 집필하였다.

정답 분석 ②

🔍 **정답의 단서** | 여론 조사, 공법, 토지의 비옥도와 풍흉에 따라 조세를 차등 징수

조선 초기에는 수취 제도로서 답험손실법을 실시하여 해당 연도의 작황에 따라 생산량의 1/10을 세금으로 징수하였으나, 농민에 대한 수탈이 과중해지자 **세종** 때 **공법**을 실시하였다. 공법의 제정과 실시에 앞서 세종은 전국적인 **여론 조사**를 시행하여 공법 시행에 대한 백성들의 찬반을 물었다. 백성들의 과반수 찬성으로 공법 시행이 결정되었고, 공법이 제정된 후 실시를 위해 **전제상정소**를 설치하여 토지의 등급을 매기도록 하였다. 그 결과, **토지의 비옥도와 풍흉**에 따라 **조세를 차등 징수**하는 내용의 공법인 **전분 6등법**과 **연분 9등법**이 제정되었다(1444).
② 세종은 **정초, 변효문** 등을 시켜 우리 풍토에 맞는 농서인 『**농사직설**』을 간행하였다(1429).

오답 분석

① **태종** 때 김사형, 이무, 이회 등이 우리나라 최초의 세계 지도이자 **현존하는 최고(最古)의 지도**인 『**혼일강리역대국도지도**』를 제작하였다(1402).
③ **정조**는 인재 양성을 위하여 새롭게 관직에 오르거나 기존 관리들 중 능력 있는 문신들을 규장각에서 재교육시키는 **초계문신제**를 시행하였다(1781).
④ **선조**의 명을 받아 **허준**이 집필하기 시작한 『**동의보감**』은 각종 의학 지식과 치료법에 관한 의서로 **광해군** 때 완성되었다(1610).
⑤ **성종** 때 노사신, 양성지, 강희맹 등이 각 도의 지리, 풍속, 인물 등이 기록된 관찬 지리지인 『**동국여지승람**』을 편찬하였다(1486).

03 (가) 왕에 대한 설명으로 옳은 것은? 빈칸형 54회

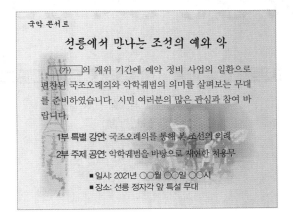

국악 콘서트

선릉에서 만나는 조선의 예와 악

___(가)___의 재위 기간에 예악 정비 사업의 일환으로 편찬된 국조오례의와 악학궤범의 의미를 살펴보는 무대를 준비하였습니다. 시민 여러분의 많은 관심과 참여 바랍니다.

1부 특별 강연: 국조오례의를 통해 본 조선의 의례
2부 주제 공연: 악학궤범을 바탕으로 재현한 처용무

■일시: 2021년 ○○월 ○○일 ○○시
■장소: 선릉 정자각 앞 특설 무대

① 상평통보를 발행하여 법화로 사용하였다.
② 법령을 정비하여 경국대전을 반포하였다.
③ 구황촬요를 간행하여 기근에 대비하였다.
④ 초계문신제를 시행하여 문신들을 재교육하였다.
⑤ 동국문헌비고를 편찬하여 역대 문물을 정리하였다.

04 (가) 기구에 대한 설명으로 옳은 것은? 빈칸형 54회

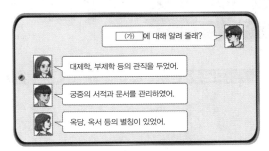

(가) 에 대해 알려 줄래?

대제학, 부제학 등의 관직을 두었어.

궁중의 서적과 문서를 관리하였어.

옥당, 옥서 등의 별칭이 있었어.

① 수도의 행정과 치안을 맡아보았다.
② 사헌부, 사간원과 함께 3사로 불렸다.
③ 을묘왜변을 계기로 상설 기구화되었다.
④ 왕의 비서 기관으로 왕명의 출납을 담당하였다.
⑤ 국왕 직속 사법 기구로 반역죄, 강상죄 등을 처결하였다.

정답 분석 ②

🔍 **정답의 단서 |** 예악 정비 사업, 『국조오례의』, 『악학궤범』

조선 성종 때 예악 정비 사업의 일환으로 오례(五禮)의 예법과 절차 등을 그림과 함께 기록한 『국조오례의』를 편찬하였다. 또한, 예조판서 성현 등으로 하여금 오래된 의궤와 악보를 새롭게 정리하게 하여 『악학궤범』을 편찬하였다.
② 『경국대전』은 세조 때 편찬되기 시작하여 성종 때 완성된 조선의 기본 법전이다. 국가 조직, 재정, 의례, 군사 제도 등 통치 전반에 걸친 법령을 담고 있으며, 국가 행정과 통치 규범을 체계화하고 유교 질서를 확립하기 위해 편찬되었다.

오답 분석

① **숙종** 때 **상평통보**를 발행하여 법화로 유통시켜 사용하였다.
③ **명종** 때 간행된 **『구황촬요』**에는 흉년이 들어 기근이 극심해 졌을 때 발생하는 각종 문제에 대비하는 방법이 담겨 있다.
④ **정조**는 새롭게 관직에 오른 자 또는 기존 관리들 중 능력 있는 관리들을 규장각에서 재교육시키는 **초계문신제**를 시행하였다.
⑤ **영조** 때 각종 제도의 연혁과 내용을 정리한 『동국문헌비고』를 편찬하여 역대 문물제도를 정리하였다.

정답 분석 ②

🔍 **정답의 단서 |** 대제학, 부제학, 궁중의 서적과 문서 관리, 옥당, 옥서

② 홍문관은 조선 성종 때 집현전을 계승하여 설치되었으며 옥당, 옥서 등의 별칭으로 불리기도 하였다. 구성원은 정2품 대제학과 정3품 부제학 등이 있었고, 왕의 자문 역할과 경연, 경서, 궁중 서적 및 문서 관리 등의 업무를 담당하였다. 홍문관은 대표적인 언론 기관인 사헌부, 사간원과 함께 삼사(3사)를 구성하였다.

오답 분석

① 한성부는 조선의 수도 한양의 행정과 치안을 담당하였다.
③ 중종 때 외적의 침입에 대비하기 위한 임시 기구로 설치된 **비변사**는 명종 때 **을묘왜변**을 계기로 상설 기구화되었다.
④ 승정원은 조선 시대 왕의 비서 기관으로 왕명의 출납을 담당하였다.
⑤ 의금부는 조선 시대 국왕 직속 사법 기구로 반역죄, 강상죄 등을 저지른 중죄인을 다루었다.

17 사림의 대두와 붕당 정치 성립

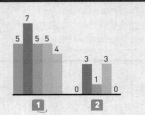

최근 5개년 기출 빅데이터 분석 리포트
- 24
- 23
- 22
- 21
- 20
(연도)

빈출 키워드 Top 5
1. 무오사화
2. 정여립 모반 사건
3. 갑자사화
4. 을사사화
5. 조광조

꼭 나오는 문제 유형 Top 3
1. 사료형
2. 빈칸형
3. 설명형

1 사림의 성장과 사화

1. 훈구와 사림

훈구	• 급진 개혁파 사대부 출신, 조선 개국 공신, 세조 즉위 공신, 대지주층 • 부국강병 추구, 성리학 이외의 사상에 관대
사림	• 온건 개혁파 사대부 출신, 지방 세력, 중소 지주층 • 왕도 정치와 향촌 자치 추구, 성리학 이외의 사상 배격 • 성종 때 등용, 주로 삼사에 진출, 훈구 세력 비판

2. 사림의 세력 기반

서원	• 지방 교육 기관 → 인재 양성, 선현 제사, 향음주례 • 영향: 성리학과 지방 문화 발전, 사림의 정치 여론 형성, 붕당의 근거지 • 주세붕의 백운동 서원(소수 서원) 등
향약	• 향촌 사회의 풍속 교화 및 질서 유지, 치안 담당 • 영향: 유교 윤리 정착, 지방 사림의 지위 강화 • 여씨 향약(조광조), 예안 향약(이황), 해주 향약(이이) 등

3. 사화 발생

무오사화 (연산군)	사림 김일손이 스승 김종직의 조의제문을 사초에 기록 → 훈구가 이를 문제 삼아 연산군이 김일손을 처형하고 사림 축출
갑자사화 (연산군)	연산군이 생모인 폐비 윤씨 사사 사건에 관련된 훈구와 사림(김굉필 등) 세력 제거
중종반정	연산군 폐위·중종 즉위 → 반정에 공을 세운 훈구 집권
조광조의 개혁	• 배경: 훈구를 견제하기 위해 조광조 등 사림 등용 • 내용: 현량과(신진 사림 등용을 위한 추천제) 실시, 소격서 폐지, 위훈 삭제, 『소학』 보급, 향약 실시 등
기묘사화 (중종)	조광조의 개혁 정치에 대한 훈구의 반발 → 조광조 등 사림 제거
을사사화 (명종)	인종의 외척 대윤(윤임 등)과 명종의 외척 소윤(윤원형)의 권력 다툼 → 대윤 및 사림의 피해

4. 명종 집권 시기의 상황(을사사화 이후)

양재역 벽서 사건	양재역에 윤원형 일파와 문정 왕후를 비판하는 익명의 벽서 게시 → 윤원형이 반대파 숙청
사회 혼란 가중	• 명종의 외척인 윤원형 등의 부패 심화 • 임꺽정 등장: 도적 활동

기출 선택지로 개념 익히기 ◁» 오디오 학습을 이용해 보세요!

1 사림의 성장과 사화
▸ 무오사화 - 조의제문이 발단이 되어 김일손 등이 화를 입었다. 8회 이상
▸ 김종직 - 무오사화의 발단이 된 조의제문을 작성하였다.
▸ 무오사화 - 사림과 훈구의 갈등이 원인이 되었다.
▸ 갑자사화 - 폐비 윤씨 사사 사건의 전말이 알려져 김굉필 등이 처형되었다. 4회 이상
▸ 중종반정으로 연산군이 폐위되었다.

▸ 조광조 - 현량과를 실시하여 신진 사림을 등용하고자 하였다. 4회 이상
▸ 기묘사화 - 위훈 삭제에 대한 훈구 세력의 반발이 원인이었다.
▸ 기묘사화 - 위훈 삭제를 주장한 조광조가 제거되었다. 4회 이상
▸ 을사사화 - 외척 세력인 대윤과 소윤의 대립으로 일어났다. 4회 이상
▸ 을사사화 - 외척 간의 대립으로 윤임이 제거되었다.
▸ 양재역 벽서 사건으로 이언적 등이 화를 입었다. 4회 이상
▸ 명종 - 임꺽정 무리를 토벌하는 관군

2 붕당 정치 성립과 성리학 발달

1. 붕당의 형성과 분화

붕당 형성	• 16세기 후반 선조 즉위 이후 사림 세력의 대거 중앙 정계 진출, 정국 주도 • 이조 전랑 임명 문제를 두고 사림 김효원과 심의겸의 대립
사림의 동서 분당	• 동인: 김효원 등 신진 사림 중심, 이황 · 조식 · 서경덕 계승, 외척 정치 청산과 개혁 주장 • 서인: 심의겸 등 기성 사림 중심, 이이 · 성혼 계승, 외척 정치 청산에 소극적
정여립 모반 사건	동인 정여립의 역모 사건 발각 → 기축옥사(서인 정철이 이를 확대해 동인 피해)
동인의 남북 분당	• 건저의 사건: 왕세자 책봉 문제로 동인이 서인 정철 공격 • 남인: 정철 처리 문제에 온건, 이언적 · 이황 계열 • 북인: 정철 처리 문제에 강경, 조식 계열, 광해군 때 국정 주도

2. 성리학 연구 발달

이황 (동인)	• 『성학십도』, 『주자서절요』 저술 • 신분 질서 강화를 위한 도덕 규범 확립 주장, 군주 스스로의 수양 강조, 일본 성리학 발전에 영향
이이 (서인)	• 『성학집요』, 『동호문답』 저술 • 경험 중시, 현실 개혁적(수미법, 향약 시행 건의), 군주의 수양을 위한 신하의 역할 강조
예학 발달	• 성리학 이론을 윤리 강령으로 구체화 → 도덕과 예학의 기본 서적인 『소학』 보급 • 가묘와 사당 건립, 족보 편찬 • 김장생 등이 학문화(『가례집람』)

2강자

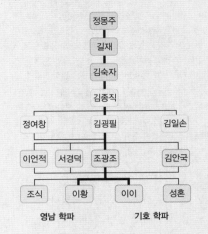

개념 PLUS+

▶ 사림의 계보

정몽주
│
길재
│
김숙자
│
김종직
├─────────┼─────────┤
정여창   김굉필   김일손
├────┬────┼────┐
이언적 서경덕 조광조 김안국
├────┬────┼────┐
조식   이황   이이   성혼

영남 학파   기호 학파

▶ 붕당 형성의 배경
김효원이 알성 과거에 장원으로 합격하여 (이조) 전랑의 물망에 올랐으나, 그가 윤원형의 문객이었다 하여 심의겸이 반대하였다. 그 후에 (심의겸의 동생) 심충겸이 장원 급제하여 전랑으로 천거되었으나, 외척이라 하여 효원이 반대하였다. 이때 양편 친지들이 각기 다른 주장을 내세우면서 서로 배척하여 동인, 서인의 말이 여기에서 비롯되었다.

– 『연려실기술』 –

---

2 붕당 정치 성립과 성리학 발달
▸ 이조 전랑 임명을 둘러싸고 사림이 동인과 서인으로 나뉘었다.
▸ 정여립 모반 사건 – 동인이 남인과 북인으로 분열되는 결과를 가져왔다.
▸ 정여립 모반 사건으로 기축옥사가 일어났다. 8회 이상
▸ 정여립 모반 사건을 계기로 동인이 입은 피해를 분석한다.
▸ 서인 – 정여립 모반 사건을 내세워 기축옥사를 주도하였다.
▸ 남인 – 이언적과 이황의 제자들이 주류를 이루었다.
▸ 북인 – 광해군 시기에 국정을 이끌었다.
▸ 북인이 서인과 남인을 배제하고 권력을 장악하였다.
▸ 이황 – 예안 향약을 시행하여 향촌 교화를 위해 노력하였다.
▸ 이황 – 성학십도를 지어 군주의 도를 도식으로 설명하였다. 4회 이상
▸ 이이 – 다양한 개혁 방안을 제시한 동호문답을 저술하였다.
▸ 김장생 – 가례집람을 저술하여 예학을 조선의 현실에 맞게 정리하였다.
4회 이상

01 (가), (나) 사이의 시기에 있었던 사실로 옳은 것은?

시기 일치형 사료형 54회

> (가) 항과 봉은 정씨의 소생이다. 왕은 ❶어머니 윤씨가 폐위되고 죽은 것이 엄씨, 정씨의 참소 때문이라 여기고, 밤에 엄씨, 정씨를 대궐 뜰에 결박하여 놓고 손수 마구 치고 짓밟다가 항과 봉을 불러 엄씨, 정씨를 가리키며 "이 죄인을 쳐라."라고 하였다. …… 왕은 대비에게 "어찌하여 내 어머니를 죽였습니까?"라고 하며 불손한 말을 많이 하였다.
>
> (나) 이덕응이 진술하였다. "윤임과는 항상 ❷대윤, 소윤이라는 말 때문에 화가 미칠까 우려하여 서로 경계하였을 뿐이었고, 모략에 대해서는 모르겠습니다. …… 윤임이 신에게 '주상이 전혀 소생할 기미가 없으니 만약 대군이 왕위를 계승하여 윤원로가 뜻을 얻게 되면 우리 집안은 멸족당할 것이다.'라고 하였습니다."

① 허적과 윤휴 등 남인이 대거 축출되었다.
② 정여립 모반 사건으로 기축옥사가 일어났다.
③ 신진 인사를 등용하기 위해 현량과가 시행되었다.
④ 조의제문이 발단이 되어 김일손 등이 처형되었다.
⑤ 붕당의 폐해를 경계하기 위해 탕평비가 건립되었다.

정답 분석 ③

🔍 **정답의 단서 |** 어머니 윤씨 폐위, 윤임, 대윤, 소윤

(가) 갑자사화(1504): 조선 연산군이 생모인 ❶폐비 윤씨 사건의 전말을 알게 되면서 갑자사화가 발생하였다. 이로 인해 폐비 윤씨 사건과 관련된 훈구 세력과 김굉필 등의 사림 세력이 큰 화를 입었다.

(나) 을사사화(1545): 인종의 뒤를 이어 명종이 어린 나이로 즉위하자 명종의 어머니 문정 왕후가 수렴청정을 하였다. 이때 ❷대윤 세력(인종의 외척인 윤임 중심)과 소윤 세력(명종의 외척인 윤원형 중심)의 대립으로 을사사화가 발생하여 윤임을 비롯한 대윤 세력과 사림들이 큰 피해를 입었다.

③ 중종은 반정으로 왕위에 오른 뒤 훈구파를 견제하기 위해 사림파를 중용하였다. 이때 등용된 조광조는 천거제의 일종인 현량과 시행을 건의하여 사림이 대거 등용될 수 있는 발판을 마련하였다. 그러나 이에 반발한 훈구 세력이 주초위왕 사건을 일으켜 기묘사화가 발생하면서 조광조를 비롯한 사림들이 피해를 입었다(기묘사화, 1519).

오답 분석

① 숙종 때 남인의 영수인 허적이 궁중에서 쓰는 천막을 허락 없이 사용한 문제로 왕과 갈등을 겪었다. 이후 허적의 서자 허견의 역모 사건으로 첫 환국이 발생하여 **허적, 윤휴 등의 남인이 대거 축출**되고 **서인이 집권**하게 되었다(경신환국, 1680).

② 선조 때 일어난 **정여립 모반 사건** 당시 서인은 정권을 장악하기 위해 모반 사건을 확대하여 수많은 동인 인사들에게 큰 타격을 입혔다 **(기축옥사, 1589)**.

③ 연산군 때 김일손이 스승인 김종직의 **조의제문을** 실록에 기록하였다. 유자광, 이극돈 등의 훈구 세력이 이 글에 대해 단종을 폐위시킨 연산군을 비방하는 것이라 주장하면서 **무오사화가** 발생하였다(1498).

⑤ 영조는 붕당 정치의 폐해를 막고 능력에 따라 인재를 등용하기 위해 탕평책을 실시하였고, 성균관에 **탕평비를** 건립하였다(1742).

---

02 (가)에 들어갈 내용으로 가장 적절한 것은?

빈칸형 64회

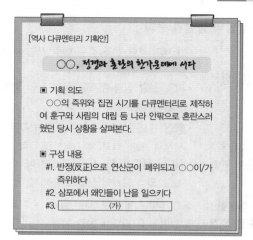

> [역사 다큐멘터리 기획안]
>
> ○○, 정쟁과 혼란의 한가운데에 서다
>
> ▣ 기획 의도
> ○○의 즉위와 집권 시기를 다큐멘터리로 제작하여 훈구와 사림의 대립 등 나라 안팎으로 혼란스러웠던 당시 상황을 살펴본다.
>
> ▣ 구성 내용
> #1. 반정(反正)으로 연산군이 폐위되고 ○○이/가 즉위하다
> #2. 삼포에서 왜인들이 난을 일으키다
> #3.　　　　　(가)

① 이괄이 난을 일으켜 도성을 점령하다
② 허적과 윤휴 등 남인이 대거 축출되다
③ 정여립 모반 사건으로 기축옥사가 일어나다
④ 위훈 삭제를 주장한 조광조 일파가 제거되다
⑤ 조의제문이 발단이 되어 김일손 등이 화를 입다

정답 분석 ④

🔍 **정답의 단서 |** 훈구와 사림의 대립, 반정(反正)으로 연산군이 폐위, 삼포에서 왜인들이 난을 일으킴

④ 조선 중종은 반정으로 연산군을 폐위하여 왕위에 오른 후 삼포왜란을 진압하였으며 훈구파를 견제하기 위해 사림파를 중용하였다. 이에 따라 등용된 조광조는 천거제의 일종인 현량과 실시를 건의하여 사림이 대거 등용될 수 있는 발판을 마련하였다. 또한, 반정 공신들의 위훈 삭제, 소격서 폐지, 향약 시행 등을 주장하였으나 위훈 삭제에 대한 훈구 세력의 반발로 기묘사화가 발생하여 조광조와 사림 세력이 대부분 축출되었다.

오답 분석

① 인조반정에서 큰 공을 세웠던 이괄이 2등 공신을 받은 것에 대해 불만을 품고 **이괄의 난을** 일으켰다.

② 숙종 때 남인의 우두머리 허적이 궁중에서 쓰는 천막을 허락 없이 사용하여 왕과 갈등을 겪었다. 이후 허적의 서자 허견의 역모 사건으로 **경신환국이** 발생하여 허적, 윤휴 등의 **남인이 대거 축출**되고 **서인이 집권**하게 되었다.

③ 선조 때 발생한 **정여립 모반 사건으로 기축옥사가** 일어나 **서인이 정국을 주도**하였고, 이때 많은 **동인이** 피해를 입었다.

⑤ 연산군 때 사관 **김일손이** 영남 사림파 스승인 **김종직의 조의제문을** 사초에 기록하였다. 그러자 사림 세력과 대립 관계였던 유자광, 이극돈 등의 훈구 세력이 이를 문제 삼아 연산군에게 알리면서 **무오사화가** 발생하였다.

03 다음 상황 이후에 전개된 사실로 옳은 것은?

사료형 55회

> 선전관 이용준 등이 정여립을 토벌하기 위하여 급히 전주에 내려갔다. 무리들과 함께 진안 죽도에 숨어 있던 정여립은 군관들이 체포하려 하자 자결하였다.

① 이시애가 길주를 근거지로 난을 일으켰다.
② 기축옥사로 이발 등 동인 세력이 제거되었다.
③ 양재역 벽서 사건으로 이언적 등이 화를 입었다.
④ 수양 대군이 김종서 등을 살해하고 권력을 장악하였다.
⑤ 이조 전랑 임명을 둘러싸고 사림이 동인과 서인으로 나뉘었다.

04 (가) 인물에 대한 설명으로 옳은 것은?

빈칸형 52회

이 자료는 (가) 이/가 지어 왕에게 바친 성학십도의 일부입니다. 그는 성리학에 대한 체계적 이해를 바탕으로 군주가 스스로 인격과 학문을 수양하기 위해 노력해야 함을 강조하였습니다.

① 양명학을 연구하여 강화 학파를 형성하였다.
② 일본에 다녀와서 해동제국기를 편찬하였다.
③ 예안 향약을 시행하여 향촌 교화를 위해 노력하였다.
④ 유학 경전을 주자와 달리 해석한 사변록을 저술하였다.
⑤ 가례집람을 저술하여 예학을 조선의 현실에 맞게 정리하였다.

정답 분석 ②

🔍 **정답의 단서 |** 정여립 토벌, 체포하려 하자 자결

② 조선 선조 때 동인 출신 정여립은 파직 후 진안 죽도에서 고을의 여러 무사들과 공·사노비를 모아 궁술을 익히는 대동계를 조직하였다. 이는 정철 등 조정의 서인 세력에 의해 정여립이 역모를 꾀하기 위해 만든 조직으로 지목되었고, 이로 인해 발생한 기축옥사로 동인의 영수 이발 등을 비롯한 많은 동인들이 탄압을 받게 되었다(1589).

오답 분석

① 세조 때 중앙 집권적 정책으로 인해 북방민의 등용이 억제되자 이시애가 함길도민을 규합하여 길주에서 반란을 일으켰다(1467).
③ 명종 때 문정 왕후의 수렴청정을 비판한 양재역 벽서 사건으로 정미사화가 발생하였다. 이때 이언적, 권벌 등이 유배되는 등 많은 사림 세력들이 화를 입었다(1547).
④ 세조는 수양 대군 시절 계유정난을 일으켜 황보인, 김종서 등을 제거하고 권력을 장악한 뒤 단종을 몰아내고 왕으로 즉위하였다(1453).
⑤ 선조 때 사림 세력은 이조 전랑 임명권을 놓고 김효원을 중심으로 한 동인과 심의겸을 중심으로 한 서인으로 분화되었고, 이를 계기로 붕당 정치가 시작되었다(1575).

정답 분석 ③

🔍 **정답의 단서 |** 『성학십도』, 성리학, 군주가 스스로 노력해야 함을 강조

조선 중기의 성리학자 퇴계 이황은 조선의 성리학이 발전하는 데 크게 기여하였으며, 군주의 도를 도식으로 설명한 『성학십도』를 저술하였다.
③ 이황은 향촌 사회의 교화를 위한 향약의 4대 덕목 가운데 '과실상규'를 강조하는 예안 향약을 만들었다.

오답 분석

① 조선 후기 정제두는 지행합일을 중요시하는 양명학을 체계적으로 연구하였고, 강화도에서 후진 양성에 힘을 기울여 강화 학파를 발전시켰다.
② 세종 때 통신사로 일본에 다녀온 신숙주는 일본의 지리와 국정, 외교 관계 등을 기록한 『해동제국기』를 성종 때 편찬하였다.
④ 조선 후기의 문신 박세당은 『사변록』을 통해 주자의 유학 경전 해석을 비판하며 독자적인 해석을 시도하였으나 노론 세력에 의해 사문난적으로 몰렸다.
⑤ 조선 중기의 대표적인 예학파 유학자 김장생은 『주자가례』의 본문을 기본으로 하여 조선의 현실에 맞는 예학을 정리한 『가례집람』을 저술하였다.

18 조선 전기의 경제와 사회

최근 5개년 기출 빅데이터 분석 리포트	빈출 키워드 Top 5	꼭 나오는 문제 유형 Top 3
■ 24 ■ 23 ■ 22 ■ 21 ■ 20 (연도)	1 직전법 2 중인(역관) 3 연분 9등법 4 수신전, 휼양전 5 전분 6등법	1 설명형 2 빈칸형 3 사료형

1 조선 전기의 경제

1. 토지 제도

과전법 (고려 공양왕)	• 배경: 고려 말 권문세족의 토지겸병으로 인한 재정 악화 • 내용: 전·현직 관리에게 국역의 대가로 경기 지역에 한하여 토지 수조권 지급, 원칙적으로 세습은 불가하였으나 수신전·휼양전 등으로 세습
직전법 (세조)	• 배경: 수신전·휼양전 등으로 과전이 세습되자 지급할 토지 부족 • 내용: 현직 관리에게만 토지 수조권 지급, 수신전·휼양전 폐지
관수 관급제 (성종)	• 배경: 수조권을 가진 관리들이 과도하게 수취 • 내용: 관청에서 세금을 거두고 관리에게 지급
직전법 폐지 (명종)	직전법을 폐지하고 관리에게 녹봉만 지급 → 지주전호제 확대, 수조권 소멸

2. 수취 체제 확립

전세	• 초기(과전법): 수확량의 1/10 징수(1결당 30두) • 공법(세종): 조세 수취 기준을 토지의 비옥도를 기준으로 하는 전분 6등법과 풍흉을 기준으로 하는 연분 9등법 실시(1결당 4~20두) • 조운 제도: 조세 운반 제도, 군현에서 징수한 쌀·콩 등을 조창(강가나 바닷가)을 거쳐 수도 경창으로 운반 • 잉류 지역: 평안도·함경도의 조세는 군사비·사신 접대비 등으로 현지에서 사용
공납	각 지역의 토산품 조사 → 중앙 관청에서 군현에 물품과 액수 할당
역	호적에 등재된 16세 이상의 정남에게 부과(군역, 요역)

3. 16세기 수취 제도의 문란

공납	공물 징수 과정에서 하급 관리와 상인이 결탁해 공물을 대신 납부하고 농민에게 그 대가를 과도하게 요구하는 방납의 폐단 발생
군역	농민들의 요역 기피 → 군역의 요역화 → 대립제와 방군수포 만연 → 군포 징수제 확산
환곡	수령과 향리가 고리대 수단으로 이용

기출 선택지로 개념 익히기 🔊 오디오 학습을 이용해 보세요!

1 조선 전기의 경제

▸ 직전법 – 현직 관리에게만 토지의 수조권을 지급하였다.
▸ 직전법 – 수신전, 휼양전 등의 명목으로 세습되는 토지를 폐지하였다.
　　　　　　　　　　　　　　　　　　　　　　　　　　　4회 이상
▸ 현직 관리에게만 수조지를 지급하는 직전법이 시행되었다. 8회 이상

▸ 명종 – 관리에게 녹봉을 지급하고 수조권을 폐지하였다.
▸ 전제상정소를 두어 전분 6등법을 제정하였다.
▸ 전분 6등법 – 토지의 비옥도에 따라 6등급으로 나누어 전세를 거두었다.
▸ 연분 9등법 – 풍흉에 따라 전세를 9등급으로 차등 과세하였다. 4회 이상

2 조선 전기의 사회

1. 양천제와 반상제 확립

양천제	• 모든 사회 구성원을 법제적으로 양인(자유민)과 천민(비자유민)으로 구분 • 양인: 과거 응시 가능, 조세와 국역의 의무 • 천민: 개인·국가에 소속, 천역 담당
반상제	지배층인 양반과 피지배층인 상민 간 차별

2. 신분 구조

양반	• 관료(문반 + 무반)와 그 가문까지 의미 • 토지·노비 소유, 과거·천거로 관직 독점, 국역 면제
중인	• 의미: 양반과 상민의 중간 신분(넓은 의미), 기술관(좁은 의미) • 서얼: 양반 첩의 자식(서자), 원칙적으로 과거(문과) 응시 금지 • 기술직: 역관, 기술관, 의관, 천문관 등 • 향리: 지방에서 수령의 행정 실무 보좌, 직역 세습
상민	농민·수공업자·상인 등, 신량역천(신분은 양인이나 천역을 담당하는 계층) 포함
천민	• 구성: 노비, 백정, 광대 등 • 노비: 매매·상속·증여의 대상, 일천즉천, 장례원을 통해 국가의 관리를 받음

⊕ 개념 PLUS+

▶ 공법(세종)
• 전분 6등법: 토지의 비옥도에 따라 6등급으로 나누어 1결의 면적 확정(수등이척법)
• 연분 9등법: 풍흉의 정도에 따라 9등급으로 나누어 최대 20두에서 최소 4두로 차등 징수

▶ 방납의 폐단
방납은 공물을 부담하는 백성의 의사와 상관없이 상인을 비롯한 방납업자들이 공물을 미리 관청에 납부하고 추후에 지방민들에게 그 대가를 받아 가는 것이었다. 해당 군현에서 공물이 생산되지 않거나 공물 수납 기한이 빠듯하여 방납이 불가피한 경우도 있었지만, 대부분 관리와 방납업자들이 이익을 노리고 행하였으며, 해당 고을에서 생산할 수 있는 품목조차 방납을 하는 경우도 있었다.

▶ 향리의 지위 변화
고려 시대의 향리는 중앙에 진출하지 못한 지방 세력으로 지방 행정을 담당하였다. 반면, 조선 시대에는 모든 군현에 지방관이 파견됨으로써 향리가 수령 밑에서 일하는 아전으로 격하되었다. 이들은 문과에 응시할 수 없었고, 국가로부터 녹봉을 지급받지 못하였다.

▶ 신량역천
신분은 양인이지만 천역을 담당하는 계층으로, 칠반천역이라고도 하였다. 수군(해상 업무)·조례(관청 잡역)·나장(형사 업무)·일수(지방 고을 잡역)·조졸(조운 업무)·봉수군(봉수 업무)·역졸(역에 근무) 등이 이에 해당하였다.

---

② 조선 전기의 사회
▸ 중인 – 통신사를 수행해 일본으로 가는 역관 4회 이상
▸ 서얼 – 원칙적으로 과거에 응시할 수 없었다.
▸ 기술관 – 잡과를 통해 선발되었다.
▸ 향리 – 호장, 기관, 장교, 통인 등으로 분류되었다.

▸ 향리 – 단안(壇案)이라는 명부에 등재되었다.
▸ 노비 – 소속 관청에 신공(身貢)을 바쳤다.
▸ 노비 – 매매, 상속, 증여의 대상이 되었다.
▸ 노비 – 장례원(掌隷院)을 통해 국가의 관리를 받았다.

01 밑줄 그은 '이 제도'에 대한 설명으로 옳은 것은?

설명형 53회

#3. 궁궐 안

성종이 경연에서 신하들과 토지 제도 개혁을 논의하고 있다.

성종: 그대들의 의견을 말해 보도록 하라.
김유: 우리나라의 ❶수신전, 휼양전 등은 진실로 아름다운 것이
지만 오히려 일이 없는 자가 앉아서 그 이익을 누린다고
하여 ❷세조께서 과전을 없애고 이 제도를 만드셨습니다.

① 전지와 시지를 등급에 따라 지급하였다.
② 풍흉에 관계없이 전세 부담액을 고정하였다.
③ 현직 관리에게만 토지의 수조권을 지급하였다.
④ 관리에게 녹봉을 지급하고 수조권을 폐지하였다.
⑤ 개국 공신에게 인성, 공로를 기준으로 토지를 지급
하였다.

02 밑줄 그은 '왕'의 재위 시기에 있었던 사실로 옳은 것은?

설명형 55회

> 오늘 왕께서 공법을 윤허하셨습니다.
> 이 법의 내용은 전품을 6등급으로, 풍
> 흉을 9등급으로 나누어 전세를 수취하
> 는 것입니다. 일찍이 왕께서는 법안을
> 논의할 때 백성들의 의견을 들어보라
> 명하셨고, 전제상정소에서 이를 참조
> 하여 마련하였습니다.

공법, 6개 고을 시범 시행

① 음악 이론 등을 집대성한 악학궤범이 완성되었다.
② 민간의 광산 개발을 허용하는 설점수세제가 시행되
었다.
③ 우리 풍토에 맞는 농법을 소개한 농사직설이 편찬
되었다.
④ 현직 관리에게만 수조권을 지급하는 직전법이 제정
되었다.
⑤ 우리나라와 중국의 의서를 망라한 동의보감이 간행
되었다.

정답 분석 ③

🔍 **정답의 단서 |** 토지 제도 개혁, 수신전, 휼양전, 일이 없는 자가 이익을 누
림, 세조, 과전을 없앰

③ 조선 시대의 과전법 제도하에서는 전·현직 관리에게 토지가 지급
되었고, ❶수신전과 휼양전의 명목으로 세습까지 가능하였다. 이로
인해 지급할 토지가 부족해지자 조선 세조 때 ❷과전법의 수신전과
휼양전을 폐지하고 직전법을 실시하여 현직 관리에게만 토지의 수
조권을 지급하였다.

오답 분석

① 고려 경종 때 처음 시행된 전시과는 관직 복무와 직역의 대가로 관
료에게 토지를 나누어 주는 제도였다. 관리부터 군인, 한인까지 총
18등급으로 나누어 곡물을 수취할 수 있는 전지와 땔감을 얻을 수
있는 시지를 주었고, 수급자들은 지급된 토지에 대해 수조권만 가
졌다.
② 조선 인조는 농민 부담을 줄이기 위해 영정법을 실시하여 풍흉에 관
계없이 토지 1결당 쌀 4~6두로 전세 부담액을 고정하였다.
④ 조선 명종 때 직전이 부족해지고 재정이 악화되자 수조권을 지급하
는 직전법을 폐지하고 관리에게는 녹봉만 지급하였다.
⑤ 고려 태조 왕건은 후삼국 통일에 공을 세운 공신들에게 관등에 관계
없이 인성, 공로 등을 기준으로 역분전을 지급하였다.

정답 분석 ③

🔍 **정답의 단서 |** 공법, 전품 6등급, 풍흉 9등급으로 나누어 전세 수취, 전제상
정소

③ 조선 세종은 공법을 제정하고 실시하기 위해 전제상정소를 설립하
였다. 이에 따라 풍흉과 토지 비옥도에 따라 전세를 차등 징수하는
전분 6등법과 연분 9등법을 전라도부터 시행하기 시작하였고(1444),
성종 때 함경도를 마지막으로 전국에서 실시되었다. 또한, 세종 때
정초, 변효문 등을 시켜 우리 풍토에 맞는 농법을 소개한 농서인 『농
사직설』을 편찬하였다(1429).

오답 분석

① 성종 때 성현 등이 왕명에 따라 의궤와 악보를 정리한 『악학궤범』을
저술하였다(1493).
② 조선 전기에는 민간에서 광산을 개발하는 것을 금지하였으나 조선
후기 효종 때 설점수세제를 시행하여 민간의 광산 개발을 허용하고
세금을 징수하였다.
④ 세조 때 직전법을 실시하여 과전의 지급 대상을 현직 관리로 제한
하고, 관리의 유가족에게 지급하던 수신전과 휼양전을 폐지하였다
(1466).
⑤ 선조의 명으로 허준이 집필하기 시작한 『동의보감』은 우리나라와 중
국 의서의 각종 의학 지식과 치료법을 집대성한 의서로 광해군 때
완성되었다(1610).

03 밑줄 그은 '제도'를 마련한 왕의 재위 기간에 있었던 사실로 옳은 것은? 설명형 47회

① 현량과를 통해 신진 사림이 등용되었다.
② 조선의 기본 법전인 경국대전이 완성되었다.
③ 영창 대군이 사사되고 인목 대비가 유폐되었다.
④ 왕위 계승을 둘러싸고 왕자의 난이 발생하였다.
⑤ 붕당의 폐해를 경계하기 위한 탕평비가 건립되었다.

정답 분석 ②

🔍 **정답의 단서** | 직전(職田)의 폐단, 관청에서 그 해 생산량 조사, 전세를 거둔 후 지급

② 조선 성종 때 관리들의 과도한 수취로 수조권이 남용되자 국가가 직접 수확량을 조사하여 조세를 징수한 후 관리에게 지급하는 관수 관급제를 실시하였다(1470). 이로 인해 토지와 농민에 대한 국가의 지배력이 강화되었다. 또한, 성종 때 조선의 기본 법전인 『경국대전』이 완성·반포되었다(1485).

오답 분석

① 중종 때 조광조는 천거제의 일종인 현량과의 실시를 건의하여 사림이 대거 등용될 수 있는 발판을 마련하였다(1519).
③ 광해군은 왕위를 위협할 요소를 제거하기 위해 형인 임해군과 동생 영창 대군을 살해하고(1614), 선조의 아내인 인목 대비를 폐위시켜 경운궁에 가두었다(1618).
④ 조선 초기 왕위 계승권을 둘러싸고 태조 이성계의 왕자들 사이에서 두 차례 왕자의 난이 발생하였다(1398, 1400).
⑤ 영조는 붕당 정치의 폐해를 막고 능력에 따른 인재를 등용하기 위해 탕평책을 실시하였고, 성균관에 탕평비를 건립하였다(1742).

---

04 (가)에 들어갈 내용으로 옳은 것은? 빈칸형 58회

① 상피제의 적용을 받았다.
② 잡과를 통해 선발되었다.
③ 감사 또는 방백이라 불렸다.
④ 이방, 호방 등 6방에 소속되었다.
⑤ 공음전을 경제적 기반으로 삼았다.

정답 분석 ④

🔍 **정답의 단서** | 조선 시대 직역(職役), 단안(壇案), 『연조귀감』, 지방 행정 실무 담당

④ 조선의 향리는 수령의 행정 실무를 보좌하는 지방 말단직이었으며, 이방, 호방 등의 6방으로 나뉘어 각기 업무를 맡아 처리하였다. 향리는 세습직이었으며 국가로부터 녹봉을 받지 못하였고, 문과에 응시할 수 없었다. 또한, 단안(壇案)이라는 자체 명부에 성명 및 상·중·하의 3등급이 함께 등재되었다. 『연조귀감』에는 이러한 향리의 기원과 전반적인 역사가 수록되어 있다.

오답 분석

① 상피제는 일정한 범위의 친족 간에는 같은 관서나 직속 관서의 관원이 되지 못하도록 한 규정이다. 조선 시대에는 인사권을 가지고 있는 관리, 비리를 감찰하는 관리, 지방의 수령 등이 상피제의 적용을 받았다.
② 조선 시대 수령은 문·무과를 통해 선발되었으며 향리는 세습직이었다. 잡과를 통해서는 기술관이 등용되었다.
③ 조선 시대에는 군현의 각 지방에 수령을 감독하고 근무 성적을 평가하는 관찰사를 파견하였다. 또한, 이들을 감사, 방백, 도백이라고도 불렀다.
⑤ 고려 시대 문벌 귀족은 자손에게 수조권을 상속할 수 있는 토지인 공음전을 지급받아 세력을 강화하였다.

19 조선 전기의 문화

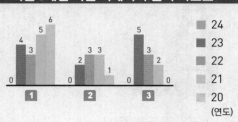

최근 5개년 기출 빅데이터 분석 리포트	빈출 키워드 Top 5	꼭 나오는 문제 유형 Top 3
■ 24 ■ 23 ■ 22 ■ 21 ■ 20 (연도)	1 『경국대전』 2 『농사직설』 3 『칠정산』 4 주자소, 계미자 5 『조선왕조실록』	1 빈칸형 2 설명형 3 사료형

1 교육 기관과 과학 기술

1. 유학 교육 기관

서당	지방에서 선비와 평민의 자제 교육
서원	• 지방 사림이 주로 설립, 주세붕의 백운동 서원 • 사액 서원: 국가로부터 편액, 서적, 노비 등을 받음
향교	• 지방 교육 기관: 전국 군현에 하나씩 설립 • 중앙에서 교수와 훈도 파견
4부 학당	수도 한양에 설치
성균관	• 15세 이상의 소과 합격자에게 입학 자격 부여 • 건물: 대성전, 명륜당, 동·서재 등

2. 과학 기술

천문학	혼천의·간의(천체 관측), 앙부일구(해시계), 자격루(물시계), 측우기(강우량 측정)
역법	『칠정산』(세종): 한양 기준 역법서, 내·외편
인쇄술	주자소 설치(태종), 계미자(태종)·갑인자(세종) 주조
농업	• 『농사직설』(세종): 정초, 변효문 등이 우리 풍토에 맞는 농법 개발 • 『금양잡록』(성종): 강희맹, 농업 기술 수록
의학	• 『향약집성방』(세종): 국산 약재, 치료 방법 정리 • 『의방유취』(세종): 의학 백과사전

2 훈민정음과 편찬 사업

1. 훈민정음

창제와 반포	• 세종 때 집현전 학자들에 의해 만들어짐(1443) • 『용비어천가』, 『월인천강지곡』, 『삼강행실도』 등을 한글로 간행, 실무 행정에 이용(서리 채용 시험)

2. 편찬 사업

역사서	• 『조선왕조실록』: 춘추관 실록청에서 사관의 사초와 시정기 등을 바탕으로 편찬, 편년체 → 4대 사고에 보관 • 『동국통감』(서거정): 고조선~고려 말 역사서, 편년체
지도· 지리서	『혼일강리역대국도지도』(태종, 현존하는 동양 최고(最古)의 세계 지도), 『조선방역지도』, 『동국여지승람』(성종)
법전	• 『조선경국전』(정도전): 재상 중심의 정치 강조 • 『경국대전』(세조~성종): 6전으로 구성된 조선의 기본 법전, 유교적 통치 제도 완성
윤리· 의례서	• 『삼강행실도』(세종): 삼강오륜의 모범이 되는 충신, 효자, 열녀의 행실 수록 • 『국조오례의』: 국가 행사에 필요한 의례 정비

기출 선택지로 개념 익히기 🔊 오디오 학습을 이용해 보세요!

1 교육 기관과 과학 기술

▶ 서원 – 선현의 제사와 유학 교육을 담당하였다.
▶ 백운동 서원 – 풍기 군수 주세붕이 처음 세웠다. 4회 이상
▶ 서원 – 국왕으로부터 편액과 함께 서적 등을 받기도 하였다.
▶ 사액 서원에 서적과 노비를 지급하다.
▶ 서원 – 지방의 사림 세력이 주로 설립하였다.

▶ 향교 – 전국의 부목군현에 하나씩 설치되었다. 4회 이상
▶ 향교 – 중앙에서 교수나 훈도를 교관으로 파견하였다. 4회 이상
▶ 성균관 – 소과에 합격한 생원, 진사에게 입학 자격이 부여되었다. 4회 이상
▶ 성균관 – 최고의 관립 교육 기관으로 성현의 제사도 지냈다.
▶ 성균관, 향교 – 대성전을 세워 옛 성현에 제사를 지냈다.
▶ 한양을 기준으로 한 역법서인 칠정산이 제작되었다. 8회 이상

3 건축과 예술

1. 건축

종묘	왕과 왕비의 신주를 모신 사당, 유네스코 세계 유산
해인사 장경판전	팔만대장경을 보관하는 건물, 유네스코 세계 유산
서울 원각사지 십층 석탑	 세조 때 고려의 개성 경천사지 십층 석탑의 영향을 받아 건립

2. 예술

회화	15 세기	▲ 안견의 「몽유도원도」	▲ 강희안의 「고사관수도」
	16 세기	• 산수화, 사군자 유행 • 신사임당의 「초충도」, 이상좌의 「송하보월도」	
공예	15 세기	분청사기: 고려 자기의 기법 계승, 청자에 백토 분을 칠한 회청색 자기	▲ 분청사기 철화 어문병
	16 세기	백자: 청자보다 담백한 느낌의 순백색 자기	▲ 순백자 병

 개념 PLUS+

▶ 「칠정산」
세종 때 원의 수시력과 아라비아 역법을 참고하여 만든 것으로, 우리 역사상 최초로 한양을 기준으로 한 역법서이다.

▶ 「혼일강리역대국도지도」

▶ 태종 – 주자소가 설치되어 계미자가 주조되었다. 8회 이상
▶ 세종 – 금속 활자인 갑인자를 제작하였다.
▶ 우리 풍토에 맞는 농법을 소개한 농사직설이 편찬되었다. 8회 이상
▶ 「농사직설」 – 정초, 변효문 등이 우리 풍토에 맞는 농법을 종합하여 편찬
▶ 「금양잡록」 – 강희맹이 손수 농사를 지은 경험과 견문을 종합하여 서술
▶ 국산 약재와 치료 방법을 정리한 향약집성방이 간행되었다. 4회 이상

2 훈민정음과 편찬 사업
▶ 세종 – 훈민정음을 창제한 목적을 파악한다.
▶ 「조선왕조실록」 – 사초, 시정기를 바탕으로 실록청에서 편찬 8회 이상
▶ 「조선왕조실록」 – 연대순으로 기록하는 편년체로 서술되었다.
▶ 세계 지도인 혼일강리역대국도지도가 만들어졌다.

▶ 「혼일강리역대국도지도」 – 우리나라에서 제작된 현존 최고(最古)의 지도이다.
▶ 「동국통감」 – 단군 조선부터 고려 말까지의 역사를 다룬 통사이다.
▶ 「동국여지승람」 – 팔도지리지를 참고하여 성종 때 완성되었다.
▶ 각 도의 지리, 풍속 등이 수록된 동국여지승람이 편찬되었다.
▶ 조선의 기본 법전인 경국대전을 완성하였다. 12회 이상
▶ 「삼강행실도」 – 충신, 효자, 열녀를 알리기 위해 간행하였다.

3 건축과 예술
▶ 종묘 – 역대 국왕과 왕비의 신주를 모신 곳이다.
▶ 서울 원각사지 십층 석탑
▶ 안견의 「몽유도원도」 4회 이상

01 (가) 교육 기관에 대한 설명으로 옳은 것은?

빈칸형 54회

> 이곳은 경기도 수원시에 위치한 **조선 시대 지방 교육 기관**인 (가) 입니다. 대부분 지방 관아 가까운 곳에 위치하였으며 **제향 공간인 대성전, 강학 공간인 명륜당**, 기숙사인 동재와 서재 등으로 이루어져 있습니다.

① 전문 강좌인 7재를 운영하였다.
② 풍기 군수 주세붕이 처음 세웠다.
③ 생원과 진사에게 입학 자격을 부여하였다.
④ 중앙에서 교수나 훈도를 파견하기도 하였다.
⑤ 유학을 비롯하여 율학, 서학, 산학을 교육하였다.

02 (가) 왕의 재위 시기에 있었던 사실로 옳은 것은?

빈칸형 62회

문화유산이 전하는 이야기 – 광통교
한국사 채널　　　　　　조회수 221,203

청계천이 복원되면서 광통교도 옛 모습을 되찾았어요. 이 광통교에는 능에 썼던 석물들이 있어요. 두 차례 왕자의 난으로 즉위한 (가) 이/가 태조의 계비인 신덕 왕후의 능을 이장하고, 이전 능에 있던 병풍석과 난간석 등 석물 일부를 다리 제작에 사용하게 한 것이에요.

① 최무선의 건의로 화통도감이 설치되었다.
② 조선의 기본 법전인 경국대전이 완성되었다.
③ 국방 문제를 논의하기 위한 비변사가 설치되었다.
④ 세계 지도인 혼일강리역대국도지도가 제작되었다.
⑤ 한양을 기준으로 한 역법서인 칠정산이 간행되었다.

문제 파헤치기

정답 분석 ④

🔍 **정답의 단서** | 조선 시대 지방 교육 기관, 대성전, 명륜당, 동재와 서재

조선 시대의 향교는 성균관의 하급 관학으로서 **지방민의 교육을 위해 부·목·군·현에 하나씩 설립되었던 국립 교육 기관**이다. 이 곳은 공자를 비롯한 옛 성현에 대해 제사를 지내는 **대성전**과 유학을 강의하는 **명륜당**, 기숙사인 동·서재 등으로 이루어져 있다.
④ 중앙에서는 향교의 규모와 지역에 따라 교관인 **교수 또는 훈도를 파견**하였다.

오답 분석

① 고려 중기에 최충의 문헌공도 등 사학 12도의 발전으로 관학이 위축되자 예종 때 **국자감을 재정비**하여 전문 강좌인 **7재를 운영**하였다.
② 조선 중종 때 **풍기 군수 주세붕**이 성리학을 전래한 고려 말의 학자 안향을 기리기 위해 최초로 **백운동 서원**을 건립하였다. 백운동 서원은 명종 때 이황의 건의로 최초의 사액 서원인 **소수 서원으로 사액**되었다. 사액 서원은 국가의 공식 승인을 받은 서원을 의미하며 국가로부터 토지와 노비, 서적을 받고 면세와 면역의 특권을 부여받았다.
③ 성균관은 **조선 시대 최고의 국립 교육 기관**으로, 초시인 생원시와 진사시에 합격한 유생들이 우선적으로 입학할 수 있었다.
⑤ 고려 성종 때 설치된 국립 교육 기관인 **국자감은 유학부와 기술학부**로 나뉘어 유학부에서는 국자학·태학·사문학을, 기술학부에서는 율학·서학·산학을 교육하였다.

정답 분석 ④

🔍 **정답의 단서** | 청계천 복원, 두 차례 왕자의 난으로 즉위

조선 초 토교(土橋)였던 광통교가 큰 비에 떠내려가자 태종은 태조의 계비인 신덕 왕후의 능에 있던 병풍석과 난간석을 이용하여 석교(石橋)로 다시 만들었다. 이후 광통교는 도성 내 중심 통로로써 임금의 능행, 중국의 사신들의 왕래에 쓰이는 등 도성에서 가장 많이 이용되었다.
④ **조선 태종** 때 김사형, 이무, 이회 등이 우리나라 **최초의 세계 지도**이자 현존하는 동양 최고(最古)의 지도인 『**혼일강리역대국도지도**』를 제작하였다(1402).

오답 분석

① 고려 우왕 때 **최무선**이 **화통도감**의 설치를 건의하여 **화약과 화포**를 제작하였고, 이를 활용하여 진포 대첩에서 **왜구를 격퇴**하였다(1380).
② 조선 세조 때 편찬되기 시작한 『**경국대전**』은 **조선의 기본 법전**으로, 성종 때 완성되어 반포되었다(1485).
③ 조선 중종 때 **삼포왜란**이 일어나자 외적의 침입에 대비하기 위한 임시 기구로 **비변사**가 처음 설치되었다(1510). 이후 **명종** 때 을묘왜변을 계기로 상설 기구화되었다(1555).
⑤ 조선 세종 때 중국의 수시력과 아라비아의 회회력을 참고로 한 역법서인 『**칠정산**』을 편찬하였다. 『칠정산』은 **최초로 한양을 기준으로** 천체 운동을 계산하였으며, **내편(內篇)과 외편(外篇)**으로 이루어졌다(1444).

03 (가)에 해당하는 문화유산으로 옳은 것은?

빈칸형 사진형 57회

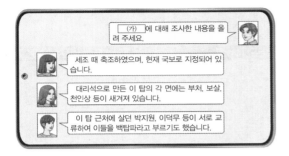

① ② ③

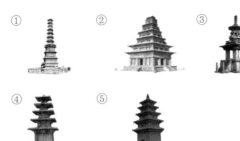

④ ⑤

04 (가)에 해당하는 작품으로 옳은 것은?

빈칸형 사진형 65회

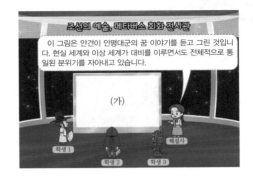

① ② ③ ④

⑤

정답 분석 ①

🔍 **정답의 단서 |** 세조, 대리석, 박지원, 이덕무, 백탑파

① 조선 전기 불교는 숭유 억불 정책으로 억압받았으나 **세조** 때 왕실의 지원을 받아 **원각사지 십층 석탑**이 건립되었다. 이 탑은 **고려의 개성 경천사지 십층 석탑**을 본떠 만든 것으로 **대리석**을 재료로 하여 백탑으로 불리기도 하였다. 탑 근처에 살던 박지원, 이덕무 등이 이곳에 모여 학문적으로 교류하여 **백탑파**로 불리었다.

오답 분석

② **익산 미륵사지 석탑**은 **백제 무왕** 때 건립되었으며, 현존하는 삼국 시대의 석탑 중 가장 크다. 석탑 해체 복원 과정 중 1층 첫 번째 심주석에서 **금제 사리봉영(안)기**가 발견되어 석탑의 건립 연도가 명확하게 밝혀졌다.
③ **경주 불국사 다보탑**은 경주 불국사에 있는 **통일 신라의 화강석 석탑**이며, 다보여래의 사리를 모신 탑이다.
④ **부여 정림사지 오층 석탑**은 익산 미륵사지 석탑과 함께 백제의 **대표적인 석탑**이며, **목탑의 구조와 비슷**하지만 돌의 특성을 잘 살린 석탑이다.
⑤ **발해 영광탑**은 중국 지린성에 있는 **발해의 오층 전탑**으로, 당의 영향을 받았다.

정답 분석 ①

🔍 **정답의 단서 |** 안견, 안평대군의 꿈 이야기를 듣고 그린 것, 현실 세계와 이상 세계가 대비를 이룸

① 조선 전기의 화가 **안견**은 예술에 조예가 깊은 **안평대군**과 교유하였다. 안평대군이 박팽년과 함께 복사꽃밭을 거니는 **꿈**을 꾸자 안견에게 그 내용을 들려주며 그리도록 하였다. 이에 안견은 비단 바탕에 수묵담채로 산수화를 그려내 「**몽유도원도**」를 완성하였다. 「몽유도원도」는 그림과 더불어 안평대군의 제서(題書)와 발문, 박팽년의 서문, 신숙주와 최항의 제영(정해진 제목에 따라 읊는 시) 등이 어우러져 있다. 이에 조선 전기 최고 수준의 시, 서, 화가 집약된 걸작으로 평가받으며 현재 일본 덴리대학에 소장되어 있다.

오답 분석

② 「**세한도**」는 조선 후기에 추사 **김정희**가 제주도 유배 중에 그를 찾아온 제자에게 그려준 문인화이다.
③ 「**병진년화첩**」은 조선 후기 화가 **김홍도**가 그린 산수와 화조 그림 20폭으로 이루어져 있다.
④ 「**고사관수도**」는 조선 전기의 화가 **강희안**이 그린 산수인물화로, 화가만의 독특한 화풍을 보이고 있다.
⑤ 「**인왕제색도**」는 조선 후기 화가 **겸재 정선**의 대표적인 **진경산수화**이다.

20 임진왜란과 병자호란

최근 5개년 기출 빅데이터 분석 리포트

■	24
■	23
■	22
■	21
■	20
	(연도)

빈출 키워드 Top 5

1 나선 정벌
2 훈련도감
3 백두산정계비
4 이괄의 난
5 비변사

꼭 나오는 문제 유형 Top 3

1 설명형
2 빈칸형
3 사료형

1 왜란

1. 조선 전기의 대외 관계

명	• 초기: 정도전의 요동 정벌 추진 등 대립 • 태종 이후: 사대 관계, 명에 정기적으로 사신 파견
일본	삼포왜란(중종) 이후 비변사 임시 설치 → 을묘왜변을 계기로 상설화

2. 임진왜란(1592)과 정유재란(1597)

발발 (1592)	선조 때 왜군의 부산 침략, 부산진 전투(정발), 동래성 전투(송상현) → 왜군 북상 → 신립의 충주 탄금대 전투(패배) → 선조의 의주 피난
수군 · 의병 활약	• 수군: 옥포 해전 · 한산도 대첩(이순신) 승리 • 의병: 곽재우, 고경명, 정문부, 유정 등이 주도
조선의 반격	진주 대첩(김시민) 승리 → 조명 연합군의 평양성 탈환(1593) → 행주 대첩(권율) 승리 → 명과 일본의 휴전 협상 시작
훈련도감 설치	• 왜군의 조총 부대에 맞서 설치(유성룡의 건의) • 포수 · 사수 · 살수의 삼수병으로 구성
정유재란 (1597)	휴전 협상 결렬 후 왜군의 재침입(1597) → 명량 · 노량 해전(이순신) 승리 → 일본군 철수(1598)

3. 임진왜란의 영향

국내	• 비변사가 국정 최고 기구로 성장 • 경복궁 · 불국사 등 문화유산 소실
일본과의 관계	• 에도 막부의 요청으로 일본에 조선 통신사 파견 (19세기 초까지 12회) → 조선의 문화를 일본에 전파하여 일본 문화 발전에 큰 영향 • 기유약조 체결(1609, 광해군): 에도 막부의 요청으로 국교 재개, 왜관 설치 • 안용복의 활약: 일본 어민 축출, 일본에 건너가 담판 → 울릉도 · 독도가 조선 영토임을 확인받고 귀국

기출 선택지로 개념 익히기 ◁》 오디오 학습을 이용해 보세요!

1 왜란

▸ 외침에 대비하기 위해 임시 기구로 비변사가 설치되었다. 8회 이상
▸ 비변사 – 을묘왜변을 계기로 상설 기구화되었다.
▸ 비변사 – 임진왜란을 거치면서 국정 최고 기구로 성장하였다.
▸ 정발이 부산진성 전투에서 전사하였다.
▸ 송상현이 동래성 전투에서 항전하였다. 4회 이상
▸ 신립이 탄금대에서 배수의 진을 치고 싸웠다. 8회 이상

▸ 이순신이 한산도 앞바다에서 학익진을 펼쳐 승리하였다.
▸ 곽재우, 고경명 등이 의병장으로 활약하였다.
▸ 김시민이 진주성에서 적군을 크게 물리쳤다. 4회 이상
▸ 조명 연합군이 평양성을 탈환하였다. 4회 이상
▸ 권율이 행주산성에서 적군을 격퇴하였다. 4회 이상
▸ 포수 · 사수 · 살수의 삼수병으로 편제된 훈련도감이 신설되었다. 12회 이상
▸ 훈련도감 – 급료를 받는 상비군이 주축을 이루었다.

2 호란

1. 광해군의 전후 정책

전후 복구 사업	토지 대장과 호적 재정비, 성곽 수리와 군사 훈련, 사고 재정비, 대동법 실시(경기도) 등
중립 외교	• 배경: 명이 후금(여진)의 공격을 받고 원군 요청 • 전개: 광해군은 명과 후금 사이에서 실리를 추구하는 중립 외교 정책 추진 → 강홍립 부대 파견, 신중한 대응과 항복 명령 → 인조반정의 구실
인조반정	• 배경: 광해군의 중립 외교, 폐모살제(인목 대비 유폐, 영창 대군 사사 사건) • 결과: 서인 주도로 광해군 폐위, 인조 즉위, 서인 집권 → 친명배금 정책(명에 대한 의리와 명분 강조)

2. 정묘호란(1627)

배경	서인의 친명 배금 정책, 이괄의 난 이후 잔여 세력이 후금에 인조반정의 부당함을 호소
전개	후금이 조선 침략 → 인조의 강화도 피난 → 정봉수·이립 등 의병의 항전
결과	후금과 형제 관계를 맺고 강화 체결

3. 병자호란(1636)

배경	• 세력을 키운 후금이 청 건국 후 조선에 군신 관계 요구 • 조선에서 주화론(최명길)과 주전론(윤집) 대립 → 주전론 우세, 청의 요구 거부
전개	청의 조선 침략 → 김상용이 강화도에서 순절, 인조의 남한산성 피난
결과	청과 군신 관계를 맺고 강화 체결(삼전도의 굴욕), 소현 세자·봉림 대군 등이 청에 볼모로 압송

4. 호란 이후 청과의 관계

북벌 운동	• 배경: 어영청 중심, 서인 송시열(기축봉사) 등 → 군대 양성, 남한산성·북한산성 정비 • 결과: 효종이 사망하며 중단
나선 정벌	효종 때 청과 러시아 사이에 국경 분쟁 발생 → 청의 요청으로 두 차례 조총 부대 파견
북학론 대두	청의 선진 문물을 수용하여 부국강병 추구, 박지원·홍대용·박제가 등 북학파 실학자들의 주도
백두산 정계비 건립 (1712)	• 배경: 청과 만주 지역에서 국경 분쟁 발생 • 과정: 숙종 때 국경을 확정(서쪽 압록강, 동쪽 토문강을 경계로 함)하여 정계비 건립

➕ 개념 PLUS+

▶ 임진왜란 당시 관군·의병의 활동

▶ 삼전도비

병자호란 이후 1639년 세워진 비석이다. 비석에는 조선에 출병한 이유와 조선이 항복한 사실, 항복 이후 청 태종이 피해를 끼치지 않고 회군한 내용 등이 기록되어 있다.

▶ 휴전 회담의 결렬로 정유재란이 시작되었다.
▶ 이순신이 명량에서 대승을 거두었다.
▶ 포로 송환을 위하여 유정을 회답 겸 쇄환사로 파견하였다. 4회 이상
▶ 에도 막부의 요청에 따라 통신사가 파견되었다. 4회 이상
▶ 제한된 무역을 허용한 기유약조가 체결되었다. 4회 이상

2 호란

▶ 명의 요청으로 강홍립의 부대가 파견되었다. 4회 이상
▶ 광해군 – 인목 대비 유폐와 영창 대군 사사를 명분으로 폐위되었다.
▶ 서인이 반정을 일으켜 정권을 장악하였다. 4회 이상
▶ 인조 – 총융청과 수어청을 설치하여 도성을 방비하였다.
▶ 공신 책봉에 불만을 품고 이괄이 반란을 일으켰다. 8회 이상

▶ 이괄의 난 – 왕이 도성을 떠나 공산성으로 피란하였다.
▶ 정묘호란, 병자호란 – 인조가 피신하여 청과 항전을 벌인 과정을 살펴본다.
▶ 정묘호란 – 정봉수와 이립이 용골산성에서 항쟁하였다. 8회 이상
▶ 병자호란 – 김준룡이 근왕병을 이끌고 광교산에서 항전하였다.
▶ 병자호란 – 김상용이 강화도에서 순절하였다. 4회 이상
▶ 병자호란 – 소현 세자와 봉림 대군 등이 청에 인질로 끌려갔다.
▶ 삼전도비의 건립 배경을 파악한다.
▶ 인조 – 어영청을 중심으로 북벌을 추진하였다. 8회 이상
▶ 송시열 – 기축봉사를 올려 명에 대한 의리를 내세웠다.
▶ 효종 – 나선 정벌에 조총 부대가 동원되었다. 12회 이상
▶ 효종 – 변급, 신류 등을 파견하여 나선 정벌을 단행하였다.
▶ 숙종 – 청과의 국경을 정하는 백두산정계비를 세웠다. 8회 이상

01 다음 기사에 보도된 전투 이후의 사실로 옳지 않은 것은?　설명형 55회

> ## 역사 신문
> 제△△호　　　　　　　○○○○년 ○○월 ○○일
>
> #### ●신립, ●탄금대에서 패배
>
> 삼도 순변사 신립이 이끄는 관군이 탄금대에서 적군에 패배, 충주 방어에 실패하였다. 신립은 탄금대에 배수진을 쳤으나, 고니시 유키나가가 이끄는 적군에게 둘러싸여 위태로운 상황에 놓였다. 신립은 종사관 김여물과 최후의 돌격을 감행하였으나 실패하자 전장에서 순절하였다.

① 김시민이 진주성에서 항쟁하였다.
② 조명 연합군이 평양성을 탈환하였다.
③ 이순신이 한산도에서 대승을 거두었다.
④ 송상현이 동래성 전투에서 항전하였다.
⑤ 권율이 행주산성에서 적군을 격퇴하였다.

02 (가)에 대한 설명으로 옳은 것은?　빈칸형 55회

> 오늘은 5군영 중 가장 먼저 설치된 (가) 의 운영 상황을 알 수 있는 자료인 훈국등록에 대해 알아보겠습니다.

> 훈국등록에는 급료를 받는 상비군이 주축인 (가) 소속 군인들의 궁궐과 도성 수비, 국왕 호위, 훈련 상황 등 업무 내용이 기록되어 있습니다.

① 수원 화성에 외영을 두었다.
② 용호군과 함께 궁성을 호위하였다.
③ 후금의 침입에 대비하고자 창설되었다.
④ 포수, 사수, 살수의 삼수병으로 편제되었다.
⑤ 일본인 교관을 초빙하여 군사 훈련을 받았다.

정답 분석 ④

🔍 **정답의 단서 | 신립, 탄금대에서 패배, 충주, 전장에서 순절**

조선에 임진왜란이 발발하고 왜군이 부산을 함락시킨 이후 북상하자 조정에서는 신립을 삼도 순변사로 임명하고 이를 막게 하였다. ●신립은 ●충주 탄금대에서 배수의 진을 치고 맞서 싸웠으나 고니시 유키나가가 이끄는 왜군에 크게 패하자 종사관 김여물 등과 함께 강물에 몸을 던져 자결하였다(1592.4.28.).

④ 선조 때 왜군이 침입하여 임진왜란이 발발하였고, 곧바로 부산진성을 함락시킨 왜군은 동래성을 침공하였다. 이때 동래부사 송상현은 왜적과 맞서 싸웠으나 패배하여 동래성이 함락되고 송상현은 전사하였다(동래성 전투, 1592.4.15.).

오답 분석

① **임진왜란 발발 이후** 왜군은 전라도로 가는 길목인 진주를 공격하였으나 **김시민**이 이끈 조선군이 **진주 대첩**에서 왜군 2만 명을 무찔렀다(1592.10.).

② 임진왜란이 발생하고 수도 한양까지 함락되자 조선은 명에 군사를 요청하였고, **조명 연합군**을 결성하여 왜군에 크게 승리하면서 **평양성을 탈환**하였다(1593.1.).

③ **이순신**의 수군은 학익진 전법 등을 활용하여 **한산도 대첩**에서 왜군을 크게 물리쳤다(1592.7.).

⑤ 조명 연합군의 평양성 탈환 이후 후퇴하던 왜군이 행주산성을 공격하자 **권율**이 항전하여 승리를 거두었다(1593.2.).

정답 분석 ④

🔍 **정답의 단서 | 5군영 중 가장 먼저 설치, 『훈국등록』, 급료를 받는 상비군, 궁궐과 도성 수비, 국왕 호위**

④ 임진왜란 중 **유성룡**이 선조에게 건의하여 **포수, 사수, 살수의 삼수병으로 편제된 훈련도감**을 창설하였다. 훈련도감은 훈국이라고도 불렸으며, 조선 후기에 수도와 그 외곽을 방어하기 위한 5군영(훈련도감, 어영청, 금위영, 총융청, 수어청) 중 가장 먼저 설치된 중앙 군영이다. 이곳의 소속 군인들은 급료를 받는 상비군으로 의무병이 아닌 직업 군인의 성격을 가졌으며, 조선 후기 자료인 『훈국등록』에는 왕 거동 시 호위 의례 분담 및 훈련 내용, 인사 고과 등 훈련도감의 업무에 관해 기록되어 있다.

오답 분석

① **조선 정조**는 왕권을 뒷받침하는 군사적 기반을 갖추기 위해 친위 부대인 **장용영**을 설치하고 서울 도성에는 내영, **수원 화성**에는 **외영**을 두었다.

② **고려 현종**은 응양군과 용호군을 **2군으로 구성**하여 국왕 친위 부대로 배치하였다.

③ **조선 인조** 때 후금과의 관계가 악화되자 국방력 강화를 위해 **어영청**을 창설하여 국왕을 호위하게 하였다.

⑤ **조선 고종**이 설치한 개화 기구인 통리기무아문은 기존 5군영을 무위영과 장어영의 2군영으로 개편하고, 신식 군대인 **별기군**을 창설하였다. 별기군은 군사 기술을 가르칠 일본인 교관을 초빙하여 훈련하였다.

03 (가), (나) 사이의 시기에 있었던 사실로 옳은 것은?

(가) 양사(兩司)가 합계하기를, "영창 대군 이의(李瑅)를 왕으로 옹립하기로 했다는 설이 이미 역적의 입에서 나왔는데 이에 대해 자복(自服)한 역적만도 한두 명에 그치지 않습니다. …… 왕법은 지극히 엄한 만큼 결코 용서해 주기 어려우니 유사로 하여금 법대로 적용하여 처리하게 하소서."라고 하였다.

(나) 앞서 왕에게 이괄 부자가 역적의 우두머리라고 고해바친 자가 있었다. 하지만 임금은 "필시 반역은 아닐 것이다."라고 하면서도, 이괄의 아들인 이전을 잡아오라고 명하였다. 이전은 그때 이괄의 군영에 있었고 이괄은 결국 금부도사 등을 죽이고 여러 장수들을 위협하여 난을 일으켰다.

① 국왕의 친위 부대인 장용영이 조직되었다.
② 서인이 반정을 일으켜 정권을 장악하였다.
③ 정여립 모반 사건으로 옥사가 발생하였다.
④ 허적과 윤휴 등 남인들이 대거 축출되었다.
⑤ 자의 대비의 복상 문제로 예송이 전개되었다.

04 (가) 시기에 있었던 사실로 옳은 것은?

① 나선 정벌에 조총 부대가 동원되었다.
② 권율이 행주산성에서 적군을 격퇴하였다.
③ 정봉수와 이립이 용골산성에서 항쟁하였다.
④ 소현 세자와 봉림 대군 등이 청에 인질로 끌려갔다.
⑤ 외적의 침입에 대비하고자 비변사가 처음 설치되었다.

정답 분석 ②

🔍 **정답의 단서 |** 영창 대군 이의(李瑅)를 왕으로 옹립하기로 했다는 설, 이괄 부자, 역적

(가) **영창 대군 사사 사건(1614): 조선 광해군** 때 선조의 아들 중 유일한 정비의 소생인 영창 대군을 왕으로 옹립하려 역모를 꾸몄다는 7서의 옥이 발생하여 영창 대군이 강화도에 유배되었다. 이후 광해군은 왕위를 위협할 요소를 제거하기 위해 **영창 대군을 사사**하였다.

(나) **이괄의 난(1624):** 인조반정 때 큰 공을 세웠던 **이괄**이 공신 책봉 과정에서 2등 공신을 받자 이에 불만을 품고 **반란을 일으켜** 도성을 장악하였다.

② **서인** 세력이 광해군의 중립 외교 정책과 영창 대군 사사 사건, 인목 대비 유폐 문제를 빌미로 **인조반정**을 일으켜 **광해군이 폐위되고 인조가 왕위**에 올랐다(1623).

오답 분석

① **정조**는 왕권을 뒷받침하는 군사적 기반을 갖추기 위해 친위 부대인 **장용영**을 조직하였다(1793).
③ **선조** 때 발생한 **정여립 모반 사건** 당시 서인이 **기축옥사**를 일으켜 동인이 큰 타격을 입었다(1589). 이는 동인이 북인과 남인으로 분화되는 계기가 되었다.
④ **숙종** 때 남인의 영수인 허적이 궁중에서 쓰는 천막을 허락 없이 사용한 문제로 왕과 갈등을 겪었다. 이후 허적의 서자 허견의 역모 사건으로 첫 환국이 발생하여 **허적, 윤휴 등 남인이 대거 축출**되고 서인이 집권하게 되었다(**경신환국**, 1680).
⑤ **현종** 때 효종과 효종비의 국상 당시 자의 대비의 복상 문제로 **기해예송**(1659)과 **갑인예송**(1674)이 발생하였고, 서인과 남인 사이의 대립이 심화되었다.

정답 분석 ③

🔍 **정답의 단서 |** 후금에 투항한 강홍립, 삼전도

- 광해군의 중립 외교 정책(1619): **광해군** 때 조선 조정은 **명의 요청**으로 후금과의 사르후 전투에 **강홍립 부대를 파견**하였다. 그러나 **명과 후금 사이에서 실리를 추구하는 중립 외교 정책**에 따라 무모한 싸움을 계속하지 않고 후금에 투항하도록 명령하였다.
- 삼전도의 굴욕(1637): **정묘호란** 이후 후금이 국호를 청으로 고치고 조선에 군신 관계를 강요하자 조선에서는 주전론과 주화론이 첨예하게 대립하였고 결국 조선이 사대 요청을 거부하여 **병자호란**이 일어났다. 남한산성으로 피란하였던 인조는 강화도로 보낸 왕족과 신하들이 인질로 잡히자 남한산성에서 나와 **삼전도에서 굴욕적인 항복**을 하였다.
③ **인조** 때 **정묘호란**이 발발하자 후금에 맞서 **정봉수와 이립**이 용골산성에서 의병을 이끌며 항전하였다(1627).

오답 분석

① **효종** 때 러시아가 만주 지역까지 침략해 오자 청은 조선에 원병을 요청하였고, 조선에서는 **나선 정벌**을 위해 두 차례에 걸쳐 조총 부대를 파견하였다(1654, 1658).
② **임진왜란** 때 **조명 연합군**이 평양성을 공격하여 탈환하자 후퇴한 왜군은 **행주산성**을 공격하였다. 이에 **권율**을 중심으로 한 조선 군대와 백성들이 항전하여 왜군에 승리를 거두었다(1593).
④ **병자호란** 때 인조가 삼전도에서 굴욕적인 항복을 하였고, **소현 세자와 봉림 대군 등이 청에 인질로 끌려갔다**(1637).
⑤ **중종** 때 **삼포왜란**이 발생하자 이를 계기로 외적의 침입에 대비하기 위한 임시 기구로 **비변사를 처음 설치**하였고(1510), 명종 때 을묘왜변을 계기로 상설 기구화되었다.

☑ 고려 시대 집권 세력의 변화

초기	호족 세력
중기	문벌 귀족 → 고위 관직 장악, 음서 · 공음전 혜택
무신 정권 시기	• 무신 정변: 문벌 귀족 숙청 • 최씨 무신 정권: 향리 출신 유학자 등용
후기	• 권문세족: 친원파, 문벌 귀족, 무신 가문 등 • 신진 사대부: 과거로 중앙 정계 진출, 공민왕의 반원 자주 개혁으로 정치 세력화 → 이성계의 위화도 　회군 이후 집권 → 급진 개혁파 · 온건 개혁파로 분화

☑ 고려 최고 회의 기구 도병마사의 변천 과정

성종	양계 병마사 통솔을 위해 설치
현종	• 재신 – 추밀 합좌 회의 기구(임시) • 국방 및 군사 담당
고종 (무신 정권 시기)	• 초기에 권한 위축(중방 정치) • 최충헌 이후 권한 확대
충렬왕 (원 간섭기)	• 도평의사사로 개칭 → 국정 전반 　총괄 • 상설 기구화

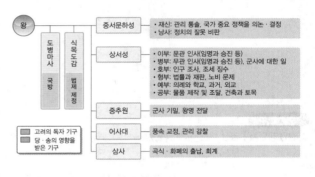

☑ 고려와 조선의 군사 제도

고려	중앙군	• 구성: 2군(국왕 친위 부대) + 6위(수도 경비, 국경 방어) • 신분: 중류층 → 군공을 세워 무신으로 신분 상승 가능 • 성격: 직업 군인(군인전 지급, 군역 세습)
	지방군	• 주진군: 양계 주둔, 국경 수비, 좌군 + 우군 + 초군 • 주현군: 일반 군현 주둔 • 대상: 군적에 오르지 않은 일반 농민(백정)
조선	중앙군	• 5위: 정군, 수도 방어 • 5군영: 훈련도감, 어영청, 총융청, 수어청, 금위영 • 훈련도감: 유성룡의 건의(임진왜란), 포수 · 사수 · 살수의 삼수병 구성, 직업 군인 • 어영청: 북벌 주도
	지방군	• 진관 체제: 영진군(정군) • 속오군 체제: 속오군(양천혼성군, 예비군)

☑ 지방 세력의 변화

고려	향리	• 상층 향리: 호장 · 부호장, 과거를 통해 중앙 진출 가능 • 하층 향리: 외역전 지급, 직역 세습
조선	사림	• 유향소, 향청 • 향약 보급, 『소학』 보급, 가묘 설립, 반촌 형성
	향리	• 수령을 보좌하는 세습적 아전으로 전락 • 과거 응시에 제한, 직역 세습

☑ 고려와 조선의 교육 제도

고려	국자감 (국학)	• 성종 때 설치 • 유학부: 국자학, 태학, 사문학 • 기술학부: 율학, 서학, 산학
	향교	지방 요충지에 설립
	사학	고려 중기 최충의 문헌공도를 비롯한 사학 12도 융성 → 관학 진흥책(서적포, 7재, 양현고, 경사 6학)
	성균관	• 충렬왕: 국학을 성균감으로 개칭(→ 충선왕 때 성균관으로 개칭) • 공민왕: 순수 유학 교육 기관으로 개편
조선	성균관	소과 합격자에게 입학 자격 부여
	향교	중등 교육 기관(모든 군현에 설립)
	4부 학당	한양에 설치한 중등 교육 기관
	서원	지방 사림이 세운 사학
	서당	초등 교육 기관

☑ 조선과 일본의 관계 변화

세종	• 이종무의 쓰시마섬 정벌(1419) • 3포(부산포, 제포, 염포) 개항(1426) • 계해약조(1443)
중종	삼포왜란(1510): 일본과의 통교 중단, 임시 기구로 비변사 설치
명종	을묘왜변(1555): 일본과의 국교 단절, 비변사 상설 기구화

5

조선 후기

조선 후기

| 선사 | 고대 | 고려 | 조선 전기 | 10% | 근대 | 일제 강점기 | 현대 | 특강 |

17C 후반	18C 전반

1659	기해예송(현종)	1712	백두산정계비 건립(숙종)
1674	갑인예송(현종)	1742	탕평비 건립(영조)
1680	경신환국(숙종)	1746	『속대전』 편찬(영조)
1689	기사환국(숙종)	1750	균역법 실시(영조)
1694	갑술환국(숙종)		

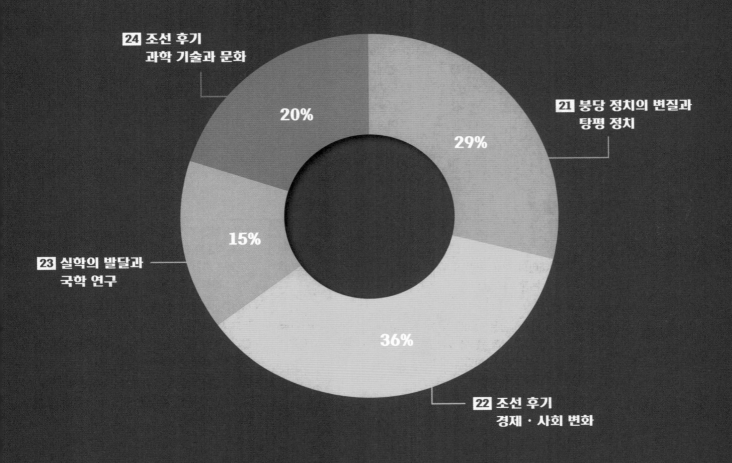

24 조선 후기 과학 기술과 문화 20%

21 붕당 정치의 변질과 탕평 정치 29%

23 실학의 발달과 국학 연구 15%

22 조선 후기 경제 · 사회 변화 36%

18C 후반		19C 전반	
1776	규장각 설치(정조)	1801	공노비 해방(순조)
1781	초계문신제 시행(정조)	1801	신유박해(순조)
1793	장용영 설치(정조)	1811	홍경래의 난(순조)
1796	수원 화성 축조(정조)	1839	기해박해(순조)
		1862	임술 농민 봉기(철종)

기출 선택지로 개념 익히기 는 오디오 학습으로 스마트하게!

21 붕당 정치의 변질과 탕평 정치

최근 5개년 기출 빅데이터 분석 리포트	빈출 키워드 Top 5	꼭 나오는 문제 유형 Top 3

최근 5개년 기출 빅데이터 분석 리포트

24, 23, 22, 21, 20 (연도)

빈출 키워드 Top 5
1 삼정이정청
2 초계문신제
3 탕평비
4 장용영
5 예송 논쟁

꼭 나오는 문제 유형 Top 3
1 빈칸형, 설명형
2 사료형
3 시기 일치형

1 붕당 정치의 변질

1. 예송 논쟁

원인	현종 때 자의 대비의 상복 기간을 두고 서인과 남인 간 두 차례 논쟁
1차 예송 (기해예송)	• 효종 사후 발생 • 서인: 왕과 사대부는 같은 예법을 따라야 한다는 논리(신권 강조)에 따라 1년복 주장 → 채택 • 남인: 왕과 사대부가 다른 예법을 따라야 한다는 논리(왕권 강조)에 따라 3년복 주장
2차 예송 (갑인예송)	• 효종비 사후 발생 • 서인: 9개월복 주장 • 남인: 1년복 주장 → 채택

2. 환국

경신환국 (1680)	• 원인: 남인 허적이 궁중 천막을 무단으로 사용하여 숙종과 갈등 → 서인이 허적의 서자 허견의 역모 사건 고발 • 결과: 허적·윤휴 등 남인 축출, 서인 집권
기사환국 (1689)	• 원인: 희빈 장씨 아들에 대한 원자 책봉 문제를 두고 서인의 반대 • 결과: 서인 송시열 등 축출, 남인 집권, 인현 왕후 폐위, 희빈 장씨 왕비 책봉
갑술환국 (1694)	• 원인: 남인이 인현 왕후 복위 운동 전개 • 결과: 남인 몰락, 송시열 관직 회복, 노론과 소론이 정국 주도

기출 선택지로 개념 익히기 🔊 오디오 학습을 이용해 보세요!

1 붕당 정치의 변질
▶ 자의 대비 복상 문제로 전개된 예송을 알아본다. 8회 이상
▶ 예송 논쟁 – 서인과 남인 사이에 발생한 전례 문제이다.
▶ 서인 – 기해예송에서 자의 대비의 기년복을 주장하였다. 4회 이상
▶ 경신환국 – 허적과 윤휴 등 남인들이 대거 축출되었다. 4회 이상
▶ 경신환국 – 서인이 정권을 장악하는 계기가 되었다.
▶ 기사환국 – 희빈 장씨 소생의 원자 책봉 문제로 환국이 발생하였다.
　　　　　　　　　　　　　　　　　　　　　　　　　　　4회 이상
▶ 기사환국 – 인현 왕후가 폐위되고 남인이 권력을 장악한 사건을 파악한다.
▶ 남인 – 갑술환국으로 정계에서 축출되었다.

2 탕평 정치
▶ 영조 – 붕당의 폐해를 경계하기 위한 탕평비가 건립되었다. 12회 이상
▶ 영조 – 준천사를 신설하여 홍수에 대비하였다.
▶ 영조 – 이인좌를 중심으로 소론 세력 등이 난을 일으켰다. 8회 이상
▶ 영조 – 역대 문물을 정리한 동국문헌비고가 편찬되었다. 8회 이상
▶ 영조 – 속대전을 편찬하여 통치 체제를 정비하였다. 8회 이상
▶ 정조 – 유능한 인재를 양성하기 위한 초계문신제를 주관하였다. 12회 이상
▶ 정조 – 초계문신제를 실시하여 문신들을 재교육하였다.
▶ 정조 – 육의전을 제외한 시전 상인의 금난전권을 폐지하였다. 4회 이상
▶ 정조 – 시전 상인의 특권을 축소하는 신해통공을 단행하였다. 8회 이상

2 탕평 정치

1. 영조의 탕평 정치

탕평비 건립	이인좌의 난 진압 이후 붕당의 폐해를 경계하고자 성균관 입구에 건립(탕평 교서 발표)
균역법 시행	농민들의 군역 부담을 줄이고자 기존 1년에 2필씩 걷던 군포를 1필로 줄임
신문고 부활	백성들의 억울함을 풀어주기 위해 실시
청계천 준설	준천사를 설치하여 청계천 준설 사업 관장
편찬 사업	『동국문헌비고』(역대 문물 정비), 『속대전』(통치 체제 정비)
왕권 강화	산림 존재 부정, 서원 정리, 이조 전랑 권한 축소 등

2. 정조의 탕평 정치

규장각 설치	• 왕실 도서관, 학문 연구 · 정책 연구 기관 • 박제가 등 서얼 출신을 검서관으로 기용
초계문신제	유능한 인재를 양성하기 위해 규장각에서 문신 재교육
장용영 설치	왕권 강화를 위한 국왕 친위 부대, 수원 화성에 외영 설치
신해통공	육의전을 제외한 시전 상인의 특권인 금난전권 폐지
편찬 사업	『대전통편』(통치 체제 정비), 『무예도보통지』, 『동문휘고』 등

3 세도 정치

1. 세도 정치의 배경과 특징

배경	정조 사망 이후 왕권이 약화되면서 소수 외척 가문(안동 김씨, 풍양 조씨 등)이 권력 독점
특징	• 비변사 중심으로 소수 가문이 권력 행사 • 삼정의 문란 심화

2. 민중 봉기

홍경래의 난 (순조, 1811)	• 원인: 세도 정치 시기의 수탈, 평안도(서북) 지역 차별 대우 • 전개: 홍경래, 우군칙 등의 주도로 가산에서 봉기 → 정주 등 청천강 이북 지역 장악 → 관군에 의해 진압
임술 농민 봉기 (철종, 1862)	• 원인: 경상 우병사 백낙신의 수탈 • 전개: 몰락 양반 유계춘 중심으로 진주에서 봉기, 전국 확산 → 안핵사 박규수 파견 → 삼정의 문란 해결을 위해 삼정이정청 설치

➕ 개념 PLUS+

▶ 노론과 소론(경신환국 이후)
• 노론: 송시열 중심, 대의명분 중시, 민생 안정 강조
• 소론: 윤증 중심, 실리 중시, 적극적 북방 개척 주장

▸ 정조 – 국왕의 친위 부대인 장용영을 설치하였다. 12회 이상
▸ 장용영 – 국왕의 친위 부대로 수원 화성에 외영을 두었다. 4회 이상
▸ 정조 – 왕조의 통치 규범을 재정비한 대전통편이 편찬되었다. 4회 이상
▸ 정조 – 서얼 출신 학자들이 검서관에 등용되었다. 8회 이상
▸ 정조 – 대외 관계를 정리한 동문휘고를 간행하였다.
▸ 정조 – 훈련 교범인 무예도보통지가 편찬되었다.

3 세도 정치
▸ 홍경래의 난 – 세도 정치 시기의 수탈과 지역 차별에 반발하여 일어났다.
4회 이상

▸ 홍경래, 우군칙 등이 주도하였다. 4회 이상
▸ 홍경래 등이 봉기하여 정주성을 점령하였다.
▸ 임술 농민 봉기 – 백낙신의 탐학이 발단이 되어 일어났다.
▸ 임술 농민 봉기 – 유계춘을 중심으로 봉기하여 진주성을 점령하였다.
▸ 임술 농민 봉기 – 사건 수습을 위해 박규수가 안핵사로 파견되었다.
8회 이상
▸ 임술 농민 봉기 – 삼정의 문란을 해결하기 위해 삼정이정청을 설치하였다.
12회 이상

01 (가)~(다)를 일어난 순서대로 옳게 나열한 것은?

순서 나열형 사료형 61회

(가) 임금이 궐내에 있던 기름 먹인 장막을 ●허적이 벌써 가져갔음을 듣고 노하여 이르기를, "궐내에서 쓰는 것을 마음대로 가져가는 것은 한명회도 못하던 짓이다."라고 하였다. …… 임금이 허적의 당파가 많아 기세가 당당하다는 말을 듣고 그들을 제거하고자 결심하였다.

(나) 비망기를 내려, "국운이 안정되어 ●왕비가 복위하였으니, 백성에게 두 임금이 없는 것은 고금을 통한 의리이다. 장씨의 왕후 지위를 거두고 옛 작호인 희빈을 내려 주되, 세자가 조석으로 문안하는 예는 폐하지 않도록 하라."라고 하였다.

(다) 임금이 말하기를, "송시열은 산림의 영수로서 나라의 형세가 험난한 때에 감히 원자(元子)의 명호를 정한 것이 너무 이르다고 하였으니, ●삭탈 관작하고 성문 밖으로 내쳐라. 반드시 송시열을 구하려는 자가 있겠지만, 그런 자는 비록 대신이라 하더라도 용서하지 않을 것이다."라고 하였다.

① (가) – (나) – (다)　　② (가) – (다) – (나)
③ (나) – (가) – (다)　　④ (나) – (다) – (가)
⑤ (다) – (나) – (가)

02 다음 왕에 대한 설명으로 옳은 것은?

설명형 68회

초상과 어진으로 만나는 조선의 왕

왼편은 연잉군 시절인 20대의 초상이며 오른편은 50대의 어진이다. 그는 즉위 후 탕평 교서를 반포하고 탕평비를 건립하였다. 준천사를 신설하여 홍수에 대비하였으며, 신문고를 다시 설치하여 백성들의 억울함을 듣고자 하였다.

① 통치 체제를 정비하기 위해 대전회통을 편찬하였다.
② 왕권 강화를 위해 친위 부대인 장용영을 설치하였다.
③ 각 궁방과 중앙 관서의 공노비 6만여 명을 해방하였다.
④ 어영청을 중심으로 국방력을 강화하고 북벌을 추진하였다.
⑤ 균역법을 시행하여 백성들의 군역 부담을 줄여주고자 하였다.

정답 분석 ②

Q **정답의 단서 |** 기름 먹인 장막, 허적, 왕비가 복위, 희빈, 송시열, 원자(元子)의 명호를 정한 것

(가) **경신환국(1680):** 조선 숙종 때 남인의 영수인 ●허적이 궁중에서 쓰는 기름 먹인 장막을 허락 없이 사용한 문제로 왕과 갈등을 겪었다. 이후 허적의 서자 허견의 역모 사건으로 첫 환국이 발생하여 허적, 윤휴 등의 남인이 대거 축출되고 서인이 집권하게 되었다.

(다) **기사환국(1689):** 숙종은 인현 왕후가 아들을 낳지 못하자 총애하던 희빈 장씨의 소생을 원자로 책봉하였다(1688). 서인 송시열 등이 후궁의 소생을 원자로 정하는 것의 부당함을 주장하며 반대하자 숙종은 ●송시열의 관작을 삭탈하고 제주도로 유배시켜 사사(賜死)하였다. 이로 인해 서인 세력은 대거 축출되고 남인이 집권하게 되었다.

(나) **갑술환국(1694):** 서인 세력을 중심으로 인현 왕후 복위 운동이 전개되자 남인인 민암 등이 서인을 국문하다 숙종의 불신을 받게 되어 몰락하고 다시 서인이 집권하게 되었다. 이후 ●인현 왕후가 복위되고 장씨는 다시 희빈으로 강등되었으며, 기사환국으로 사사된 송시열을 비롯하여 김수항 등에게 작위가 내려졌다.

정답 분석 ⑤

Q **정답의 단서 |** 연잉군, 탕평비, 준천사, 신문고

조선 영조는 잦은 홍수에 대비하기 위해 도성 안에 하수도인 개천(청계천)을 준설하였고, 백악, 인왕, 목멱, 낙산의 나무를 보호하기 위해 준천사라는 관청을 설치하였다. 또한, 당파에 상관없이 능력에 따라 인재를 등용하기 위해 탕평책을 실시하였으며, 신문고를 부활시켜 백성들이 억울함을 알릴 수 있도록 하였다. 또한, 『속오례의』, 『속대전』, 『동국문헌비고』 등을 편찬하여 문물제도를 정비하였다.
⑤ 조선 후기 군역으로 인한 농민들의 부담이 가중되자 영조는 균역법을 제정하였고, 이에 따라 농민들은 1년에 2필이었던 군포를 1필만 부담하게 되었다.

오답 분석

① 흥선 대원군은 정조 때 편찬된 『대전통편』을 보완하고 각종 조례를 정리한 법전인 『대전회통』을 편찬하여 통치 체제를 정비하였다.
② 정조는 왕권을 뒷받침하는 군사적 기반을 갖추기 위해 친위 부대인 장용영을 설치하고 서울 도성에는 내영, 수원 화성에는 외영을 두었다.
③ 순조 때 법적으로 각 궁방과 중앙 관서의 공노비 6만여 명을 해방시켜 양민으로 삼았다.
④ 인조 때 후금과의 관계가 악화되자 국방력 강화를 위해 어영청을 창설하여 국왕을 호위하게 하였다. 이후 효종은 어영청을 중심으로 북벌을 추진하였다.

03 검색창에 들어갈 왕에 대한 설명으로 옳은 것은?

설명형 53회

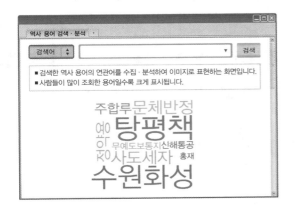

① 어영청을 중심으로 북벌을 추진하였다.
② 국왕의 친위 부대인 장용영을 설치하였다.
③ 조선의 기본 법전인 경국대전을 완성하였다.
④ 청과의 경계를 정한 백두산정계비를 세웠다.
⑤ 군역의 부담을 줄이기 위해 균역법을 제정하였다.

04 밑줄 그은 '사건'에 대한 설명으로 옳은 것은?

설명형 54회

① 청의 군대에 의해 진압되었다.
② 삼정이정청이 설치되는 계기가 되었다.
③ 서북인에 대한 차별에 반발하여 일어났다.
④ 남접과 북접이 연합하여 조직적으로 전개되었다.
⑤ 함경도와 황해도에 방곡령이 선포되는 결과를 가져왔다.

정답 분석 ②

🔍 정답의 단서 | 탕평책, 『무예도보통지』, 신해통공, 정약용, 사도 세자, 수원화성

- **탕평책**: 조선 정조는 영조의 탕평 정치를 계승하여 특권 정치 세력을 배제하고 적극적인 탕평책(준론 탕평)을 실시하였다. 이에 따라 노론과 소론을 가리지 않았을 뿐만 아니라 학문이 뛰어난 서얼 출신들을 규장각 검서관으로 기용하기도 하였다.
- **수원 화성**: 정조는 사도 세자의 묘를 수원으로 옮기고 장용영의 외영을 이곳에 설치하는 등 정치적·군사적 기능을 부여하였다. 정약용은 수원 화성을 축조할 때 거중기를 사용하여 공사 기간과 비용을 줄이는 데 크게 기여하였다.
- **주합루**: 정조는 즉위한 해에 창덕궁 후원에 왕실 도서관인 규장각을 건립하고 2층 열람실을 주합루라고 하였으며, 현재는 건물 전체를 주합루라고 부르기도 한다. 정조 이후에도 이곳에서 왕과 신하들이 정사를 논하고 연회를 즐기는 등 학문의 전당으로서 기능하였다.
- ② 정조는 국왕 친위 부대인 장용영을 설치하여 왕권을 강화하였다.

오답 분석

① 병자호란 이후 청에 볼모로 갔던 봉림 대군이 효종으로 즉위하면서 어영청을 중심으로 북벌을 추진하였다.
③ 조선의 기본 법전인 『경국대전』은 세조 때 편찬되기 시작하여 성종 때 완성·반포되었다.
④ 숙종 때 간도 지역을 두고 청과 국경 분쟁이 발생하자 두 나라 대표가 백두산 일대를 답사하고 국경을 확정하여 백두산정계비를 세웠다.
⑤ 영조는 백성들의 군역 부담을 줄이기 위해 기존 1년에 2필씩 납부하던 군포를 1필로 줄이는 균역법을 제정하였다.

정답 분석 ②

🔍 정답의 단서 | 진주, 경상 우병사, 백낙신, 박규수, 안핵사

조선 철종 때 삼정의 문란과 경상 우병사 백낙신의 수탈에 견디다 못한 진주 지역의 농민들이 몰락 양반 유계춘을 중심으로 임술 농민 봉기를 일으켜 진주성을 점령하였다.
② 봉기를 수습하기 위해 안핵사로 파견된 박규수는 민란의 원인이 삼정에 있다고 보고 삼정이정청 설치를 건의하여 시행하였으나 근본적인 문제를 해결하지는 못하였다.

오답 분석

① 임오군란과 갑신정변은 청의 군대에 의해 진압되었으며 이를 계기로 조선에 대한 청의 내정 간섭이 심화되었다.
③ 세도 정치와 삼정의 문란으로 인해 어려움을 겪던 농민들과 서북 지역 차별 대우에 불만을 품은 평안도 지방 사람들이 몰락 양반 출신 홍경래를 중심으로 봉기를 일으켰다(홍경래의 난).
④ 동학 농민 운동 2차 봉기 당시 항일 구국 투쟁이라는 명분 아래 남접의 전봉준과 북접의 손병희가 연합하여 조직적으로 봉기를 일으켰다.
⑤ 조선이 일본과 체결한 조일 통상 장정의 조항 중에는 천재·변란 등에 의한 식량 부족의 우려가 있을 때 방곡령을 선포하는 조항이 포함되어 있었다. 이후 황해도 관찰사 조병철과 함경도 관찰사 조병식은 흉년으로 곡물이 부족해지자 일본으로 곡물이 유출되는 것을 막기 위해 방곡령을 선포하였다.

22 조선 후기 경제·사회 변화

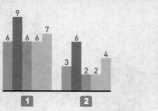

최근 5개년 기출 빅데이터 분석 리포트	빈출 키워드 Top 5	꼭 나오는 문제 유형 Top 3
■ 24 ■ 23 ■ 22 ■ 21 ■ 20 (연도)	1 덕대 2 상품 작물 3 구황 작물 4 규장각 검서관 5 공인	1 설명형, 사료형 2 빈칸형 3 합답형

1 조선 후기의 경제 변화

1. 수취 체제 변화

영정법 (인조)	풍흉에 관계없이 전세를 토지 1결당 쌀 4~6두로 고정
대동법 (광해군)	• 공납의 폐단을 해결하기 위해 경기도에서 처음 시행 → 점차 전국으로 확대 • 특산물 대신 쌀 12두, 베, 동전 등으로 납부
균역법 (영조)	• 1년에 2필씩 내던 군포를 1필로 줄임 • 부족한 재정은 어염세, 선박세, 선무군관포 등으로 보충

2. 농업·수공업·광업의 변화

농업	• 모내기법 확대: 벼와 보리의 이모작 가능 → 노동력 절감, 광작 성행(단위 면적당 생산력 증대) • 인삼·면화·담배·고추 등 상품 작물 재배 • 고구마(일본), 감자(청) 등 구황 작물 재배
수공업	선대제: 상인 물주가 자금과 원료 제공 → 상업 자본의 수공업 지배
광업	• 설점수세제: 민간인의 광산 채굴 허용, 세금 징수 • 전문 광산 경영인 덕대 등장

3. 상품 화폐 경제 발달

배경	농업·수공업 생산 증대, 소작료의 금납화, 도시 인구 유입, 대동법 실시 → 정부에 물품을 조달하는 공인 등장
사상 등장	• 장시 발달: 보부상이 전국의 장시를 오가며 생산자와 소비자 연결 • 대표적 사상: 한성의 경강 상인(한강에서 운송업), 개성의 송상(인삼 무역, 송방 설치), 의주의 만상, 동래의 내상 등
포구 상업 발달	세곡, 소작료 운송 등 상업 중심지로 성장 → 선상, 객주·여각(상품 매매·중개·운송, 숙박, 금융 등) 성장
대외 무역 발달	• 대청 무역: 중강 개시, 책문 후시, 만상(의주)과 유상(평양) 등 활약 • 대일 무역: 왜관 개시 활발, 내상(동래) 활약 • 만상과 내상의 중계 무역 활동
화폐 경제	• 숙종 때 상평통보 유통 • 전황 발생: 유통 화폐 부족 현상

기출 선택지로 개념 익히기 ◁◈ 오디오 학습을 이용해 보세요!

1 조선 후기의 경제 변화

▸ 영정법 – 풍흉에 관계없이 전세 부담액을 고정하였다.
▸ 전세를 1결당 4~6두로 고정하는 영정법을 제정하였다. 4회 이상
▸ 경기도에 한해서 대동법이 실시되었다. 4회 이상
▸ 대동법 – 특산물 대신 쌀, 베, 동전 등으로 납부하게 하였다.
▸ 대동법 – 관청에 물품을 조달하는 공인이 등장하는 배경이 되었다.
▸ 농민들의 군역 부담을 줄이기 위해 균역법이 제정되었다. 4회 이상
▸ 1년에 2필씩 걷던 군포를 1필로 줄이는 균역법을 시행하였다.

▸ 균역법 – 부족한 재정을 보충하기 위해 선무군관포를 징수하였다. 4회 이상
▸ 균역법 – 토지 소유자에게 결작을 거두었다. 4회 이상
▸ 모내기법이 전국적으로 확산되었다. 4회 이상
▸ 담배, 면화 등 상품 작물이 재배되었다. 12회 이상
▸ 고구마, 감자 등의 구황 작물을 재배하였어요. 8회 이상
▸ 광산을 전문적으로 경영하는 덕대가 등장하였다. 12회 이상
▸ 민간의 광산 개발을 허용하는 설점수세제가 시행되었다. 8회 이상
▸ 관청에 물품을 조달하는 공인이 활동하였다. 8회 이상

② 조선 후기의 사회 변화

1. 신분제 동요

양반층 분화 · 증가	• 배경: 일부 양반에게 권력 집중, 몰락 양반 증가 • 종류: 권반(집권 양반), 향반(향촌에서 세력을 유지하는 양반), 잔반(몰락 양반) • 임진왜란 이후 공명첩과 족보 위조 등으로 양반 수 증가
중인	• 서얼: 정조 때 이덕무 · 유득공 · 박제가 등이 <u>규장각 검서관으로 등용</u> • 문예 모임 <u>시사(詩社)</u> 조직, 소청 운동 전개
상민	납속책 · 공명첩 등으로 신분 상승
노비 감소	순조 때 공노비 해방(1801) → 세금을 납부하는 상민층 증가

2. 새로운 사상의 등장

예언 사상	• 『정감록』(왕조 교체, 변란 예고) 등 비기 · 도참 유행 • 미륵 신앙: 미륵불을 자처하는 무리 등장(선운사 도솔암 마애불)
천주교 (서학)	• 청에 다녀온 사신들에 의해 <u>서학</u>으로 소개 → 18세기 말 남인 실학자들이 신앙으로 수용 • 확산: 이승훈이 청에서 최초로 세례를 받음, 인간 평등 · 내세 사상으로 하층민과 부녀자들 사이에서 확산 • <u>신해박해</u>(정조): 진산 사건(제사 거부, 조상의 신주를 불태움)으로 윤지충 · 권상연 등 처형 • <u>신유박해</u>(순조): 이승훈 처형, 정약용 등 유배, 황사영 백서 사건(1801)
동학	• 경주의 몰락 양반 <u>최제우</u> 창시(1860) • 교리: <u>시천주</u>(한울님을 모심), <u>인내천</u>(사람이 곧 하늘) • 탄압: 혹세무민의 죄로 최제우 처형 • 교세 확장: 2대 교주 최시형이 경전인 『동경대전』, 『용담유사』 간행

개념 PLUS+

▶ **금난전권**
시전 상인이 서울 도성 안과 밖 10리 지역에서 난전(정부의 허가를 받지 않은 상행위)을 금지하고, 특정 상품을 독점 판매할 수 있는 권리를 말한다.

▶ **조선 후기의 상업 발달**

▶ **소청 운동**
왕에게 집단적으로 상소를 올리는 것을 소청이라고 한다. 철종 때 중인들이 청요직 진출 허용을 요청한 소청 운동(통청 운동)은 받아들여지지는 않았으나, 전문직으로서 중인의 역할을 부각시키는 계기가 되었다.

▶ **신유박해**
순조 때 노론 강경파인 벽파가 집권하며 정약용 등 남인 시파를 탄압하기 위하여 천주교 신자를 박해한 사건이다.

▶ 송상이 전국 각지에 송방을 설치하였다. 4회 이상
▶ 송상, 만상이 대청 무역으로 부를 축적하였다. 4회 이상
▶ 내상, 만상 등이 국제 무역을 통해 부를 축적하였다.
▶ 국경 지대에서 개시 무역과 후시 무역이 이루어졌다.
▶ 독점적 도매 상인인 도고가 활동하였다.

② 조선 후기의 사회 변화
▶ 서얼이 통청 운동을 전개하였다.
▶ 서얼 출신의 학자들이 규장각 검서관에 기용되었다. 8회 이상
▶ 시사(詩社)를 조직하여 활동하는 중인 4회 이상
▶ 각 궁방과 중앙 관서의 공노비 6만여 명을 해방하였다. 4회 이상

▶ 왕조 교체를 예언하는 정감록이 유포되었다.
▶ 천주교 – 청을 다녀온 사신들에 의하여 서학으로 소개되었다.
▶ 천주교 – 제사와 신주를 모시는 문제로 정부의 탄압을 받았다.
▶ 신유박해로 천주교인들이 처형되었다.
▶ 신유박해 – 황사영이 외국 군대의 출병을 요청하는 백서를 작성하였다.
4회 이상

▶ 최제우가 동학을 창시하였다.
▶ 동학 – 마음속에 한울님을 모시는 시천주를 강조하였다.
▶ 동학 – 유 · 불 · 선을 바탕으로 민간 신앙의 요소까지 포함하였다.
▶ 동학 – 동경대전과 용담유사를 경전으로 삼았다.
▶ 동학 – 최시형이 동학의 2대 교주가 되다.

01 밑줄 그은 '방책'에 해당하는 내용으로 옳은 것은?

설명형 54회

국왕께서 **군포를 2필**에서 1필로 감면하라는 명을 내리셨다고 들었습니다.

그렇습니다. 백성들의 군역 부담을 줄이기 위한 조치입니다. 아울러 감면으로 인한 ❷재정 부족 문제를 해결할 수 있는 **방책**도 마련하라고 하셨습니다.

① 일부 부유한 양민에게 선무군관포를 징수하였다.
② 풍흉에 따라 전세를 9등급으로 차등 과세하였다.
③ 백성들에게 곡식을 빌려주는 진대법을 시행하였다.
④ 수신전, 휼양전 등의 명목으로 세습되는 토지를 폐지하였다.
⑤ 기금을 모아 그 이자로 빈민을 구제하는 제위보를 운영하였다.

02 다음 대화가 이루어진 시기의 경제 상황으로 옳지 **않은** 것은?

설명형 51회

며칠 전 전하께서 형조와 한성부에 시전 상인의 금난전권을 철폐하고 이를 어길 경우 처벌하라는 지시를 내리셨다네.

나도 들었네. 다만 육의전은 이번 조치에서 제외되었다고 하더군.

① 고액 화폐인 활구가 주조되었다.
② 담배, 면화 등 상품 작물이 재배되었다.
③ 관청에 물품을 조달하는 공인이 활동하였다.
④ 송상, 만상이 대청 무역으로 부를 축적하였다.
⑤ 광산을 전문적으로 경영하는 덕대가 등장하였다.

문제 파헤치기

정답 분석 ①

🔍 **정답의 단서 | 군포를 2필에서 1필로 감면, 백성들의 군역 부담을 줄이기 위한 조치, 감면으로 인한 재정 문제 해결 방책**

조선 후기 군역으로 인한 농민들의 부담이 가중되자 영조는 균역법을 제정하였다. 이에 따라 농민들은 1년에 2필이었던 ❶**군포를 1필**만 부담하게 되었다.
① 균역법의 시행으로 부족해진 재정을 보충하기 위해서 일부 부유한 양민에게 ❷**선무군관포**나 어염세 등의 세금을 거두었으며, 지주들에게는 **결작**이라 하여 토지 1결당 쌀 2두를 부과하기도 하였다.

오답 분석

② **조선 세종** 때 풍흉의 정도에 따라 세금을 부과하는 **연분 9등법**을 시행하여 등급에 따라 차등을 두어 조세를 부과하였다.
③ **고구려 고국천왕**은 국상인 을파소의 건의에 따라 먹을거리가 부족한 봄에 곡식을 빌려주고 겨울에 갚게 하는 **진대법**을 시행하였다.
④ **조선 세조**는 수신전, 휼양전과 같은 과전의 세습화로 지급할 토지가 부족해지는 등 과전법의 폐단을 바로잡기 위해 현직 관리에게만 수조권을 지급하는 **직전법**을 실시하였다.
⑤ **고려 광종** 때 **제위보**를 운영하여 기금을 모았다가 백성에게 빌려주고 그 이자로 빈민을 구제하도록 하였다.

정답 분석 ①

🔍 **정답의 단서 | 시전 상인의 금난전권 철폐, 육의전은 제외**

조선 후기에 **사상(私商)**들이 활동을 점차 확대하면서 시전의 상권을 장악하자, 시전 상인들은 난전을 단속할 수 있는 권리인 금난전권을 행사하여 사상의 활동을 억압하였다. 그러나 **정조** 때 채제공의 건의에 따라 **신해통공**을 시행하여 **육의전을 제외한 시전 상인들의 금난전권이 폐지**되었다(1791).
① 고려 숙종 때 상업이 활발해지면서 동전과 활구(은병)를 주조하여 화폐의 통용을 추진하였으나 결과적으로 널리 유통되지는 못하였다.

오답 분석

② **조선 후기**에 상업의 발달로 담배, 면화, 인삼 등 **상품 작물**의 재배가 활발해졌다.
③ **조선 후기** 대동법 실시 이후 국가에서 필요한 물품은 **공인**이 조달하였으며, 이를 바탕으로 상품 화폐 경제가 발달하게 되었다.
④ **조선 후기** 상업의 발달로 등장한 사상이 전국 각지에서 활발한 상업 활동을 전개하였다. 그중 **개성의 송상**과 **의주의 만상**은 대청 무역을 통해 부를 축적하였다.
⑤ **조선 후기** 광산 개발이 활성화되면서 전문적으로 광산을 경영하는 **덕대**가 등장하였다.

03 다음 자료의 상황이 나타난 시기에 볼 수 있는 모습으로 적절하지 <u>않은</u> 것은? 사료형 54회

> 비변사에서 임금에게 아뢰었다. "삼남에서 특산물로 종이를 바치는 공인이 청원하기를 '승려들의 숫자가 줄어 종이의 양이 부족한데도 각 지방의 군영과 관아에서 먼저 가져갑니다. 이로 인해 중앙에 공물로 납부할 종이가 부족해 공인이 처벌되는 일이 이어지고 있습니다. …… 송상들이 각 사찰에 출입하며 종이를 몰래 사들여 책문에 가서 시장을 만드는 행위를 엄금해 은밀히 국경을 넘는 폐단을 없애 주십시오.'라고 하였습니다."

① 시사(詩社)를 조직하여 활동하는 중인
② 솔빈부의 특산품인 말을 수입하는 상인
③ 여러 장시를 돌며 물품을 판매하는 보부상
④ 저잣거리에서 한글 소설을 읽어 주는 전기수
⑤ 채소, 담배 등의 상품 작물을 재배하는 농민

정답 분석 ②
🔍 정답의 단서 | 공인, 송상, 책문, 은밀히 국경을 넘는 폐단

조선 후기에는 대동법의 시행으로 국가에서 필요한 물품을 **공인**이 직접 조달하게 되었다. 이 과정에서 공인은 각 지방의 객주와 거래함으로써 상품 화폐 경제의 발달을 촉진시켰다. 이러한 상업의 발달로 대외 무역의 규모가 커지자 송상과 같은 **사상(私商)들이 청과의 국경 지대인 책문에서 사무역인 책문 후시를 전개**하였다. 사상들은 이를 통해 막대한 부를 축적하였고, 풍부한 자본을 바탕으로 상권을 장악하였다.
② **솔빈부**는 발해의 지방 행정 구역인 15부 중 하나로, 당시 발해는 목축과 수렵이 발달하여 솔빈부의 말을 주변 국가에 수출하였다.

오답 분석

① **조선 후기**에는 중인층이 문학 창작 활동 모임인 **시사(詩社)**를 조직하기도 하였다.
③ **조선 후기** 상업의 발달로 전국 각지에서 **장시**가 활성화되면서 보부상들은 장날에 따라 이동하며 각 장시들을 연계한 하나의 유통망을 형성하였다.
④ **조선 후기** 소설의 대중화에 따라 직업적으로 소설을 낭독하는 이야기꾼인 **전기수**가 등장하였다.
⑤ **조선 후기**에 상업의 발달로 인삼, 담배, 면화 등 **상품 작물**의 재배가 확대되었다.

04 (가)에 들어갈 대답으로 가장 적절한 것은? 빈칸형 68회

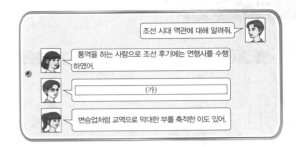

① 사간원에서 간쟁을 담당하였어.
② 매매, 상속, 증여의 대상이었어.
③ 수군, 봉수 등 천역에 종사하였어.
④ 수령을 보좌하면서 향촌 실무를 담당하였어.
⑤ 사역원에서 노걸대언해 같은 교재로 교육받았어.

정답 분석 ⑤
🔍 정답의 단서 | 역관, 통역, 연행사, 변승업

조선 시대 역관은 중인들 중에서도 최상위층으로, 통역 등 역학에 관한 일을 담당하였던 관리이다. 그들은 **사역원**에서 근무하면서 한어(韓語), 왜어(倭語), 여진어 등을 가르쳐 외국과의 교류에 필요한 역관을 양성하고 관리하였으며, **통역 실무** 또한 담당하였다. **조선 후기**에는 청의 수도인 연경으로 가는 사신단인 **연행사**에 참여하여 통역, 무역, 정보 수집, 궁중 물품 구매 등의 업무를 수행하였다. 역관은 관직 승진에 제한이 있었지만 중국, 일본 등에 사행을 갔을 때 개인적으로 무역을 할 수 있었기 때문에 상당한 부를 축적할 수 있었다. 특히, 왜학 역관(일본어 역관)이었던 **변승업**은 청과 일본 사이의 중개 무역을 통해 이윤을 많이 남겨 박지원의 소설 「허생전」에 나오는 서울 최고 부자 변씨의 실제 모델이 되기도 하였다.
⑤ 역관은 사역원에서 **중국어 회화책**인 「**노걸대언해**」를 통해 행상인들의 교역에 관한 일상 회화를 교육받았다.

오답 분석

① **사간원의 관원**은 사헌부와 함께 **간쟁과 논박** 등 **언론의 역할**을 담당하면서 왕권을 견제하였다.
② **조선 시대**의 계층인 천민 중 **노비**는 재산으로 취급되어 **매매, 상속, 증여의 대상**이 되었다.
③ **조선 시대**에 신분은 양인이지만 천한 직역에 종사하는 계층을 **신량역천**이라 불렀다. 이들은 과거에 응시하여 관료가 될 수 없었으며, 주로 봉수, 역졸의 업무를 담당하였다.
④ **조선 시대**의 향리는 수령의 행정 실무를 보좌하는 지방 말단직이었으며, 호장, 기관, 장교, 통인 등으로 분류되었다. 향리직은 세습되었으나 국가로부터 녹봉을 받지 못하였고, 문과에 응시할 수 없었다.

23 실학의 발달과 국학 연구

- 24
- 23
- 22
- 21
- 20
(연도)

4 4 3 3
1
1 1 2 3
0
1 2

빈출 키워드 Top 5
1 강화 학파
2 『금석과안록』
3 『기기도설』
4 『발해고』
5 홍대용(지전설)

꼭 나오는 문제 유형 Top 3
1 빈칸형
2 사료형
3 설명형

1 성리학의 변화와 실학 발달

1. 성리학의 변화

배경	• 인조반정 이후 명분론 강화 → 주자 중심 성리학 절대화 • 윤휴, 박세당 등이 주자와는 다른 독자적 경전 해석 → 서인(노론)으로부터 사문난적으로 몰림
서인의 분화	• 노론: 송시열 중심, 이이 사상 계승, 주자 중심 성리학 절대화 • 소론: 윤증 중심, 절충적 성격의 성혼 사상 계승, 양명학과 노장 사상 수용

2. 양명학 수용

특징	지행합일, 치양지설 등 실천 강조
발전	18세기 초 정제두의 강화 학파 성장 → 양반 신분제 폐지 주장

3. 실학 발달

중농학파 (경세치용)	유형원	『반계수록』: 신분에 따라 토지를 차등 분배하는 균전론 주장
	이익	• 『곽우록』: 토지 매매를 제한하는 한전론 주장 • 『성호사설』: 나라를 좀먹는 6좀 비판
	정약용	• 여전론: 마을 단위의 토지 분배·공동 경작 • 거중기 제작: 『기기도설』 참고 → 수원 화성 축조에 이용 • 『목민심서』(지방 행정 개혁), 『경세유표』(중앙 행정 개혁), 『마과회통』(홍역에 대한 의서) 등 저술
중상학파 (이용후생)	유수원	『우서』: 사농공상의 직업적 평등과 전문화 주장
	홍대용	지전설과 무한 우주론 주장(중국 중심의 세계관 비판), 혼천의 제작, 『의산문답』 저술
	박지원	• 『열하일기』, 『양반전』, 『허생전』 등 저술 • 수레·선박 및 화폐 유통의 필요성 강조
	박제가	• 『북학의』: 재물을 우물에 비유, 소비 강조 • 수레·선박 이용 및 청 문물 수용 강조

기출 선택지로 개념 익히기 ◁» 오디오 학습을 이용해 보세요!

1 성리학의 변화와 실학 발달

- ▶ 박세당 – 유학 경전을 주자와 달리 해석한 사변록을 저술하였다.
- ▶ 정제두 – 양명학을 연구하여 강화 학파를 형성하였다. 12회 이상
- ▶ 유형원 – 자영농 육성을 위해 신분에 따른 토지의 차등 분배를 주장하였다.
- ▶ 유형원이 반계수록을 저술하였다.
- ▶ 이익 – 성호사설에서 사회 폐단을 여섯 가지 좀으로 규정하다.
- ▶ 이익 – 곽우록에서 토지 매매를 제한하는 한전론을 제시하였다.
- ▶ 정약용 – 목민심서에서 지방 행정의 개혁안을 제시하다.
- ▶ 정약용 – 기기도설을 참고하여 거중기를 설계하였다. 8회 이상
- ▶ 정약용 – 마과회통에서 홍역에 대한 의학 지식을 정리하였다.
- ▶ 정약용이 유배 중에 경세유표를 저술하였다.
- ▶ 정약용 – 여전론을 통해 마을 단위 토지 분배와 공동 경작을 주장하였다.
- ▶ 유수원 – 우서에서 사농공상의 직업적 평등과 전문화를 주장하였다.
- ▶ 홍대용 – 의산문답에서 무한 우주론을 주장하였다. 4회 이상
- ▶ 홍대용 – 지전설을 주장하여 중국 중심의 세계관을 비판하였다. 8회 이상
- ▶ 홍대용 – 담헌서를 통해 과거제 폐지를 주장하였다.

2 국학 연구

1. 역사 연구

『동사강목』 (안정복)	고조선에서 고려 말까지의 역사 서술, 우리 역사의 독자적 정통론 체계화, 삼한정통론 강조
『해동역사』 (한치윤)	중국 및 일본의 자료 참고, 민족사 인식의 폭 확대
『연려실기술』 (이긍익)	조선의 사회와 문화를 실증적·객관적으로 서술
『발해고』 (유득공)	통일 신라와 발해가 병립한 시기를 남북국 시대로 설정하여 발해를 우리 역사에 포함
『금석과안록』 (김정희)	북한산비가 진흥왕 순수비임을 밝혀냄

2. 지도·지리서와 국어 연구

지도· 지리서	• 역사 지리서: 『동국지리지』(한백겸), 『아방강역고』(정약용) • 인문 지리서: 『택리지』(이중환, 각 지방의 자연환경·풍속·인물) • 지도: 『동국지도』(정상기, 최초로 100리 척 사용), 『대동여지도』(김정호, 정밀한 산맥·하천·포구·도로망 표시, 10리마다 눈금 표시, 목판 인쇄)
국어	『훈민정음운해』(신경준), 『언문지』(유희)

3. 기타

백과사전	『지봉유설』(이수광), 『임원경제지』(서유구), 『동국문헌비고』(홍봉한)
어업	『자산어보』(정약전, 흑산도 근해의 물고기와 바다 생물을 관찰하여 쓴 책)

▶ 홍대용 – 천체의 운행과 위치를 측정하는 혼천의를 제작했어.
▶ 박지원 – 연행사를 따라 청에 다녀온 후 열하일기를 집필하였다.
▶ 박지원 – 열하일기에서 수레와 선박의 필요성을 강조하다.
▶ 박지원 – 열하일기에서 화폐 유통의 필요성을 강조하였다.
▶ 박지원 – 양반전에서 양반의 위선과 무능을 풍자하였다. 4회 이상
▶ 박제가 – 북학의를 저술하여 절약보다 소비를 권장하였다. 4회 이상
▶ 박제가 – 북학의를 저술하여 수레와 배의 이용을 권장하였다.
▶ 박제가 – 정조 때 규장각 검서관으로 활동하였다.

2 국학 연구
▶ 『동사강목』 – 단군 조선에서 고려까지의 역사를 정리하였습니다.
▶ 『해동역사』 – 한치윤이 500여 종의 자료를 참고하여 편찬하였다.

▶ 이긍익 – 연려실기술에서 조선의 역사를 기사 본말체로 서술하였다.
▶ 『발해고』 – 남북국이라는 용어를 처음 사용하였다. 8회 이상
▶ 김정호 – 역대 명필을 연구하여 추사체를 창안하였다.
▶ 김정희 – 금석과안록에서 북한산비가 진흥왕 순수비임을 고증하였다.
8회 이상
▶ 한백겸 – 동국지리지를 저술하여 삼한의 위치를 고증하였다.
▶ 『택리지』 – 각 지방의 연혁, 산천, 풍속 등이 자세히 나타나 있다.
▶ 최초로 100리 척을 사용한 동국지도가 제작되었다. 4회 이상
▶ 『대동여지도』 – 목판으로 인쇄되었으며 10리마다 눈금이 표시되어 있다.
▶ 유희 – 우리말 음운 연구서인 언문지를 저술하였다.
▶ 『임원경제지』 – 농촌 생활을 위한 백과사전으로 서유구가 저술
▶ 정약전이 자산어보를 저술한 곳을 검색한다.

01 (가) 인물에 대한 설명으로 옳은 것은? 빈칸형 52회

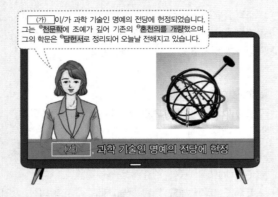

(가) 이/가 과학 기술인 명예의 전당에 헌정되었습니다. 그는 ❶천문학에 조예가 깊어 기존의 ❷혼천의를 개량했으며, 그의 학문은 ❸담헌서로 정리되어 오늘날 전해지고 있습니다.

(가) 과학 기술인 명예의 전당에 헌정

① 의산문답에서 무한 우주론을 주장하였다.
② 기기도설을 참고하여 거중기를 설계하였다.
③ 자동 시보 장치를 갖춘 자격루를 제작하였다.
④ 사상 의학을 정립한 동의수세보원을 편찬하였다.
⑤ 서양의 과학 기술을 정리한 지구전요를 저술하였다.

02 (가), (나) 인물에 대한 설명으로 옳은 것은? 설명형 67회

북학의를 저술한 저는 청의 문물 도입과 소비 촉진을 통한 생산력 증대를 주장하였습니다.

오늘은 실학자 두 분을 모시고 어떤 활동을 하셨는지 들어 보겠습니다.

저는 경세유표를 저술하여 국가 제도의 개혁 방향을 제시하였습니다.

홀로그램으로 만나는 역사 인물

(가)   (나)

① (가) – 100리 척을 사용하여 동국지도를 제작하였다.
② (가) – 곽우록에서 토지 매매를 제한하는 한전론을 제시하였다.
③ (나) – 의산문답에서 중국 중심의 세계관을 비판하였다.
④ (나) – 여전론을 통해 마을 단위의 공동 경작을 주장하였다.
⑤ (가), (나) – 양명학을 연구하여 강화 학파를 형성하였다.

문제 파헤치기

정답 분석 ①

Q 정답의 단서 | 천문학, 혼천의 개량, 『담헌서』

조선 후기의 실학자 홍대용은 서양 과학을 적극적으로 수용하고 ❶천문 과학 연구에 큰 관심을 보여 기존의 ❷혼천의를 개량·제작하여 천체의 운행과 위치를 측정하였다. 또한, ❸『담헌서』를 통해 자신의 실학 사상을 정리하였다.
① 홍대용은 『의산문답』을 통해 지전설과 무한 우주론을 주장하며 중국 중심의 성리학적 세계관을 비판하였다.

오답 분석

② 정조 때 정약용은 『기기도설』을 참고하여 거중기를 설계하였고, 이는 수원 화성을 축조할 때 사용되면서 공사 기간과 비용을 줄이는 데 큰 역할을 하였다.
③ 세종 때 장영실은 자동 시보 장치가 있는 물시계인 자격루를 제작하였다.
④ 고종 때 이제마는 『동의수세보원』을 저술하여 사상 의학을 확립하였다.
⑤ 철종 때의 실학자 최한기는 세계 지리와 서양의 각종 과학 기술 분야를 정리한 『지구전요』를 저술하였다.

정답 분석 ④

Q 정답의 단서 | 실학자, 『북학의』, 청의 문물 도입, 『경세유표』, 국가 제도의 개혁 방향

(가) 박제가: 조선 후기 중상학파 실학자로, 청나라에서 보고 들은 것을 정리해 『북학의』를 저술하였다. 이 저서를 통해 청의 선진 문물을 받아들여야 하며, 적절한 소비를 통해 생산을 발전시켜야 한다고 주장하였다.
(나) 정약용: 조선 후기 중농학파 실학자로, 신유박해로 인해 강진에서 유배 생활을 하던 중 중앙 행정 개혁의 방향을 제시한 『경세유표』를 저술하였다.
④ 정약용은 마을 단위의 토지 공동 소유·경작, 노동력에 따른 수확물의 분배 내용이 담긴 여전론을 주장하였다.

오답 분석

① 영조 때 정상기는 최초로 100리 척을 사용한 지도인 『동국지도』를 제작하였다.
② 이익은 『곽우록』에서 한 가정의 생활을 유지하는 데 필요한 규모의 토지를 영업전으로 정하여 법으로 매매를 금지하고, 나머지 토지만 매매가 가능하게 하는 한전론을 주장하였다.
③ 홍대용은 『의산문답』을 저술하여 지전설과 무한 우주론을 주장하였고 중국 중심의 세계관을 비판하였다.
⑤ 정제두는 지행합일을 중요시하는 양명학을 체계적으로 연구하였고, 강화도에서 후진 양성에 힘쓰며 강화 학파를 형성하였다.

03 (가) 인물의 활동으로 옳은 것은?

빈칸형 50회

이곳은 (가) 이/가 제주도에 유배되어 머물렀던 장소입니다. 그는 이곳에서 세한도를 그렸습니다.

① 100리 척을 사용하여 동국지도를 제작하였다.
② 무한 우주론을 주장한 의산문답을 집필하였다.
③ 명에서 천리경, 자명종, 홍이포 등을 들여왔다.
④ 침구술을 집대성하여 침구경험방을 저술하였다.
⑤ 북한산비가 진흥왕 순수비임을 처음으로 고증하였다.

정답 분석 ⑤

🔍 **정답의 단서** | 제주도에 유배, 「세한도」

조선 후기의 문신이자 실학자였던 추사 김정희는 문인화의 대가이기도 하였다. 1844년 제주도에서 유배 생활을 하던 중 제자 이상적이 사제 간의 의리를 잊지 않고 북경에서 귀한 책들을 구해다 주자 그의 인품을 소나무와 잣나무에 비유하며 답례로 「세한도」를 그려주었다.
⑤ 김정희는 청에서 발전된 고증학의 영향을 받아 금석학을 연구하였으며, 그의 저서 「금석과안록」을 통해서 북한산비가 진흥왕 순수비임을 고증해냈다.

오답 분석

① 영조 때 정상기는 최초로 100리 척을 사용한 「동국지도」를 제작하였다.
② 조선 후기의 실학자 홍대용은 「의산문답」을 통해 지전설과 무한 우주론을 주장하며 중국 중심의 성리학적 세계관을 비판하였다.
③ 인조 때 정두원은 명에 사신으로 파견되어 천리경, 자명종, 홍이포 등의 근대적 기계를 들여왔다.
④ 인조 때 허임은 침구술을 정리하여 침구 전문서인 「침구경험방」을 저술하였다.

04 (가)~(마)에 들어갈 내용으로 옳은 것은?

빈칸형 52회

한국사 과제 안내문

다음 지도 및 지리서 중 하나를 선택하여 보고서를 제출하시오.

지도 및 지리서	설명
택리지	(가)
동국지도	(나)
대동여지도	(다)
동국여지승람	(라)
조선방역지도	(마)

◆ 조사 방법: 문헌 조사, 인터넷 검색 등
◆ 제출 기간: 2021년 ○○월 ○○일~○○월 ○○일
◆ 분량: A4 용지 1장 이상

① (가) - 팔도지리지를 참고하여 성종 때 완성되었다.
② (나) - 정상기가 100리 척을 사용하여 제작하였다.
③ (다) - 한치윤이 500여 종의 자료를 참고하여 편찬하였다.
④ (라) - 복거총론에서 거주지의 이상적인 조건을 제시하였다.
⑤ (마) - 목판으로 인쇄되었으며 10리마다 눈금이 표시되어 있다.

정답 분석 ②

🔍 **정답의 단서** | 「택리지」, 「동국지도」, 「대동여지도」, 「동국여지승람」, 「조선방역지도」

② 「동국지도」는 영조 때 정상기가 최초로 100리 척을 사용하여 제작한 지도이다.

오답 분석

① 「동국여지승람」은 성종 때 노사신, 양성지, 강희맹 등이 「팔도지리지」를 참고하여 각 도의 지리, 풍속, 인물 등을 기록한 관찬 지리지이다.
③ 「해동역사」는 조선 후기의 실학자 한치윤이 500여 종의 인용서를 참고하여 단군 조선부터 고려 시대까지의 역사를 기전체로 서술한 역사서이다.
④ 「택리지」는 영조 때의 실학자 이중환이 현지답사를 기초로 저술한 우리나라의 지리서이다. 전체의 절반 가량을 차지하고 있는 '복거총론'을 통해 18세기에 선호하던 주거지의 기준을 자세히 설명하였다.
⑤ 「대동여지도」는 조선 후기 김정호가 10리마다 눈금을 표시하여 거리를 알 수 있게 한 지도로, 목판으로 제작되어 대량 인쇄가 가능하였다.

24 조선 후기 과학 기술과 문화

최근 5개년 기출 빅데이터 분석 리포트	빈출 키워드 Top 5	꼭 나오는 문제 유형 Top 3

빈출 키워드 Top 5
1 『동의보감』
2 한글 소설, 전기수
3 판소리
4 「인왕제색도」
5 「세한도」

꼭 나오는 문제 유형 Top 3
1 설명형, 빈칸형
2 사진형
3 사료형

1 서양 문물 수용과 과학 기술

서양 문물 · 서양인	• 경로: 중국을 왕래하던 소현 세자, 정두원 등에 의해 유입(화포 · 천리경 · 자명종, 『천주실의』 등) • 수용: 성호 이익과 그의 제자 및 북학파 • 벨테브레이(서양식 대포 제조법과 조종법), 하멜(『하멜표류기』, 조선의 사정을 서양에 전함)
과학 기술	• 천문학: 김석문(지전설), 홍대용(지전설, 무한 우주론, 지구 구형설) → 성리학적 세계관 비판, 근대적 우주관 • 역법: 김육의 노력으로 아담 샬이 만든 시헌력 채택 • 지도: 『곤여만국전도』(서양 선교사 마테오리치가 만든 세계 지도) 전래 • 의학: 『동의보감』(허준, 전통 한의학 정리), 『침구경험방』(허임), 『마과회통』(정약용, 종두법 연구), 『동의수세보원』(이제마, 사상 의학 확립) • 농서: 『농가집성』(신속, 벼농사 중심 농법 보급), 『색경』(박세당), 『임원경제지』(서유구) • 기타: 정약용의 『기예론』, 거중기 제작(수원 화성 건설에 사용), 배다리 설계

2 서민 문화 발달

판소리	창과 사설로 이야기를 엮음 → 서민층의 호응
한글 소설	『홍길동전』(최초의 한글 소설), 「춘향전」, 「별주부전」, 「심청전」 등 → 소설을 읽어주고 보수를 받는 전기수 등장
가면극	탈놀이(향촌에서 굿의 일부로 공연), 산대놀이(양반과 승려의 위선 폭로)
사설시조	형식에 구애받지 않고 감정을 구체적으로 표현
민화	• 친숙한 것을 소재로 서민의 소박한 정서 표현(해와 달, 나무, 꽃, 동물, 물고기 등) • 집안을 민화로 장식 → 출세와 장수, 행운과 복 기원

기출 선택지로 개념 익히기 ◁» 오디오 학습을 이용해 보세요!

1 서양 문물 수용과 과학 기술
▸ 김육 – 청으로부터 시헌력 도입을 건의했어.
▸ 곤여만국전도를 열람하는 학자
▸ 전통 한의학을 집대성한 동의보감이 완성되었다. 12회 이상
▸ 이제마 – 사상 의학을 정립한 동의수세보원을 편찬하였다.
▸ 체질에 따라 처방을 달리해야 한다는 사상 의학을 확립하였다.
▸ 모내기법 등을 소개한 농가집성이 편찬되었다.
▸ 박세당 – 색경에서 담배, 수박 등의 상품 작물 재배법을 소개하였다.

2 서민 문화 발달
▸ 저잣거리에서 한글 소설을 읽어 주는 전기수 4회 이상
▸ 장시에서 책을 읽어 주는 전기수
▸ 한글 소설을 읽고 있는 부녀자
▸ 장시에서 판소리를 구경하는 농민 4회 이상

3 문화의 새 경향
▸ 정선의 「인왕제색도」 4회 이상
▸ 강세황의 「영통동구도」 4회 이상
▸ 김정희의 「세한도」 4회 이상
▸ 김정희 – 역대 명필을 연구하여 추사체를 창안하였다.
▸ 김홍도
▸ 구례 화엄사 각황전

3 문화의 새 경향

1. 한문학

사회 비판·풍자	박지원의 양반 위선 비판(「양반전」, 「호질」, 「민옹전」 등), 정약용의 한시(삼정의 문란 고발)
시사(詩社)	중인 계층의 문예 모임, 상민에게까지 확산
문체 혁신	박지원 등이 현실을 올바르게 표현할 수 있는 문체 혁신 주장

2. 회화와 서예

회화	진경 산수화	우리나라의 자연 경관을 사실적으로 묘사한 화법으로, 겸재 정선에 의해 유행 ![인왕제색도] ▲ 「인왕제색도」(정선)
	풍속화	• 김홍도: 서민을 주인공으로 밭갈이, 추수, 대장간 등 주로 농촌의 생활상을 그림(「서당」, 「씨름」, 「무동」, 「옥순봉」 등) • 신윤복: 주로 도회지 양반과 남녀 간의 애정을 감각적으로 묘사(「단오풍정」, 「월하정인」 등) • 김득신: 당시 생활상을 있는 그대로 표현(「노상알현도」, 「파적도」 등) ▲ 「씨름」(김홍도)　▲ 「단오풍정」(신윤복)
	기타	• 서양 화풍의 영향: 원근법 반영, 강세황의 「영통동구도」 • 「세한도」(김정희), 「군마도」(장승업) 등
서예		김정희의 추사체 창안: 금석문과 중국의 다양한 필체를 종합적으로 연구하여 창안

3. 공예와 건축

공예	청화 백자 유행: 순백자에 코발트 계열 청색 안료로 문양을 그린 후 유약을 바르고 다시 구워 낸 자기
건축	• 김제 금산사 미륵전, 구례 화엄사 각황전, 보은 법주사 팔상전(우리나라 유일의 목조 오층 탑, 내부는 통층 구조) • 경복궁의 근정전, 경회루  ▲ 보은 법주사 팔상전

개념 PLUS+

▶ 「곤여만국전도」

명 말 예수회 소속 선교사인 마테오리치가 제작한 세계 지도로, 선조 때 이광정이 들여와 이수광의 「지봉유설」에 소개되었다. 이는 당시 사람들의 세계관 확대에 기여하였다.

▶ 「까치와 호랑이」(민화)

▶ 「세한도」(김정희)

01 다음 상황이 나타난 시기에 볼 수 있는 모습으로 적절하지 <u>않은</u> 것은? `사료형` 53회

> 가만히 살펴보니, 최근 여자들이 서로 다투어 즐겨하는 것이 오직 *패설(稗說)*을 숭상하는 일이다. 패설은 날로 달로 증가하여 그 종류가 이미 엄청나게 되었다. 세책가에서는 패설을 깨끗이 필사하여, 빌려 보는 자가 있으면 그 값을 받아서 이익으로 삼는다. 부녀들은 …… [패설을] 서로 다투어 빌려다가 온종일 허비하니 음식이나 술을 어떻게 만드는지, 베를 어떻게 짜는지에 대해서도 모르게 되었다.
> – 『번암집』 –
>
> *패설(稗說): 민간에서 떠도는 이야기를 주제로 한 소설

① 담배를 밭에 심고 있는 농민
② 염포의 왜관에서 교역하는 상인
③ 장시에서 탈춤 공연을 벌이는 광대
④ 시사(詩社)를 조직하여 활동하는 중인
⑤ 물주의 자금으로 광산을 경영하는 덕대

02 다음 자료에 나타난 시기의 경제 상황으로 옳지 <u>않은</u> 것은? `사료형` 72회

> 비변사의 계사에, "현재 시전의 병폐로 서울과 지방의 백성이 원망하는 바는 오로지 도고(都庫)에 있습니다. 시중 시세를 조종하여 홀로 이익을 취하니 그 폐단은 한이 없습니다. 한성부에서 엄히 금하도록 하되 그 가운데 매우 심하게 폐단을 빚는 3강(한강·용산강·서강)의 시목전(柴木廛)·염해전(鹽醢廛)과 같은 무리는 그 주모자를 색출하여 형조로 송치해서 엄한 형벌로 다스려 후일을 징계하도록 분부하는 것이 어떻겠습니까?" 하니 윤허한다고 답하였다.

① 금속 화폐인 건원중보가 주조되었다.
② 담배와 면화 등의 상품 작물이 재배되었다.
③ 보부상이 장시를 돌아다니며 상업 활동을 하였다.
④ 모내기법의 확대로 벼와 보리의 이모작이 성행하였다.
⑤ 설점수세제의 시행으로 민간의 광산 개발이 허용되었다.

문제 파헤치기

정답 분석 ②

🔍 **정답의 단서** | 패설(稗說), 세책가, 부녀들, 『번암집』

채제공의 『번암집』에 따르면 조선 후기에는 부녀자들이 민간에서 떠도는 이야기를 담은 소설인 *패설을 즐겨 읽는 등 한글 소설이 유행하였다.
② 조선 전기인 세종 때 대마도주의 요구를 받아들여 부산포, 제포, 염포의 삼포를 개방하였고, 이후 제한된 범위 내에서 무역을 허락하는 계해약조를 체결하였다.

오답 분석

① 조선 후기에 상업이 발달하면서 담배, 인삼, 면화 등 **상품 작물**의 재배가 활발해졌다.
③ 조선 후기에는 **탈춤**이 유행하여 지방의 정기 시장인 **장시**에서 공연되었다.
④ 조선 후기에 **중인층과 서민층**의 문학 창작 활동이 활발해지면서 **시사**를 조직하였다.
⑤ 조선 후기에 **광산 개발**이 활성화되면서 물주로부터 자금을 지원받아 전문적으로 광산을 경영하는 덕대가 등장하였다.

정답 분석 ①

🔍 **정답의 단서** | 시전의 병폐, 도고(都庫), 시중 시세를 조종하여 홀로 이익을 취함

조선 후기 **시전 상인과 공인**은 국가에서 필요한 물품을 조달하는 대신 난전을 단속할 수 있는 **금난전권**과 특정 물품에 대한 **독점 판매권**을 부여받으며 **도고**를 행하였다. 18세기 중엽 이후에는 시전 상인뿐만 아니라 자본력이 있는 **난전 상인**의 도고 활동도 성행하면서, 매점매석을 일삼는 도고의 폐단으로 상품 공급이 부족해지고 물가가 상승하는 현상이 나타났다.
① 고려 시대에는 상업 활동이 활발해지면서 화폐를 발행하였고, 성종 때 우리나라 최초의 주화인 건원중보가 주조되었다.

오답 분석

② 조선 후기에는 장시가 증가하고 상품 유통 경제가 발달하면서 농민들이 **담배, 면화, 인삼, 고추** 등 **상품 작물**을 활발하게 재배하였다.
③ 조선 후기 상업의 발달로 전국 각지에서 장시가 활성화되면서 **보부상**이 장날에 따라 이동하며 각 장시들을 연계하여 하나의 유통망을 형성하였다.
④ 조선 후기에 **모내기법이 확대**되면서 **벼와 보리의 이모작이 성행**하여 농업 생산량이 증가하였다.
⑤ 조선 후기 효종 때 **설점수세제**를 시행하여 **민간의 광산 개발을 허용**하고 세금을 징수하였다. 이때 전문적으로 광산을 경영하는 덕대가 등장하였다.

03 (가) 인물의 작품으로 옳은 것은? 빈칸형 사진형 51회

이 그림은 조선 후기 풍속화가 (가) 이/가 그린 미인도인가요?

혜원 특별전

맞아요. (가) 은/는 이 그림 외에도 양반들의 풍류와 남녀 사이의 애정을 소재로 한 작품을 많이 남겼어요.

①
②
③
④
⑤

정답 분석 ④

Q 정답의 단서 | 혜원, 조선 후기 풍속화가, 「미인도」, 양반들의 풍류와 남녀 사이의 애정을 소재로 한 작품

조선 후기 도화서 출신의 **풍속화가 혜원 신윤복**은 주로 양반과 부녀자의 생활과 유흥, 남녀의 애정 등을 감각적이고 해학적으로 묘사하였다.
④ 신윤복의 「**월하정인도**」

오답 분석

① **김홍도**의 「씨름」 – 조선 후기
② **강희안**의 「고사관수도」 – 조선 전기
③ **김득신**의 「파적도」 – 조선 후기
⑤ **강세황**의 「영통동구도」 – 조선 후기

---

04 (가)에 해당하는 문화유산으로 옳은 것은?

빈칸형 사진형 55회

나
어제, 오전 9시 30분

#국보 #충청북도 #보은군
#조선 시대 #불교 건축 #부처의 생애

(가)

👍 좋아요 6 | 💬 댓글 2 | ➤ 공유

정유재란으로 소실되었다가 인조 때 중건되었다고 해.

현존하는 유일한 조선 시대 목탑이야.

① 법주사 팔상전
② 화엄사 각황전
③ 금산사 미륵전
④ 무량사 극락전
⑤ 마곡사 대웅보전

정답 분석 ①

Q 정답의 단서 | 충청북도 보은군, 정유재란으로 소실, 인조 때 중건, 현존하는 유일한 조선 시대 목탑

① 충북 보은군에 위치한 **보은 법주사 팔상전**은 정유재란 당시 불에 타 없어진 후 선조 때 공사가 시작되어 인조 때 완성되었고, 1968년 복원 공사를 통해 현재의 모습을 하고 있다. **현존하는 유일한 조선 시대 목탑**이자 우리나라의 목조 탑 중 가장 높은 건축물로, 석가모니의 일생을 여덟 폭의 그림으로 나누어 그린 팔상도가 있어 팔상전이라고 불린다.

오답 분석

② **구례 화엄사 각황전**은 전남 구례군 화엄사에 있으며 조선 숙종 때 창건되었다. 정면 7칸, 측면 5칸의 다포계 중층 팔작지붕 건물로 내부 공간이 통층으로 구성되어 있다.
③ **김제 금산사 미륵전**은 전북 김제시 금산사에 있는 조선 시대의 목조 건물이며, 팔작지붕에 다포 양식을 따르고 내부는 3층 전체가 하나로 트인 통층 구조이다.
④ **부여 무량사 극락전**은 충남 부여군 무량사에 있으며 2층 사찰로 내부는 통층 구조로 되어 있다. 임진왜란 당시 소실된 것을 인조 때 다시 중창하였다.
⑤ **공주 마곡사 대웅보전**은 2층으로 된 팔작지붕 건물로 백제 무왕 때 창건되었다. 임진왜란 때 소실된 것을 조선 효종 때 중건하였다.

☑ 조선 시대 집권 세력의 변화

초기	급진 개혁파 사대부(정도전, 권근 등)
세조	훈구파(관학파): 세조 즉위에 공을 세운 공신 세력
성종	김종직을 중심으로 사림이 3사의 언관으로 진출(→ 훈구 세력 비판, 사화 발생)
선조	사림 집권 → 동인, 서인으로 분당
광해군	북인 집권
인조	서인 + 남인 집권
현종	예송 논쟁으로 서인과 남인의 대립
숙종	환국으로 남인 몰락 → 노론의 일당 전제화
영조 · 정조	• 영조: 탕평파 육성(노론 중심) • 정조: 남인 시파 등용

☑ 조선 시대 비변사의 변천

설치 (중종)	삼포왜란을 계기로 임시 회의 기구로 설치
상설 기구화 (명종)	을묘왜변을 계기로 상설 기구화
최고 기구 (선조)	• 임진왜란 이후 국정 전반 담당 • 의정부와 6조 기능 약화 → 왕권 약화 • 19세기 세도 정치의 핵심 기구(왕실 외척 + 유력 관료 가문이 비변사 요직 독점)
폐지 (흥선 대원군)	비변사 기능을 삼군부와 의정부로 분산(사실상 폐지)

☑ 조선 후기 신분 질서 동요

배경	• 상품 화폐 경제 발전 • 농업 생산력 · 기술력 발전 → 농민 계층 분화(부농층 + 임노동자) • 소수 양반이 권력 독점 → 양반 계층 분화(권반, 향반, 잔반) • 양난 이후 공명첩 · 납속책 남발
중인	• 서얼: 통청 운동 → 정조 때 규장각 검서관으로 등용(박제가, 이덕무, 유득공 등) • 중인: 소청 운동(실패)
천민	• 도망, 종모법 등으로 신분 상승 • 순조 때 공노비 해방(1801)

☑ 조선 시대 향약과 서원

구분	향약	서원
최초	중종 때 조광조의 여씨 향약 보급	• 주세붕의 백운동 서원 • 최초의 사액 서원: 소수 서원(명종)
특징	• 향촌 자치 규약 • 여씨 향약의 4대 덕목(덕업상권 · 예속상교 · 환난상휼 · 과실상규) + 효 강조	• 선현 제사, 교육, 성리학 연구 • 토지 · 노비 · 서적 수여 • 면세 · 면역 특권
구성	• 향촌 거주민 의무 가입 • 운영: 사족 중심(초기) → 수령 주도(후기)	• 지방 사족의 자제 • 강당(강의실), 동 · 서재(기숙사), 사당(선현 제사)
보급	• 이황: 예안 향약 • 이이: 해주 향약	사림 득세로 확대 → 영조 때 서원 대폭 정리 → 흥선 대원군 때 47개소를 제외하고 철폐

☑ 조선 시대 정치적 변란

초기	1 · 2차 왕자의 난(이방원 주도)
세조 집권 과정	• 계유정난: 수양 대군이 세조로 즉위 • 이시애의 난: 세조의 중앙 집권화에 반발 → 유향소 폐지
사화	• 무오사화(1498): 김종직의 조의제문 • 갑자사화(1504): 연산군의 생모 폐비 윤씨 사사 사건 • 기묘사화(1519): 조광조의 급진적 개혁에 대한 훈구 세력의 반발 • 을사사화(1545): 외척 대윤과 소윤의 갈등
동인 vs 서인	• 정여립 모반 사건 → 동인 피해 • 건저의 사건 → 서인 정철 탄핵, 동인이 남인과 북인으로 분당
인조반정	서인 주도, 광해군 폐위
서인 vs 남인	• 이괄의 난: 인조반정의 공신 책봉에 불만 • 경신환국(1680): 서인 집권, 남인 축출 • 기사환국(1689): 장희빈 아들의 세자 책봉 문제 → 남인 집권 • 갑술환국(1694): 인현 왕후 복위 운동, 남인 축출 → 서인이 노론과 소론으로 분열, 서인의 일당 전제화
노론 vs 소론	이인좌의 난: 소론 강경파와 남인 일부가 영조의 정통성에 의문 제기 → 노론 집권

☑ 역사 서술 방식

구분	서술 방식	대표적 역사서
기전체	본기, 지, 연표, 열전 등 분야별 기록	『삼국사기』
편년체	시대별 기록	『고려사절요』, 『동국통감』
강목체	사건의 대략적 줄거리에 대한 '강', 구체적 사실 경위에 대한 '목'의 순서로 서술	『동사강목』
기사본말체	연대나 인물보다 사건의 전개 과정과 인과성에 대해 서술	『연려실기술』

6

근대

근대

선사	고대	고려	조선 전기	조선 후기	15%	일제 강점기	현대	특강

1861~1870년

1863 고종 즉위, 흥선 대원군 섭정

1866 병인박해, 제너럴 셔먼호 사건, 병인양요

1868 오페르트 도굴 사건

1871~1880년

1871 신미양요, 척화비 건립

1873 고종 친정 시작

1875 운요호 사건

1876 강화도 조약

최근 5개년 기출 출제 비율

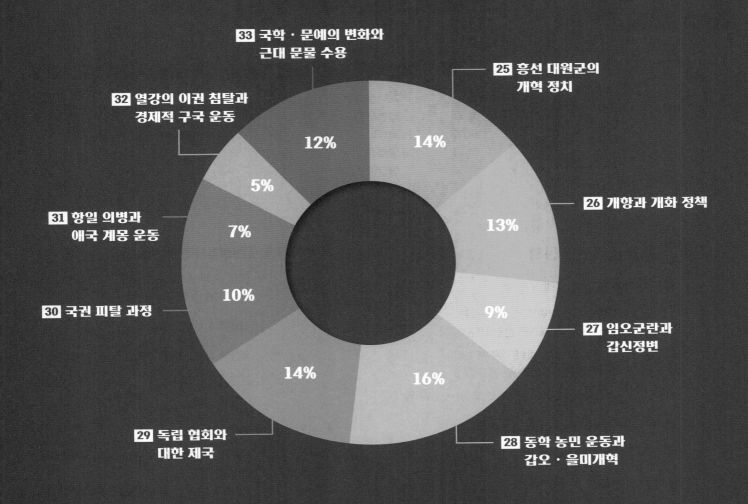

- **33** 국학·문예의 변화와 근대 문물 수용 — 12%
- **32** 열강의 이권 침탈과 경제적 구국 운동 — 5%
- **31** 항일 의병과 애국 계몽 운동 — 7%
- **30** 국권 피탈 과정 — 10%
- **29** 독립 협회와 대한 제국 — 14%
- **28** 동학 농민 운동과 갑오·을미개혁 — 16%
- **27** 임오군란과 갑신정변 — 9%
- **26** 개항과 개화 정책 — 13%
- **25** 흥선 대원군의 개혁 정치 — 14%

1881~1900년	▶	1901~1910년

	1881~1900년		1901~1910년
1882	임오군란	1904	제1차 한일 협약
1884	갑신정변	1905	을사늑약
1894	동학 농민 운동, 갑오개혁	1907	한일 신협약(→ 고종 퇴위), 신민회 창설
1895	을미개혁, 을미의병	1909	안중근, 이토 히로부미 사살
1897	대한 제국 수립	1910	한일 병합(국권 피탈)

기출 선택지로 개념 익히기 는 오디오 학습으로 스마트하게!

25 흥선 대원군의 개혁 정치

최근 5개년 기출 빅데이터 분석 리포트

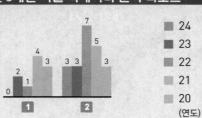

- 24
- 23
- 22
- 21
- 20
(연도)

빈출 키워드 Top 5

1 제너럴 셔먼호 사건
2 남연군 묘 도굴 사건
3 척화비
4 당백전
5 병인양요

꼭 나오는 문제 유형 Top 3

1 사료형
2 빈칸형
3 설명형

---

1 흥선 대원군의 정책

1. 흥선 대원군 집권과 국내외 정세

집권 과정	철종 사후 나이 어린 고종 즉위 → 고종의 아버지인 흥선 대원군 실권 장악(1863)
국내	• 세도 정치로 인한 부정부패 심화 • 삼정의 문란으로 농민 봉기 확산
국외	• 외세의 통상 요구(이양선 출몰) → 위기의식 고조 • 천주교 및 서양 문물 유입

2. 통치 체제 정비

인사 개혁	• 세도 가문 축출 • 능력을 기준으로 인재 등용
제도 개혁	비변사 축소·폐지 → 의정부와 삼군부 기능 부활
법전 정비	법전을 정비하여 『대전회통』, 『육전조례』 편찬 → 통치 체제 강화

3. 수취 체제 개편(삼정의 문란 시정)

전정	양전 사업 실시: 은결 색출, 지방관과 토호의 토지 겸병 금지
군정	호포제 실시: 양반에게도 군포 징수
환곡	사창제 시행: 리(里) 단위로 사창 설치, 향촌민들이 자치적으로 운영

4. 서원 정리와 경복궁 중건

서원 정리	• 목적: 붕당의 근거지 제거, 국가 재정 확보, 민생 안정 • 만동묘 철폐, 전국의 서원을 47개소로 정리
경복궁 중건	• 목적: 왕실 권위 회복 • 원납전 강제 징수 • 당백전 발행 → 고액 화폐 남발로 물가 폭등

기출 선택지로 개념 익히기   ◁♫ 오디오 학습을 이용해 보세요!

1 흥선 대원군의 정책
▸ 삼군부가 부활하여 군국 기무를 전담하였다.
▸ 통치 체제를 정비하기 위해 대전회통이 편찬되었다.
▸ 양반에게도 군포를 부과하였다. 4회 이상
▸ 환곡의 폐단을 시정하기 위해 사창제를 전국적으로 시행하였다.
▸ 서원 – 흥선 대원군에 의해 47개소를 제외하고 철폐되었다.

▸ 만동묘 복구를 건의하는 유생
▸ 원납전이 징수되었다.
▸ 궁궐 중건 비용을 마련하기 위해 당백전을 발행하였다. 4회 이상

2 서양 세력의 침략과 통상 수교 거부 정책
▸ 이양선이 나타나 통상을 요구하였다.
▸ 병인박해로 천주교 선교사와 신자들이 처형되었다.

2 서양 세력의 침략과 통상 수교 거부 정책

병인박해 (1866.1.)	• 배경: 흥선 대원군이 프랑스 선교사를 통한 러시아 남하 견제 실패 → 천주교 탄압 여론 고조 • 9명의 프랑스 선교사와 수천 명의 천주교도 처형
제너럴 셔먼호 사건 (1866.7.)	• 배경: 미국 상선 제너럴 셔먼호가 평양 대동강까지 접근하여 통상 요구 • 평안도 관찰사 박규수의 통상 요구 거부 → 미국 상인들이 민가 약탈 → 평양 관민들이 제너럴 셔먼호 소각·침몰
병인양요 (1866.9.)	• 배경: 병인박해 때 프랑스 선교사 처형 • 프랑스 로즈 제독 함대 강화도 침략 → 한성근(문수산성), 양헌수(정족산성) 부대가 프랑스군 격퇴 • 프랑스군이 외규장각 의궤 등 문화유산 약탈
오페르트 도굴 사건 (1868)	• 배경: 독일 상인 오페르트가 통상 요구 • 충남 덕산에 있는 흥선 대원군의 아버지 남연군 묘 도굴 시도 → 지역 주민의 저항으로 실패
신미양요 (1871)	• 배경: 제너럴 셔먼호 사건에 대한 배상금 지불과 통상 체결 요구 • 미국 로저스 제독 함대 강화도 침략 → 초지진·덕진진 점령 → 광성보 공격(어재연 부대 항전) → 미군 퇴각 • 어재연 장군의 수(帥)자기 약탈
척화비 건립 (1871)	• 병인양요와 신미양요 이후 종로 거리와 전국 각지에 건립 • 내용: 서양 침입에 대한 강경 대응 및 통상 수교 거부 의지를 밝힘

＋ 개념 PLUS+

▶ **병인양요와 신미양요의 전개 과정**

▶ **척화비**

"서양 오랑캐가 침범하는데 싸우지 않으면 화친하는 것이요, 화친을 주장하는 것은 나라를 파는 것이다."

▸ 병인박해 – 로즈 제독 함대가 강화도를 침입하는 빌미가 되었다.
▸ 평양 관민이 제너럴 셔먼호를 불태웠다. 12회 이상
▸ 병인양요 – 로즈 제독의 함대가 양화진을 침입하였다.
▸ 병인양요 – 양헌수 부대가 정족산성에서 프랑스군을 격퇴하였다. 4회 이상
▸ 병인양요 – 한성근 부대가 서양 세력에 맞서 항전한 장소를 검색한다.
▸ 병인양요 – 외규장각의 건물이 불타고 의궤가 약탈당하였다. 8회 이상

▸ 오페르트가 남연군 묘 도굴을 시도하였다. 12회 이상
▸ 남연군 묘를 도굴하려는 독일 상인
▸ 신미양요 – 제너럴 셔먼호 사건을 구실로 미군이 강화도를 침략하였다.
▸ 신미양요 – 어재연 부대가 광성보에서 항전하였다. 4회 이상
▸ 종로와 전국 각지에 척화비가 세워졌다. 8회 이상

01 (가) 인물에 대한 설명으로 옳은 것은?

빈칸형 사료형 54회

○ 왕이 말하였다. "요즘에 서원마다 사무를 자손들이 주관하고 붕당을 각기 주장하니, 이로 인한 폐해가 백성들에게 미치는 경우가 많다고 한다. (가) 의 분부대로 *서원을 철폐하고 신주를 땅에 묻어 버리는 등의 절차를 거행하도록 전국에 알려라."

○ (가) 에게 군국사무를 처리하라는 명이 내려지자 그는 궐내에서 거처하며 *5군영의 군사 제도를 복구하고 군량을 지급하게 하였다. 그리고 난병(亂兵)들을 물러가게 하고 대사면령을 내렸다.

① 친위 부대인 장용영을 설치하였다.
② 나선 정벌을 위해 조총 부대를 파견하였다.
③ 속대전을 편찬하여 통치 체제를 정비하였다.
④ 종로를 비롯한 전국 각지에 척화비를 세웠다.
⑤ 영은문이 있던 자리 부근에 독립문을 건립하였다.

02 밑줄 그은 '사건' 이후에 전개된 사실로 옳은 것은?

사료형 72회

조선왕 전하께

…… 9월 말에 평양의 대동강에서 좌초한 미국 상선에 승선한 사람들이 살해당했고 배가 불살라졌다는 고통스럽고 놀랄 만한 사건이 있었다고 들었습니다. 본 총병은 본국 수사제독의 위임으로 파견되어 상세히 조사하라는 명을 받았습니다. 과연 이러한 일이 있었는지, 사실인지 아닌지, 생존자가 몇 사람인지 등을 귀국에서 신속히 조사해 분명히 답해 주시길 부탁드립니다.

– 미국 군함 와추세트(Wachusett) 수사총병 슈펠트(Shufeldt) –

① 홍경래가 난을 일으켰다.
② 임술 농민 봉기가 일어났다.
③ 황사영 백서 사건이 발생하였다.
④ 어재연이 광성보 전투에서 전사하였다.
⑤ 청의 요청으로 나선 정벌에 조총 부대를 파견하였다.

문제 파헤치기

정답 분석 ④

🔍 정답의 단서 | 서원 철폐, 5군영의 군사 제도 복구, 난병(亂兵)

• 흥선 대원군은 지방의 서원이 면세 등의 혜택으로 국가 재정을 악화시키고 백성을 수탈하는 폐해를 저지르자 *47개의 서원을 제외하고 모두 철폐시켰다.
• 신식 군대인 별기군과의 차별 대우에 불만을 품은 구식 군인들이 선혜청을 습격하면서 임오군란이 발생하자(1882), 이를 수습하기 위해 흥선 대원군이 다시 집권하였다. 이후 별기군과 통리기무아문을 폐지하고 의정부와 6조, *5군영을 복구하였으나 민씨 일파의 요청으로 청군이 개입하면서 군란이 진압되고 흥선 대원군은 청으로 압송되었다.
④ 병인양요와 신미양요 등 외세의 침략을 극복한 흥선 대원군은 서양과의 통상 수교 반대 의지를 알리기 위해 종로를 비롯한 전국 각지에 척화비를 세웠다.

오답 분석

① 정조는 국왕 친위 부대인 장용영을 설치하여 왕권을 강화하였다.
② 효종 때 러시아가 만주 지역까지 침략해 오자 청은 조선에 원병을 요청하였고, 조선에서는 나선 정벌을 위해 두 차례에 걸쳐 조총 부대를 파견하였다.
③ 영조는 『경국대전』이 편찬된 이후에 시행된 법령을 통합한 『속대전』을 편찬하여 통치 체제를 정비하였다.
⑤ 독립 협회는 청의 사신을 맞던 영은문을 헐고 그 자리 부근에 독립문을 건립하였다.

정답 분석 ④

🔍 정답의 단서 | 평양의 대동강에 좌초한 미국 상선, 배가 불살라졌음

흥선 대원군 때 미국의 상선 제너럴 셔먼호가 평양의 대동강까지 들어와 교역을 요구하자 당시 평안 감사였던 박규수는 공격 명령을 내리고 백성들과 함께 제너럴 셔먼호를 불태웠다(1866).
④ 제너럴 셔먼호 사건을 구실로 미국의 로저스 제독이 함대를 이끌고 강화도를 공격하여 신미양요가 발생하였다(1871). 미군은 덕진진을 점거한 후 광성보로 진격하였고, 이에 어재연이 맞서 싸우다가 전사하는 등 조선군은 수많은 사상자를 내며 패배하였다.

오답 분석

① 순조 때 세도 정치로 인한 삼정의 문란과 서북 지역 차별 대우에 불만을 품은 평안도 지방 사람들이 몰락 양반 홍경래를 중심으로 봉기를 일으켰다. 평안북도 가산에서 우군칙 등과 함께 정주성을 점령하고 청천강 이북 지역을 차지하기도 하였으나 관군에게 진압되었다(1811).
② 철종 때 삼정의 문란과 경상 우병사 백낙신의 가혹한 수탈에 견디다 못한 진주 지역의 농민들이 몰락 양반 유계춘을 중심으로 임술 농민 봉기를 일으켰다(1862).
③ 순조 때 천주교 전파에 앞장섰던 실학자들과 많은 천주교 신자들이 신유박해로 피해를 입게 되었다. 이후 황사영은 베이징에 있는 주교에게 조선으로 외국 군대의 출병을 요청하는 백서를 보내려다 발각되어 더욱 큰 탄압을 받았다(1801).
⑤ 효종 때 러시아가 만주 지역까지 침략해 오자 청은 조선에 원병을 요청하였고, 조선에서는 두 차례에 걸쳐 조총 부대를 파견하여 나선 정벌을 단행하였다(1654, 1658).

03 (가) 사건에 대한 설명으로 옳은 것은? 빈칸형 69회

대한민국 방방곡곡 - 전등사

한국사 채널   조회수 82,461

　전등사는 강화도 정족산성 안에 위치한 사찰로 대웅전, 약사전 등 많은 문화유산을 보유하고 있다. 사찰 내에는 조선왕조실록을 보관하였던 정족 산사고가 복원되어 있다. 뿐만 아니라 　(가)　 때 프랑스군을 물리친 양헌수 장군의 승전비도 있다.

① 운요호 사건을 빌미로 일어났다.
② 왕이 공산성으로 피란하는 계기가 되었다.
③ 전개 과정에서 외규장각 도서가 약탈당하였다.
④ 사태 수습을 위해 이용태가 안핵사로 파견되었다.
⑤ 황사영이 외국 군대의 출병을 요청하는 원인이 되었다.

04 (가) 사건 이후에 일어난 사실로 옳은 것은? 빈칸형 71회

3년 전 우리나라에서 전시한 어재연 장군의 수자기를 찍은 사진이야. 어재연 장군은 미군이 강화도를 침략한 　(가)　 당시 광성보에서 항전하였어.

맞아. 이 수자기는 그때 빼앗겼다가 많은 노력 끝에 대여 형식으로 들어와 실물을 볼 수 있었지. 안타깝게도 지금은 미국으로 다시 돌아가 언제 돌아올 수 있을지 모른다고 해.

① 의궤를 비롯한 외규장각 도서가 약탈당하였다.
② 홍경래 등이 난을 일으켜 정주성을 점령하였다.
③ 종로를 비롯한 전국 각지에 척화비가 건립되었다.
④ 제너럴 셔먼호가 대동강 유역에서 통상을 요구하였다.
⑤ 황사영이 외국 군대의 출병을 요청하는 백서를 작성하였다.

26 개항과 개화 정책

최근 5개년 기출 빅데이터 분석 리포트	빈출 키워드 Top 5	꼭 나오는 문제 유형 Top 3

- ■ 24
- ■ 23
- ■ 22
- ■ 21
- ■ 20

(연도)

빈출 키워드 Top 5
1 통리기무아문
2 운요호 사건
3 별기군
4 보빙사
5 조미 수호 통상 조약

꼭 나오는 문제 유형 Top 3
1 사료형
2 빈칸형
3 설명형

1 개항과 불평등 조약 체결

강화도 조약 (조일 수호 조규, 1876.2.)	• 배경: 일본 군함 운요호가 영종도에 불법으로 침입하고 조선에 개항 요구(운요호 사건, 1875) • 최초의 근대적 · 불평등 조약 • 조선이 자주국임을 명시(청 간섭 배제 의도) • 부산 · 원산 · 인천 개항, 해안 측량권 허용, 치외 법권 인정
조일 수호 조규 부록(1876.7.)	일본 외교관의 국내 여행 자유, 거류지 설정(10리), 개항장 내 일본 화폐 유통 허용
조일 무역 규칙 (1876.7.)	양곡의 무제한 유출 허용, 일본의 수출입 상품에 대한 무관세 허용, 일본 상선 무항세
조일 통상 장정 (1883)	방곡령(곡물 수출 금지) 선포 조항 명시
조미 수호 통상 조약(1882)	• 배경: 『조선책략』 국내 유입, 청의 알선 • 서양 국가와 맺은 최초의 조약 • 거중 조정, 치외 법권, 최혜국 대우 인정
조프 수호 통상 조약 (1886)	프랑스의 천주교 포교 자유 허용

2 개화 정책과 해외 사절단

1. 정부의 개화 정책

통리기무아문 (1880)	개화 정책 담당 기관, 12사를 둠
군제 개편	5군영을 2영(무위영 · 장어영)으로 개편, 신식 군대 별기군 창설(1881)

2. 해외 사절단 파견

1차 수신사 (일본, 1876)	• 강화도 조약 체결 이후 일본의 발전상 파악 • 김기수 파견 → 『일동기유』 저술
2차 수신사 (일본, 1880)	김홍집 파견 → 황준헌(황쭌셴)의 『조선책략』 국내 소개
조사 시찰단 (일본, 1881)	• 비밀리에 박정양, 어윤중 파견 • 일본의 근대 문물 및 기관 시찰
영선사 (청, 1881)	김윤식 파견 → 청의 근대적 무기 제조법 · 군사 훈련법 습득 후 기기창 설치(1883)
보빙사 (미국, 1883)	• 조미 수호 통상 조약 체결 후 미국 공사 파견에 대한 답례 • 민영익, 유길준 파견 → 아서 대통령 접견, 미국의 근대 문물 및 기관 시찰, 유길준은 귀국 후 『서유견문』 저술

기출 선택지로 개념 익히기 ◁》 오디오 학습을 이용해 보세요!

1 개항과 불평등 조약 체결

▸ 운요호가 강화도와 영종도를 무단 침입하였다. 12회 이상
▸ 강화도 조약 – 연무당에서 일본과 조약을 체결하는 관리
▸ 강화도 조약 – 김기수가 수신사로 파견되는 결과를 가져왔다. 8회 이상
▸ 강화도 조약 – 부산 외 2개 항구를 개항한다는 내용을 포함하였다. 4회 이상
▸ 강화도 조약 – 조일 수호 조규가 체결되었다.
▸ 조일 수호 조규 부록, 조일 무역 규칙 – 조일 수호 조규의 후속 조치로 체결되었다.
▸ 조일 통상 장정 – 방곡령을 선포할 수 있는 조항을 명시하였다.

▸ 조미 수호 통상 조약이 체결되었다.
▸ 조미 수호 통상 조약 – 조선책략의 영향으로 체결되었다. 4회 이상
▸ 조미 수호 통상 조약 – 최혜국 대우를 처음으로 규정하였다.
▸ 조미 수호 통상 조약 – 거중 조정 조항을 포함한 조약이 체결되었다.

2 개화 정책과 해외 사절단

▸ 5군영에서 2영으로 군제를 개편하였다. 4회 이상
▸ 5군영을 2영으로 축소하고 별기군을 창설하였다. 12회 이상
▸ 신식 군대인 별기군이 창설되었다.
▸ 별기군 – 일본인 교관을 초빙하여 군사 훈련을 받았다.

3 위정척사 운동

1. 배경

상황	외세 침략, 일본에 의한 개항, 천주교 유포, 정부의 개화 정책에 대한 유생들의 반발
주장	정학인 성리학을 수호하고(위정), 성리학 이외의 모든 종교와 사상을 사학으로 규정하여 배척(척사)

2. 전개 과정

시기	배경	주장	중심인물
1860년대	서양 열강의 통상 요구	통상 반대 운동 → 척화주전론	이항로, 기정진
1870년대	강화도 조약 체결	개항 반대 운동 → 왜양일체론	최익현, 유인석
1880년대	『조선책략』 유입, 개화 정책 추진	개화 반대 운동 → 영남 만인소 (상소 운동)	이만손, 홍재학

🔍➕ 개념 PLUS+

▶ 강화도 조약(조일 수호 조규)
제1관 조선국은 자주국으로 일본국과 평등한 권리를 갖는다.
제4관 조선국 정부는 따로 제5관에 기재된 2개의 항구를 열어 일본국 인민의 왕래 통상함을 들어주어야 한다.
제10관 일본국 인민이 조선국 지정의 각 항구에 머무는 동안에 죄를 범한 것이 조선국 인민에 관계되는 사건일 때에는 모두 일본국 관원이 심판할 것이다. 만약 조선국 인민이 죄를 범한 것이 일본국 인민과 교섭할 때 일어나면 조선 관원이 조사할 것이다. 단 각각 그 국법으로 심판하되, 조금도 비호함이 없이 공평하도록 해야 한다.

▶ 보빙사

▶ 최익현의 왜양일체론
저들이 비록 왜인이라고는 하나 실은 양적(洋賊)입니다. 화친이 한번 이루어지면 사학(邪學)의 서책과 천주의 초상이 교역하는 속에 섞여 들어오게 되고, 조금 지나면 전도사와 신도가 전수하여 사학이 온 나라에 두루 가득 차게 될 것입니다.
– 「지부복궐척화의소」 –

▸ 개화 정책을 총괄하는 통리기무아문이 설치되었다. 12회 이상
▸ 통리기무아문과 12사가 설치되었다.
▸ 통리기무아문 – 소속 부서로 교린사, 군무사, 통상사 등의 12사를 두었다.
▸ 김기수가 수신사로 일본에 파견되었다. 4회 이상
▸ 김홍집이 가지고 온 조선책략이 국내에 유포되었다. 4회 이상
▸ 조사 시찰단으로 일본에 파견되는 통역관
▸ 조사 시찰단 – 개화 반대 여론을 의식하여 비밀리에 파견되었다.
▸ 김윤식이 청에 영선사로 파견되었다. 4회 이상
▸ 영선사 – 무기 제조 공장인 기기창 설립의 계기를 마련하였다. 4회 이상

▸ 영선사 – 기기국에서 무기 제조 기술을 배우고 돌아왔다.
▸ 보빙사가 미국에 파견되었다. 8회 이상
▸ 보빙사 – 민영익, 홍영식, 서광범 등이 참여하였다.
▸ 보빙사 – 전권대신 민영익과 부대신 홍영식 등으로 구성되었다.
▸ 유길준 – 서유견문을 집필하여 서양 근대 문명을 소개하였다.

3 위정척사 운동
▸ 이만손이 주도하여 영남 만인소를 올렸다. 4회 이상

01 (가), (나) 조약에 대한 설명으로 옳은 것을 〈보기〉에서 고른 것은?

〔사료형〕〔합답형〕 51회

> (가) **제5관** 미국 상인과 상선이 조선에 와서 무역을 할 때 입출항하는 화물은 모두 세금을 바쳐야 하며, **⁰세금을 거두는 권한은 조선이 자주적으로 행사한다.**
>
> (나) **제37관** 조선국에서 가뭄과 홍수, 전쟁 등의 일로 국내에 양식이 부족할 것을 우려하여 일시 **⁰쌀 수출을 금지**하려 할 때에는 1개월 전에 지방관이 일본 영사관에 통지하고, 미리 그 기간을 항구에 있는 일본 상인들에게 전달하여 일률적으로 준수하는 데 편리하게 한다.

• 보기 •

ㄱ. (가) – 최혜국 대우 내용을 포함하였다.
ㄴ. (가) – 갑신정변의 영향으로 체결되었다.
ㄷ. (나) – 방곡령 시행에 대한 규정을 명시하였다.
ㄹ. (나) – 재정 고문을 두도록 하는 조항을 담고 있다.

① ㄱ, ㄴ   ② ㄱ, ㄷ   ③ ㄴ, ㄷ
④ ㄴ, ㄹ   ⑤ ㄷ, ㄹ

02 다음 대화가 오갔던 회담 결과 체결된 조약에 대한 설명으로 옳은 것은?

〔설명형〕 68회

> 운요호가 작년에 귀국 경내를 통과하다가 포격을 받았으니, 귀국이 교린의 우의를 저버린 것입니다.

> 운요호는 국적과 이유를 밝히지 않고 곧장 우리가 수비하는 곳으로 진입해 왔으니, 변방 수비병의 발포는 부득이한 것이었소.

일본 전권변리대신 구로다 기요타카 / 조선 접견대관 신헌

① 천주교 포교가 허용되었다.
② 갑신정변의 영향으로 체결되었다.
③ 일본 측의 해안 측량권이 인정되었다.
④ 통신사가 처음 파견되는 계기가 되었다.
⑤ 외국 상인의 내지 통상권을 최초로 규정하였다.

정답 분석 ②

Q 정답의 단서 | 미국 상인과 상선이 조선에 와서 무역, 입출항하는 화물은 모두 세금을 바쳐야 함, 일시 쌀 수출 금지, 1개월 전에 일본 영사관에 통지

(가) **조미 수호 통상 조약(1882):** 조선이 서양 국가와 맺은 최초의 조약으로, 수출입 상품에 대한 **⁰관세 부과권**을 조선 정부가 가져갔다. 그러나 최혜국 대우, 거중 조정, 치외 법권, 관세 규정 등의 조항이 포함된 불평등 조약이었다(ㄱ).

(나) **조일 통상 장정(1883):** 조선은 일본과의 무역에 대한 관세 문제를 해결하기 위해 조일 통상 장정을 체결하였다. 조항 중에는 천재·변란 등에 의한 식량 부족의 우려가 있을 때 쌀 수출을 금지하는 **⁰방곡령 선포 규정**이 있었다(ㄷ).

오답 분석

ㄴ. 일본은 **갑신정변** 때 사망한 일본인에 대한 배상과 **일본 공사관 신축 부지 제공 및 신축비 지불**을 요구하면서 조선과 **한성 조약**을 체결하였다(1884).

ㄹ. **제1차 한일 협약**을 통해 스티븐스가 외교 고문, 메가타가 재정 고문으로 임명되어 대한 제국의 내정에 간섭하였다(1904).

정답 분석 ③

Q 정답의 단서 | 운요호, 일본 전권변리대신 구로다 기요타카, 조선 접견대관 신헌

일본 전권변리대신 구로다 기요타카는 조선 접견대관 **신헌**과의 회담에서 **운요호 사건을 구실**로 삼아 개항을 요구하였다. 그 결과, 조선은 일본의 개항 요구를 받아들여 **강화도 조약**을 체결하였다.

③ 강화도 조약은 우리나라가 **외국과 맺은 최초의 근대적 조약**이자 **불평등 조약**으로, 일본이 조선의 해안을 자유롭게 측량할 수 있는 **해안 측량권**을 허용하였다.

오답 분석

① 조선과 **프랑스**가 **조불 수호 통상 조약**을 체결하면서 **천주교 포교가 허용**되었다.

② **일본**은 **갑신정변** 당시 사망한 일본인에 대한 배상과 **일본 공사관 신축비** 지불을 요구하면서 조선과 **한성 조약**을 체결하였다. 또한, **청과 일본**은 갑신정변 이후 **톈진 조약**을 체결하여 한쪽이라도 조선에 군대를 파견하면 다른 쪽도 바로 군대를 파견할 수 있도록 규정하였다.

④ 태종 때 일본에 파견되는 조선 사절단을 **통신사**라 칭하였고, 세종 때 처음으로 통신사라는 명칭을 사용하여 **일본과 교류**하였다. 임진왜란으로 중단된 교류는 기유약조를 통해 재개되었다.

⑤ 임오군란 이후 조선과 **청**이 체결한 **조청 상민 수륙 무역 장정**에서 최초로 **외국 상인의 내지 통상권**을 규정하였다.

03 (가) 기구를 통해 추진된 정책으로 옳은 것은?

빈칸형 71회

이곳은 기기창 건물 중 하나인 번사창입니다. 강화도 조약 체결 이후 정부는 국내외 정세에 대응하고 개화 정책을 총괄하기 위한 기구로 [(가)]을/를 설치하였습니다. 이 기구의 건의로 청에 파견한 영선사 일행에 유학생을 포함시켜 근대 문물을 배워 오도록 하였습니다. 이러한 노력의 영향으로 설치된 근대적 무기 공장이 바로 기기창이었습니다.

① 별기군을 창설하였다.
② 원수부를 설치하였다.
③ 대전통편을 편찬하였다.
④ 신문지법을 공포하였다.
⑤ 서당 규칙을 제정하였다.

04 (가) 사절단에 대한 설명으로 옳은 것은?

빈칸형 68회

미국 공사의 부임에 대한 답례로 [(가)]이/가 파견되었습니다. 8명의 조선 관리로 구성된 이들은 40여 일 동안 미국에 체류하면서 뉴욕의 전등 시설과 우체국, 보스턴 박람회 등을 시찰하였습니다.

(가) 일행

① 에도 막부의 요청으로 파견되었다.
② 별기군(교련병대) 창설을 건의하였다.
③ 조선책략을 들여와 국내에 소개하였다.
④ 기기국에서 무기 제조 기술을 습득하고 돌아왔다.
⑤ 전권대신 민영익과 홍영식, 서광범 등으로 구성되었다.

정답 분석 ①

🔍 정답의 단서 | 강화도 조약 체결 이후, 개화 정책을 총괄하기 위한 기구

① 강화도 조약 이후 고종은 **국내외의 군국 기무와 개화 정책을 총괄하는 기구**로서 **통리기무아문**을 설치하고 그 아래 **12사(司)**를 두어 행정 업무를 맡게 하였다. 통리기무아문은 5군영을 무위영과 장어영의 **2영**으로 통합하고, 신식 군대인 **별기군**을 창설하였다. 또한, 청에 **영선사**를 파견하여 근대 무기 제조법을 배울 수 있도록 하였으며, 이들이 조선으로 돌아와 근대 무기 공장인 **기기창**을 설치하였다.

오답 분석

② **대한 제국**을 선포한 고종은 **대한국 국제**를 제정한 후, 군 통수권 장악을 위해 **원수부**를 설치하여 대원수로서 모든 군대를 통솔하고자 하였다.
③ **조선 정조**는 『경국대전』과 『속대전』 등의 여러 규정들을 하나로 정리하여 『대전통편』을 편찬하였다. 『경국대전』의 내용에는 원(原), 『속대전』의 내용에는 속(續), 새롭게 추가된 내용에는 증(增)을 붙여 『대전통편』의 내용을 구분하였다.
④ **일제 통감부**는 반일 보도를 통제하고자 신문에 대한 사전 검열을 시도하는 **신문지법**을 공포하면서 민족 언론을 탄압하였다.
⑤ **조선 총독부**는 **사립학교 규칙**과 **서당 규칙**을 통해 조선인 민족 교육 기관인 사립학교와 서당을 통제하며 민족 운동을 탄압하였다.

정답 분석 ⑤

🔍 정답의 단서 | 미국 공사의 부임에 대한 답례, 미국에 체류하면서 시찰

⑤ **조미 수호 통상 조약**이 체결된 후 조선 주재 미국 공사 푸트가 파견되자 조선 정부는 답례로 미국에 **보빙사**를 파견하였다. 민영익, 홍영식, 서광범을 중심으로 한 보빙사는 서양 국가에 파견된 최초의 사절단으로 40여 일간 미국에 체류하면서 미국 대통령을 만나고 뉴욕의 전등 시설, 우체국, 보스턴 박람회 등 다양한 **선진 문물을 시찰**하였다.

오답 분석

① 임진왜란 이후 **일본 에도 막부**는 꾸준히 조선에 국교 재개와 사절 파견을 요청하였다. 이에 조선은 1607년부터 1811년까지 12회에 걸쳐 일본에 **통신사**를 파견하면서 **조선의 선진 문물**을 **전파**하였다.
② 고종은 국내외의 군국 기무를 총괄하는 업무를 맡은 관청인 **통리기무아문**을 설치하였다. 통리기무아문은 기존 5군영을 무위영과 장어영의 2영으로 개편하고, 신식 군대로서 **별기군**을 창설하였다.
③ 1880년대에 **김홍집**은 청의 **황준헌**이 저술한 『**조선책략**』을 국내에 처음 소개하였다. **러시아의 남하 정책**에 대비하기 위한 조선, 일본, 청국 등 동양 3국의 외교 정책 방향을 제시한 내용이 서술되어 있으며, **미국과 외교 관계**를 맺어야 한다는 여론이 형성되는 계기가 되었다.
④ **영선사**는 청의 톈진 기기국에서 서양의 근대식 무기 제조 기술과 군사 훈련법을 시찰하고 돌아와 국내에 근대식 무기 제조 공장인 **기기창**을 설립하였다.

27 임오군란과 갑신정변

1 임오군란(1882)

배경	구식 군대를 신식 군대인 별기군과 차별 대우
전개	밀린 급료로 겨와 모래가 섞인 쌀 지급 → 구식 군인들이 선혜청과 일본 공사관 습격 → 흥선 대원군의 재집권(통리기무아문과 별기군 폐지, 의정부와 5군영 부활) → 민씨 일파의 청군 출병 요청 → 청군 개입으로 군란 진압 → 흥선 대원군을 청으로 압송
결과	• 제물포 조약(조 – 일): 일본 공사관에 경비병 주둔 허용, 배상금 지불 • 조청 상민 수륙 무역 장정(조 – 청): 청 상인의 내지 통상권 허용, 한성과 양화진에 점포 개설 허용, 치외 법권 인정 • 청의 내정 간섭: 마젠창(내정 고문)과 묄렌도르프(외교 고문) 파견, 위안스카이의 군대 조선 주둔

2 갑신정변(1884)

1. 개화파의 형성과 분화

구분	온건 개화파	급진 개화파(개화당)
주요 인물	김홍집, 김윤식, 어윤중	김옥균, 박영효, 홍영식, 서광범
정치적 입장	친청 사대 정책, 민씨 정권과 결탁	청의 간섭 반대, 민씨 정권에 비판적
주장	동도서기론에 입각한 점진적 개혁 추진	입헌 군주제 추구, 급진적 개혁 추진
개혁 방향	청의 양무 운동 모방	일본의 메이지 유신 모방

기출 선택지로 개념 익히기 ◁》 오디오 학습을 이용해 보세요!

1 임오군란(1882)
▶ 구식 군대가 난을 일으켜 일본 공사관을 습격하였다.
▶ 선혜청과 일본 공사관을 공격하였다.
▶ 흥선 대원군이 다시 집권하는 결과를 가져왔다.
▶ 위안스카이가 이끄는 군대가 조선에 상륙하였다.
▶ 흥선 대원군이 톈진으로 압송되는 결과를 가져왔다.

▶ 제물포 조약 – 일본 공사관에 경비병이 주둔하는 계기가 되었다. 4회 이상
▶ 조청 상민 수륙 무역 장정이 체결되었다. 4회 이상
▶ 묄렌도르프가 외교 고문으로 파견되었다.

2 갑신정변(1884)
▶ 우정총국 개국 축하연에서 정변이 일어났다. 4회 이상

2. 갑신정변의 전개 과정

배경	• 급진 개화파의 입지 축소 • 일본 공사관의 지원 약속 • 청의 내정 간섭 심화, 청프 전쟁으로 조선 내 청군 철수
전개	개화당(급진 개화파)이 우정총국 개국 축하연을 계기로 정변 → 고종과 명성 황후 경우궁 납치, 민씨 고관 제거, 개화당 정부 수립 → 14개조 개혁 정강 발표(청에 대한 사대 관계 폐지, 능력에 따른 인재 등용, 내각 중심 정치 실시) → 청군 개입 → 개화당 인사 일본으로 망명(3일 만에 실패)
결과	• 한성 조약(조 – 일): 일본에 배상금 지불, 일본 공사관 신축비 보상 • 톈진 조약(청 – 일): 조선 내 청·일 군대 즉시 철수, 조선에 파병 시 상대국에 사전 통보

3. 갑신정변 이후 국내외 정세

청일 대립 격화	조선에 대한 주도권을 두고 청과 일본의 경쟁 심화 → 청일 전쟁 발생(1894) 원인 제공
거문도 사건 (1885~1887)	조선이 청을 견제하기 위해 러시아와 교섭 시도 → 영국군이 러시아의 남하를 견제한다는 구실로 거문도를 불법 점령하여 군사 시설 설치
조선 중립화론	한반도를 둘러싼 열강의 경쟁 심화 → 유길준과 독일 부영사 부들러가 조선 중립화론 주장

4근대

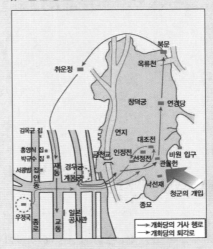

+ 개념 PLUS+

▶ 제물포 조약

제1조 금일부터 20일 안에 조선국은 흉도를 체포하고 그 괴수를 엄중히 취조하여 중죄에 처한다. 일본국은 관리를 보내 입회 처단케 한다. 만일 그 기일 안에 체포하지 못할 때는 응당 일본국이 처리한다.

제3조 조선국은 5만 원을 내어 해를 당한 일본 관리들의 유족 및 부상자에게 주도록 한다.

제5조 일본 공사관에 군인 약간을 두어 경비한다. 그 비용은 조선국이 부담한다.

▶ 갑신정변의 전개 과정

▶ 한성 조약

제2조 이번에 피해를 입은 일본인의 유가족과 부상자를 돌보아주고, 아울러 상인들의 화물이 훼손·약탈된 것을 보상하기 위해 조선국은 11만 원을 지불한다.

제4조 일본 공관을 신축해야 하므로 조선국은 땅과 건물을 내주어 공관 및 영사관으로 사용할 수 있도록 한다. 그것을 수축이나 증축할 경우 조선국이 다시 2만 원을 지불하여 공사비로 충당하게 한다.

▶ 김옥균, 박영효 등이 주도하였다.
▶ 입헌 군주제 수립을 목표로 전개되었다.
▶ 국가 재정을 호조로 일원화하고자 하였다.
▶ 급진 개화파 – 갑신정변 실패 직후 일본으로 망명하였다.
▶ 조선과 일본이 한성 조약을 체결하는 계기가 되었다. 4회 이상
▶ 청·일 간 톈진 조약 체결의 계기가 되었다. 4회 이상

▶ 임오군란, 갑신정변 – 청의 군대에 의해 진압되었다. 8회 이상
▶ 임오군란, 갑신정변 – 정부가 청군의 출병을 요청하는 계기가 되었다.
▶ 거문도 사건 – 영국이 러시아를 견제하기 위해 거문도를 불법 점령하였다. 12회 이상
▶ 유길준 – 조선 중립화론을 주장하였다.

01 다음 자료에 나타난 사건의 영향으로 가장 적절한 것은?

사료형 69회

> 이때 세금을 부과하는 직책의 신하들이 재물을 거두어들여 자기 배만 채우면서 **각영(各營)**에 소속된 군인들의 봉급은 몇 달 동안 나누어 주지 않았다. 그리하여 **훈국(訓局)**의 군사가 맨 먼저 난을 일으키고, 각영의 군사가 잇달아 일어났다. 이들은 이최응, 민겸호, 김보현, 민창식을 죽였고 또 중전을 시해하려 하였다. 중전은 장호원으로 피하였다.

① 강화도 조약이 체결되었다.
② 김기수가 수신사로 일본에 파견되었다.
③ 종로와 전국 각지에 척화비가 세워졌다.
④ 일본 공사관 경비 명목으로 일본군이 주둔하였다.
⑤ 통리기무아문을 설치하고 그 아래에 12사를 두었다.

02 다음 자료에 나타난 사건에 대한 설명으로 옳은 것은?

사료형 52회

> 이반 세스타코프 각하
> 이 사건과 관련하여 저희가 접수한 정보에 따르면 …… 일련의 과정에서 수 명의 조선 고관들이 살해되었습니다. 또한, 일본군 호위대가 개입하면서 서울 주재 청국 수비대와의 무력 충돌이 일어났으며, 패배한 일본인들은 제물포로 후퇴해야만 했습니다.
> H. 기르스

① 최익현, 민종식 등이 주도하였다.
② 구본신참에 입각하여 개혁이 추진되었다.
③ 김기수가 수신사로 파견되는 결과를 가져왔다.
④ 외규장각 건물이 불타고 의궤가 약탈당하였다.
⑤ 조선과 일본이 한성 조약을 체결하는 계기가 되었다.

정답 분석 ④

🔍 **정답의 단서 |** 각영(各營)에 소속된 군인, 봉급은 몇 달 동안 나누어 주지 않음

④ 정부가 구식 군인을 **신식 군대인 별기군**에 비해 차별 대우하고 밀린 봉급을 겨와 모래가 섞인 쌀로 지급하자, **구식 군대가 선혜청을 습격**하면서 임오군란이 발생하였다. 구식 군인들은 흥선 대원군을 찾아가 지지를 요청하였고, 정부 고관들의 집과 일본 공사관을 습격하였다. 조선 조정의 요청으로 군대를 보낸 청은 군란을 진압하고 흥선 대원군을 청으로 압송하였다. 조선은 임오군란의 피해를 보상하라는 일본의 요구로 일본인 교관 피살에 대한 사과 사절단 파견, 주모자 처벌, 배상금 지불, 일본 공사관 경비 명목의 경비병 주둔 등을 명시한 제물포 조약을 체결하였다(1882).

오답 분석

① **일본이 운요호 사건**을 구실로 조선에 통상 조약 체결을 요구하여 우리나라 **최초의 근대적 조약**이자 불평등 조약인 **강화도 조약**이 체결되었다(1876).
② **강화도 조약** 이후 일본에 **수신사로 파견된 김기수**는 일본에서 신식 기관과 각종 근대 시설을 시찰하고 돌아와 일본의 발전을 고종에게 보고하였다(1876).
③ 병인양요와 신미양요 등 외세의 침략을 극복한 **흥선 대원군**은 서양과의 통상 수교 반대 의지를 알리기 위해 종로와 전국 각지에 **척화비**를 세웠다(1871).
⑤ **고종**은 국내외의 군국 기무와 개화 정책을 총괄하는 업무를 맡은 관청인 **통리기무아문**을 설치하고 그 아래 **12사(司)**를 두어 행정 업무를 맡게 하였다(1880).

정답 분석 ⑤

🔍 **정답의 단서 |** 조선 고관들이 살해됨, 일본군 호위대 개입, 서울 주재 청국 수비대와 무력 충돌, 제물포

김옥균, 박영효, 서광범 등을 중심으로 한 급진 개화파는 일본의 군사적 지원을 약속받고 우정총국 개국 축하연 자리에서 **갑신정변**을 일으켰다. 이들은 왕과 왕후를 경우궁으로 옮기고 수구파 고관들을 살해하여 정권을 장악하였다. 이후 14개조 개혁 정강을 발표하여 입헌 군주제, 청과의 사대 관계 폐지, 능력에 따른 인재 등용 등의 개혁을 추진하였고, 민중들은 일본 공사관을 불태우기도 하였다. 그러나 청군이 이를 진압하기 위해 개입하였고, 일본의 군사 지원이 약속대로 이행되지 않아 3일 만에 실패하였다(1884).

⑤ **일본**은 갑신정변 때 사망한 일본인에 대한 배상과 일본 공사관 신축 부지 제공 및 비용 지불을 요구하면서 조선과 **한성 조약**을 체결하였다(1884).

오답 분석

① 을사늑약이 체결되자 이에 반발하여 유생 출신 **최익현, 민종식**과 평민 신돌석 등의 의병장을 중심으로 **을사의병**이 전개되었다(1905).
② 대한 제국은 옛 법을 근본으로 삼고 새로운 것을 첨가한다는 의미의 **구본신참**을 기본 정신으로 하여 **광무개혁**을 추진하였다(1896).
③ 조선은 강화도 조약을 체결한 이후 문호를 개방하여 개화 정책을 추진하였다. 이에 따라 **일본에 수신사로 파견된 김기수**는 신식 기관과 각종 근대 시설을 시찰하고 돌아왔다(1876).
④ 병인박해를 구실로 강화도를 공격한 **프랑스 군대**는 양화진을 공격하여 **외규장각을 불태우고 의궤 등을 약탈**해 갔다(**병인양요**, 1866).

03 (가) 사건에 대한 설명으로 옳은 것은?

빈칸형 50회

이것은 우정총국이 업무를 시작하면서 발행한 국내 최초의 우표입니다. 당시 화폐 단위가 '문(文)'이어서 문위 우표라는 이름이 붙여졌습니다. 하지만 김옥균 등이 주도한 ___(가)___ (으)로 우정총국이 폐쇄되면서 이 우표는 더 이상 발행되지 못했습니다.

① 건양이라는 연호를 제정하였다.
② 단발령 시행에 반발하여 일어났다.
③ 개혁 추진 기구로 교정청을 설치하였다.
④ 구본신참에 입각하여 개혁을 추진하였다.
⑤ 청·일 간 톈진 조약 체결의 계기가 되었다.

---

04 밑줄 그은 '이 사건'의 영향으로 옳은 것은?

설명형 사료형 53회

사료로 보는 한국사

제1조
　이하응을 보정성성(保定省城)으로 이송하여 청하도의 옛 관서에 거주시키도록 한다. …… 이하응에게 오가는 서신 일체는 밀봉할 수 없으며 간수 위원의 검열을 거쳐야 보낼 수 있다. 밀봉되었거나 한글로 된 서신은 위원이 반송한다.

[해설] 청으로 끌려간 흥선 대원군(이하응)을 감시하기 위해 만들어진 규정의 일부이다. 개화 정책에 대한 불만과 구식 군인에 대한 차별 대우로 일어난 이 사건을 진압한 청은 그 책임을 물어 흥선 대원군을 납치해 갔다.

① 삼정이정청이 설치되었다.
② 어재연 부대가 광성보에서 항전하였다.
③ 종로와 전국 각지에 척화비가 세워졌다.
④ 조청 상민 수륙 무역 장정이 체결되었다.
⑤ 일본 군함 운요호가 영종도를 공격하였다.

정답 분석 ⑤

Q 정답의 단서 | 우정총국, 김옥균 등이 주도

김옥균, 박영효 등 급진 개화파가 일본군의 지원 약속을 받아 우정총국 개국 축하연에서 **갑신정변**을 일으켰다. 정권을 잡은 이들은 14개조 개혁 정강을 발표하여 개혁을 추진하였으나 정부의 요청으로 개입한 청군에게 진압되어 3일 만에 실패하였다(1884).
⑤ 갑신정변 이후 **청과 일본은 톈진 조약**을 체결하여 향후 조선에 군대를 파견할 때 상호 통보를 약속하고 한쪽이라도 조선에 군대를 파견하면 다른 쪽도 바로 군대를 파견할 수 있도록 규정하였다(1885).

오답 분석

① 을미사변 이후 **을미개혁**이 추진되어 **건양 연호**와 태양력을 사용하게 되었다(1895).
② 을미개혁으로 실시된 **단발령과 을미사변에 대한 반발**로 전국의 유생들이 주도하고 농민들이 가담한 **을미의병**이 전개되었다(1895).
③ 동학 농민군과 전주 화약을 체결한 후 조선 정부에서는 **교정청을 설치**하여 자주적인 **내정 개혁을 시도**하였으나 일본군이 경복궁을 포위하고 고종을 협박하여 내정 개혁 기구로 군국기무처를 설치하였다(1894).
④ 대한 제국은 옛 법을 근본으로 삼고 새로운 것을 첨가한다는 의미의 **구본신참**에 입각하여 **광무개혁**을 추진하였다(1896). 주요 개혁 내용으로는 양전 사업 실시, 지계 발급, 원수부 설치 등이 있다.

정답 분석 ④

Q 정답의 단서 | 이하응, 청으로 끌려간 흥선 대원군, 구식 군인에 대한 차별 대우, 사건을 진압한 청

고종 때 신식 군대인 **별기군**과 비교하여 **차별 대우**를 받던 **구식 군대가 선혜청과 일본 공사관**을 습격하면서 **임오군란**이 발생하였다(1882.6.). 이 사태를 수습하기 위해 **흥선 대원군**이 다시 집권하였고, 조정의 민씨 세력들은 진압을 위해 **청**에 군대 파견을 요청하였다. 청의 군대는 군란을 진압하고 사건의 책임을 물어 흥선 대원군을 본국으로 납치해 갔다.
④ 임오군란 진압 이후 **청의 내정 간섭이 심화**되었고, 청은 **조청 상민 수륙 무역 장정**을 체결하여 치외 법권과 함께 양화진에 점포 개설권, 내륙 통상권, 연안 무역권을 인정받았다(1882.8.).

오답 분석

① **임술 농민 봉기**를 수습하기 위해 안핵사로 파견된 **박규수**는 민란의 원인이 **삼정**에 있다고 보고 **삼정이정청의 설치**를 건의하여 시행하였으나 근본적인 문제를 해결하지는 못하였다(1862).
② **제너럴 셔먼호 사건**을 구실로 미국이 **강화도**를 공격하여 **신미양요**가 발생하였으나 **어재연**이 이끄는 조선 군대가 **광성보**에서 미국 군대를 막아냈다(1871).
③ 병인양요와 신미양요 등 외세의 침략을 극복한 **흥선 대원군**은 서양과의 통상 수교 반대 의지를 알리기 위해 종로와 전국 각지에 **척화비**를 세웠다(1871).
⑤ **일본 군함인 운요호**가 **강화도 초지진**에 침입해 공격한 후 영종도에 상륙해 조선인들을 죽이거나 약탈하는 등의 만행을 저질렀다(**운요호 사건**, 1875).

28 동학 농민 운동과 갑오·을미개혁

최근 5개년 기출 빅데이터 분석 리포트

- 24
- 23
- 22
- 21
- 20
(연도)

빈출 키워드 Top 5

1 건양 연호
2 갑오개혁
3 홍범 14조
4 청군 출병(동학 농민 운동)
5 남접, 북접

꼭 나오는 문제 유형 Top 3

1 설명형
2 사료형
3 빈칸형

1 동학 농민 운동

고부 농민 봉기 (1894.1.)	• 배경: 고부 군수 조병갑의 횡포 • 전개: 전봉준의 주도로 농민군이 고부 관아 습격 → 정부가 안핵사 이용태 파견
제1차 봉기 (1894.3.)	• 배경: 안핵사 이용태가 봉기 주도자 체포·탄압 • 전개: 백산 집회(격문과 4대 강령 발표) → 황토현·황룡촌 전투에서 농민군 승리 → 전주성 점령 → 정부가 청에 원군 요청
전주 화약 (1894.5.)	• 배경: 청군·일본군 파병(톈진 조약에 의거) • 전개: 정부와 농민군 화약 체결 → 집강소 설치, 폐정 개혁안 실천 → 정부의 교정청 설치(자주적 개혁 실시)
제2차 봉기 (1894.9.)	• 배경: 일본이 철군을 거부하고 경복궁 점령, 내정 간섭 심화 • 전개: 논산에 남접(전봉준)과 북접(손병희) 집결 → 공주 우금치 전투에서 농민군 패배 → 전봉준 등 농민군 지도자 체포·처형

2 갑오개혁

1. 제1차 갑오개혁(1894.7.)

배경	일본군의 경복궁 점령, 개혁 강요 → 제1차 김홍집 내각 수립, 군국기무처 설치
내용	• 정치: 개국 기년 사용, 의정부와 궁내부 설치(왕실 사무와 정부 사무 분리), 6조에서 8아문으로 개편, 과거제 폐지, 경무청 설치 • 경제: 탁지아문 설치(재정의 일원화), 왕실과 정부 재정 분리, 은 본위 화폐 제도, 조세의 금납화, 도량형 통일 • 사회: 신분제 폐지(공사 노비법 혁파), 과부의 재가 허용, 조혼 금지, 연좌제 폐지

2. 제2차 갑오개혁(1894.12.)

배경	• 청일 전쟁에서 승기를 잡은 일본이 제2차 김홍집·박영효 연립 내각을 수립하고 군국기무처 폐지 • 고종이 홍범 14조 반포
내용	• 정치: 8아문에서 7부로 개편, 지방 행정 구역 8도에서 23부로 개편, 재판소 설치(사법권과 행정권 분리) • 경제: 탁지아문 아래 관세사·징세사 설치 • 사회: 교육 입국 조서에 따라 한성 사범 학교·외국어 학교 관제 반포

기출 선택지로 개념 익히기 🔊 오디오 학습을 이용해 보세요!

1 동학 농민 운동

▸ 조병갑의 탐학에 저항하여 고부 관아를 습격하였다. 4회 이상
▸ 척왜양창의를 기치로 내걸었다.
▸ 보국안민, 제폭구민을 기치로 내걸었다. 4회 이상
▸ 황토현에서 관군에 승리하였다. 4회 이상
▸ 사태 수습을 위해 이용태가 안핵사로 파견되었다.
▸ 농민군이 백산에서 4대 강령을 발표하였다.
▸ 정부가 청군의 출병을 요청하는 계기가 되었다. 8회 이상

▸ 일본이 경복궁을 점령하고 내정 개혁을 요구하였다.
▸ 동학 농민군이 정부와 화해하는 약조를 맺었다.
▸ 집강소를 중심으로 폐정 개혁안을 실천하였다.
▸ 개혁 추진 기구로 교정청을 설치하였다. 4회 이상
▸ 청일 전쟁 발발의 원인이 되었다.
▸ 남접과 북접이 연합하여 조직적으로 전개되었다. 8회 이상
▸ 동학 농민군이 우금치에서 관군 및 일본군에 맞서 싸웠다. 4회 이상

3 을미개혁과 아관 파천

1. 을미개혁(1895)

| 배경 | • 삼국 간섭(러시아 · 프랑스 · 독일)으로 일본 세력 약화 → 고종과 명성 황후의 일본 견제, 제3차 김홍집 내각 수립(친러 성향) |
| | • 을미사변(일본이 명성 황후 시해) → 제4차 김홍집 내각 수립 |

	정치	연호 '건양' 제정
내용	군사	친위대(중앙군), 진위대(지방군), 시위대(왕실 호위) 설치
	사회	태양력 사용, 단발령 시행, 종두법 실시, 우편 사무 재개, 소학교 설치

2. 아관 파천(1896)

내용	을미사변 이후 신변의 위협을 느낀 고종이 경복궁을 떠나 러시아 공사관으로 거처를 옮김
결과	• 을미개혁 중단
	• 친러 내각 수립, 러시아의 내정 간섭 심화, 열강의 이권 침탈 본격화

4일차

➕ 개념 PLUS+

▶ 동학 농민 운동의 전개 과정

▶ 제1차 갑오개혁 법령

제1조 이후 국내외 공사(公私) 문서에 개국 기원을 사용한다.
제2조 문벌과 양반 · 상민 등의 계급을 타파하여 귀천에 구애됨이 없이 인재를 뽑아 쓴다.
제4조 죄인 자신 이외 일체의 연좌율(緣坐律)을 폐지한다.
제6조 남자 20세, 여자 16세 이하의 조혼을 금지한다.
제7조 과부의 재혼은 귀천을 막론하고 자유에 맡긴다.
제8조 공사 노비법을 혁파하고 인신매매를 금지한다.
제20조 각 도의 각종 세금은 화폐로 내게 한다.

2 갑오개혁

▸ 제1차 갑오개혁 – 근대적 개혁 추진을 위해 군국기무처가 설치되었다. 4회 이상
▸ 제1차 갑오개혁 – 청의 연호를 쓰지 않고 개국 기년을 사용하였다.
▸ 제1차 갑오개혁 – 행정 기구를 6조에서 8아문으로 개편하였다.
▸ 제1차 갑오개혁 – 과거제를 폐지하였다. 4회 이상
▸ 제1차 갑오개혁 – 공사 노비법을 혁파하였다. 8회 이상
▸ 제1차 갑오개혁 – 과부의 재가를 허용하였다.
▸ 제1차 갑오개혁 – 연좌제를 금지하였다.
▸ 제2차 갑오개혁 – 지방 행정 구역을 8도에서 23부로 개편하였다. 4회 이상
▸ 제2차 갑오개혁 – 홍범 14조를 개혁의 기본 방향으로 제시하였다. 8회 이상

▸ 제2차 갑오개혁 – 재판소를 설치하여 사법권을 독립시켰다.
▸ 제2차 갑오개혁 – 교육 입국 조서를 반포하고 외국어 학교 관제를 마련하였다. 4회 이상
▸ 제2차 갑오개혁 – 교원 양성을 위해 한성 사범 학교가 설립되었다. 4회 이상

3 을미개혁과 아관 파천

▸ 삼국 간섭 – 시모노세키 조약이 체결되었다.
▸ 을미사변 – 일본 낭인들이 명성 황후를 시해하였다.
▸ 을미사변 – 아관 파천의 배경이 되었다.
▸ 아관 파천 – 고종이 러시아 공사관으로 거처를 옮겼다.
▸ 을미개혁 – 건양이라는 독자적인 연호를 사용하였다. 8회 이상
▸ 을미개혁 – 태양력을 시행하였다. 4회 이상

01 (가) 시기에 있었던 사실로 옳은 것은? 시기 일치형 51회

① 농민군이 백산에서 4대 강령을 발표하였다.
② 우금치에서 농민군과 일본군이 격전을 벌였다.
③ 일본이 군대를 동원하여 경복궁을 점령하였다.
④ 보은에서 교조 신원을 요구하는 집회가 열렸다.
⑤ 조병갑의 탐학에 저항해 고부에서 농민 봉기가 일어났다.

02 (가)~(다)를 일어난 순서대로 옳게 나열한 것은?

순서 나열형 68회

(가) 고부에서 민란이 다시 일어났다는 소문이 자자합니다. ……
장흥 부사 이용태를 고부군 안핵사로 임명하여 밤새 달려가
엄격히 조사하여 등급을 나누고 구별하여 보고하게 하소서.

(나) 전봉준은 무주 집강소에 다음과 같은 통문을 보냈다. "최근
일본이 경복궁을 침범하였다. 국왕이 욕을 당했으니, 우리들
은 마땅히 달려가 목숨을 걸고 의로써 싸워야 한다."

(다) 청국의 간섭을 끊어 버리고 우리 대조선국의 고유한 독립 기
초를 굳건히 하였는데, 이번에 마관(馬關, 시모노세키) 조약
으로 말미암아 세계에 드러나는 빛이 더욱 빛나게 되었다.

① (가) - (나) - (다)
② (가) - (다) - (나)
③ (나) - (가) - (다)
④ (나) - (다) - (가)
⑤ (다) - (나) - (가)

문제 파헤치기

정답 분석 ③

🔍 **정답의 단서** | 화약 체결, 전주성, 농민군, 남접과 북접이 연합, 왜적을 몰아냄

• **전주 화약(1894.5.):** 동학 농민군은 황토현 전투에서 관군에 승리하고 **전주성**을 점령하면서 전라도 일대를 장악하였으며, 이후 정부와 **①전주 화약**을 맺고 해산하였다.
• **동학 농민 운동 2차 봉기(1894.9.):** 일본군이 경복궁을 점령하는 등 일본의 내정 간섭이 심해지자 외세를 몰아내기 위해 동학 농민군의 **②남접과 북접이 연합**하여 다시 봉기하였다.
③ 전주 화약 이후 동학 농민군이 해산하였음에도 불구하고 조선에 입성한 **일본군은 경복궁에 침입**하여 고종을 감금하였다(1894.6.).

오답 분석

① · ⑤ 전라도 고부 군수 **조병갑**의 횡포에 견디다 못한 농민들이 동학교도 **전봉준**을 중심으로 **고부에서 봉기**를 일으켜 고부 관아를 점령하였다(1894.1.). 이를 해결하기 위해 파견된 안핵사 이용태 역시 이들을 탄압하자 농민군은 보국안민, 제폭구민을 기치로 내걸고 **백산에서 봉기하여 4대 강령**을 발표하였다(1차 봉기, 1894.3.).
② 일본의 내정 간섭으로 인해 반외세를 내걸고 재봉기한 농민군은 **우금치 전투**에서 일본군에게 패하였고(1894.11.), 전봉준이 서울로 압송되면서 해산되었다.
④ 동학교도들은 억울하게 처형된 교주 최제우에 대한 **교조 신원**과 동학 탄압 금지 등을 요구하며 **보은에서 집회**를 개최하였다(1893).

정답 분석 ①

🔍 **정답의 단서** | 고부, 이용태, 안핵사, 전봉준, 집강소, 일본이 경복궁을 침범, 시모노세키

(가) **고부 농민 봉기(1894.1.):** 전라도 고부 군수 조병갑이 만석보를 쌓는다는 명분으로 농민들을 동원하고 수세를 강제로 징수하자 농민들이 동학교도 전봉준을 중심으로 봉기를 일으켜 **고부 관아**를 점령하였다. 이를 해결하기 위해 파견된 **안핵사 이용태** 역시 이들을 탄압하자 농민군은 **백산에서 봉기하여 4대 강령**을 발표하였다(1차 봉기, 1894.3.).
(나) **일본의 경복궁 점령(1894.6.):** 조선 정부가 동학 농민 운동을 진압하기 위해 청에게 군대를 요청하자 **일본군**은 텐진 조약에 의거하여 청군과 함께 조선에 상륙하였다. 동학 농민군과 정부가 **전주 화약**을 맺는 등 사건이 일단락되었음에도 일본군은 조선에 계속 주둔하였다. 이후 일본은 **경복궁을 점령**하여 친일적인 정부를 세우면서 조선의 내정에 간섭하였다.
(다) **시모노세키 조약 체결(1895.3.):** 일본이 경복궁을 점령한 후 풍도 앞바다에 있는 청군 함대를 습격하면서 **청일 전쟁**이 발발하였다(1894.6.). 청일 전쟁에서 승리한 **일본**은 **청과 시모노세키 조약**을 체결하여 요동 반도와 타이완을 장악하였다.

03 밑줄 그은 '개혁'의 내용으로 옳은 것은? 설명형 52회

그동안 국정 논의를 주도한 군국기무처가 폐지되었다는군.

그렇다네. 이제는 김홍집과 박영효가 주도하는 내각에서 여러 개혁을 추진한다는군.

① 통리기무아문과 12사를 설치하였다.
② 지방 행정 구역을 8도에서 23부로 개편하였다.
③ 청의 연호를 쓰지 않고 개국 기년을 사용하였다.
④ 공사 노비법을 혁파하고 과부의 재가를 허용하였다.
⑤ 6조에서 8아문으로 개편하고 과거제를 폐지하였다.

04 다음 사건 이후 추진된 개혁의 내용으로 옳은 것은?

사료형 56회

일본군의 엄호 속에 사복 차림의 일본인들이 건청궁으로 침입하였다. 그들은 왕과 왕후의 처소로 달려가 몇몇은 왕과 왕태자의 측근들을 붙잡았고, 다른 자들은 왕후의 침실로 향하였다. 폭도들이 달려들자 궁내부 대신은 왕후를 보호하기 위해 두 팔을 벌려 앞을 가로막아 섰다. …… 의녀가 나서서 손수건으로 죽은 왕후의 얼굴을 덮어 주었다.

① 과거제를 폐지하였다.
② 태양력을 시행하였다.
③ 육영 공원을 설립하였다.
④ 공사 노비법을 혁파하였다.
⑤ 통리기무아문을 설치하였다.

정답 분석 ②

🔍 **정답의 단서 | 군국기무처 폐지, 김홍집과 박영효가 주도하는 내각**

청일 전쟁에서 승기를 잡은 일본은 제1차 갑오개혁을 주도하였던 **군국기무처를 폐지**하고 **김홍집과 박영효의 연립 내각**을 수립하여 **제2차 갑오개혁**을 실시하였다(1894.12.).
② 제2차 갑오개혁에서는 지방 행정 구역을 **8도에서 23부로 개편**하였다.

오답 분석

① 고종은 국내외의 군국 기무와 개화 정책을 총괄하는 업무를 맡은 관청인 **통리기무아문**을 설치하고 그 아래 **12사(司)**를 두어 행정 업무를 맡게 하였다(1880).
③·④·⑤ 일본의 강요로 설치된 군국기무처에서 **제1차 갑오개혁**을 주도하였다(1894.7.). **청의 연호를 폐지**하여 **개국 기년**을 사용하였고, 행정 기구를 기존 **6조에서 8아문으로 개편**하였다. 또한, 문벌을 폐지하고 재능에 따라 인재를 등용하기 위해 **과거제를 폐지**하였다. 사회적으로는 **공사 노비법을 혁파**하여 신분제가 법적으로 폐지되었고, **과부의 재가를 허용**하고 연좌제와 조혼을 금지하는 등 악습을 혁파하였다.

정답 분석 ②

🔍 **정답의 단서 | 일본군, 건청궁, 죽은 왕후**

개항 이후 민씨 세력은 러시아를 통해 일본을 견제하려 하였다. 그러자 일본은 자객을 보내 경복궁 내 건청궁을 습격하여 **명성 황후를 시해하는 을미사변**을 일으켰다.
② 을미사변 이후 친일 내각이 구성되었고, **을미개혁**을 추진하여 건양 연호와 **태양력**을 사용하였다(1895).

오답 분석

①·④ 김홍집과 박정양 등을 중심으로 한 군국기무처를 통해 **제1차 갑오개혁**이 실시되었다(1894). 이때 문벌을 폐지하고 재능에 따라 인재를 등용하기 위해 **과거제를 폐지**하였고, **공사 노비법을 혁파하여** 신분제가 법적으로 폐지되었다.
③ **최초의 근대식 공립 학교인 육영 공원**은 헐버트, 길모어 등의 외국인 교사를 초빙하여 상류층 자제에게 근대 교육을 실시하였다(1886).
⑤ 고종은 국내외의 군국 기무와 개화 정책을 총괄하는 관청인 **통리기무아문을 설치**하였다(1880).

29 독립 협회와 대한 제국

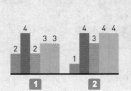

최근 5개년 기출 빅데이터 분석 리포트	빈출 키워드 Top 5	꼭 나오는 문제 유형 Top 3
■ 24 ■ 23 ■ 22 ■ 21 ■ 20 (연도)	1 지계 2 절영도 조차 요구 저지 3 원수부 4 중추원 개편 5 헌의 6조	1 빈칸형 2 설명형 3 사료형

1 독립 협회

1. 독립 협회의 구성원과 목표

지도부	서재필, 윤치호, 이상재, 남궁억 등 개화 지식인과 정부 관료
주요 구성원	정부 관료, 도시 시민층, 학생, 노동자, 여성, 농민, 천민 등
목표	자주 국권·자유 민권·자강 개혁 사상 보급, 민중의 정치의식 고취

2. 독립신문과 독립 협회

독립신문 창간 (1896)	미국에서 귀국한 서재필이 정부의 지원을 받아 독립신문 창간
초기 활동	청 사신을 맞던 영은문을 헐고 독립문 건립, 모화관을 독립관으로 개조

3. 독립 협회의 활동

자주 국권 운동	• 러시아의 절영도 조차 요구 저지, 한러 은행 폐쇄, 러시아의 군사 교련단과 재정 고문단 철수 요구 • 고종 환궁 요구
자유 민권 운동	만민 공동회 개최, 기본권 운동(국민의 신체와 재산권, 언론·출판·집회·결사의 자유 확보 노력)
자강 개혁 운동	• 관민 공동회 개최 → 백정 박성춘 연설, 정부 관료(박정양) 참여 • 고종에게 헌의 6조(국정 개혁안) 건의 → 중추원 관제 개편을 통한 의회 설립 추진

4. 독립 협회 해산

배경	만민 공동회의 적극적인 정치 활동 → 보수파의 위기 의식 고조
과정	독립 협회가 공화정을 실시하려 한다는 보수파 관료들의 모함(익명서 사건) → 고종의 해산 명령 → 만민 공동회를 개최하여 항의 → 황국 협회(독립 협회를 견제하기 위해 황제 측근 세력이 보부상과 연합하여 조직한 어용 단체)와 군대를 동원하여 강제 해산

기출 선택지로 개념 익히기 🔊 오디오 학습을 이용해 보세요!

1 독립 협회
▶ 서재필 등이 독립신문을 발행하였다.
▶ 서재필 – 미국에서 귀국하여 독립 협회를 창립하였다.
▶ 영은문이 있던 자리 부근에 독립문을 건립하였다.
▶ 독립 협회가 중심이 되어 독립문을 건립하였다.

▶ 러시아의 절영도 조차 요구를 저지하였다. 4회 이상
▶ 만민 공동회를 열어 민권 신장을 추구하였다.
▶ 입헌 군주제 수립을 목표로 하였다.
▶ 중추원 개편을 통해 의회 설립을 추진하였다. 4회 이상
▶ 관민 공동회에서 연설하는 백정
▶ 박정양 – 참정대신 자격으로 관민 공동회에서 연설하였다.

2 대한 제국

1. 대한 제국의 수립

배경	아관 파천 이후 독립 협회 등 각계각층에서 고종의 환궁 요구 → 전·현직 관리들의 칭제 건원 건의
과정	고종이 경운궁으로 환궁 → 환구단에서 황제 즉위식 거행 → 대한 제국 선포(1897), 연호 '광무'

2. 광무개혁 추진

기본 방향		구본신참(옛것을 기본으로 삼고 새것을 참고한다)의 원칙 아래 점진적 개혁 추진
내용	정치	• 대한국 국제 제정(1899) • 지방 행정 구역을 23부에서 13도로 변경 • 교정소 설치(황제 직속 입법 기구)
	군사	원수부 설치(황제 직속 군사 기구) → 황제가 군사권 장악
	경제	• 양전 사업 실시: 지계아문에서 지계(근대적 토지 증명서) 발급 • 상공업 진흥 정책 추진: 대한 천일 은행 설립
	교육	관립 실업 학교인 상공 학교와 기술 교육 기관 설립, 한성 중학교 설립
	대외 정책	• 간도 관리사 이범윤 파견 • 울릉도를 군으로 승격(독도 포함) • 만국 우편 연합 가입 → 외국과 우편물 교환

개념 PLUS+

▶ 독립문

▶ 헌의 6조
제1조 외국인에게 의지하지 말고 관민이 한마음으로 힘을 합하여 전제 황권을 공고히 할 것
제2조 외국과의 이권에 관한 계약과 조약은 각 대신과 중추원 의장이 합동 날인하여 시행할 것
제3조 국가 재정은 탁지부에서 전관하고, 예산과 결산을 국민에게 공표할 것
제4조 중대 범죄를 공판하되, 피고의 인권을 존중할 것
제5조 칙임관을 임명할 때에는 황제가 정부에 그 뜻을 물어서 중의에 따를 것
제6조 정해진 규정을 실천할 것

▶ 환구단(원구단)과 황궁우

▶ 박정양 – 독립 협회의 제안을 받아들여 중추원 관제 개편을 추진하였다.
▶ 관민 공동회가 개최되어 헌의 6조를 결의하였다. 4회 이상

2 대한 제국
▶ 대한 제국 황제 즉위식이 거행되었다.
▶ 구본신참에 입각하여 개혁이 추진되었다.

▶ 대한국 국제가 반포되었다. 4회 이상
▶ 양전 사업이 실시되어 지계가 발급되었다. 12회 이상
▶ 양지아문을 설치하여 양전 사업을 실시하였다.
▶ 황제 직속의 원수부를 설치하였다.
▶ 이범윤을 간도 관리사로 임명하였다.

01 (가) 단체에 대한 설명으로 옳은 것은? 빈칸형 53회

이달의 독립운동가

국권을 지키기 위해 노력한 남궁억

- 생몰년: 1863~1939
- 생애 및 활동

서울 정동에서 태어났다. 동문학에서 교육을 받았다. 1896년 **❶서재필** 등과 함께 (가) 을/를 창립하여 활동하였다.

(가) 의 **❷의회 설립 운동**이 공화제를 수립하려는 것이라는 의심을 받아 이상재 등과 함께 체포되었다. 러시아와 일본의 한국 침략을 고발하는 논설과 기사를 실은 황성신문 사장을 역임하였다. 정부는 그의 공훈을 기려 건국 훈장 독립장을 추서하였다.

① 고종의 강제 퇴위 반대 운동을 전개하였다.
② 일제가 조작한 105인 사건으로 와해되었다.
③ 영은문이 있던 자리 부근에 독립문을 건립하였다.
④ 광주 학생 항일 운동의 진상 조사단을 파견하였다.
⑤ 독립운동 자금 마련을 위해 독립 공채를 발행하였다.

02 (가) 단체의 활동으로 옳은 것은? 빈칸형 사료형 71회

독립문 주춧돌 놓는 예식을 독립 공원 부지에서 열었다. …… 회장 안경수 씨가 연설하기를, " (가) 이/가 처음에 시작할 때 단지 회원이 네다섯 명이더니 오늘날 회원은 수천 명이다. 조선 인민들이 나라가 독립되는 것을 좋아하기에 심지어 궁벽한 시골에 사는 인민 중에서 독립문 세우는 데 돈을 보조하는 사람들이 있으며, 외국 사람 중에서도 돈 낸 사람들이 많이 있었다. 이것을 보면 조선 사람들도 오늘부터 조선에서 모든 일을 (가) 하듯이 시작하여 모두 합심하기를 바란다."라고 하였다.

① 고종 강제 퇴위 반대 운동을 전개하였다.
② 일제의 황무지 개간권 요구를 저지시켰다.
③ 중추원 개편을 통한 의회 설립을 추진하였다.
④ 대성 학교를 설립하여 민족 교육을 실시하였다.
⑤ 독립운동 자금 마련을 위해 독립 공채를 발행하였다.

문제 파헤치기

정답 분석 ③

🔍 **정답의 단서 │** 남궁억, 서재필, 의회 설립 운동, 이상재

갑신정변 이후 미국에서 돌아온 **❶서재필**은 남궁억, 이상재, 윤치호 등과 함께 **독립 협회**를 창립하였다(1896). 독립협회는 만민 공동회와 관민 공동회를 개최하여 국권·민권 신장 운동을 전개하였으며, **❷중추원 개편을 통한 의회 설립**과 서구식 입헌 군주제 실현을 목표로 활동하였다.
③ 독립 협회는 청의 사신을 맞던 영은문을 헐고 그 자리 부근에 독립문을 건립하였다(1897).

오답 분석

① **대한 자강회**는 교육과 산업 활동을 바탕으로 한 국권 회복을 목표로 활동하였고, **고종의 강제 퇴위 반대 운동**을 전개하다가 일제의 탄압으로 해산되었다(1907).
② **신민회**는 조선 총독부가 데라우치 총독 암살 미수 사건을 조작하여 많은 민족 운동가들을 체포한 **105인 사건으로 인해** 와해되었다(1911).
④ **신간회**는 한국인 학생과 일본인 학생 간의 충돌로 **광주 학생 항일 운동**이 발생하자 **진상 조사단을 파견**하여 지원하였다(1929).
⑤ **대한민국 임시 정부**는 국외 거주 동포들에게 **독립 공채를 발행**하여 독립운동 자금을 마련하였다(1920).

정답 분석 ③

🔍 **정답의 단서 │** 독립문, 독립문 세우는 데 돈을 보조하는 사람들

아관 파천 이후 열강들의 이권 침탈이 심화되고 조선 내에서 친러 내각에 대한 반감이 고조되자 **서재필**은 남궁억, 이상재, 정교 등과 함께 **독립 협회**를 창립하였다(1896). 독립 협회는 대한 제국이 입헌 군주제를 실현하고 자주 독립을 유지하는 나라가 되기를 바랐다. 이에 **모금 활동**을 전개하여 청의 사신을 맞던 영은문을 헐고 **독립문을 건립**하였으며, **만민 공동회**와 **관민 공동회**를 개최하여 국권·민권 신장 운동을 전개하였다.
③ 독립 협회는 관민 공동회를 개최하여 중추원 개편을 통한 **의회 설립** 방안이 담긴 **헌의 6조**를 고종에게 건의하였고, 고종이 이를 채택하였다(1898).

오답 분석

① **대한 자강회**는 교육과 산업을 일으킴으로써 국권 회복을 목표로 활동하였고, **고종의 강제 퇴위 반대 운동**을 전개하였으나 일제의 탄압에 의해 해산되었다(1907).
② **보안회**는 **일본의 황무지 개간권 요구를 반대**하는 운동을 전개하여 요구를 저지시키는 데 성공하였다(1904).
④ 안창호와 양기탁 등이 결성한 **신민회**는 민족의 실력 양성을 위해 **대성 학교와 오산 학교를 설립**하여 민족 교육을 실시하였다(1907).
⑤ **대한민국 임시 정부**는 독립운동 자금 마련을 위해 **독립 공채를 발행**하여 국외 거주 동포들을 지원하였다(1920).

03 밑줄 그은 '개혁'의 내용으로 옳은 것은? 설명형 54회

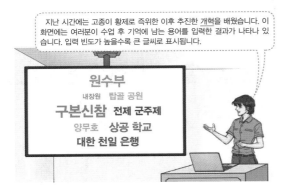

지난 시간에는 고종이 황제로 즉위한 이후 추진한 개혁을 배웠습니다. 이 화면에는 여러분이 수업 후 기억에 남는 용어를 입력한 결과가 나타나 있습니다. 입력 빈도가 높을수록 큰 글씨로 표시됩니다.

원수부
내장원 탑골 공원
구본신참 전제 군주제
양무호 상공 학교
대한 천일 은행

① 5군영에서 2영으로 군제를 개편하였다.
② 양전 사업을 시행하여 지계를 발급하였다.
③ 박문국을 설치하여 한성순보를 발행하였다.
④ 개혁의 방향을 제시한 홍범 14조를 반포하였다.
⑤ 서양식 근대 교육 기관인 육영 공원을 설립하였다.

정답 분석 ②

🔍 **정답의 단서** | 고종이 황제로 즉위, 원수부, 내장원, 탑골 공원, 구본신참, 전제 군주제, 양무호, 상공 학교, 대한 천일 은행

대한 제국 선포 직후 **고종**은 '옛 법을 근본으로 삼고 새로운 것을 첨가한다'는 의미의 **구본신참**을 기본 정신으로 하여 **광무개혁**을 실시하였다(1897). 이에 따라 **상공 학교**와 같은 실업·교육 기관을 설립하여 **상공업 진흥**을 추진하였으며, 근대적 금융 기관인 **대한 천일 은행**을 설립하였다. 재정 담당 기관으로는 정부의 재정을 담당하는 탁지부와 왕실의 재정을 담당하는 **내장원**을 두었다. 또한, **황제 직속 군사 기구인 원수부**를 설치하여 대원수로서 모든 군대를 통솔하고자 하였다(1899). 대한 제국 정부는 국방력 강화를 위해 일본에서 석탄 운반선으로 쓰이던 배를 구매하여 군함으로 개조하면서 첫 번째 근대식 군함인 **양무호**를 운용하기도 하였다(1903).
② 고종은 **양전 사업**을 시행하여 **지계아문**을 통해 토지 소유 문서인 **지계를 발급**하고 근대적 토지 소유권을 확립하고자 하였다(1901).

오답 분석

① 고종이 설치한 개화 기구인 **통리기무아문**은 기존 5군영을 무위영과 장어영의 **2영으로 개편**하였다(1881).
③ 개항 이후 개화 정책의 일환으로 출판 기관인 **박문국**이 설치되었고 이곳에서 최초의 근대적 신문인 **한성순보**를 발행하였다(1883).
④ 김홍집 내각은 **제2차 갑오개혁** 때 **홍범 14조**를 반포하여 개혁의 기본 방향을 제시하였다(1895).
⑤ 최초의 근대식 공립 학교인 **육영 공원**은 헐버트, 길모어 등의 외국인 교사를 초빙하여 **상류층 자제에게 근대 교육**을 실시하였다(1886).

04 밑줄 그은 '개혁'에 해당하는 내용으로 옳은 것을 〈보기〉에서 고른 것은? 합답형 68회

【건축으로 보는 한국사】 석조전

고종은 황제로서의 권위와 근대 국가를 향한 의지를 보여주기 위해 서양의 신고전주의 양식으로 설계된 석조전 착공을 명하였다. 그러나 황제권 강화를 표방하며 <u>개혁</u>을 추진하던 고종은 석조전이 완공되기 전에 강제로 퇴위당하였다.

― 보기 ―

ㄱ. 박문국을 설치하여 한성순보를 발행하였다.
ㄴ. 통리기무아문을 설치하여 개화 정책을 추진하였다.
ㄷ. 관립 상공 학교를 설립하여 실업 교육을 실시하였다.
ㄹ. 지계아문을 설치하여 토지 소유자에게 지계를 발급하였다.

① ㄱ, ㄴ   ② ㄱ, ㄷ   ③ ㄴ, ㄷ
④ ㄴ, ㄹ   ⑤ ㄷ, ㄹ

정답 분석 ⑤

🔍 **정답의 단서** | 석조전, 고종, 황제권 강화를 표방, 강제로 퇴위당함

고종은 대한 제국의 황제로 즉위한 뒤 **석조전** 등의 서양식 건물을 세워 자주 국가로서의 모습을 표방하고자 하였다. 또한, **구본신참**을 기본 정신으로 황제권 강화를 표방하며 **광무개혁**을 실시하였다(1897).
ㄷ. 광무개혁에 따라 **관립 상공 학교**와 같은 실업·교육 기관이 설립되면서 **상공업 진흥**을 꾀하였다.
ㄹ. 광무개혁의 일환으로 **양지아문**을 설치하여 양전 사업을 실시하고, **지계아문**을 통해 토지 소유 문서인 지계를 발급하였다(1901). 이때 개항장이 아닌 곳에 있는 외국인의 토지 소유는 인정하지 않았다.

오답 분석

ㄱ. 개항 이후 개화 정책에 따라 설치된 **박문국**에서 최초의 근대적 신문인 **한성순보**를 발행하였다(1883).
ㄴ. 고종은 **통리기무아문**을 설치하여 **개화 정책**을 총괄하도록 하였다(1880).

30 국권 피탈 과정

최근 5개년 기출 빅데이터 분석 리포트

- 24
- 23
- 22
- 21
- 20
(연도)

빈출 키워드 Top 5

1. 통감부
2. 헤이그 특사
3. 용암포 사건
4. 기유각서
5. 재정 고문 메가타

꼭 나오는 문제 유형 Top 3

1. 사료형, 설명형
2. 시기 일치형
3. 연표형

1 러일 전쟁과 국제 조약

1. 러일 전쟁(1904~1905)

배경	• 삼국 간섭 이후 러시아와 일본의 대립 심화, 조선에 대한 러시아의 영향력 확대 • 용암포 사건(1903): 러시아가 용암포 및 압록강 하구 일대를 불법으로 점령하고 조차 요구
전개	러일 전쟁 직전 대한 제국이 국외 중립 선언 → 일본이 뤼순항의 러시아 함대 선제 공격, 선전 포고 → 일본이 러시아의 발틱 함대 격파
결과	포츠머스 조약 체결 → 러시아가 일본의 한국 지배권 인정, 사할린 남부 할양

2. 을사늑약 이전 한반도를 둘러싼 국제 조약

제1차 영일 동맹(1902)	러시아에 대한 영국과 일본 간 군사적 동맹
한일 의정서 (1904.2.)	• 러일 전쟁 중 일본이 한반도의 군사 요충지 등을 확보하기 위해 강제로 체결 • 국외 중립 무효화, 일본의 군사 요충지 사용권 획득, 황무지 개간권 요구
제1차 한일 협약 (1904.8.)	• 러일 전쟁이 일본에 유리하게 전개되자 강제로 체결 • 고문 정치: 메가타(재정 고문)와 스티븐스(외교 고문) 파견 → 내정 간섭
가쓰라 · 태프트 밀약(1905.7.)	일본의 한국 지배, 미국의 필리핀 지배를 서로 인정
제2차 영일 동맹(1905.8.)	러시아를 견제하기 위해 영국이 한국에 대한 일본의 독점적 지배권 인정

기출 선택지로 개념 익히기 🔊 오디오 학습을 이용해 보세요!

1 러일 전쟁과 국제 조약

▸ 러일 전쟁이 발발하였다.
▸ 제물포에서 러시아 함대가 일본 해군에게 격침되었다.
▸ 러시아가 용암포를 점령하고 조차를 요구하였다. 4회 이상
▸ 제1차 영일 동맹이 체결되었다.

▸ 제1차 한일 협약 – 일본인 재정 고문을 두도록 하는 조항을 담고 있다.
▸ 제1차 한일 협약 – 재정 고문으로 메가타가 임명되었다. 4회 이상
▸ 제1차 한일 협약 – 메가타가 재정 고문으로 부임하는 근거가 되었다.
▸ 일본과 미국이 가쓰라 · 태프트 밀약을 체결하였다.

2 일제의 국권 침탈

을사늑약 (제2차 한일 협약, 1905.11.)	• 외교권 박탈: 일본이 대한 제국의 외교 교섭 담당, 일본의 보호국화 • 통감부 설치: 초대 통감으로 이토 히로부미 파견
헤이그 특사 파견 (1907.4.)	네덜란드 헤이그에서 열린 만국 평화 회의에 이준, 이상설, 이위종을 특사로 파견 → 이를 구실로 일본이 고종 강제 퇴위
한일 신협약 (정미 7조약, 1907.7.)	• 일본인의 내정 장악: 각 부처에 일본인 차관 배치 → 행정권 장악 • 한일 신협약의 부속 각서를 통해 대한 제국 군대 해산
기유각서 (1909)	• 사법권 및 감옥 사무권 박탈 • 경찰권 강탈(1910.6.)
한일 병합 조약 (1910.8.)	• 일진회의 합방 청원서 제출 → 이완용과 데라우치가 한일 병합 조약 발표(경술국치) • 조선 총독부 설치 → 초대 총독 데라우치

▶ 한일 의정서

제4조 제3국의 침해 또는 내란 때문에 대한 제국 황실의 안녕과 영토의 보존에 위험이 있으면 대일본 제국 정부는 곧 필요한 조처를 할 것이며, …… 전략상 필요한 지점을 수시로 사용할 수 있다.

▶ 을사늑약

제2조 일본국 정부는 한국과 타국 간에 현존하는 조약의 실행을 완수하는 임무를 담당하고 한국 정부는 지금부터 일본국 정부의 중개를 거치지 않고서는 국제적 성질을 가진 어떤 조약이나 약속을 맺지 않을 것을 서로 약속한다.

제3조 일본국 정부는 그 대표자로 한국 황제 폐하 밑에 1명의 통감을 두되 통감은 오로지 외교에 관한 사항을 관리하기 위하여 경성에 주재하고 친히 한국 황제 폐하를 만날 수 있는 권리를 가진다.

▶ 헤이그 특사

---

2 일제의 국권 침탈

▶ 을사늑약 – 통감부가 설치되고 초대 통감이 부임하였다. 8회 이상
▶ 을사늑약 – 외교권이 강탈되고 통감부가 설치되었다.
▶ 헤이그 만국 평화 회의에 특사가 파견되었다. 4회 이상
▶ 한일 신협약이 체결되었다.

▶ 한일 신협약 – 대한 제국의 군대 해산을 규정하였다. 4회 이상
▶ 한일 신협약 – 고종이 강제로 퇴위당하였다.
▶ 기유각서를 통해 일제에 사법권을 박탈당하였다. 4회 이상
▶ 한일 병합 협약 – 초대 총독으로 데라우치가 부임하였다.

01 다음 상소가 올려진 이후의 사실로 옳은 것은?

사료형 55회

> **¹**일본이 러시아에 선전 포고한 이후 우리의 독립과 영토를 보전한다고 몇 번이나 말하였지만, 그것은 우리나라의 이익을 빼앗아 차지하려는 것이었습니다. …… 지금 저들이 황실을 보전하겠다는 말을 폐하께서는 과연 믿으십니까? 지금까지 군주의 지위가 아직 바뀌지 않았고 백성도 아직 죽지 않았으며 각국 공사도 아직 돌아가지 않았습니다. 그리고 **²**조약서가 다행히 폐하의 인준과 참정의 인가를 받은 것이 아니니, 저들이 가지고 있는 것은 역적들이 억지로 만든 헛된 조약에 불과합니다.

① 제1차 영일 동맹이 체결되었다.
② 일본이 경인선 부설권을 인수하였다.
③ 묄렌도르프가 외교 고문으로 파견되었다.
④ 통감부가 설치되고 초대 통감이 부임하였다.
⑤ 러시아가 용암포를 점령하고 조차를 요구하였다.

02 밑줄 그은 '특사'가 파견된 배경으로 적절한 것은?

설명형 52회

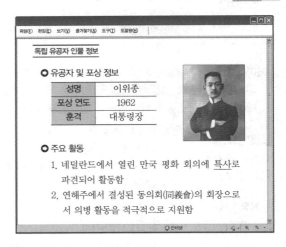

독립 유공자 인물 정보

○ 유공자 및 포상 정보

성명	이위종
포상 연도	1962
훈격	대통령장

○ 주요 활동
1. 네덜란드에서 열린 만국 평화 회의에 **특사**로 파견되어 활동함
2. 연해주에서 결성된 동의회(同義會)의 회장으로서 의병 활동을 적극적으로 지원함

① 고종이 강제로 퇴위되었다.
② 초대 총독으로 데라우치가 부임하였다.
③ 외교권이 강탈되고 통감부가 설치되었다.
④ 기유각서를 통해 일제에 사법권을 박탈당하였다.
⑤ 미국 대통령 윌슨이 민족 자결주의를 제창하였다.

문제 파헤치기

정답 분석 ④

🔍 **정답의 단서 |** 일본, 러시아에 선전 포고, 인가를 받지 않음, 헛된 조약

¹러일 전쟁에서 승리한 일본이 사실상 열강들로부터 한국에 대한 지배를 인정받자 일본은 **²**을사늑약을 체결하여 대한 제국의 외교권을 박탈하고 한국을 식민지로 만들려는 계획을 진행하였다(1905).

④ 을사늑약 체결 이듬해 서울에 **통감부**가 설치되었고, **이토 히로부미**가 초대 통감으로 부임하여 외교뿐만 아니라 내정에도 간섭하였다.

오답 분석

① 영국과 일본이 러시아의 확장을 견제하고 **영국은 청에, 일본은 조선에 대한 이권**을 가져간다는 **제1차 영일 동맹**을 체결하였다(1902).
② 우리나라 최초의 철도인 **경인선**은 1896년 미국인에 의해 공사가 시작되었으나, 자금 부족으로 **일본인이 경영하는 경인 철도 회사가 부설권을 인수**하여 제물포와 노량진 사이의 구간이 개통되었다(1899).
③ **임오군란** 이후 청은 조선에 대한 내정 간섭을 강화하고자 독일인 **묄렌도르프를 외교 고문으로 파견**하였다(1882).
⑤ 만주에 주둔하고 있던 **러시아군**이 군사 기지 확보를 위해 **용암포**와 압록강 하구를 강제 점령하고 대한 제국에 **조차를 요구**하였다(용암포 사건, 1903).

정답 분석 ③

🔍 **정답의 단서 |** 이위종, 네덜란드에서 열린 만국 평화 회의, 특사 파견

③ 1905년 을사늑약의 체결로 대한 제국의 외교권이 박탈되었고, 일제는 서울에 **통감부**를 설치하여 외교 · 내정에 간섭하였다. 이후 각국 주재 한국 공사관이 폐쇄되었지만 **이위종**은 아버지 이범진과 함께 러시아에 체류하며 비공식 외교 활동을 전개하였다. 이후 고종의 명을 받고 을사늑약의 부당함을 알리기 위해 이상설, 이준과 함께 네덜란드 **헤이그 만국 평화 회의에 특사로 파견**되었다(1907). 또한, 연해주에서 이범진, 최재형, 안중근 등을 중심으로 설립된 한인 구국 운동 단체인 **동의회의 회장**으로 활동하며 의병 활동 기금을 지원하기도 하였다(1908).

오답 분석

① 일본은 **헤이그 특사 사건**을 빌미로 고종을 강제로 퇴위시키고 순종을 즉위시켰다(1907).
② 1910년 **한일 병합 조약**을 통해 대한 제국의 주권이 완전히 상실되었다. 일제는 대한 제국을 조선으로 개칭하였고, 일체의 정무를 관할하는 조선 총독부를 설치하여 **초대 총독으로 데라우치**를 임명하였다.
④ **기유각서**는 1907년 체결한 한일 신협약의 세부 사항을 시행하기 위해 일제의 강압으로 조인된 협약으로, 우리나라의 **사법권 및 감옥 사무를 일제에 위임**하게 되었다(1909).
⑤ 제1차 세계 대전 이후 **미국 대통령 윌슨**은 한 민족은 타국의 간섭을 받지 않고 스스로 운명을 결정해야 한다는 **민족 자결주의**를 주창하였고, 국내에서도 이에 영향을 받아 3 · 1 운동이 전개되었다(1919).

03 (가)에 대한 설명으로 옳은 것은?

빈칸형 51회

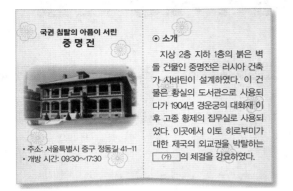

국권 침탈의 아픔이 서린
중 명 전

◉ 소개

지상 2층 지하 1층의 붉은 벽돌 건물인 중명전은 러시아 건축가 사바틴이 설계하였다. 이 건물은 황실의 도서관으로 사용되다가 1904년 경운궁의 대화재 이후 고종 황제의 집무실로 사용되었다. 이곳에서 이토 히로부미가 대한 제국의 외교권을 박탈하는 (가) 의 체결을 강요하였다.

• 주소: 서울특별시 중구 정동길 41-11
• 개방 시간: 09:30~17:30

① 아관 파천의 배경이 되었다.
② 청일 전쟁 발발의 원인이 되었다.
③ 통감부가 설치되는 결과를 가져왔다.
④ 대한 제국의 군대 해산을 규정하였다.
⑤ 천주교 포교를 허용하는 조항이 들어있다.

정답 분석 ③

Q 정답의 단서 | 국권 침탈, 중명전, 이토 히로부미, 대한 제국의 외교권 박탈

중명전은 황실 도서관으로 사용하기 위해 지어졌다가 경운궁(덕수궁)에 대화재가 발생하자 고종의 집무실로 사용되었던 곳으로, 이후 **을사늑약**이 체결된 장소이기도 하다.
③ 대한 제국의 외교권을 박탈한 을사늑약의 체결로, 이듬해 서울에 **통감부가 설치**되었고, 조약 체결의 원흉인 **이토 히로부미가 초대 통감으로 부임**하여 외교뿐만 아니라 내정에도 간섭하였다.

오답 분석

① 삼국 간섭 이후 일본의 세력이 위축되면서 민씨 세력이 러시아를 통해 일본을 견제하려 하자, 일본은 자객을 보내 명성 황후를 시해하였다. **을미사변**으로 신변의 위협을 느낀 **고종은 러시아 공사관으로 피신**하였다(아관 파천).
② 동학 농민 운동으로 농민군이 전라도 일대를 장악하자 조정에서는 이들을 진압하기 위해 청에 원군을 요청하였다. 그러나 톈진 조약에 의해 일본군까지 군대를 파견하였고, 결국 **청일 양국 간의 전쟁이 발발**하였다.
④ 일제는 을사늑약 체결 이후 고종의 헤이그 특사 파견 사건을 구실로 **한일 신협약(정미 7조약)**을 체결하여 **대한 제국의 군대를 강제로 해산**시키고 내정을 완전히 장악하고자 하였다.
⑤ 조선과 프랑스가 **조프 수호 통상 조약**을 체결하면서 **천주교 포교가 허용**되었다.

04 (가), (나) 사이의 시기에 있었던 사실로 옳은 것은?

시기 일치형 67회

(가)

두 달 전 체결된 협약에 따라 메가타가 탁지부의 재정 고문으로 온다는군.

일본이 우리 정부의 재정권을 침해하려는 의도인 것 같네.

(나)

지난달 군대를 해산한다는 조칙이 발표된 이후 군인들의 반발이 계속되고 있다는군.

들었네. 일부는 의병에 합류하여 일본에 저항하는 활동을 전개한다고 하네.

① 데라우치가 초대 총독으로 부임하였다.
② 13도 창의군이 서울 진공 작전을 전개하였다.
③ 기유각서를 통해 일제에 사법권을 박탈당하였다.
④ 상권 수호를 위해 황국 중앙 총상회가 조직되었다.
⑤ 헤이그에서 열린 만국 평화 회의에 특사가 파견되었다.

정답 분석 ⑤

Q 정답의 단서 | 메가타, 재정 고문, 군대를 해산, 의병에 합류

(가) 제1차 한일 협약(1904): 제1차 한일 협약을 통해 임명된 **재정 고문 메가타**는 대한 제국의 경제권을 장악하기 위해 탁지부를 중심으로 **화폐 정리 사업**을 시작하였다(1905).
(나) 한일 신협약(정미 7조약, 1907.7.): 일본은 **헤이그 특사 파견 사건**을 빌미로 **고종을 강제 퇴위**시키고, **한일 신협약**을 체결하여 대한 제국의 **군대를 해산**시켰다. 이에 해산된 군인들이 **의병에 합류**하여 **정미의병**을 전개하였다.
⑤ 고종은 **제2차 한일 협약(을사늑약)**의 부당함을 알리고자 이준, 이상설, 이위종을 네덜란드 헤이그 만국 평화 회의에 특사로 파견하였다(1907.6.).

오답 분석

① 일제는 **한일 병합 조약**을 맺고, **조선 총독부**를 설치하여 초대 총독으로 데라우치를 임명하였다(1910).
② **한일 신협약** 체결 이후 전개된 정미의병 때 **13도 창의군**이 결성되어 **서울 진공 작전**을 전개하였다(1908).
③ 일제의 강압으로 조선은 **기유각서**를 맺어 **사법권 및 감옥 사무**를 일제에 위임하게 되었다(1909).
④ 조청 상민 수륙 무역 장정의 체결로 외국 상인들이 조선의 내지에서 상업 활동을 전개할 수 있게 되었다. 이로 인해 서울 도성의 시전 상인들이 어려움에 처하자 **황국 중앙 총상회**를 조직하여 상권 수호 운동을 전개하였다(1898).

31 항일 의병과 애국 계몽 운동

최근 5개년 기출 빅데이터 분석 리포트

■	24
■	23
■	22
■	21
■	20

2 1 2 2 0 0 3 2 2 2

1   2

(연도)

빈출 키워드 Top 5

1 보안회
2 105인 사건
3 서울 진공 작전
4 대한 자강회
5 신흥 무관 학교

꼭 나오는 문제 유형 Top 3

1 사료형, 설명형
2 빈칸형
3 연표형, 순서 나열형

1 항일 의병

을미의병 (1895)	• 배경: 을미사변, 단발령 • 의병장: 유인석(제천, 충주), 이소응(춘천), 허위(선산), 기우만(장성) 등이 주도
을사의병 (1905)	• 배경: 러일 전쟁 이후 일본의 침략 노골화, 을사늑약 체결 • 최익현: 쓰시마섬에서 순국 • 민종식: 홍주성 점령 • 신돌석: 평민 출신 의병장
정미의병 (1907)	• 배경: 고종의 강제 퇴위, 군대 해산 • 13도 창의군 결성: 총대장 이인영, 참모장 허위 • 서울 주재 각국 영사관에 서신 발송, 국제법상 교전 단체 승인 요구 • 서울 진공 작전(1908): 경기도 양주에 허위가 이끄는 선발대 집결 → 서울 근교까지 진격 → 일본군의 우세한 화력에 밀려 퇴각 • 남한 대토벌 작전: 일제의 무자비한 진압 → 일부 의병 만주 · 연해주로 이동

2 애국 계몽 운동

1. 주요 단체

보안회 (1904)	일제의 황무지 개간권 요구 반대 운동 → 저지 성공, 일제의 압력으로 해산
헌정 연구회 (1905)	• 일제가 친일 세력을 매수하여 일진회를 조직하자 이에 대항하여 결성 • 입헌 군주제 수립을 통한 민권 확대 주장, 일진회의 반민족적 행위 규탄
대한 자강회 (1906)	• 교육 활동과 산업 진흥 주장, 전국에 지회 설치, 『대한 자강회 월보』 간행, 연설회 개최 • 고종 강제 퇴위 반대 투쟁 전개 → 일제의 탄압으로 해산(1907)
대한 협회 (1907)	교육 보급, 산업 개발, 민권 신장, 행정 개선을 추구 → 친일적 성격으로 변질

기출 선택지로 개념 익히기 ◁)) 오디오 학습을 이용해 보세요!

1 항일 의병

▶ 을미의병 – 유생 출신 유인석이 이끄는 의병이 충주성을 점령하였다.
▶ 을미의병 – 단발령 시행에 반발하여 일어났다.
▶ 을미의병 – 이소응, 유인석 등이 주도하였다.
▶ 을사의병 – 을사늑약에 반발하여 봉기하였다.
▶ 을사의병 – 최익현, 민종식 등이 주도하였다.

▶ 을사의병 – 민종식이 이끈 부대가 홍주성을 점령하였다.
▶ 정미의병 – 13도 창의군이 서울 진공 작전을 전개하였다. 8회 이상
▶ 정미의병 – 국제법상 교전 단체로 승인해 줄 것을 요구하였다.
▶ 정미의병 – 일제가 이른바 남한 대토벌 작전을 전개하였다.

2. 신민회

조직	• 배경: 을사늑약 체결 이후 합법적 계몽 활동의 한계 • 안창호, 양기탁 등이 비밀 결사 형태로 조직 (1907)
목표	• 국권 회복과 공화 정체의 근대 국가 건설 지향 • 실력 양성을 추진하면서 무장 독립 전쟁을 준비
활동	• 교육: 대성 학교(평양, 안창호), 오산 학교(정주, 이승훈) 설립, 평양과 서울에 태극 서관 운영(계몽 서적 보급) • 경제: 평양에 자기 회사 운영 • 문화: 대한매일신보를 통해 국민 계몽 독려 • 독립운동 기지 건설: 만주 삼원보에 신흥 강습소(훗날 신흥 무관 학교, 이회영·이동녕 등) 설립
해체	일제가 조작한 105인 사건으로 와해(1911)

▶ 정미의병

▶ 대한 자강회 취지문
"무릇 우리나라의 독립은 오직 자강(自强)의 여하에 있을 따름이다. 오늘날 우리 한국은 3,000리 강토와 2,000만 동포가 있으니, 힘써 자강하여 단체가 합하면 앞으로 부강한 전도를 바랄 수 있고 국권을 능히 회복할 수 있을 것이다. 자강의 방법은 다른 데 있는 것이 아니라 교육을 진작하고 산업을 일으키는 데 있다. 그러므로 국민의 지식을 열고 국력을 기르는 일은 무엇보다도 교육과 산업에 있지 않겠는가?"

▶ 신민회의 105인 사건 판결문
남만주로 집단 이주하려고 기도하고, 조선 본토에서 상당한 재력이 있는 사람들을 그곳에 이주시켜 토지를 사들이고 촌락을 세워 새 영토로 삼고, 다수의 청년 동지를 모집·파견하여 한인 단체를 일으키며, 학교를 세워 민족 교육을 실시하고, 나아가 무관 학교를 설립하여 문무를 겸하는 교육을 실시하면서, 기회를 엿보아 독립 전쟁을 일으켜 구한국의 국권을 회복하려고 하였다.

2 애국 계몽 운동

▶ 보안회의 경제적 구국 운동을 조사한다. 12회 이상
▶ 보안회 – 일제의 황무지 개간권 요구를 저지하였다.
▶ 대한 자강회 – 고종의 강제 퇴위 반대 운동을 전개하였다. 4회 이상
▶ 신민회 – 태극 서관을 운영하여 계몽 서적을 보급하였다. 4회 이상
▶ 신민회 – 평양에서 자기 회사를 설립하였다.

▶ 신민회 – 대성 학교와 오산 학교를 설립하여 민족 교육을 실시하였다.
4회 이상
▶ 신민회 – 독립군 양성을 위해 신흥 강습소를 세웠어요. 4회 이상
▶ 신민회 – 신흥 무관 학교를 세워 무장 투쟁을 준비하였다. 4회 이상
▶ 신민회 – 일제가 조작한 105인 사건으로 와해되었다. 12회 이상
▶ 일제가 데라우치 총독 암살 미수 사건을 계기로 105인 사건을 날조하였다.

01 다음 상황이 나타난 시기를 연표에서 옳게 고른 것은?

연표형 52회

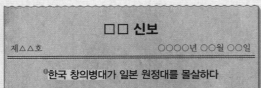

□□ 신보

제△△호   ○○○○년 ○○월 ○○일

한국 창의병대가 일본 원정대를 몰살하다

지금 서울 근처 각 지방에 의병이 많이 모여 **서울을 치고자 하는 모양인데**, 수효는 얼마나 되는지 알 수 없으나 한 곳에는 800명 정도 된다고 한다. **해산된 한국 군인들이 선봉이 되어** 기동하는데 곳곳의 철로와 전선을 끊고 일본 순검이나 철로와 전보국의 사무원을 만나는 대로 죽인다 하며 …… 녹도 땅에 의병을 치러 갔던 일본 원정대는 처참하게 몰살되었다고 한다.

1885	1894	1896	1899	1904	1910
(가)	(나)	(다)	(라)	(마)	
거문도 사건	청일 전쟁	아관 파천	대한국 국제 반포	한일 의정서	국권 피탈

① (가) ② (나) ③ (다) ④ (라) ⑤ (마)

02 (가)~(다) 학생이 발표한 내용을 순서대로 옳게 나열한 것은?

순서 나열형 55회

① (가) – (나) – (다)　② (가) – (다) – (나)
③ (나) – (가) – (다)　④ (나) – (다) – (가)
⑤ (다) – (나) – (가)

문제 파헤치기

정답 분석 ⑤

Q **정답의 단서** | 한국 창의병대, 서울을 치고자 함, 해산된 한국 군인들이 선봉, 일본 순검을 만나는 대로 죽임

⑤ 일제가 한일 신협약(정미 7조약)으로 대한 제국의 군대를 강제 해산시키자 **해산된 군인들이 의병 활동에 가담하면서 의병 부대가 조직화되었다**(정미의병, 1907). 정미의병의 유생 의병장들은 **13도 창의군을 결성**하고 이인영을 총대장, 허위를 군사장으로 추대하여 **서울 진공 작전을 추진**하였으나 실패하였다(1908).

정답 분석 ③

Q **정답의 단서** | 항일 의병 운동, 을사늑약 체결에 반대, 최익현, 신돌석, 을미사변과 단발령 시행에 반발, 유인석, 이소응, 13도 창의군, 서울 진공 작전

(나) **을미의병**(1895): 을미사변이 발생하고 을미개혁으로 단발령이 실시되자 **유인석, 이소응** 등의 유생들이 이에 반대하여 전국적으로 을미의병을 전개하였다.

(가) **을사의병**(1905): 을사늑약이 체결되자 이에 반대하여 유생 출신 **최익현**, 민종식, 평민 출신 **신돌석** 등의 의병장이 주도하여 을사의병을 전개하였다.

(다) **정미의병**(1907): 한일 신협약(정미 7조약)으로 대한 제국 군대가 해산되자 이에 반발하여 정미의병이 전국적으로 전개되었고, 해산 군인들이 의병 활동에 가담하며 의병 부대가 조직화되었다. 이후 이인영을 총대장으로 추대하고 **13도 창의군**을 결성하여 **서울 진공 작전**을 전개하였다.

03 (가) 단체의 활동으로 옳은 것은?

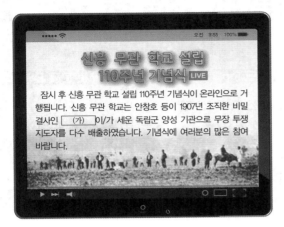

신흥 무관 학교 설립 110주년 기념식 LIVE

잠시 후 신흥 무관 학교 설립 110주년 기념식이 온라인으로 거행됩니다. 신흥 무관 학교는 안창호 등이 1907년 조직한 비밀 결사인 (가) 이/가 세운 독립군 양성 기관으로 무장 투쟁 지도자를 다수 배출하였습니다. 기념식에 여러분의 많은 참여 바랍니다.

① 한글 맞춤법 통일안을 제정하였다.
② 조선 혁명 선언을 활동 지침으로 하였다.
③ 농촌 계몽을 위한 브나로드 운동을 전개하였다.
④ 독립운동 자금을 마련하기 위해 독립 공채를 발행하였다.
⑤ 대성 학교와 오산 학교를 설립하여 민족 교육을 실시하였다.

정답 분석 ⑤

🔍 **정답의 단서 | 신흥 무관 학교, 안창호, 1907년 조직한 비밀 결사**

안창호와 양기탁 등이 결성한 **신민회**는 일제에게 빼앗긴 **국권 회복과 공화 정체**에 바탕을 둔 근대 국가 수립을 목표로 하였다. 이후 **항일 무장 투쟁**의 필요성을 인식하여 서간도 삼원보 지역에 독립군 양성 학교인 신흥 강습소를 설립하였으며, 이는 1919년에 본부를 옮기면서 **신흥 무관 학교**로 명칭이 바뀌었다.
⑤ 신민회는 민족의 실력 양성을 위해 **대성 학교와 오산 학교**를 설립하여 **민족 교육**을 실시하였다.

오답 분석

① **조선어 학회**는 한글 맞춤법 통일안과 표준어를 제정하고, 『조선말 큰사전』의 편찬을 시작하여 해방 이후 완성하였다.
② 김원봉이 결성한 **의열단**은 **신채호**가 작성한 **조선 혁명 선언**을 활동 지침으로 삼아 직접적인 투쟁 방법인 암살, 파괴, 테러 등을 통해 독립운동을 전개하였다.
③ 1930년대 초 언론사를 중심으로 농촌 계몽 운동이 전개되었으며, **동아일보**는 문맹 퇴치 운동의 일환으로 **브나로드 운동**을 전개하였다.
④ **대한민국 임시 정부**는 국외 거주 동포들을 위한 **독립 공채**를 발행하여 독립운동 자금을 마련하였다.

04 (가) 단체에 대한 설명으로 옳은 것은?

이 자료는 (가) 의 활동 목적이 잘 드러나 있는 통용장정의 일부입니다. (가) 은/는 안창호와 양기탁 등이 중심이 된 비밀 결사로 태극 서관을 설립하여 회원들의 연락 장소로 사용하였습니다.

이 자료에 대해 말씀해 주시겠습니까?

본회의 목적은 ……
쇠퇴한 교육과 산업을 개량하고
사업을 유신시켜
유신된 국민이 통일 연합해서
유신이 된 자유 문명국을 성립시킨다.

① 복벽주의를 표방하였다.
② 13도 창의군을 결성하였다.
③ 일제의 황무지 개간권 요구를 저지하였다.
④ 근대 교육을 위해 배재 학당을 설립하였다.
⑤ 일제가 조작한 105인 사건으로 해체되었다.

정답 분석 ⑤

🔍 **정답의 단서 | 안창호, 양기탁, 비밀 결사, 태극 서관, 쇠퇴한 교육과 산업을 개량**

안창호와 양기탁 등이 결성한 **비밀 결사 단체 신민회**는 '대한신민회 통용장정'을 통해 활동 목적을 규정하였다. 이 장정에 따르면 신민회는 국권을 회복하여 공화 정체의 자유 독립국을 세우는 것과 **교육과 산업을 개량**함으로써 **실력을 양성**하는 것을 주장하였다. 이에 따라 신민회는 **대성 학교, 오산 학교, 태극 서관** 등을 설립하였다.
⑤ 조선 총독부가 데라우치 총독 암살 미수 사건을 조작하여 많은 민족 운동가들을 체포한 **105인 사건**으로 인해 신민회가 와해되었다.

오답 분석

① **임병찬**이 고종의 밀명을 받아 조직한 **독립 의군부**는 조선 총독부에 **국권 반환 요구서**를 보내려고 시도하고, **복벽주의**를 내세워 의병 전쟁을 준비하였다.
② 한일 신협약으로 해산된 대한 제국 군인들이 **정미의병**에 가담하며 의병 부대가 조직화되었다. 이후 이인영을 총대장으로 한 **13도 창의군**이 결성되어 **서울 진공 작전**을 전개하였다.
③ **보안회**는 **일본의 황무지 개간권 요구를 반대**하는 운동을 전개하여 요구를 저지하는 데 성공하였다.
④ 미국인 개신교 선교사 **아펜젤러**는 근대적 사립 학교로 **배재 학당**을 설립하여 근대 교육을 실시하였다.

32 열강의 이권 침탈과 경제적 구국 운동

| 최근 5개년 기출 빅데이터 분석 리포트 | 빈출 키워드 Top 5 | 꼭 나오는 문제 유형 Top 3 |

최근 5개년 기출 빅데이터 분석 리포트	빈출 키워드 Top 5	꼭 나오는 문제 유형 Top 3
■ 24 ■ 23 ■ 22 ■ 21 ■ 20 (연도)	1 대한매일신보의 후원(국채 보상 운동) 2 김광제, 서상돈 3 방곡령 4 동양 척식 주식회사 5 화폐 정리 사업	1 사료형 2 설명형 3 빈칸형

1 개항 이후 열강의 경제 침탈

1. 서양 열강의 경제 침탈

배경	청일 전쟁과 아관 파천 이후 열강들이 최혜국 대우를 내세워 이권 침탈
러시아	경원 · 종성 광산 채굴권(1896), 압록강 · 두만강 · 울릉도 삼림 채벌권(1896)
미국	운산 금광 채굴권(1896), 한양 전등 · 전차 부설권(1896), 경인선 부설권(일본에 양도, 1896)
프랑스	경의선 부설권(일본에 양도, 1896)
독일	강원도 당현 금광 채굴권(1897)
영국	평안도 은산 광산 채굴권(1900)

2. 일본의 경제 침탈

이권 침탈	• 철도(경인선, 경부선, 경의선) 부설권 장악 • 전신선 가설(군용), 연해 및 하천 운항권 침탈
재정 정리 사업	• 궁내부 소속 세목을 탁지부로 전환, 황실 재정 축소 • 징세 업무 세무관 담당, 재무 업무 일본인 장악
화폐 정리 사업 (1905)	• 내용: 일본인 재정 고문 메가타의 주도로 백동화와 엽전(상평통보)을 일본 제일 은행권으로 교체 • 문제점: 교환 기간이 지나치게 짧음, 질이 나쁜 백동화의 교환 비율 차별 및 교환 제외 • 결과: 조선 상인 파산, 금본위 화폐제 실시, 일본 제일 은행이 조선의 중앙 은행이 됨
토지 약탈	• 배경: 러일 전쟁을 계기로 군용지 및 철도 부지 확보를 명분으로 국유지와 역둔토 약탈 • 동양 척식 주식회사(1908): 이주 일본인에게 토지 매매

기출 선택지로 개념 익히기 ◁)) 오디오 학습을 이용해 보세요!

1 개항 이후 열강의 경제 침탈
▸ 당현 금광 채굴권
▸ 경부선 철도 부설권
▸ 운산 금광 채굴권
▸ 울릉도 삼림 채벌권
▸ 일본이 경인선 부설권을 인수하였다.
▸ 재정 고문 메가타의 주도로 화폐 정리 사업이 실시되었다. 4회 이상
▸ 동양 척식 주식회사의 설립 과정을 살펴본다. 4회 이상

2 경제적 구국 운동

1. 방곡령

배경	개항 이후 곡물이 대량으로 일본에 유출 → 곡물 가격 폭등, 조선의 식량난 가중
전개	함경도와 황해도 등 각 지역의 지방관들이 조일통상 장정의 조항에 의거하여 방곡령 선포(1889, 1890) → 통고 받은 일수가 1개월에 미치지 못한다고 일본이 항의하며 방곡령 철수와 손해 배상 요구
결과	방곡령 철회, 배상금 지불

2. 국채 보상 운동(1907)

배경	일본의 화폐 정리 사업, 개화 정책 실시를 이유로 차관을 강요하면서 국채 증가
전개	대구에서 김광제 · 서상돈 주도로 국채 보상 운동 전개 → 국채 보상 기성회 설립(서울) → 모금 운동 전개(금주 · 금연 운동, 여성들의 패물 납부) → 대한매일신보, 황성신문 등 언론 기관의 후원 → 각계각층의 호응
결과	통감부의 방해와 탄압, 일제가 양기탁에게 횡령 혐의를 씌워 구속 → 실패

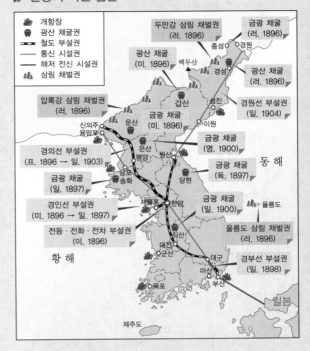

🔍 **개념 PLUS+**

▶ **열강의 이권 침탈**

▶ **화폐 정리 사업**
상태가 매우 양호한 갑종 백동화는 개당 2전 5리의 가격으로 새 돈과 교환하여 주고, 상태가 좋지 않은 을종 백동화는 개당 1전의 가격으로 정부에서 매수하며, …… 단, 형질이 조악하여 화폐로 인정하기 어려운 병종 백동화는 매수하지 않는다.
– 탁지부령 제1호(1905.6.) –

▶ **국채 보상 운동 취지서**
국채 1,300만 원은 우리 대한의 존망에 관계가 있는 것이다. 갚아 버리면 나라가 존재하고 갚지 못하면 나라가 망하는 것은 대세가 반드시 그렇게 이르는 것이다. …… 우리 2천만 동포 중에 애국 사상을 가진 이는 기어이 이를 실시해서 삼천리 강토를 유지하게 되기를 간절히 바라는 바이다.
– 대한매일신보(1907.2.22.) –

---

2 경제적 구국 운동
▶ 방곡령이 선포된 지역의 분포를 알아본다.
▶ 함경도에서 방곡령이 선포되었다. 4회 이상
▶ 일본에 진 빚을 갚자는 국채 보상 운동이 전개되었다.
▶ 국채 보상 운동 – 국채 보상 기성회를 중심으로 전개되었다.

▶ 국채 보상 운동 – 김광제, 서상돈 등이 주도하였다. 4회 이상
▶ 국채 보상 운동 – 대구에서 시작되어 전국으로 확산되었다.
▶ 국채 보상 운동 – 대한매일신보의 후원을 받아 전국으로 확산되었다.
8회 이상
▶ 국채 보상 운동 – 통감부의 방해와 탄압으로 실패하였다.

01 다음 상황이 전개된 배경으로 옳은 것은? 설명형 50회

❶백동화를 ❷제일 은행권으로 바꾸려고 교환소에 갔더니, 터무니없이 낮게 평가해 바꿔 주더군.

백동화는 곧 사용할 수 없을 테니 손해를 보더라도 교환할 수밖에 없지 않겠나.

① 금속류 회수령이 공포되었다.
② 국채 보상 운동이 전개되었다.
③ 산미 증식 계획이 실시되었다.
④ 조선 물산 장려회가 조직되었다.
⑤ 재정 고문으로 메가타가 임명되었다.

02 (가)~(마)에 들어갈 내용으로 옳지 않은 것은?

빈칸형 52회

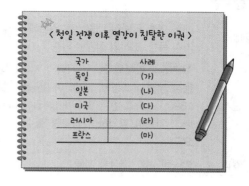

〈 청일 전쟁 이후 열강이 침탈한 이권 〉

국가	사례
독일	(가)
일본	(나)
미국	(다)
러시아	(라)
프랑스	(마)

① (가) – 당현 금광 채굴권
② (나) – 경부선 철도 부설권
③ (다) – 운산 금광 채굴권
④ (라) – 울릉도 산림 채벌권
⑤ (마) – 경인선 철도 부설권

정답 분석 ⑤

🔍 정답의 단서 | 백동화를 제일 은행권으로 바꿈, 교환소

⑤ 제1차 한일 협약을 통해 스티븐스가 외교 고문, 메가타가 재정 고문으로 임명되어 대한 제국의 내정에 간섭하였다(1904). 재정 고문 메가타는 대한 제국의 경제권을 장악하기 위해 탁지부를 중심으로 화폐 정리 사업을 시작하여 ❶백동화를 갑·을·병종으로 구분하고 ❷제일 은행권으로 교환하였다(1905).

오답 분석

① 일제는 대륙 침략을 위해 **한반도 병참 기지화 정책**을 실시하였다. 이에 따라 국가 총동원법에 기초한 **금속류 회수령**을 공포하여 전쟁 수행을 위해 필요한 물적 수탈을 자행하였다(1941).
② **국채 보상 운동**은 **김광제, 서상돈** 등의 제안으로 대구에서 시작된 주권 수호 운동이며, 일본에서 도입한 차관 1,300만 원을 갚아 주권을 회복하는 것이 목표였다(1907).
③ 1920년대에는 자본주의가 발전하면서 인구가 급증하고 도시화가 진행되어 쌀값이 폭등하는 등 식량 부족 문제가 발생하였다. 이에 일제는 부족한 쌀을 조선에서 수탈하기 위해 **산미 증식 계획**을 실시하였다(1920).
④ 평양에서 **조만식**을 중심으로 조직된 **조선 물산 장려회**는 '조선 사람 조선 것'을 주장하며 국산품을 장려하는 **물산 장려 운동**을 전개하였다(1920).

정답 분석 ⑤

🔍 정답의 단서 | 청일 전쟁 이후 열강이 침탈한 이권, 독일, 일본, 미국, 러시아, 프랑스

청일 전쟁 이후 일본과 서양 열강들은 조선에서 철도 부설권, 광산 채굴권 등의 경제적 이권을 헐값으로 취득하였다.
⑤ 우리나라 최초의 철도인 **경인선**은 1896년 미국인에 의해 공사가 시작되었으나, 자금 부족으로 일본인이 경영하는 경인 철도 회사가 부설권을 인수하여 제물포와 노량진 사이의 구간이 개통되었다.

오답 분석

① 독일이 강원도 금성군에 있는 **당현 금광 채굴권**을 획득하였다.
② **일본인 회사**가 부설권을 획득한 **경부선**은 서울과 부산을 연결한 철도로, 우리나라 최초의 철도인 경인선에 이어 두 번째로 개통되었다.
③ **미국**은 이익금의 일부를 조선 왕실에 내놓는다는 조건으로 평안도 **운산의 금광 채굴권**을 얻어 경영하였다.
④ **러시아**는 고종이 러시아 공사관에 머무르는 동안 **울릉도** 유역의 삼림 **채벌권**을 취득하였다.

03

(가)에 들어갈 민족 운동에 대한 설명으로 옳은 것은?

신문으로 보는 경제 구국 운동

🔍 **내용 돋보기**
일본에서 도입한 차관을 갚기 위해 전개된 ＿＿(가)＿＿ 당시 15전부터 10원까지 성금을 보낸 500여 명의 명단을 보도한 대한매일신보 기사

① 회사령 폐지에 영향을 받았다.
② 김광제 등의 발의로 시작되었다.
③ 색동회가 주도적인 역할을 하였다.
④ 민족주의 계열과 사회주의 계열이 함께 준비하였다.
⑤ 중국, 프랑스 등의 노동 단체로부터 격려 전문을 받았다.

04

다음 자료에 나타난 민족 운동에 대한 설명으로 옳은 것은?

우리나라가 채무를 지고 우리 백성이 채노(債奴)*가 된 것이 여러 해가 되었습니다. …… 대황제 폐하께서 진 외채가 1,300만 원이지만 채무를 청산할 방법이 없어 밤낮으로 걱정하시니, 백성된 자로서 있는 힘을 다하여 보상하려고 해도 겨를이 없습니다. …… 우리 동포는 빨리 단체를 결성하여 열성적으로 의연금을 내어 채무를 상환하고 채노에서 벗어나, 머리는 대한의 하늘을 이고, 발은 대한의 땅을 밟도록 해 주시기를 눈물을 머금고 간절히 요구합니다.
*채노(債奴): 빚을 갚지 못해 노비가 된 사람

① 일제가 치안 유지법을 적용하여 탄압하였다.
② 백정에 대한 사회적 차별 철폐를 요구하였다.
③ 독립문 건립을 위한 모금 활동을 전개하였다.
④ 자작회, 토산 애용 부인회 등의 단체가 활동하였다.
⑤ 대한매일신보 등 당시 언론이 적극적으로 참여하였다.

정답 분석 ②

🔍 **정답의 단서** | 경제 구국 운동, 일본에서 도입한 차관을 갚기 위해 전개, 성금, 대한매일신보

② 국채 보상 운동은 김광제, 서상돈 등의 주도로 대구에서 시작되어 일본에서 도입한 차관 1,300만 원을 갚아 주권을 회복하고자 하였다. 김광제, 서상돈 등은 대한매일신보에 국채 보상 운동에 대한 취지를 밝혀 기고하였고, 국채 보상 기성회를 설립하였다. 이후 대한매일신보는 국채 보상 운동에 대한 보도뿐만 아니라 국채 보상 의연금을 수령하고 접수된 의연금의 액수와 성명을 매일 신문에 실어 발표하였다. 국채 보상 운동은 대한매일신보를 비롯한 여러 언론 기관의 지원을 받아 전국으로 확산될 수 있었다.

오답 분석

① 1920년대 회사령 폐지 이후 민족 기업을 통한 경제 자립을 이루기 위해 조만식 주도로 평양에서 물산 장려 운동이 전개되었다.
③ 색동회는 도쿄에서 방정환을 중심으로 조직된 단체로, 소년 운동을 주도하며 어린이날 제정에 기여하였다.
④ 조선 공산당을 중심으로 한 사회주의 세력과 천도교를 중심으로 한 민족주의 세력이 연대하여 6·10 만세 운동을 준비하였다.
⑤ 일제 강점기 최대 규모의 노동 운동인 원산 노동자 총파업은 전국 각지의 노동조합, 청년 단체, 농민 단체 등의 후원과 일본·중국·프랑스·소련의 노동 단체들의 격려가 이어졌으나 일제의 공작으로 종료되었다.

정답 분석 ⑤

🔍 **정답의 단서** | 우리나라가 채무를 짐, 외채 1,300만 원, 단체를 결성하여 의연금으로 채무를 상환

⑤ 국채 보상 운동은 일본에서 도입한 차관 1,300만 원을 갚기 위해 김광제, 서상돈 등의 제안으로 대구에서 시작되었다. 이 운동은 각종 계몽 단체와 대한매일신보 등 언론 기관의 지원을 받아 전국 각지로 확산되었으나, 통감부의 방해와 탄압으로 중단되었다.

오답 분석

① 1920년대 일제는 치안 유지법을 시행하여 사회주의자와 식민지 지배에 저항하는 독립운동가를 탄압하였다.
② 갑오개혁 이후 공사 노비법의 혁파로 법적으로는 신분제가 폐지되었으나 일제 강점기 때 백정에 대한 사회적 차별은 더욱 심해졌다. 백정들은 이러한 차별을 철폐하기 위해 진주에서 형평 운동을 전개하였다.
③ 독립 협회는 모금 활동을 전개하여 청의 사신을 맞던 영은문을 헐고 그 자리 부근에 독립문을 건립하였다.
④ 1920년대에 전개된 물산장려운동은 민족 자본 육성을 통한 경제 자립을 위해 자급자족, 국산품 애용, 소비 절약 등을 내세웠으며 자작회, 토산 애용 부인회 등의 단체가 활동하였다.

33 국학·문예의 변화와 근대 문물 수용

최근 5개년 기출 빅데이터 분석 리포트

- 24
- 23
- 22
- 21
- 20
(연도)

빈출 키워드 Top 5

1 한성순보
2 육영 공원
3 국문 연구소
4 대한매일신보
5 이화 학당

꼭 나오는 문제 유형 Top 3

1 설명형
2 빈칸형
3 합답형

---

1 국학과 문예의 변화

1. 국학

국어	국문 연구소(1907): 지석영·주시경, 학부 안에 설립, 국문 정리와 맞춤법 연구
국사	• 신채호: 『독사신론』(대한매일신보에 게재, 민족주의 역사학의 연구 방향 제시), 『을지문덕전』, 『이순신전』, 『강감찬전』 등 위인전 저술 • 박은식: 조선 광문회, 민족 고전 정리

2. 문학과 예술

문학	신소설(「혈의 누」, 「자유종」, 「금수회의록」 등), 신체시(「해에게서 소년에게」)
예술	판소리 정리(신재효), 원각사(최초의 서양식 극장, 「은세계」·「치악산」 등 신극 공연, 1908)

2 근대 문물의 수용

1. 근대 시설 및 기술

통신	• 전신: 한성전보총국 설립, 조선~청~일본을 연결하는 국제 통신망 완성(1885) • 전화: 궁궐 안에 최초로 가설(1898) • 우편: 우정국 설치(1884), 만국 우편 연합 가입(1900)
전기	경복궁 건청궁에 최초로 전등 가설(1887), 한성 전기 회사 설립(1898)
교통	• 전차: 서대문~청량리 간 가설(한성 전기 회사, 1899) • 철도: 경인선(노량진~제물포, 1899), 경부선(1905), 경의선(1906)
의료	• 광혜원(1885): 최초의 근대식 병원, 알렌의 건의, 이후 제중원으로 이름을 바꿈 • 광제원(1900): 국립 병원, 종두법 실시(지석영, 천연두 예방 노력) • 대한 의원(1907), 자혜 의원(1909)
건축	독립문(1897), 명동 성당(고딕 양식, 1898), 덕수궁 중명전(1901), 덕수궁 석조전(르네상스 양식, 1910)

기출 선택지로 개념 익히기 ◁)) 오디오 학습을 이용해 보세요!

1 국학과 문예의 변화

▸ 국어의 이해 체계 확립을 위해 국문 연구소를 세웠다. 4회 이상
▸ 국문 연구소 – 한글 연구를 목적으로 학부 아래에 설립되었다.
▸ 국문 연구소 – 주시경을 중심으로 국문을 정리하고 철자법을 연구하였다.
▸ 신채호 – 독사신론을 저술하여 민족주의 사학의 기반을 마련하였다.
▸ 신채호 – 애국심 고취를 위해 을지문덕전을 집필하였다.
▸ 박은식 – 조선 광문회를 조직하여 민족 고전을 간행하였다.
▸ 원각사 – 은세계, 치악산 등의 신극이 공연되었다.

2 근대 문물의 수용

▸ 박문국이 세워졌어요.
▸ 전환국이 설치되었다.
▸ 전환국에서 백동화가 발행되었다.
▸ 미국과 합작하여 한성 전기 회사를 설립하였다.
▸ 전차 개통식에 참여하는 한성 전기 회사 직원
▸ 경부선 기차를 타고 부산으로 가는 기자
▸ 노량진에서 제물포를 잇는 경인선이 개통되었다.

2. 근대 언론 기관

한성순보	순 한문, 박문국에서 발행, 최초의 근대 신문, 관보 성격
한성주보	국한문 혼용, 한성순보 계승, 최초의 상업 광고 게재
독립신문	한글과 영문으로 발행, 서재필 등이 창간, 우리 나라 최초의 민간 신문
제국신문	순 한글, 서민층과 부녀자 대상, 교육과 실업 발달 강조
황성신문	국한문 혼용, 양반 지식인 대상, 장지연의 「시일 야방성대곡」 게재
대한매일신보	한글·국한문·영문판 발행, 양기탁과 영국인 베델이 합작하여 창간, 국채 보상 운동 후원
만세보	국한문 혼용, 오세창을 중심으로 창간된 천도교 기관지, 여성 교육과 여권 신장 노력

3. 근대 교육 기관

원산 학사 (1883)	우리나라 최초의 근대식 사립 학교, 함경도 덕원 주민이 설립, 근대 학문과 무술 교육
동문학 (1883)	정부가 세운 통역관 양성소(영어 교육)
육영 공원 (1886)	헐버트 등 미국인 교사 초빙, 상류층 자제에게 근대 학문 교육
이화 학당 (1886)	개신교 선교사 스크랜튼이 설립한 여성 학교, 근대적 여성 교육 실시

⊕ 개념 PLUS⁺

▶ 경인선 개통식

▶ 독립신문

▸ 알렌의 건의로 광혜원이 세워졌다.
▸ 최초의 서양식 병원인 광혜원 설립을 주관하였다.
▸ 제중원에서 치료받는 환자
▸ 박문국을 설치하여 한성순보를 발행하였다. 8회 이상
▸ 한성순보 – 순 한문 신문으로 열흘마다 발행하는 것이 원칙이었다.
▸ 한성주보 – 최초로 상업 광고를 실었다.
▸ 서재필 등이 독립신문을 발행하였다.
▸ 독립신문 – 우리나라 최초의 민간 신문이었다.
▸ 한글 신문인 제국신문을 간행하였다.

▸ 제국신문을 발행하여 민중 계몽에 힘썼다.
▸ 황성신문에 시일야방성대곡이 게재되었다.
▸ 양기탁 – 영국인 베델과 함께 대한매일신보를 창간하였다. 4회 이상
▸ 대한매일신보 – 국채 보상 운동을 적극 후원하였다. 8회 이상
▸ 만세보를 발행하여 민중 계몽에 힘썼다.
▸ 정부가 외국어 교육 기관인 동문학을 세웠다. 4회 이상
▸ 서양식 근대 교육 기관인 육영 공원을 설립하였다. 8회 이상
▸ 육영 공원에서 영어를 가르치는 미국인 교사
▸ 이화 학당을 설립하여 근대적 여성 교육에 기여하였다. 4회 이상

01 (가) 인물에 대한 설명으로 옳은 것은? 빈칸형 61회

국어 연구에 앞장선 (가) 에 대해 알려 주세요.

호는 한힌샘으로, 독립신문사의 교보원으로 활동하였습니다. 큰 보자기에 책을 넣고 다니며 학생들에게 국어를 가르쳐 주보따리라는 별명을 얻었습니다.

① 국문 연구소의 연구위원으로 활동하였다.
② 조선어 학회 사건으로 구속되어 옥고를 치렀다.
③ 국권 피탈 과정을 정리한 한국통사를 집필하였다.
④ 세계지리 교과서인 사민필지를 한글로 저술하였다.
⑤ 여유당전서를 간행하고 조선학 운동을 전개하였다.

02 밑줄 그은 ㉠ 사건 이후의 사실로 옳은 것은? 설명형 50회

이 문서는 에디슨이 설립한 전기 회사가 프레이저를 자사의 조선 총대리인으로 위촉한다는 내용을 담고 있다. 이 회사는 총대리인을 통해 경복궁 내의 전등 가설 공사를 수주하였다. 이에 따라 경복궁 내에 발전 설비를 마련하고, ㉠건청궁에 조선 최초의 전등을 가설하였다.

① 알렌의 건의로 광혜원이 세워졌다.
② 박문국에서 한성순보가 발행되었다.
③ 무기 제조 공장인 기기창이 설립되었다.
④ 정부가 외국어 교육 기관인 동문학을 세웠다.
⑤ 노량진에서 제물포를 잇는 경인선이 개통되었다.

문제 파헤치기

정답 분석 ①

🔍 정답의 단서 | 국어 연구, 한힌샘, 독립신문사의 교보원으로 활동, 주보따리

① **한힌샘 주시경**은 우리의 말과 글로 나라를 지키려 노력한 한글 학자이자 독립운동가로, 일생을 한글 연구에 바쳤다. 그는 책을 큰 보따리에 들고 다니며 바쁜 수업 일정을 소화한 탓에 **주보따리**라고 불리기도 하였다. 주시경과 지석영을 중심으로 **국문 연구소**가 설립된 이후 주시경은 **국문 연구소 위원**으로 한글의 정리와 국어의 이해 체계 확립에 힘쓰면서 국문법을 정리하였다.

오답 분석

② 일제가 조선어 학회를 독립운동 단체로 간주하고 관련 인사를 체포한 후 학회를 강제 해산시키는 **조선어 학회 사건**이 발생하여, **이극로, 최현배** 등이 구속되어 옥고를 치렀다.
③ **박은식**은 독립을 위해 **국혼(國魂)**을 강조하였으며, 고종 즉위 다음 해부터 국권 피탈 직후까지의 역사를 기록한 『한국통사』를 집필하였다.
④ **육영 공원**의 교사 **헐버트**는 세계의 지리 지식과 문화를 소개하는 내용을 담은 교과서인 『사민필지』를 한글로 저술하였다.
⑤ **정인보**는 안재홍 등과 함께 **조선학 운동**을 주도하여 정약용의 저술을 모은 『여유당전서』를 간행하였다.

정답 분석 ⑤

🔍 정답의 단서 | 에디슨이 설립한 전기 회사, 경복궁 내의 전등 가설 공사, 건청궁에 조선 최초의 전등 가설

미국 에디슨 전기 회사의 전기 기사가 경복궁 내에 증기 발전기 2대를 설치하여 **건청궁 일대에 조선 최초로 전등을 설치**하였다(1887).
⑤ **우리나라 최초의 철도인 경인선**은 1896년 미국인에 의해 공사가 시작되었으나, 자금 부족으로 일본인이 경영하는 경인 철도 회사가 부설권을 인수하여 1899년에 **노량진과 제물포 사이의 구간이 개통**되었다.

오답 분석

① 조선 정부는 **알렌**의 건의를 받아들여 **최초의 서양식 병원**인 **광혜원**을 건립하였다(1885).
② 개항 이후 **박문국**에서 최초의 근대 신문인 **한성순보**를 발간하였다(1883). 한성순보는 순 한문을 사용하고 10일마다 발행되었으며, 정부 관보의 성격을 가지고 있었다.
③ 김윤식을 중심으로 청에 파견된 **영선사**는 톈진에서 근대 무기 제조 기술과 군사 훈련법을 배우고 돌아왔고(1881), 이를 계기로 근대식 무기 제조 공장인 **기기창**이 세워졌다(1883).
④ 조선 정부는 외국어 통역관을 양성하기 위한 **외국어 교육 기관**인 **동문학**을 설립하여 영어 교육을 실시하였다(1883).

03 (가)~(라)에 들어갈 내용으로 옳은 것을 〈보기〉에서 고른 것은?

합답형 72회

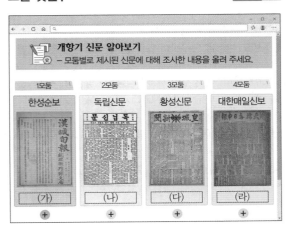

개항기 신문 알아보기
– 모둠별로 제시된 신문에 대해 조사한 내용을 올려 주세요.

1모둠	2모둠	3모둠	4모둠
한성순보	독립신문	황성신문	대한매일신보
(가)	(나)	(다)	(라)

• 보기 •

ㄱ. (가) – 정부에서 발행한 순 한문 신문이었어요.
ㄴ. (나) – 서재필의 주도로 창간되었어요.
ㄷ. (다) – 일장기를 삭제한 손기정 사진이 실렸어요.
ㄹ. (라) – 상업 광고가 처음으로 게재되었어요.

① ㄱ, ㄴ   ② ㄱ, ㄷ   ③ ㄴ, ㄷ
④ ㄴ, ㄹ   ⑤ ㄷ, ㄹ

04 (가)~(마)에 대한 설명으로 옳은 것은?

빈칸형 65회

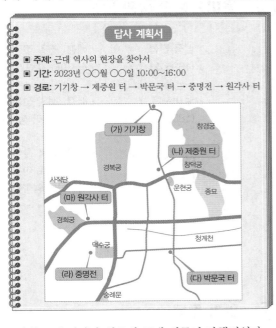

답사 계획서

■ **주제:** 근대 역사의 현장을 찾아서
■ **기간:** 2023년 ○○월 ○○일 10:00~16:00
■ **경로:** 기기창 → 제중원 터 → 박문국 터 → 중명전 → 원각사 터

① (가) – 우리나라 최초의 근대 신문이 간행되었다.
② (나) – 고종의 황제 즉위식이 거행된 장소이다.
③ (다) – 백동화가 주조되었다.
④ (라) – 을사늑약이 체결되었다.
⑤ (마) – 나운규의 아리랑이 처음 상영된 곳이다.

정답 분석 ①

🔍 **정답의 단서 |** 개항기 신문, 한성순보, 독립신문, 황성신문, 대한매일신보

ㄱ. **한성순보**는 개화 정책의 일환으로 정부가 **박문국에서 발행한 최초의 개항기 신문**이다. 한글이 섞이지 않고 한자로만 글이 구성된 **순한문 신문**이었으며, 정부의 개화 정책을 홍보하는 **기관지** 역할을 하였다.

ㄴ. 갑신정변 이후 미국에서 돌아온 서재필은 정부의 지원을 받아 **우리나라 최초의 민간 신문인 독립신문**을 창간하였다. 독립신문은 **최초의 한글 신문**으로 외국인을 위한 **영문판**도 제작되었다.

오답 분석

ㄷ. **동아일보**는 베를린 올림픽 마라톤 대회에서 우승한 **손기정 선수**의 가슴에 있는 **일장기를 삭제**한 채 보도하여 무기 정간 등 일제의 탄압을 받았다. 황성신문은 대한매일신보와 함께 국채 보상 운동을 지원하였다.

ㄹ. **한성주보**는 일주일에 한 번 발간되었던 우리나라 최초의 주간 신문으로, **최초로 상업 광고를 게재**하였다. 대한매일신보는 양기탁과 영국인 베델을 중심으로 창간되었으며, 항일 민족 운동을 적극적으로 지원하였다.

정답 분석 ④

🔍 **정답의 단서 |** 근대 역사, 기기창, 제중원, 박문국, 중명전, 원각사

④ **중명전**은 황실 도서관으로 사용하기 위해 지어졌다가 경운궁(덕수궁)이 불타자 고종의 집무실로 사용되었던 곳으로, 이후 대한 제국의 외교권이 박탈당한 **을사늑약이 체결된 장소**이기도 하다.

오답 분석

① **개항 이후 개화 정책**의 일환으로 출판 기관인 **박문국**이 설치되었고 이곳에서 **최초의 근대 신문인 한성순보**를 발행하였다. 기기창은 청을 시찰하고 돌아온 영선사가 세운 근대식 무기 제조 공장이다.

② **고종**은 아관 파천 이후 **경운궁(덕수궁)**으로 환궁하여 **대한 제국**을 수립하고 환구단에서 황제 즉위식을 거행하였다. 제중원은 우리나라 최초의 근대식 병원으로, 광혜원에서 그 명칭이 바뀌었다.

③ 조선은 **개항 이후 전환국**을 설치하고 상평통보를 대신할 새로운 화폐인 **백동화**를 주조하여 발행하였다. 박문국은 출판 기관으로 한성순보를 발행하였다.

⑤ **단성사**에서 **나운규의 「아리랑」**이 처음 개봉·상영되었고, 이후 한국 영화가 비약적으로 발전하였다. 원각사는 최초의 서양식 극장으로 「은세계」, 「치악산」 등의 신극이 공연되었다.

4일차 복습 체크리스트

☑ 을미사변과 아관 파천

삼국 간섭 (1895.4.)	• 배경: 청일 전쟁에서 승리한 일본이 막대한 배상금과 랴오둥반도 획득 • 러시아 · 프랑스 · 독일 3국이 일본에 랴오둥반도 반환을 요구하며 압력 행사 → 일본이 랴오둥반도 반환
을미사변 (1895.8.)	• 배경: 청일 전쟁에서 승리한 일본을 견제하고자 친러 내각 수립(제3차 김홍집 · 박정양 내각) • 조선의 친러 정책에 위기감을 느낀 일본이 명성 황후 시해 → 친일 내각 수립 → 을미개혁 추진
아관 파천 (1896.2.)	• 배경: 삼국 간섭 이후 친러파와 러시아 공사 베베르 등에 의해 신변 보호 명목으로 고종이 거처를 러시아 공사관으로 이동 • 러시아의 영향력 증대, 갑오 · 을미개혁 중단, 열강의 이권 침탈(광산, 철도, 목재 등)

☑ 의거 활동

나철, 오기호	오적 암살단 조직 → 을사오적 처단 시도(1906)
전명운, 장인환	미국 샌프란시스코에서 친일파 미국인 스티븐스 사살(1908)
안중근	만주 하얼빈에서 이토 히로부미 처단(1909) → 옥중에서 『동양평화론』 저술
이재명	명동 성당 앞에서 이완용 암살 시도(1909) → 이완용 중상, 항일 투쟁 열기 고조

☑ 애국 계몽 운동 당시 교육과 언론 활동

교육 운동	• 서북 학회(1908): 서북 학보 발행, 순회 강연, 농업 기술 교육 실시, 산업의 개량을 위해 실업부 조직, 기금 조성 • 기호 흥학회(1908): 경기 · 충청도 인사들이 중심이 되어 기호 흥학회 월보 발행, 기호 학교 설립
언론 활동 및 국학 연구	• 황성신문: 장지연의 「시일야방성대곡」 게재(을사조약 체결 규탄) • 대한매일신보: 양기탁, 박은식, 신채호 등의 항일 논설 게재, 일제의 침략상 폭로, 국채 보상 운동 지원 등 • 국학 연구: 『을지문덕전』, 『이순신전』 등 위인전 간행

☑ 상권 및 이권 수호 운동

회사 설립	대동 상회(평양), 장통 회사(서울) 등 합자 회사 설립
은행 설립	조선은행(관료 자본 중심), 한성은행, 대한 천일 은행 등
시전 상인	• 경강 상인: 증기선 구입, 미곡 유통 분야의 상권 주도 • 황국 중앙 총상회(1898): 시전 상인이 조직, 철시 투쟁
혜상공국 설치	정부가 영세 상인인 보부상을 보호하기 위해 설치

☑ 종교계의 변화

유교	박은식이 『유교 구신론』 저술, 유교의 개혁과 유림계의 단결 주장
불교	한용운이 『조선 불교 유신론』 저술 → 불교의 혁신과 자주성 회복 주장
천주교	애국 계몽 운동에 참여, 고아원 설립, 교육 기관 설립
개신교	의료 사업과 교육 사업 전개 → 근대 문화와 근대 교육 발달에 기여
천도교	손병희가 동학을 천도교로 개칭, 교육 활동, 인쇄소 운영(만세보 발행) → 민족의식 고취
대종교	나철·오기호 등이 창시, 단군 신앙을 체계화, 1910년대에 많은 애국지사들이 대종교에 가담하여 간도·연해주 등지에서 활발한 독립 운동 전개

☑ 근대 교육 발달

근대 교육의 시작	• 원산 학사: 최초의 근대식 사립 학교, 근대 학문 교육 • 동문학: 통역관 양성 • 육영 공원: 헐버트, 길모어 등 외국인 선교사 초빙
갑오개혁	교육 입국 조서 반포 → 한성 사범 학교, 소학교, 외국어 학교 등 설립
광무개혁	관립 학교, 실업 학교, 기술 교육 기관 설립
사립 학교 설립	• 배재 학당: 미국인 선교사 아펜젤러가 세운 근대적 학교 • 이화 학당: 미국인 선교사 스크랜튼이 세운 최초의 여성 학교 • 대성 학교: 신민회원 안창호가 민족 교육을 위해 평양에 지은 학교 • 오산 학교: 신민회원 이승훈이 민족 교육을 위해 정주에 지은 학교

7

일제 강점기

| 선사 | 고대 | 고려 | 조선 전기 | 조선 후기 | 근대 | 일제 강점기
13% | 현대 | 특강 |

1910년대 >>

1910	조선 총독부 설치, 회사령 시행
1911	105인 사건으로 신민회 해체
1912	조선 태형령, 토지 조사 사업 시작
1914	대한 광복군 정부 수립
1919	3 · 1 운동, 대한민국 임시 정부 수립

1920년대 >>

1920	봉오동 전투, 청산리 전투
1923	국민 대표 회의
1925	치안 유지법
1926	6 · 10 만세 운동
1927	신간회 조직
1929	광주 학생 항일 운동

최근 5개년 기출 출제 비율

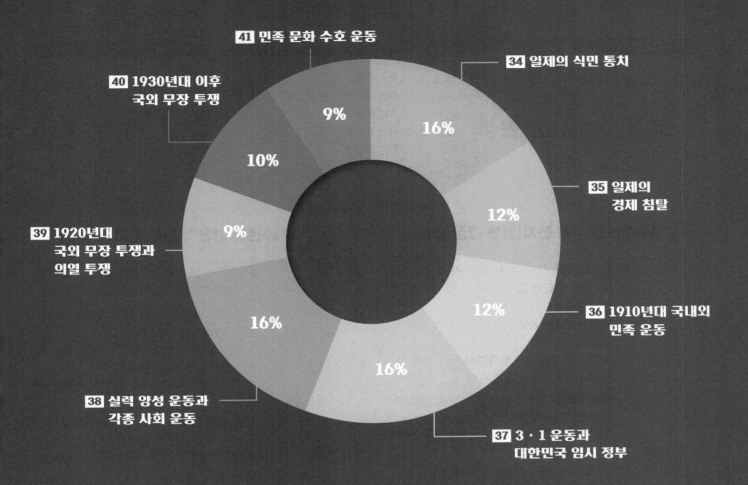

41 민족 문화 수호 운동 9%

40 1930년대 이후 국외 무장 투쟁 10%

39 1920년대 국외 무장 투쟁과 의열 투쟁 9%

38 실력 양성 운동과 각종 사회 운동 16%

37 3·1 운동과 대한민국 임시 정부 16%

36 1910년대 국내외 민족 운동 12%

35 일제의 경제 침탈 12%

34 일제의 식민 통치 16%

1930년대		1940~1945년	
1932	이봉창, 윤봉길 의거	1940	한국 광복군 창설
1937	황국 신민 서사 암송	1942	조선어 학회 사건
1938	국가 총동원령	1945	8·15 광복
1939	국민 징용령		

기출 선택지로 개념 익히기 는 오디오 학습으로 스마트하게!

34 일제의 식민 통치

최근 5개년 기출 빅데이터 분석 리포트	빈출 키워드 Top 5	꼭 나오는 문제 유형 Top 3
■ 24 ■ 23 ■ 22 ■ 21 ■ 20 (연도)	1 황국 신민 서사 2 조선 사상범 예방 구금령 3 조선 태형령 4 치안 유지법 5 헌병 경찰제	1 설명형 2 사료형 3 시기 일치형

1 1910년대 무단 통치(헌병 경찰 통치)

식민 통치 기구 설치	• 조선 총독부: 식민 통치 중심 기관(입법·행정·사법 및 군대 통수권까지 장악), 총독은 일본 군인 중에 임명 • 중추원: 총독부 자문 기구(한국인 정치 참여 위장, 친일파로 구성) • 동양 척식 주식회사: 토지 조사 사업, 토지 관련 분배 업무, 회사 설립 등 담당
무단 통치 실시	• 헌병 경찰제: 헌병이 경찰 업무 수행, 범죄 즉결례(재판 없이 즉결 처벌)에 의해 한국인 처벌 • 조선 태형령: 한국인에 한하여 재판 없이 태형을 가할 수 있도록 함 • 관리와 교사들까지 칼을 차고 제복 착용 • 출판·언론·결사의 자유 박탈, 한글 신문 폐간 • 제1차 조선 교육령: 보통 학교의 수업 연한을 4년으로 하는 등 식민지 교육 방침 규정

2 1920년대 기만적 문화 통치

배경	일제의 무단 통치에 대한 반발로 3·1 운동 발생, 국제 여론 악화 → 무단 통치의 한계 인식
문화 통치 실시	• 문관 총독 임명 가능: 실제로는 문관 총독이 임명되지 않음 • 도 평의회, 부·면 협의회 설치: 실권 없는 자문 기관으로 의결권이 없음 • 친일파 양성: 우리 민족을 분열시키기 위한 친일파 양성 • 보통 경찰제: 헌병 경찰제를 보통 경찰제로 전환 → 경찰서·경찰관 수는 증가 • 치안 유지법(1925): 사회주의 운동을 탄압하기 위해 제정 • 출판·언론·결사의 자유 부분 허용 • 제2차 조선 교육령

기출 선택지로 개념 익히기 ◁》 오디오 학습을 이용해 보세요!

1 1910년대 무단 통치(헌병 경찰 통치)
▸ 강압적인 통치를 목적으로 헌병 경찰 제도가 실시되었다. 8회 이상
▸ 헌병대 사령관이 치안을 총괄하는 경무총감부가 신설되었다.
▸ 태형을 집행하는 헌병 경찰 4회 이상
▸ 조선 태형령을 관보에 게재하는 총독부 관리
▸ 한국인에 한해 적용되는 조선 태형령이 공포되었다.
▸ 범죄 즉결례에 의해 한국인을 처벌하였다.
▸ 회사령을 공포하는 총독부 관리 8회 이상

▸ 식민지 교육 방침을 규정한 제1차 조선 교육령을 제정하였다.

2 1920년대 기만적 문화 통치
▸ 치안 유지법이 제정되는 결과를 가져왔다. 8회 이상
▸ 일제가 치안 유지법을 적용하여 탄압하였다.
▸ 사회주의 운동을 탄압하기 위한 치안 유지법이 마련되었다.
▸ 제2차 조선 교육령을 시행하였다.
▸ 도 평의회, 부·면 협의회 등의 자문 기구를 설치하였다.

3 1930년대 이후 민족 말살 통치

배경	대공황 이후 일제의 침략 전쟁 확대(만주 사변, 중일 전쟁, 태평양 전쟁)
민족 말살 통치	• **내선 일체**: 한국인과 일본인이 하나라는 주장 • **황국 신민 서사 암송**: 일왕에게 충성을 맹세하는 내용의 서사 암송 강요 • 신사 참배: 전국에 일본 신을 모신 신사를 세우고 참배 강요 • **창씨개명**: 한국인의 성명을 일본식으로 고치도록 강요 • 조선일보 · 동아일보 폐간 • 제3차 조선 교육령: 한국어와 한국사 교육 사실상 금지 • **국민학교령**: 소학교의 명칭을 '황국 신민의 학교'라는 의미인 '국민학교'로 변경 • **조선 사상범 보호 관찰령(1936)** · **조선 사상범 예방 구금령(1941)** 시행: 독립운동 세력 감시 · 탄압 • 조선어 학회 사건(1942): 『조선말 큰사전』 편찬을 준비하던 조선어 학회 회원들을 치안 유지법 위반으로 구속하여 탄압

🔍➕ 개념 PLUS+

▶ **조선 태형령**

제1조 3개월 이하의 징역 또는 구류에 처하여야 할 자는 정상(情狀)에 의하여 태형에 처할 수 있다.

제11조 태형은 감옥 또는 즉결 관서에서 비밀로 집행한다.

제13조 본령은 조선인에 한하여 적용한다.

▶ **문화 통치 실시**

총독은 문무관 어느 쪽이라도 임용될 수 있는 길을 열 것이며, 헌병에 의한 경찰 제도를 고쳐 보통 경찰관에 의한 경찰 제도로 대신할 것이다. 또한, 복제를 개정하여 일반 관리와 교원의 제복과 대검을 폐지하고, 조선인의 임용과 대우 등도 고려한다.

               – 사이토 총독, 「시정방침훈시」 –

▶ **황국 신민 서사 암송**

---

③ 1930년대 이후 민족 말살 통치

▸ 신사 참배에 강제 동원되는 학생
▸ 황국 신민 서사의 암송이 강요되었다.
▸ 내선일체를 강조한 황국 신민 서사의 암송이 강요되었다. 8회 이상
▸ 국민학교에서 공부하는 학생
▸ 조선 사상범 예방 구금령을 통해 독립운동을 탄압하였다. 8회 이상
▸ 독립운동 탄압을 위한 조선 사상범 보호 관찰령을 공포하였다.

01 (가)~(다)를 공포된 순서대로 옳게 나열한 것은?

순서 나열형 사료형 54회

> (가) 총독은 문무관 어느 쪽이라도 임용될 수 있는 길을 열 것이
> 며, ●헌병에 의한 경찰 제도를 고쳐 보통 경찰관에 의한 경
> 찰 제도로 대신할 것이다. 또한, 복제를 개정하여 일반 관
> 리와 교원의 제복과 대검(帶劍)을 폐지하고, 조선인의 임용
> 과 대우 등도 고려한다.
>
> (나) 제1조 경찰서장 또는 그 직무를 취급하는 자는 그 관할 구
> 역 안의 다음 각호의 ●범죄를 즉결할 수 있다.
> ......
> 제2조 즉결은 정식 재판을 하지 않으며 피고인의 진술을
> 듣고 증빙을 취조한 후 즉시 언도해야 한다.
>
> (다) 제1조 치안 유지법의 죄를 범한 자에 대해 형의 집행 유예
> 언도가 있었을 경우 또는 소추를 필요로 하지 않기
> 때문에 공소를 제기하지 않은 경우에는 보호 관찰 심
> 사회의 결의에 따라 ●보호 관찰에 부칠 수 있다. 형
> 의 집행을 마치거나 또는 가출옥을 허락받았을 경우
> 도 역시 같다.

① (가) – (나) – (다)

② (가) – (다) – (나)

③ (나) – (가) – (다)

④ (나) – (다) – (가)

⑤ (다) – (가) – (나)

정답 분석 ③

Q 정답의 단서 | 총독, 헌병, 보통 경찰관, 제복과 대검 폐지, 범죄 즉결, 치안
유지법, 보호 관찰

(나) ●범죄 즉결례(1910): 일제는 무단 통치기 경찰서장·헌병 분대장
에게 즉결권을 부여하여 정식 법 절차나 재판을 거치지 않고 한국
인을 체포·감금할 수 있도록 하였다.

(가) 사이토 총독 시정 방침 훈시(1919): 일제는 3·1 운동 이후 국제
여론 악화와 무단 통치의 한계를 인식하여 ●기만적 문화 통치로 전
환하였다.

(다) ●조선 사상범 보호 관찰령(1936): 민족 말살 통치기에 독립운동
관련자, 치안 유지법 위반자들을 보호 관찰한다는 명목으로 시행
하였다.

02 다음 법령이 시행된 시기에 있었던 사실로 옳은 것은?

사료형 51회

> 제2조 즉결은 정식 재판을 하지 않으며 피고인의 진술을 듣고 증
> 빙을 취조한 후 곧바로 언도해야 한다.
> 제11조 제8조, 제9조에 의한 유치 일수는 구류의 형기에 산입하
> 고, 태형의 언도를 받은 자에 대하여는 1일을 태 5로 절산
> 하여 태 수에 산입하며, 벌금 또는 과료의 언도를 받은 자
> 에 대하여는 1일을 1원으로 절산하여 그 금액에 산입한다.

① 박문국을 설치하여 한성순보를 발행하였다.

② 황국 중앙 총상회가 상권 수호 운동을 주도하였다.

③ 근대적 개혁 추진을 위해 군국기무처가 설치되었다.

④ 강압적 통치를 목적으로 헌병 경찰제가 실시되었다.

⑤ 일본에 진 빚을 갚자는 국채 보상 운동이 전개되었다.

정답 분석 ④

Q 정답의 단서 | 즉결은 정식 재판을 하지 않음, 태형

일제는 범죄 즉결례를 실시하여 정식 법 절차나 재판을 거치지 않고 한
국인에게 벌금을 물리거나 구류 등에 처할 수 있게 하였다(1910).

④ 일제는 무단 통치기인 1910년대에 강압적인 통치를 목적으로 헌병
경찰제를 실시하고 곳곳에 헌병들을 배치하였다.

[오답 분석]

① 조선 고종 때 개항 이후 개화 정책의 일환으로 박문국을 설치하고
최초의 근대 신문인 한성순보를 발행하였다(1883).

② 조청 상민 수륙 무역 장정 체결 이후 외국 상인들로 인해 어려움에
처한 서울 도성의 시전 상인들은 황국 중앙 총상회를 조직하여 상권
수호 운동을 전개하였다(1898).

③ 동학 농민군과 전주 화약을 체결한 뒤 조선 정부에서는 교정청을 설
치하여 자주적인 개혁을 시도하였다. 그러나 일본군은 내정 개혁 기
구인 군국기무처를 설치하고 김홍집과 박정양 등을 중심으로 갑오
개혁을 추진하였다(1894).

⑤ 국채 보상 운동은 김광제, 서상돈 등의 제안으로 대구에서 시작되었
다(1907). 이후 서울에서 조직된 국채 보상 기성회를 중심으로 전국
적으로 확산되어 일본에서 도입한 차관 1,300만 원을 갚아 주권을
회복하고자 하였다.

03 다음 기사가 나오게 된 배경으로 적절한 것은?

설명형 58회

아무리 그럴듯하게 내세워도 이러한 통치 방식은 결국 우리 조선인을 기만하는 거야.

총독의 임용 범위를 확장하고, 지방 자치 제도를 실시한다. …… 이로써 관민이 서로 협력 일치하여 조선에서 문화적 정치의 기초를 확립한다.

① 3·1 운동이 전국적으로 전개되었다.
② 조선 사상범 예방 구금령이 시행되었다.
③ 브나로드 운동이 동아일보를 중심으로 추진되었다.
④ 조선 노동 총동맹과 조선 농민 총동맹이 설립되었다.
⑤ 내선일체를 강조한 황국 신민 서사의 암송이 강요되었다.

정답 분석 ①

🔍 **정답의 단서** | 총독의 임용 범위 확장, 지방 자치 제도 실시, 문화적 정치, 조선인을 기만

일제는 3·1 운동 이후 무단 통치의 한계를 인식하여 1920년대에 보통 경찰제, 관리·교원의 복제 폐지, 조선인과 내지인 동일 대우 등을 약속하며 **문화 통치**로 식민지 통치 방식을 전환하였다.
① **3·1 운동**은 고종의 인산일을 계기로 일어난 **전국적인 민족 운동**으로 민족 대표 33인이 **독립 선언서**를 발표하여 국내외에 독립을 선언하였다(1919).

오답 분석

② 일제는 민족 말살 통치기에 **조선 사상범 예방 구금령**을 공포하여 사상 및 행동을 관찰한다는 명목으로 조선인들의 독립운동을 탄압하였다(1941).
③ 1930년대 초 언론사를 중심으로 **농촌 계몽 운동**이 전개되었으며, **동아일보**는 문맹 퇴치 운동의 일환으로 브나로드 운동을 추진하였다.
④ **조선 노농 총동맹**은 **조선 노동 총동맹**과 **조선 농민 총동맹**으로 분리되었다(1927).
⑤ 1930년대에 일제는 우리 민족의 정체성을 말살하기 위해 **황국 신민화 정책**을 시행하였다. 이 정책의 일환으로 **내선일체**의 구호를 내세워 **황국 신민 서사**의 암송을 강요하였다.

---

04 밑줄 그은 '시기'에 있었던 사실로 옳은 것은?

설명형 53회

난징 리지샹 위안소 구지(舊址) 진열관에 있는 '만삭의 위안부' 동상은 고(故) 박영심 할머니를 모델로 조성되었습니다. 중일 전쟁을 일으킨 일제가 침략 전쟁을 확대하던 시기에 운영된 이 위안소는 박영심 할머니의 피해 증언 등에 힘입어 기념관으로 거듭나게 되었습니다.

① 만주 군벌과 일제가 미쓰야 협정을 체결하였다.
② 한국인에 한해 적용되는 조선 태형령이 공포되었다.
③ 내선일체를 강조한 황국 신민 서사의 암송이 강요되었다.
④ 강압적인 통치를 목적으로 헌병 경찰 제도가 실시되었다.
⑤ 평양 등지에서 반중 폭동을 초래한 만보산 사건이 일어났다.

정답 분석 ③

🔍 **정답의 단서** | 중일 전쟁을 일으킨 일제가 침략 전쟁을 확대하던 시기

일제는 1930년대 이후 민족 말살 통치기에 대륙 침략을 위해 한반도를 병참 기지화하고 중일 전쟁과 태평양 전쟁을 일으켰다. 국가 총동원법을 시행하여 우리 민족을 전쟁에 강제 동원하였으며(1938), 젊은 여성들을 일본군 '위안부'로 삼아 성 착취를 자행하였다. 2015년에는 고(故) 박영심 할머니의 피해 증언으로 난징 옛 위안소 자리에 리지샹 위안소 구지 진열관을 개관하여 당시 모습을 재현하고 자료를 진열하였다.
③ 일제는 민족의 정체성을 말살하기 위해 **황국 신민화 정책**을 시행하여 **내선일체**의 구호를 내세워 한글을 사용하지 못하게 하고 **황국 신민 서사**의 암송을 강요하였다(1937).

오답 분석

① 1920년대 **만주 지역 항일 무장 투쟁을 탄압**하기 위해 조선 총독부 경무 국장 미쓰야와 만주 군벌 장쭤린은 **미쓰야 협정**을 체결하였다(1925).
②·④ 1910년대 **무단 통치기**에 일제는 강압적 통치를 목적으로 **헌병 경찰 제도**를 실시하였고, **조선 태형령**을 공포하여 곳곳에 배치된 헌병 경찰들이 조선인들에게 태형을 가하였다(1912).
⑤ 일제는 1930년대 만주 지역에서 전개되던 **한중 연합 반일 투쟁을 분열**시키기 위해 길림성 만보산 지역에서 양국 농민 간의 충돌 사건을 선동하였다(**만보산 사건**, 1931). 이를 계기로 조선 내 반중 감정이 격화되었고, 평양에서는 중국인을 구타·학살하거나 상점과 집을 파괴하는 사건까지 발생하였다.

35 일제의 경제 침탈

최근 5개년 기출 빅데이터 분석 리포트	빈출 키워드 Top 5	꼭 나오는 문제 유형 Top 3

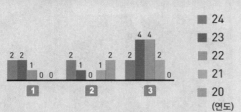

■ 24
■ 23
■ 22
■ 21
■ 20
(연도)

빈출 키워드 Top 5
1 회사령
2 국가 총동원법
3 토지 조사 사업
4 공출제
5 산미 증식 계획

꼭 나오는 문제 유형 Top 3
1 설명형
2 빈칸형
3 사료형

1 1910년대 경제 수탈

토지 조사 사업 (1910~1918)	• 근대적 토지 소유권 확립을 명분으로 시행 • 토지 조사령을 공포하여 기한 내에 토지를 신고하게 함 → 신고 기간이 짧고 방법이 복잡하여 미신고 토지가 많음 → 총독부에서 미신고 토지 몰수 • 결과: 동양 척식 주식회사에서 일본인에게 헐값에 토지 불하, 농민 몰락(화전민, 만주·연해주 등지로 이주)
회사령 (1910)	• 목적: 한국인의 회사 설립 억제 • 회사 설립은 총독의 허가제, 허가 조건을 어겼을 경우 회사 해산
자원 침탈	조선 어업령(1911), 삼림령(1911), 조선 광업령(1915), 임야 조사령(1918) 등

2 1920년대 경제 수탈

산미 증식 계획 (1920~1934)	• 목적: 일본의 급격한 공업화로 식량이 부족해지자 한국에서 쌀 수탈 • 전개: 품종 개량, 수리 시설 확충, 밭을 논으로 개간 • 결과: 한국의 식량 사정 악화(증산량보다 더 많은 양을 일본으로 반출), 농민 몰락(증산 비용을 농민에게 전가), 쌀 중심의 단작형 농업 구조로 변화
회사령 폐지 (1920)	• 일본 독점 자본의 한국 침투를 쉽게 하려는 목적 • 허가제에서 신고제로 전환
관세령 철폐 (1923)	값싼 일본 제품 수입 증가 → 한국인 회사 경영 악화

기출 선택지로 개념 익히기 ◁» 오디오 학습을 이용해 보세요!

1 1910년대 경제 수탈
▸ 토지 조사 사업이 실시되었다.
▸ 기한 내에 소유지를 신고하게 하는 토지 조사령을 제정하였다.
▸ 근대적 토지 소유권 확립을 명분으로 토지 조사 사업을 실시하였다.
　　　　　　　　　　　　　　　　　　　　　　　4회 이상
▸ 회사령이 제정되었다.

▸ 회사령을 공포하는 총독부 관리 8회 이상
▸ 회사 설립 시 총독의 허가를 받도록 하는 회사령이 제정되었다.
▸ 민족 자본의 성장을 억제하기 위해 회사령을 공포하였다.

2 1920년대 경제 수탈
▸ 산미 증식 계획이 실시되었다. 4회 이상
▸ 쌀 수탈을 목적으로 하는 산미 증식 계획을 실시하였다.

3 1930년대 이후 인적·물적 자원 수탈

병참 기지화 정책	• 전쟁 수행에 필요한 물자 조달을 위해 한반도를 병참 기지화 • 남면북양 정책: 남부에 면화 재배, 북부에 양 사육 장려
국가 총동원법 (1938)	한국을 전쟁에 필요한 인적·물적 자원을 마음대로 수탈할 수 있는 전시 동원 체제로 재편
인적 수탈	• 국민 징용령(1939): 공장·광산 등에 한국인 노동력 동원 • 여자 정신 근로령(1944): 군수 공장에 여성 노동력 동원 • 일본군 '위안부' 강제 동원 • 병력 동원: 지원병제(1938), 학도 지원병제(1943), 징병제(1944)
물적 수탈	• 공출제 실시: 미곡, 놋그릇 등 식량과 금속류 공출 • 식량 배급 제도 • 군량 확보를 위한 산미 증식 계획 재개

개념 PLUS+

▶ 토지 조사령

제4조 토지의 소유자는 조선 총독이 정하는 기간 내에 그 주소, 성명·명칭 및 소유지의 소재, 지목, 자번호, 사표, 등급, 지적, 결수를 임시 토지 조사 국장에게 신고하여야 한다. 다만, 국유지는 보관 관청에서 임시 토지 조사 국장에게 통지하여야 한다.

– 조선 총독부 관보(1912) –

▶ 산미 증식 계획

▲ 일본으로 반출하기 위한 쌀이 쌓여 있는 군산항

▶ 국가 총동원령

제4조 정부는 국가 총동원상 필요할 때는 칙령이 정하는 바에 따라 제국 신민을 징용하여 총동원 업무에 종사하게 할 수 있다.

제8조 전시에 국가 총동원상 필요할 때는 칙령이 정하는 바에 따라 물자의 생산·수리·배급·양도·기타의 처분, 사용·소비·소지 및 이동에 관하여 필요한 명령을 내릴 수 있다.

– 조선 총독부, 『조선 법령 집람』 제13집(1938) –

---

③ 1930년대 이후 인적·물적 자원 수탈

▸ 국가 총동원법을 제정하여 인력과 물자를 강제 동원하였다. 4회 이상
▸ 국민 징용령이 제정되었다.
▸ 노동력 동원을 위해 국민 징용령을 시행하였다.
▸ 육군 특별 지원병제를 실시하였다.
▸ 징병제를 찬양하는 친일 지식인

▸ 학도병 출전 권고 연설을 하는 친일파 인사
▸ 여자 정신 근로령을 공포하였다.
▸ 미곡 공출제가 실시되었다.
▸ 식량 배급 및 미곡 공출 제도를 시행하였다. 4회 이상
▸ 공출한 놋그릇, 수저를 정리하는 면사무소 관리
▸ 금속류 회수령이 공포되었다.

01 다음 규정이 시행된 시기에 있었던 사실로 옳은 것은?

사료형 64회

> **ⓐ임시 토지 조사국 조사 규정**
>
> 제1장 면과 동의 명칭 및 강계(疆界) 조사와 토지 신고서의 접수
> 제2장 지주 지목(地目) 및 강계 조사
> 제3장 분쟁지와 소유권에 부의(付疑)* 있는 토지 및 신고하지 않은 토지에 대한 재조사
> 제4장 지위(地位) 등급 조사
> ┊
>
> ─ⓑ조선 총독부 관보 ─
>
> *부의(付疑): 이의를 제기함

① 회사령이 실시되었다.
② 원산 총파업이 일어났다.
③ 국가 총동원법이 제정되었다.
④ 조선 노동 공제회가 조직되었다.
⑤ 조선 사상범 예방 구금령이 공포되었다.

02 다음 자료를 활용한 탐구 활동으로 가장 적절한 것은?

사료형 55회

> ○ 내지(內地)는 심각한 식량 부족을 보여 매년 300만 석에서 500만 석의 외국 쌀을 수입하였다. …… 내지에서는 쌀의 증산에 많은 기대를 걸 수 없었다. 반면 조선은 관개 설비가 잘 갖춰지지 않아서 대부분의 논이 빗물에 의존하는 상태였기에, 토지 개량 사업을 시작한다면 천혜의 쌀 생산지가 될 수 있었다.
>
> ○ 대개 조선인들이 생산한 쌀을 내지로 반출할 때, 결코 자신들이 충분히 소비하고 남은 것을 수출하는 것이 아니다. 생계가 곤란하여 먹을 것을 먹지 못하고 파는 것이다. …… 만주산 잡곡의 수입이 증가하는 사실은 조선인의 생활난이 점점 심각해지고 있음을 실증하는 것이다.

① 산미 증식 계획의 실상을 파악한다.
② 화폐 정리 사업의 결과를 분석한다.
③ 보안회의 경제적 구국 운동을 조사한다.
④ 방곡령이 선포된 지역의 분포를 알아본다.
⑤ 동양 척식 주식회사의 설립 과정을 살펴본다.

문제 파헤치기

정답 분석 ①

🔍 **정답의 단서 |** 임시 토지 조사국, 강계(疆界) 조사, 토지 신고서, 지목(地目), 지위(地位), 조선 총독부

ⓑ조선 총독부는 식민 지배를 위해 안정적으로 조세를 확보하고자 **토지 조사 사업을 시행하였다(1910~1918).** 이에 ⓐ토지 조사국을 설치하고 **토지 조사령**을 발표하여 일정 기간 내 토지를 신고하도록 하였으며, 신고하지 않은 토지는 총독부에서 몰수하여 일본인에게 헐값으로 불하하였다.
① 일제는 민족 기업과 민족 자본의 성장을 억제하기 위해 회사 설립 시 총독의 허가를 받도록 하는 **회사령을 제정하였다(1910).**

오답 분석

② 영국인이 경영하는 회사에서 일본인 감독이 조선인 노동자를 구타하는 사건이 발생하자 원산의 전 노동자가 파업을 단행하여 **원산 총파업 사건**이 일어났다(1929).
③ **1930년대 이후** 일제는 대륙 침략을 위해 **한반도를 병참 기지화**하고 중일 전쟁과 태평양 전쟁을 일으켰다. 이후 조선에 **국가 총동원법을** 제정하고(1938) **미곡 공출제를** 실시하는(1939) 등 인적·물적 자원을 수탈하였다.
④ **조선 노동 공제회**는 우리나라 역사에서 처음으로 조직된 전국 규모의 노동 단체이다. 개인 자격으로 가입을 받았으며 노동자들을 지역 지부와 직업별 노동조합으로 조직하는 등 노동자들을 단결시키기 위해 노력하였다(1920).
⑤ 일제는 **민족 말살 통치기에 조선 사상범 예방 구금령을** 공포하여 사상 및 행동을 관찰한다는 명목으로 한국인들의 **독립운동을 탄압**하였다(1941).

정답 분석 ①

🔍 **정답의 단서 |** 식량 부족, 관개 설비, 토지 개량, 쌀을 내지로 반출

① **1920년대** 일본은 자본주의가 발전하면서 인구가 급증하고 도시화가 진행되어 쌀값이 폭등하는 등 식량 부족 문제가 발생하였다. 일제는 부족한 쌀을 조선에서 수탈하기 위해 **산미 증식 계획을** 실시하였다(1920). 이를 위해 품종 개량, 수리 시설 구축, 개간 등을 통해 쌀 생산을 대폭 늘리려 하였으나 증산량은 계획에 미치지 못하였다. 그럼에도 불구하고 증산량보다 많은 양의 쌀을 일본으로 보내면서 조선 농민들의 경제 상황은 더욱 악화되었다.

오답 분석

② 일본인 재정 고문 **메가타**는 한반도의 경제권을 장악하기 위해 **화폐 정리 사업을** 추진하여 백동화를 제일 은행권으로 교환하였다(1905).
③ **보안회**는 일본의 **황무지 개간권 요구 반대 운동을** 전개하여 이를 저지하였다(1904).
④ 조선이 일본과 체결한 조일 통상 장정의 조항 중에는 천재·변란 등에 의한 식량 부족의 우려가 있을 때 방곡령을 선포하는 조항이 포함되어 있다. 이후 **황해도 관찰사 조병철**과 **함경도 관찰사 조병식**은 흉년으로 곡물이 부족해지자 일본으로 곡물이 유출되는 것을 막기 위해 **방곡령을** 선포하였다(1889, 1890).
⑤ 일제 통감부는 대한 제국의 토지와 자원을 수탈하기 위해 **동양 척식 주식회사를** 설립하였다(1908).

03 밑줄 그은 '시기'에 볼 수 있는 모습으로 적절하지 않은 것은? 설명형 54회

송탄유(松炭油) 자재 공출 명령서
일제가 태평양 전쟁으로 물자 부족에 시달리던 시기에 송탄유와 목탄의 할당량 공출을 명령한 문서

① 국민학교에서 공부하는 학생
② 징병제를 찬양하는 친일 지식인
③ 국민 징용령에 의해 끌려가는 청년
④ 황국 신민 서사를 암송하는 어린이
⑤ 조선 태형령을 관보에 게재하는 총독부 관리

04 밑줄 그은 '시기'에 볼 수 있는 사회 모습으로 가장 적절한 것은? 설명형 72회

이것은 한 제과업체의 캐러멜 광고로 탱크와 전투기 그림을 활용하여 "캐러멜도 싸우고 있다"라는 문구를 담고 있습니다. 중일 전쟁 이후 일제가 국가 총동원법을 시행한 시기에 제작된 이 광고는 당시 군국주의 문화가 일상에까지 스며들어 있었음을 잘 보여 줍니다.

① 몸뻬 착용을 권장하는 애국반 반장
② 경성 제국 대학 설립을 추진하는 관리
③ 헌병 경찰에게 끌려가 태형을 당하는 농민
④ 원산 총파업에 연대 지원금을 보내는 외국 노동자
⑤ 안창남의 고국 방문 비행을 환영하기 위해 상경하는 청년

36 1910년대 국내외 민족 운동

최근 5개년 기출 빅데이터 분석 리포트

- ■ 24
- ■ 23
- ■ 22
- ■ 21
- ■ 20

(연도)

빈출 키워드 Top 5

1 서전서숙
2 독립 의군부
3 중광단
4 김규식
5 권업회

꼭 나오는 문제 유형 Top 3

1 빈칸형
2 설명형
3 사료형

1 국내 항일 민족 운동

독립 의군부 (1912)	• 고종의 밀명을 받아 의병장 임병찬이 비밀리에 조직 • 복벽주의 표방 • 조선 총독부에 국권 반환 요구서 발송 시도
대한 광복회 (1915)	• 박상진, 김좌진 등이 대구에서 결성 • 공화 정체의 근대 국가 수립 목표, 군자금 마련, 친일파 처단 등 활동
기타	송죽회(1913), 대한 광복단(1913), 자립단(1915), 선명단(1915), 조선국민회(1915), 조선 국권 회복단(1915) 등

2 국외 항일 민족 운동

1. 만주 지역, 중국 관내

서간도	• 이회영, 이동녕 등 신민회원들이 이주하여 독립 운동 기지 개척 • 삼원보에 한인 자치 기구인 경학사 설립 • 신흥 강습소(훗날 신흥 무관 학교) 설립 → 독립군 양성
북간도	• 대종교 신자들을 중심으로 항일 무장 단체인 중광단(훗날 북로 군정서) 결성 • 이상설 등이 서전서숙, 명동 학교 등 교육 기관을 설립하여 민족 교육 실시
중국 관내	신한 청년당: 상하이에서 설립, 파리 강화 회의에 김규식을 대표로 파견

기출 선택지로 개념 익히기 ◁》 오디오 학습을 이용해 보세요!

1 국내 항일 민족 운동

▸ 고종의 밀지를 받아 독립 의군부가 조직되었다. 8회 이상
▸ 임병찬이 주도하여 독립 의군부를 조직하였다.
▸ 독립 의군부 – 국권 반환 요구서를 조선 총독에게 제출할 것을 계획하였다. 4회 이상
▸ 독립 의군부 – 복벽주의를 내세우며 의병 전쟁을 준비하였다.
▸ 박상진 등이 대한 광복회를 결성하였다.
▸ 대한 광복회 – 공화 정체의 국가 건설을 지향하였다.
▸ 박상진 – 대한 광복회의 총사령으로 친일파를 처단하였다. 4회 이상
▸ 박상진이 주도한 대한 광복회 결성에 영향을 주었다.

2 국외 항일 민족 운동

▸ 신민회 – 남만주 삼원보에 독립운동 기지를 건설하였다.
▸ 대종교 – 중광단을 결성하여 무장 투쟁을 전개하였다. 8회 이상
▸ 북간도 – 북로 군정서가 조직되어 무장 투쟁을 실시하였다.

2. 연해주, 미주 지역

연해주	• <u>권업회</u>: 독립운동 기지인 신한촌에 자치 기관 조직, 권업신문 발행 • <u>대한 광복군 정부</u>: 무장 독립 투쟁을 위해 수립 → 이상설(정통령), 이동휘(부통령) • 대한 국민 의회: 파리 강화 회의에 고창일 파견
미주	• 대한인 국민회: 안창호·박용만 등이 설립, 외교 활동, 의연금 모집, 신한민보 발행 • 흥사단: 안창호를 중심으로 샌프란시스코에서 조직 • <u>대조선 국민 군단</u>: 박용만이 독립군 사관 양성을 위해 하와이에서 조직 • <u>숭무 학교</u>: 멕시코로 이주한 한인들이 독립군을 양성하기 위해 설립

5일차

➕ 개념 PLUS+

▶ **대한 광복회 강령**
1. 부호의 의연금 및 일본인이 불법 징수하는 세금을 입수하여 무장을 준비한다.
2. 남북 만주에 군관 학교를 세워 독립 전사를 양성한다.
3. 종래의 의병 및 해산 군인과 만주 이주민을 소집하여 훈련한다.
4. 무력이 완비되는 대로 일본인 섬멸전을 단행하여 최후 목적의 달성을 기한다.

▶ **1910년대 국외 독립운동 기지**

▶ **1910년대 서간도 지역 독립운동 단체**

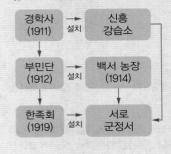

▶ 북간도 – 중광단이 북로 군정서로 개편된 과정을 조사한다.
▶ 북간도 – 서전서숙을 설립하여 민족 교육을 실시하였다. 8회 이상
▶ 신한 청년당을 결성하고 파리 강화 회의에 참석하였다.
▶ 김규식이 파리 강화 회의에 대표로 파견되었다. 8회 이상
▶ 연해주 – 한인 자치 단체인 권업회를 조직하였다.
▶ 연해주 – 권업회를 조직하여 권업신문을 발행하였어요. 8회 이상
▶ 연해주에서 대한 광복군 정부를 수립하였다.
▶ 대한 광복군 정부 – 이상설, 이동휘를 정·부통령에 선임하였다.

▶ 연해주 – 대한인 국민회를 조직하여 외교 활동을 펼쳤다.
▶ 대한인 국민회 – 샌프란시스코에 중앙 총회를 두었다.
▶ 샌프란시스코에서 흥사단을 창립하였다.
▶ 안창호 – 재미 한인을 중심으로 흥사단을 창립하였다.
▶ 미주 – 대조선 국민 군단을 조직하여 무장 투쟁을 준비하였다. 4회 이상
▶ 멕시코 – 숭무 학교를 설립하여 무장 투쟁을 준비하였어요. 4회 이상
▶ 멕시코 – 숭무 학교를 세워 독립군을 양성하였다. 4회 이상

01 (가) 인물의 활동으로 옳은 것은? `빈칸형` `63회`

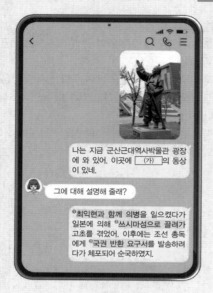

나는 지금 군산근대역사박물관 광장에 와 있어. 이곳에 (가) 의 동상이 있네.

그에 대해 설명해 줄래?

[*]최익현과 함께 의병을 일으켰다가 일본에 의해 [*]쓰시마섬으로 끌려가 고초를 겪었어. 이후에는 조선 총독에게 [*]국권 반환 요구서를 발송하려다가 체포되어 순국하였지.

① 명동 성당 앞에서 이완용을 습격하였다.
② 고종의 밀지를 받아 독립 의군부를 조직하였다.
③ 국권 침탈 과정을 정리한 한국통사를 저술하였다.
④ 13도 창의군의 총대장으로 서울 진공 작전을 지휘하였다.
⑤ 논설 단연보국채를 써서 국채 보상 운동에 적극 참여하였다.

02 (가) 단체에 대한 설명으로 옳은 것은? `빈칸형` `66회`

판결문

피고인: 박상진, 김한종
주　문: 피고 박상진, 김한종을 사형에 처한다.
이　유
　피고 박상진, 김한종은 한일 병합에 불평을 가지고 구한국의 국권 회복을 명분으로 　(가)　을/를 조직하고 국권 회복을 위한 자금 조달을 위해 조선 각도의 자산가에게 공갈로 돈을 받아내기로 하고 …… 채기중 등을 교사하여 장승원의 집에 침입하여 자금을 강취하고 살해하도록 한 죄가 인정되므로 위와 같이 판결한다.

① 중일 전쟁 발발 직후에 결성되었다.
② 군대식 조직을 갖춘 비밀 결사였다.
③ 파리 강화 회의에 대표를 파견하였다.
④ 일제가 꾸며낸 105인 사건으로 와해되었다.
⑤ 만민 공동회를 열어 열강의 이권 침탈을 비판하였다.

정답 분석 ②

🔍 **정답의 단서 |** 최익현과 함께 의병을 일으킴, 쓰시마섬으로 끌려감, 국권 반환 요구서

② 임병찬은 을사늑약 체결 후 1906년 전라도에서 [*]최익현과 함께 의병을 일으켜 항전하다 [*]대마도(쓰시마섬)에 유배되었다. 유배에서 풀려난 후 재기를 모색하던 중 고종의 밀명을 받아 독립 의군부를 조직하였다. 이후 조선 총독부에 [*]국권 반환 요구서를 보내려 시도하고, 복벽주의를 내세워 의병 전쟁을 준비하였다.

오답 분석

① **이재명**은 **명동 성당** 앞에서 을사오적 중 한 명인 **이완용**을 습격하여 중상을 입혔다.
③ **박은식**은 독립을 위해 **국혼(國魂)**을 강조하였으며, 고종 즉위 다음 해부터 국권 피탈 직전까지의 역사를 기록한 『**한국통사**』를 저술하였다.
④ **한일 신협약(정미 7조약)**으로 **대한 제국 군대가 해산**되자 이에 반발하여 **정미의병**이 전국적으로 전개되었고, 해산 군인들이 의병 활동에 가담하며 **의병 부대가 조직화**되었다. 이후 **이인영**을 총대장으로 한 **13도 창의군**이 결성되어 **서울 진공 작전**을 전개하였다.
⑤ **황성신문**은 논설 단연보국채를 실어 국민들이 <u>스스로</u> **국채 보상 운동**에 동참할 것을 호소하였다.

정답 분석 ②

🔍 **정답의 단서 |** 박상진, 한일 병합에 불평을 가짐, 구한국의 국권 회복, 자금 조달을 위해 조선 각도의 자산가에게 공갈로 돈을 받아냄

② **대한 광복회**는 **박상진**이 대한 제국의 국권을 회복하고, **공화 정체의 근대 국민 국가**를 수립하고자 결성한 비밀 결사 운동 단체이다. 박상진이 총사령, 김좌진이 부사령으로 구성되는 등 **군대식 조직**을 갖추었으며 **군자금 조달**과 **친일파 처단** 활동도 전개하였다.

오답 분석

① **조선 의용대**는 **김원봉**이 주도하여 **중국 국민당의 지원**을 받아 **중국 관내에서 결성된 최초의 한인 무장 부대**로, 중일 전쟁 발발 직후 중국 우한에서 결성되었다.
③ 대한민국 임시 정부의 모체인 **신한 청년당** 소속인 **김규식**은 **파리 강화 회의**에 파견되어 **독립 청원서**를 제출하였다.
④ **조선 총독부**는 데라우치 총독 암살 미수 사건을 조작하여 많은 민족 운동가들을 체포하였고, 이로 인해 **신민회가 와해**되었다(**105인 사건**).
⑤ **독립 협회**는 만민 공동회를 개최하고 이권 수호 운동을 전개하여 러시아의 절영도 조차 요구를 저지하였다.

03 (가) 종교에 대한 설명으로 옳은 것은?

빈칸형 사료형 55회

공의 이름은 인영(寅永)인데, 뒤에 철(喆)로 고쳤다. …… 보호 조약이 체결된 뒤에 동지와 함께 오적(五賊)의 처단을 모의하였는데, 1907년에 계획이 새어 나가 일을 그르쳤다. 뒤에 (가) 을/를 제창하고 교주를 자임하였는데, 이를 바탕으로 국민을 진흥하려고 하였다. …… 일찍이 북간도에 가서 그의 무리와 함께 발전을 도모하였다. …… 그의 문인(門人)들은 그를 숭상하여 오백 년 이래 다시 없는 대종사로 여겼다.

– 『유방집』 –

① 사찰령 폐지 운동을 추진하였다.
② 개벽, 신여성 등의 잡지를 발행하였다.
③ 중광단을 결성하여 무장 투쟁을 전개하였다.
④ 배재 학당을 세워 신학문 보급에 기여하였다.
⑤ 박중빈을 중심으로 새생활 운동을 추진하였다.

정답 분석 ③

🔍 **정답의 단서 |** 이름 철(喆), 오적(五賊) 처단 모의, 북간도, 대종사

나철은 을사늑약 체결에 협조한 **을사오적을 처단**하기 위해 오기호와 함께 암살을 계획하였지만 계획이 사전에 드러나면서 유배를 가게 되었다. 이후 1910년 한일 병합 조약으로 국권을 완전히 빼앗기자 **대종교를 창시**하고 단군 숭배를 통해 민족의식을 고취하며 교세를 확장하였다.
③ 북간도로 이주한 한인들은 대종교를 중심으로 **중광단**을 결성하여 항일 무장 투쟁을 전개하였다.

오답 분석

① **조선 불교 유신회**는 일제가 시행한 사찰령에 저항하여 민족 불교의 자주성을 지키기 위해 **사찰령 폐지 운동**을 추진하였다.
② **천도교**는 3·1 운동 이후 제2의 3·1 운동을 계획하여 자주 독립 선언문을 발표하였고, 『개벽』, 『신여성』, 『어린이』 등의 잡지를 발행하여 민족의식을 높였다.
④ 미국인 개신교 선교사 아펜젤러가 세운 **배재 학당**은 **근대적 사립 학교**로 신학문 보급에 기여하였다.
⑤ **박중빈**이 창시한 **원불교**는 새생활 운동을 추진하여 허례허식 폐지, 근검절약, 금주·단연 등을 추구하고, 개간 및 간척 사업과 저축 운동을 적극적으로 장려하였다.

04 (가)에 들어갈 내용으로 옳은 것은?

빈칸형 56회

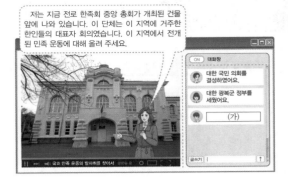

저는 지금 전로 한족회 중앙 총회가 개최된 건물 앞에 나와 있습니다. 이 단체는 이 지역에 거주한 한인들의 대표자 회의였습니다. 이 지역에서 전개된 민족 운동에 대해 올려 주세요.

대한 국민 의회를 결성하였어요.
대한 광복군 정부를 세웠어요.
(가)

① 독립군 양성을 위해 신흥 강습소를 세웠어요.
② 권업회를 조직하여 권업신문을 발행하였어요.
③ 숭무 학교를 설립하여 무장 투쟁을 준비하였어요.
④ 한인 비행 학교를 세워 독립군 비행사를 육성하였어요.
⑤ 대일 항전을 준비하기 위해 조선 독립 동맹을 결성하였어요.

정답 분석 ②

🔍 **정답의 단서 |** 전로 한족회 중앙 총회, 대한 국민 의회, 대한 광복군 정부

1917년 러시아에서 2월 혁명이 발발하자 러시아에 거주하던 한인들은 한인 사회의 자치 대표 기관 창설을 위해 한인 대표들을 소집하였다. 그 결과, **연해주** 우수리스크에 본부를 둔 전로 한족회 중앙 총회가 조직되었으며, 3·1 운동 직후에는 임시 정부 형태의 **대한 국민 의회**로 조직이 개편되었다.
② 연해주 신한촌에서 최재형은 한인 자치 단체인 **권업회**를 조직하고 이상설은 **권업신문**을 발행하였다. 이후 이상설은 블라디보스토크에 **대한 광복군 정부**를 설립하고 독립운동을 전개하였다.

오답 분석

① **서간도** 삼원보 지역에서 **신민회** 회원인 이상룡, 이회영 등이 중심이 되어 독립군 양성 학교인 **신흥 강습소**를 세웠다.
③ 이근영 등이 중심이 되어 **멕시코** 메리다 지역에 독립군 양성 학교인 **숭무 학교**를 설립하여 무장 투쟁을 준비하였다.
④ 독립운동가 김종림과 노백린은 독립 전쟁에서 공군의 중요성을 강조하며 독립군 비행사 육성을 목적으로 **한인 비행 학교**를 세웠다.
⑤ 김두봉은 **중국 옌안**에서 조선인 사회주의자들이 조직한 화북 조선 청년 연합회를 개편하여 사회주의 단체인 **조선 독립 동맹**을 결성하고 대일 항전을 준비하였다.

5일차

37 3·1 운동과 대한민국 임시 정부

최근 5개년 기출 빅데이터 분석 리포트	빈출 키워드 Top 5	꼭 나오는 문제 유형 Top 3

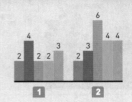

- 24
- 23
- 22
- 21
- 20
(연도)

빈출 키워드 Top 5
1. 2·8 독립 선언서
2. 조소앙의 삼균주의
3. 독립 공채
4. 파리 강화 회의
5. 대한민국 임시 정부 수립 계기

꼭 나오는 문제 유형 Top 3
1. 빈칸형
2. 사료형
3. 설명형

1 3·1 운동

배경	윌슨의 민족 자결주의, 도쿄 유학생의 2·8 독립 선언서 발표, 고종 황제 승하
전개	• 독립 선언서 발표 계획, 민족 대표 구성 → 태화관에서 독립 선언서 낭독 → 탑골 공원에서 학생·시민들이 독립 선언서 낭독 후 만세 시위 전개 → 전국으로 만세 시위 확산 • 만주, 연해주, 미주 등지로 확산 • 일제의 탄압: 유관순 순국, 화성 제암리 학살 사건 등
의의 및 영향	• 우리나라 역사상 최대 규모의 항일 민족 운동 • 무단 통치에서 문화 통치로 전환 • 대한민국 임시 정부 수립 계기 • 중국 5·4 운동 등 국외 민족 운동에 영향

2 대한민국 임시 정부

1. 대한민국 임시 정부 수립과 활동

수립	• 배경: 3·1 운동 이후 독립운동을 조직적으로 이끌 지도부의 필요성 대두 • 여러 임시 정부의 활동(대한 국민 의회, 한성 정부 등) → 항일 투쟁 역량 결집을 위한 통합 논의 → 상하이에 대한민국 임시 정부 수립 (1919.9.)
행정 조직	• 연통제: 국내외 업무를 연락하기 위한 비밀 행정 조직, 각 도·군·면에 정부 연락 책임자를 둠 • 교통국: 정보 수집·분석, 통신 담당
외교 활동	• 파리 위원부 설치: 김규식을 전권 대사로 임명, 파리 강화 회의에 독립 청원서 제출 • 구미 위원회 설치: 미국 워싱턴에 설치, 외교 활동 전개(이승만)
독립운동 자금 마련	독립 공채 발행, 국민 의연금 모금 → 백산 상회(부산)와 이륭양행(만주)을 거쳐 임시 정부에 전달
문화 활동	• 독립신문 간행 • 사료 편찬소 설치 → 『한일 관계 사료집』 간행

기출 선택지로 개념 익히기 ◁》 오디오 학습을 이용해 보세요!

1 3·1 운동
▶ 미국 대통령 윌슨이 민족 자결주의를 제창하였다.
▶ 유학생들이 중심이 되어 2·8 독립 선언서를 작성하였다. 12회 이상
▶ 3·1 운동에 주도적으로 참여하였다.
▶ 민족 대표 33인 명의의 독립 선언서가 발표되었다.
▶ 보성사 – 기미 독립 선언서가 인쇄된 장소
▶ 아우내 장터에서 독립 만세 운동이 일어났다.

▶ 전개 과정에서 일제가 제암리 학살 등을 자행하였다.
▶ 대한민국 임시 정부 수립의 계기가 되었다. 4회 이상
▶ 일제가 이른바 문화 통치를 실시하는 결과를 가져왔다. 4회 이상
▶ 중국의 5·4 운동에 영향을 주었다.

2 대한민국 임시 정부
▶ 한성, 상하이, 연해주 지역의 임시 정부가 통합되었다.

2. 국민 대표 회의와 임시 정부의 변화

배경	1920년대 연통제와 교통국이 일제에 발각되어 와해, 임시 정부 활동 위축
국민 대표 회의 개최 (1923)	• 목적: 독립운동의 새로운 활로 모색 • 결과: 창조파와 개조파, 현상 유지파로 나뉘어 대립 → 회의 결렬
대한민국 임시 정부의 변화	• 제2차 개헌을 통해 분란을 야기한 이승만 탄핵, 제2대 대통령으로 박은식 추대 • 김구의 한인 애국단 조직 • 일제의 상하이 점령으로 근거지 이동 → 충칭 정착(1940)

3. 충칭 시기 임시 정부의 활동

한국 광복군 (1940)	• 김구 · 지청천이 창설 • 대일 선전 포고, 김원봉의 조선 의용대 흡수, 연합군과 작전 전개, 국내 진공 작전 준비
대한민국 건국 강령 (1941)	조소앙의 삼균주의 수용

➕ 개념 PLUS⁺

▶ 화성 제암리 학살 사건

▶ 독립 공채

제1조 기채 정액은 4천만 원으로 하며, 대한민국 원년 독립 공채로 함

제4조 상환 기간은 대한민국이 완전히 독립한 후 만 5개년부터 30개년 이내에 수시로 상환하는 것으로 하며, 그 방법은 재무 총장이 이를 정함

제17조 본 공채는 외국인도 응모할 수 있는 것으로 함

− 「대한민국 원년 독립 공채 발행 조례」 −

▶ 대한민국 임시 정부의 이동

▶ 이릉양행에 교통국을 설치하였다.

▶ 국내 비밀 행정 조직으로 연통제를 두었다. 4회 이상

▶ 연통제를 통해 독립운동 자금을 모았다.

▶ 백산 상회를 통해 독립운동 자금을 마련하였다.

▶ 독립운동 자금 마련을 위해 독립 공채를 발행하였다. 8회 이상

▶ 임시 사료 편찬회를 두어 한일 관계 사료집을 간행하였다.

▶ 구미 위원부를 설치하여 외교 활동을 전개하였다. 4회 이상

▶ 파리 강화 회의에 독립 청원서를 제출하였다. 8회 이상

▶ 독립운동의 방략을 논의하고자 국민 대표 회의가 개최되었다. 4회 이상

▶ 조소앙의 삼균주의를 기초로 하는 건국 강령을 선포하였다. 12회 이상

▶ 삼균주의를 제창하여 정치 · 경제 · 교육의 균등을 강조하였다.

▶ 충칭에서 지청천을 총사령관으로 하는 한국 광복군이 창설되었다.

▶ 한국 광복군 – 대한민국 임시 정부의 주도로 결성되었다.

01 다음 자료가 발표된 이후의 사실로 옳은 것은?

> ❶조선 청년 독립단은 우리 2천만 민족을 대표하여 정의와 자유를 쟁취한 세계 모든 나라 앞에 ❷독립을 성취할 것을 선언한다. …… 우리 민족은 정당한 방법으로 우리 민족의 자유를 추구할 것이나, 만일 이번에 성공하지 못하면 우리 민족은 생존의 권리를 위하여 온갖 자유행동을 취하여 최후의 일인까지 자유를 위해 뜨거운 피를 흘릴 것이니, …… 일본이 만일 우리 민족의 정당한 요구에 불응한다면 우리는 일본에 대하여 영원의 혈전을 선포하노라.
>
> – 재일본 동경 조선 청년 독립단 대표 11인 –

① 박상진 등이 대한 광복회를 결성하였다.
② 황성신문에 시일야방성대곡이 게재되었다.
③ 독립 협회가 중심이 되어 독립문을 건립하였다.
④ 고종의 밀지를 받아 독립 의군부가 조직되었다.
⑤ 민족 대표 33인 명의의 독립 선언서가 발표되었다.

02 (가) 운동에 대한 설명으로 옳은 것은?

언론 보도로 본 만세 기념일

3월 1일에 배화 여학교 학생 일동은 학교 동산에 올라가서 우리 독립 선언 기념을 경축하기 위하여 만세를 부르고, 배재 학교 생도 일동은 3월 1일에 일제히 결석하고 3월 2일에 등교하여 갑자기 그 학교 마당에서 만세를 불렀으니 …… 저와 같은 불미한 행동을 허락한 까닭으로 그 학교 교장들은 파직하고 심하면 그 학교를 폐쇄할 지경에 이르겠더라더라.

[해설] 이 자료는 신한민보 1920년 4월 20일자에 실린 기사이다. 민족 최대의 독립운동이었던 [(가)]의 1주년 무렵 배화 여학교와 배재 학교 학생들이 만세 운동을 전개하여 학교가 폐쇄될 위기에 처했다는 내용이 담겨 있다.

① 통감부의 방해와 탄압으로 중단되었다.
② 러시아의 절영도 조차 요구를 저지하였다.
③ 순종의 인산일을 기회로 삼아 추진되었다.
④ 대한민국 임시 정부 수립의 계기가 되었다.
⑤ 성진회와 각 학교 독서회에 의해 전국적으로 확산되었다.

문제 파헤치기

정답 분석 ⑤

🔍 **정답의 단서** | 조선 청년 독립단, 독립을 성취할 것을 선언, 일본에 대하여 영원의 혈전 선포

일본 도쿄 유학생들이 결성한 ❶조선 청년 독립단은 조선 청년 독립단 대표 11인을 중심으로 도쿄에서 ❷2·8 독립 선언서를 발표하였다(1919).
⑤ 2·8 독립 선언서 발표의 영향을 받아 국내에서도 3·1 운동이 전개되었고, 민족 대표 33인이 독립 선언서를 발표하여 국내외에 독립을 선언하였다(1919).

오답 분석

① 박상진을 중심으로 결성된 대한 광복회는 공화 정체의 근대 국민 국가 수립을 지향하였고, 만주에 독립군 기지와 사관 학교를 설립하여 독립군을 양성하고자 하였다(1915).
② 을사늑약이 체결되자 황성신문은 장지연의 논설 「시일야방성대곡」을 게재하여 조약의 부당성을 비판하였다(1905).
③ 갑신정변 이후 미국에서 돌아온 서재필은 독립신문을 창간하고 독립 협회를 창립하였으며, 청의 사신을 맞던 영은문을 헐어 그 자리에 독립문을 건립하였다(1897).
④ 고종의 밀지를 받아 임병찬이 조직한 독립 의군부는 조선 총독부에 국권 반환 요구서 제출을 계획하고, 복벽주의를 내세워 의병 전쟁을 준비하였다(1912).

정답 분석 ④

🔍 **정답의 단서** | 3월 1일, 독립 선언 기념을 경축, 민족 최대의 독립운동, 만세

1920년 3월 1일, 민족 최대 독립운동이었던 3·1 운동 1주년을 기념하여 배화 여학교 학생들이 학교 동산 필운대에 올라 만세 운동을 전개하다가 투옥되는 사건이 발생하였다.
④ 국내외 독립운동가들은 3·1 운동을 계기로 민족의 주체성을 확인하고 조직적인 독립운동을 전개하기 위해 중국 상하이에 모여 대한민국 임시 정부를 수립하였다.

오답 분석

① 일제가 대한 제국에 제공한 차관 1,300만 원을 갚고자 전개하였던 국채 보상 운동은 통감부의 방해와 탄압으로 중단되었다.
② 러시아는 조선에 절영도(영도) 조차를 요구하였으나 독립 협회의 이권 수호 운동으로 저지되었다.
③ 1920년대에 유입된 사회주의자들과 학생들이 함께 순종의 인산일에 맞추어 만세 운동을 계획하였으나, 사회주의자들이 사전에 일본에 발각되면서 학생들을 중심으로 1926년 6월 10일 서울 시내에서 만세 시위가 전개되었다.
⑤ 일제 강점기에 한국인 학생에 대한 차별과 식민지 교육에 저항하기 위해 일어난 광주 학생 항일 운동은 광주에서 조직된 항일 학생 비밀 결사인 성진회와 각 학교 독서회에 의해 전국적으로 확산되었다.

03 밑줄 그은 '회의'가 개최된 시기를 연표에서 옳게 고른 것은?

연표형 54회

이 자료는 대한민국 임시 정부가 침체에 빠지자 독립운동의 새로운 활로와 방향을 모색하기 위해 상하이에서 개최된 회의의 의사일정입니다. 국내외 각지에서 온 대표들은 대한민국 임시 정부에 대한 처리를 둘러싸고 창조파와 개조파 등으로 나뉘어져 격론을 벌였습니다.

1919	1925	1931	1935	1940	1945
(가)	(나)	(다)	(라)	(마)	
대한민국 임시 정부 수립	박은식 대통령 취임	한인 애국단 조직	한국 국민당 창당	김구 주석 취임	8·15 광복

① (가)　② (나)　③ (다)　④ (라)　⑤ (마)

04 교사의 질문에 대한 학생의 답변으로 옳은 것은?

설명형 51회

이 정부는 지도에 표시된 충칭으로 근거지를 옮기며 한국 광복군을 창설하였습니다. 이후 이 정부가 전개한 활동에 대해 말해 볼까요?

충칭
당시 청사 건물

① 청산리에서 일본군을 크게 격파하였어요.
② 해조신문을 발간하여 국권 회복에 힘썼어요.
③ 삼균주의를 기초로 하는 건국 강령을 공포하였어요.
④ 오산 학교와 대성 학교를 세워 민족 교육을 전개하였어요.
⑤ 임시 사료 편찬회를 두어 한일 관계 사료집을 간행하였어요.

정답 분석 ①

🔍 **정답의 단서 |** 대한민국 임시 정부 침체, 독립운동의 새로운 활로와 방향 모색, 상하이에서 개최된 회의, 창조파, 개조파

- **대한민국 임시 정부 수립**(1919): 3·1 운동을 계기로 민족의 주체성을 확인한 국내외 독립운동가들은 조직적인 독립운동을 전개하기 위해 중국 상하이에 모여 대한민국 임시 정부를 수립하였다.
- **박은식 대통령 취임**(1925): 국민 대표 회의가 해산된 뒤 취임 이전부터 계속 분란의 중심이었던 임시 정부 대통령 이승만은 임시 의정원에 의해 탄핵·면직되고 이후 박은식이 임시 정부 대통령으로 선출되었다.
- ① 대한민국 임시 정부의 교통국과 연통제 조직이 일제의 방해와 탄압으로 어려움을 겪게 되자 독립운동 단체 대표들이 상하이에 모여 **국민 대표 회의**를 개최하였다. 임시 정부의 활동과 독립운동의 방법을 놓고 격론을 벌였으나 **창조파와 개조파로 분열**되면서 눈에 띄는 성과를 거두지는 못하였다(1923).

정답 분석 ③

🔍 **정답의 단서 |** 충칭으로 근거지를 옮김, 한국 광복군 창설

대한민국 임시 정부는 한인 애국단원 이봉창, 윤봉길의 의거 이후 일제의 탄압이 심해지자 **충칭으로 근거지를 옮겼고**, 임시 정부 직할 부대인 한국 광복군을 창설하여 활동하였다(1940).

③ 대한민국 임시 정부는 충칭에서 광복 운동의 방향과 독립 후의 건국 과정을 명시한 **건국 강령**을 공포하였다(1941). 건국 강령은 **조소앙의 삼균주의에 입각**한 것으로, 새로운 민주주의 확립과 사회 계급 타파, 경제적 균등주의 실현을 주창하였다.

오답 분석

① **김좌진**을 중심으로 한 **북로 군정서**와 홍범도가 이끄는 대한 독립군, 대한 국민군 등이 주축이 된 독립군 연합 부대가 **청산리 전투**에서 일본군을 크게 격파하였다(1920).
② **연해주**로 이주한 동포들은 최봉준을 중심으로 순 한글 신문인 **해조신문**을 발간하여 독립의식을 고취하고 국권 회복을 위해 힘썼다(1908).
④ 안창호, 양기탁을 중심으로 1907년에 결성된 **신민회**는 **오산 학교**와 **대성 학교**를 세워 민족 교육을 전개하였다.
⑤ **대한민국 임시 정부**는 임시 사료 편찬 위원회를 설치하여 『**한일 관계 사료집**』을 간행하였다(1919).

38 실력 양성 운동과 각종 사회 운동

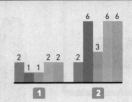

최근 5개년 기출 빅데이터 분석 리포트

- 24
- 23
- 22
- 21
- 20
(연도)

빈출 키워드 Top 5
1. 신간회 진상 조사단 파견
2. 경성 제국 대학
3. 형평 운동
4. 브나로드 운동
5. 6 · 10 만세 운동

꼭 나오는 문제 유형 Top 3
1. 설명형
2. 빈칸형
3. 사료형

1 실력 양성 운동

물산 장려 운동	• 배경: 회사령 철폐(1920) 이후 한국인들의 기업 설립 증가 • 평양에서 조만식을 중심으로 조선 물산 장려회 설립 → 조선 물산 장려회, 자작회, 토산 애용 부인회 참여 → 서울과 전국으로 확산 • '내 살림 내 것으로', '조선 사람 조선 것' 등의 구호 → 일본 상품 배격, 국산품 애용 강조, 금주 · 단연 운동 전개
민립 대학 설립 운동	• 목적: 대학 설립을 통해 한국인의 고등 교육 실현 • 이상재 등이 조선 민립 대학 기성회 결성 → 모금 운동 전개 → 일제가 방해하기 위해 경성 제국 대학 설립
문맹 퇴치 운동	• 목적: 문자를 보급하여 민중 계몽 • 문자 보급 운동: 조선일보 주도, '아는 것이 힘, 배워야 산다' 구호 • 브나로드 운동: 동아일보 주도, 생활 계몽 운동 추진, '배우자 가르치자 다 함께 브나로드' 구호

2 사회적 민족 운동

1. 6 · 10 만세 운동(1926)

배경	순종의 인산일을 계기로 민족주의 · 사회주의 진영과 학생들이 시위 준비
전개	민족주의 · 사회주의 진영이 사전에 발각되자 학생들을 중심으로 시위 전개 → 일반 시민들도 참가하면서 시위 확산
의의	• 민족 유일당 운동의 계기 • 학생 운동이 항일 운동으로 발전

2. 신간회

배경	• 국내 민족 유일당 운동, 6 · 10 만세 운동을 계기로 민족주의 · 사회주의 진영의 연대 • 정우회 선언
활동	• 광주 학생 항일 운동에 진상 조사단 파견, 대규모 민중 대회 계획 • 전국에 지회 설치 → 원산 (노동자) 총파업 지원

기출 선택지로 개념 익히기 ◁» 오디오 학습을 이용해 보세요!

1 실력 양성 운동

▶ 물산 장려 운동 – 회사령 폐지에 영향을 받았다.
▶ 평양에서 조선 물산 장려회 발기인 대회를 개최하였다.
▶ 조만식 등을 중심으로 조선 물산 장려회가 결성되었다.
▶ 물산 장려 운동 – 자작회, 토산 애용 부인회 등의 단체가 활동하였다.
    4회 이상
▶ 물산 장려 운동 – 평양에서 시작하여 전국으로 확산되었다.
▶ 이상재 등의 주도로 민립 대학 설립 운동을 전개하였다.
▶ 조선 민립 대학 기성회 창립 총회에 참석하는 교사
▶ 일제에 의해 경성 제국 대학이 설립되었다. 12회 이상
▶ 농촌 계몽을 위한 브나로드 운동을 전개하였다.
▶ 동아일보를 중심으로 브나로드 운동이 전개되었다. 8회 이상

▶ 배우자 가르치자 다 함께 브나로드 등의 구호를 내세웠다.

2 사회적 민족 운동

▶ 6 · 10 만세 운동 – 순종의 인산일을 기회로 삼아 추진되었다. 4회 이상
▶ 6 · 10 만세 운동 – 민족주의 계열과 사회주의 계열이 함께 준비하였다.
▶ 6 · 10 만세 운동 – 사회주의 세력의 주도 아래 계획되었다.
▶ 6 · 10 만세 운동 – 민족 협동 전선인 신간회 결성에 영향을 미쳤다.
▶ 광주 학생 항일 운동 – 한국인 학생과 일본인 학생 간의 충돌에서 비롯되었다. 4회 이상
▶ 광주 학생 항일 운동 – 성진회와 각 학교 독서회에 의해 전국적으로 확산되었다.
▶ 광주 학생 항일 운동 – 전국 각지에서 일어난 동맹 휴학의 도화선이 되었다.

3. 광주 학생 항일 운동(1929)

배경	광주에서 일어난 한일 학생 간의 충돌 사건 → 일본 경찰의 편파 수사
전개	• 광주 지역 학생들의 대규모 시위, 동맹 휴학 → 전국으로 시위 확산 • 신간회 중앙 본부가 진상 조사단을 파견하여 지원
의의	3 · 1 운동 이후 최대 규모의 민족 운동

4. 사회 운동

농민 운동	• 암태도 소작 쟁의(1923): 소작인들이 지주 문재철의 횡포에 맞서 소작 쟁의 전개 → 소작료 인하 • 조선 농민 총동맹(1927)
노동 운동	• 조선 노동 총동맹(1927) • 원산 (노동자) 총파업(1929): 일본인 감독이 한국인 노동자를 폭행한 것이 발단, 일본 · 프랑스 등의 노동 단체로부터 격려 전문을 받음 • 강주룡의 을밀대 고공 농성(1931): 평양 고무 공장에서 일하던 강주룡이 임금 삭감 반대 농성
여성 운동	근우회(1927): 신간회의 자매단체, 여성 계몽 및 지위 향상 운동, 기관지 『근우』 발행
소년 운동	방정환 등 천도교 소년회가 어린이날을 제정하고 잡지 『어린이』 발간
형평 운동	백정에 대한 사회적 차별에 반발하여 진주에서 조선 형평사 결성

➕ 개념 PLUS+

▶ 브나로드 운동

학생 여러분, 여러분의 고향에는 조선 문자도 모르고 숫자도 모르는 이가 얼마쯤 있는가. 그리고 여러분의 고향 사람들은 얼마나 비위생적 비보건적 상태에 있는가. 여러분은 이 상황을 그대로 보려는가.

– 동아일보 –

▶ 형평 운동

지금까지 조선의 백정은 어떠한 지위와 압박을 받아 왔는가? 과거를 회상하면 종일 통곡하고도 피눈물을 금할 수 없다. …… 직업의 구별이 있다고 한다면 금수의 생명을 빼앗는 자는 우리들만이 아니다.

– 조선 형평사 설립 취지문 –

▶ 광주 학생 항일 운동 – 신간회 중앙 본부가 진상 조사단을 파견하여 지원하였다. 12회 이상

▶ 사회주의 세력의 활동 방향을 밝힌 정우회 선언이 발표되었다.

▶ 신간회 – 민족 유일당 운동의 일환으로 결성되었다.

▶ 신간회 – 진상 조사단을 파견하여 광주 학생 항일 운동을 지원하였다.

▶ 조선 노동 총동맹과 조선 농민 총동맹이 창립되었다. 4회 이상

▶ 고액 소작료에 반발하여 암태도 소작 쟁의가 발생하였다.

▶ 암태도 소작 쟁의 – 지주 문재철의 횡포에 맞서 농민들이 소작 쟁의를 벌였다. 4회 이상

▶ 일본인 감독의 한국인 구타 사건을 계기로 원산 총파업이 일어났다. 4회 이상

▶ 노동 조건 개선을 요구하는 원산 노동자 총파업이 전개되었다.

▶ 원산 총파업에 동참하는 공장 노동자 4회 이상

▶ 원산 총파업 – 중국, 프랑스 등의 노동 단체로부터 격려 전문을 받았다. 8회 이상

▶ 고무 공장 노동자 강주룡이 노동 쟁의를 전개하였다.

▶ 강주룡 – 평양 을밀대 지붕에서 임금 삭감에 저항하여 농성을 벌였다. 4회 이상

▶ 여성 계몽과 구습 타파를 주장하는 근우회가 창립되었다.

▶ 근우회의 주도로 여성의 권익을 옹호하였다.

▶ 근우회 – 민족주의 계열과 사회주의 계열의 여성들이 연합하였다.

▶ 천도교 소년회 – 어린이 등의 잡지를 발간하여 소년 운동을 주도하였다.

▶ 천도교 소년회 – 어린이날을 제정하고 소년 운동을 추진하였다. 4회 이상

▶ 형평 운동 – 백정에 대한 사회적 차별 철폐를 목표로 하였다. 12회 이상

▶ 형평 운동 – 조선 형평사를 중심으로 전국으로 확산되었다.

01 밑줄 그은 '이 운동'에 대한 설명으로 옳은 것은?

설명형 64회

이것은 평양에서 *조만식 등의 주도로 시작된 이 운동의 선전 행렬을 보여주는 사진이야.

이 운동은 *조선 사람 조선 것* 등의 구호를 내세웠지만, *자본가의 이익만을 추구하는 이기적인 운동이라고 비판받기도 했어.

① 통감부의 탄압과 방해로 중단되었다.
② 조선 관세령 폐지를 계기로 확산되었다.
③ 황국 중앙 총상회가 설립되는 결과를 가져왔다.
④ 한성 은행, 대한 천일 은행 설립에 영향을 끼쳤다.
⑤ 일본, 프랑스 등의 노동 단체로부터 격려 전문을 받았다.

문제 파헤치기

정답 분석 ②

Q 정답의 단서 | 평양, 조만식 등의 주도로 시작, '조선 사람 조선 것', 자본가의 이익만을 추구하는 운동이라고 비판받음

② 1920년대 회사령 폐지 이후 일본의 경제적 침탈이 더욱 심화되었고, 관세령도 폐지되었다. 이에 *조만식은 민족 기업을 통해 경제 자립을 이루고자 평양 물산 장려회를 조직하였고, 이를 중심으로 *조선 사람 조선 것*이라는 구호를 내세우며 국산품을 장려하는 물산 장려 운동을 전개하였다. 물산 장려 운동은 민족주의 계열이 주도했기에 사회주의 계열에게 *자본가의 이익만을 추구하는 운동이라는 비판을 받기도 하였다.

오답 분석

① 김광제, 서상돈 등은 대구에서 국채 보상 운동을 전개하여 일본에서 도입한 차관 1,300만 원을 갚아 주권을 회복하고자 하였으나 통감부의 탄압과 방해로 중단되었다.
③ 조청 상민 수륙 무역 장정의 체결로 외국 상인들이 유입되자 서울 도성의 시전 상인들은 황국 중앙 총상회를 조직하여 상권 수호 운동을 전개하였다.
④ 광무개혁의 결과, 근대적 금융 기관인 한성 은행과 대한 천일 은행 등이 설립되었다.
⑤ 영국인이 경영하는 라이징 선 석유 회사에서 일본인 감독이 조선인 노동자를 구타하는 사건이 발생하자 원산의 전 노동자가 파업을 단행하여 원산 총파업 사건이 발생하였다. 이들은 일본, 프랑스 등지의 노동 단체로부터 격려 전문을 받기도 하였다.

02 밑줄 그은 '이 운동'에 대한 설명으로 옳은 것을 〈보기〉에서 고른 것은?

합답형 69회

광고로 보는 역사

[해설] 이것은 경성 방직 주식회사의 광목 광고이다. 조선인 기업이 만든 상품의 사용을 장려하고자 전개된 이 운동 당시의 상황을 반영하여 '조선 사람의 자본과 기술로 된 광목'이라는 문구가 광고에 사용되었다.

• 보기 •

ㄱ. 회사령 폐지 등이 배경이 되었다.
ㄴ. 황국 중앙 총상회의 주도하에 전개되었다.
ㄷ. 평양에서 시작되어 전국적으로 확산되었다.
ㄹ. 대동 상회 등 근대적 상회사가 설립되는 계기가 되었다.

① ㄱ, ㄴ 　② ㄱ, ㄷ 　③ ㄴ, ㄷ
④ ㄴ, ㄹ 　⑤ ㄷ, ㄹ

정답 분석 ②

Q 정답의 단서 | 조선인 기업이 만든 상품의 사용을 장려, '조선 사람의 자본과 기술로 된 광목'

ㄱ·ㄷ. 1920년대 회사령이 폐지된 이후 조선에 대한 일본의 경제 침탈이 심화되었고, 일본과 조선 사이의 관세도 폐지되었다. 이에 조만식이 민족 기업을 통해 경제 자립을 이루고자 평양 물산 장려회를 조직하였고, 이를 중심으로 '조선 사람 조선 것'이라는 구호를 통해 국산품을 장려하는 물산 장려 운동을 전개하였다. 서울에도 조선 물산 장려회가 조직되면서 물산 장려 운동이 전국적으로 확산되었다.

오답 분석

ㄴ. 조청 상민 수륙 무역 장정이 체결되어 조선에 들어 온 외국 상인들로 인해 서울 도성의 시전 상인들이 어려움에 처하게 되었다. 이에 서울 시전 상인들은 황국 중앙 총상회를 조직하여 상권 수호 운동을 전개하였다.
ㄹ. 개항 이후 외국 상인들이 내륙으로 진출하면서 조선의 상인들이 경제 침탈을 당하였다. 이에 고종 때 평안도 상인들은 평양에 근대적 상회사인 대동 상회를 설립하였다.

03 밑줄 그은 '이 운동'에 대한 설명으로 옳은 것은?

설명형 55회

이것은 '학생의 날' 기념우표이다. 학생의 날은 1929년 한일 학생 간 충돌을 계기로 광주에서 일어나 전국으로 확산된 이 운동을 기리기 위해 1953년 제정되었다. 우표는 이 운동의 기념탑과 당시 학생들의 울분을 함께 형상화하여 도안되었다. 학생의 날은 2006년부터 '학생 독립운동 기념일'로 명칭이 변경되었다.

① 조선 형평사를 중심으로 전개되었다.

② 순종의 인산일을 기회로 삼아 추진되었다.

③ 대한민국 임시 정부 수립에 영향을 주었다.

④ 국내에서 민족 유일당 운동이 시작되는 계기가 되었다.

⑤ 신간회 중앙 본부가 진상 조사단을 파견하여 지원하였다.

정답 분석 ⑤

Q **정답의 단서** | 1929년, 한일 학생 간 충돌, 광주, 학생 독립운동

⑤ **광주 학생 항일 운동**은 한일 학생 간의 우발적 충돌 사건을 계기로 발생하였으나, 한국인 학생에 대한 차별과 식민지 교육에 저항하는 항일 운동으로 발전하였다(1929). 이는 3·1 운동 이후 가장 큰 규모의 항일 운동이었으며 **신간회** 중앙 본부가 **진상 조사단을 파견**하여 지원하기도 하였다.

오답 분석

① 갑오개혁 이후 공사 노비법이 혁파되어 법적으로는 신분제가 폐지되었으나 일제 강점기 때 백정에 대한 사회적 차별은 더욱 심해졌다. **백정**들은 이러한 차별을 철폐하기 위해 진주에서 **조선 형평사** 창립 대회를 개최하고 **형평 운동**을 전개하였다(1923).

②·④ 조선 공산당을 중심으로 한 사회주의 세력과 천도교를 중심으로 한 민족주의 세력이 연대하여 **순종의 인산일**을 기회로 삼아 **6·10 만세 운동**을 준비하였다(1926). 이 과정에서 **민족 유일당**을 결성할 수 있다는 공감대가 형성되면서 좌우 합작 조직인 신간회가 결성되었다(1927).

③ 3·1 운동은 각계각층의 사람들이 참여한 대규모 독립운동으로, 국내외 민족의 주체성을 확인하는 계기가 되어 **대한민국 임시 정부 수립**이라는 **결과를 가져왔다**(1919).

---

04 다음 가상 일기의 밑줄 그은 '운동'에 대한 설명으로 옳은 것은?

설명형 68회

1925년 ○○월 ○○일

우리 백정들은 신분제가 폐지되었음에도 끊임없이 차별받았다. 다 같은 조선 민족인데 왜 우리를 핍박하는 걸까? 우리는 저울처럼 평등한 세상을 만들기 위해 몇 해 전부터 운동을 벌이고 있지만 사람들의 인식을 바꾸기는 쉽지 않은 것 같다. 얼마 전 예천에서는 '백정을 핍박하는 것은 죄가 아니다.'라고 말하는 사람도 있다고 하니 우리는 언제쯤 평등한 대우를 받을 수 있을까?

① 조선 형평사의 주도로 전개되었다.

② 대한매일신보의 지원을 받아 확대되었다.

③ 평양에서 시작하여 전국적으로 확산되었다.

④ 순종의 인산일을 기한 대규모 시위를 계획하였다.

⑤ 라이징 선 석유 회사의 한국인 구타 사건을 계기로 시작되었다.

정답 분석 ①

Q **정답의 단서** | 백정, 신분제가 폐지되었음에도 끊임없이 차별받음, 저울처럼 평등한 세상, 평등한 대우

① **갑오개혁** 이후 공사 노비법이 혁파되어 법적으로는 **신분제가 폐지**되었으나 일제 강점기 때 **백정**에 대한 사회적 차별은 더욱 심해졌다. 백정들은 이러한 차별을 철폐하기 위해 **진주에서 조선 형평사**를 결성하고 **형평 운동**을 전개하였다.

오답 분석

② 일본에서 도입한 차관 1,300만 원을 갚아 주권을 회복하고자 **김광제, 서상돈** 등이 대구에서 전개한 **국채 보상 운동**은 대한매일신보의 지원을 받아 확대되었다.

③ 평양에서 조만식을 중심으로 조직된 조선 물산 장려회는 '**조선 사람 조선 것**'을 주장하며, 국산품을 장려하는 **물산 장려 운동**을 전개하였으며, 전국적으로 확산되었다.

④ 1920년대 **사회주의**가 유입되기 시작하였고 사회주의자와 학생들이 함께 **순종의 인산일**에 맞추어 만세 운동을 계획하였다. 그러나 사회주의자들이 사전에 일본에 발각되면서 학생들을 중심으로 순종의 국장일인 **1926년 6월 10일** 서울 시내에서 만세 시위가 전개되었다.

⑤ 영국인이 경영하는 **라이징 선 석유 회사**에서 일본인 감독이 한국인 노동자를 구타한 사건을 계기로 파업이 일어난 후 회사가 요구 조건을 이행하지 않자 원산 노동 연합회를 중심으로 **원산 총파업**에 들어갔다.

39 1920년대 국외 무장 투쟁과 의열 투쟁

최근 5개년 기출 빅데이터 분석 리포트

■ 24	
■ 23	
■ 22	
■ 21	
■ 20	
(연도)	

빈출 키워드 Top 5

1 조선 혁명 선언
2 봉오동 전투
3 미쓰야 협정
4 자유시 참변
5 나석주

꼭 나오는 문제 유형 Top 3

1 빈칸형
2 사료형
3 시기 일치형, 설명형

1 1920년대 국외 무장 투쟁

봉오동 전투 (1920.6.)	홍범도의 대한 독립군 등을 중심으로 독립군 연합 부대가 봉오동에서 일본군에 승리
청산리 전투 (1920.10.)	김좌진의 북로 군정서, 대한 독립군 등 독립군 연합 부대가 청산리 일대에서 일본군에 승리
간도 참변 (1920)	봉오동 전투와 청산리 전투 패배에 대한 일본군의 보복 → 간도 지역 한인 학살
자유시 참변 (1921)	간도 참변을 피해 러시아의 자유시로 이동한 대한 독립 군단이 무장 해제를 요구하는 러시아 적색군에 의해 희생
3부 성립 (1924~1925)	만주로 이동한 독립군이 육군 주만 참의부 · 정의부 · 신민부 3부 설립
미쓰야 협정 (1925)	독립군의 활동을 위축시키고자 중국 군벌과 일본 경무국장 미쓰야가 체결

2 의열 투쟁

1. 의열단

조직	• 김원봉이 만주 지린성에 의열단 조직(1919) • 신채호의 조선 혁명 선언을 행동 강령으로 삼고 의열 투쟁 전개 → 민중 직접 혁명 강조
활동	박재혁(부산 경찰서, 1920), 김익상(조선 총독부, 1921), 김상옥(종로 경찰서, 1923), 나석주(동양 척식 주식회사와 조선 식산 은행, 1926)
활동 방향 전환	• 단원 일부가 황푸 군관 학교에 입학하여 군사 훈련(1926) • 조선 혁명 간부 학교 설립 후 군사 훈련(1932) • 중국 내 독립운동 세력을 통합하기 위해 민족 혁명당 결성(1935)

기출 선택지로 개념 익히기 ◁》 오디오 학습을 이용해 보세요!

1 1920년대 국외 무장 투쟁

▸ 대한 독립군 – 봉오동 전투에서 일본군을 격파하였다.
▸ 대한 독립군 – 대한 국민회군과 연합하여 봉오동 전투에서 승리하였다.
　　　　　　　　　　　　　　　　　　　　　8회 이상
▸ 홍범도 – 평민 의병장에서 대한 독립군 사령관으로 활약하다.
▸ 북로 군정서 – 김좌진의 지휘 아래 활동하였다.
▸ 북로 군정서 – 청산리에서 일본군에 맞서 대승을 거두었다. 4회 이상
▸ 청산리 전투 – 대한 독립군, 대한 국민군 등이 연합하여 참여하였다.
　　　　　　　　　　　　　　　　　　　　　4회 이상

▸ 독립군 연합 부대가 청산리에서 큰 승리를 거두었다.
▸ 일본군의 보복으로 간도 참변이 발생하였다. 4회 이상
▸ 독립군이 전열을 정비하기 위해 자유시로 이동하였다. 4회 이상
▸ 대한 독립 군단 – 간도 참변 이후 조직을 정비하고 자유시로 이동하였다.
　　　　　　　　　　　　　　　　　　　　　4회 이상
▸ 대한 독립 군단 – 자유시 참변 이후 세력이 약화되었다. 4회 이상
▸ 자유시 참변 이후 3부가 조직되었다.
▸ 참의부, 신민부, 정의부가 만주 지역에 성립되었다.
▸ 3부 성립 – 미쓰야 협정이 체결되는 배경이 되었다.

2. 한인 애국단

조직	침체된 임시 정부의 활로를 모색하기 위해 김구가 상하이에서 결성(1931)
활동	• 이봉창 의거(1932): 도쿄에서 일왕의 마차에 폭탄 투척 • 윤봉길 의거(1932): 상하이 훙커우 공원에서 열린 상하이 사변 축하 기념식장에 폭탄 투척, 상하이 거류민 단장과 일본군 고관 처단
결과	• 중국 국민당 정부의 지원 시작 • 일본의 강력한 탄압으로 임시 정부가 상하이를 떠나 이동 생활 시작

▶ 1920년대 무장 독립 단체

▶ 조선 혁명 선언

강도 일본을 쫓아내려면 오직 혁명으로만 가능하며, 혁명이 아니고는 강도 일본을 쫓아낼 방법이 없는 바이다. …… 민중은 우리 혁명의 대본영이다. 폭력은 우리 혁명의 유일한 무기이다. 우리는 민중 속으로 가서 민중과 손을 맞잡아 끊임없는 폭력 암살, 파괴 폭동으로써 강도 일본의 통치를 타도하고 우리 생활에 불합리한 일체의 제도를 개조하여, 인류로써 인류를 압박하지 못하며, 사회로써 사회를 박탈하지 못하는 이상적 조선을 건설할지니라.

▶ 윤봉길 의사

▶ 중국 군벌과 일제 사이에 미쓰야 협정이 체결되었다. 8회 이상
▶ 일제가 독립군을 탄압하고자 미쓰야 협정을 체결하였다.

2 의열 투쟁
▶ 김원봉 – 의열단을 조직하여 단장으로 활동하였다.
▶ 의열단 – 신채호의 조선 혁명 선언을 활동 지침으로 삼았다. 8회 이상
▶ 신채호 – 민중의 직접 혁명을 주장하는 조선 혁명 선언을 집필하였다.
　　　　　　　　　　　　　　　　　　　　　　　　　12회 이상
▶ 의열단 – 김상옥이 종로 경찰서에 폭탄을 투척하였다.

▶ 나석주 – 동양 척식 주식회사에 폭탄을 투척하였다. 4회 이상
▶ 의열단 – 나석주가 조선 식산 은행에 폭탄을 투척하였다.
▶ 의열단 – 박재혁이 경찰서에서 폭탄을 투척하는 의거를 일으켰다.
▶ 의열단 – 단원 일부가 황푸 군관 학교에 입학해 군사 훈련을 받았다.
▶ 의열단 – 조선 혁명 간부 학교를 세워 독립군을 양성하였다. 4회 이상
▶ 한인 애국단이 조직되어 의거 활동을 전개하였다. 4회 이상
▶ 한인 애국단 – 김구를 단장으로 하여 활발한 의열 활동을 펼쳤다.
▶ 이봉창 – 도쿄에서 일왕이 탄 마차에 폭탄을 투척하였다. 4회 이상
▶ 윤봉길이 상하이 훙커우 공원에서 의거를 일으켰다.

01 (가), (나) 사이의 시기에 있었던 사실로 옳지 <u>않은</u> 것은?

시기 일치형 | 사료형 52회

> (가) 북간도에 주둔한 아군 7백 명은 북로 사령부 소재지인 **봉오동**을 향해 행군하다가 적군 3백 명을 발견하였다. 아군을 지휘하는 **홍범도**, 최진동 두 장군은 즉시 적을 공격하여 120여 명을 살상하고 도주하는 적을 추격하였다.
> – 『독립신문』 –
>
> (나) **조선 혁명군** 총사령 양세봉, 참모장 김학규 등은 병력을 이끌고 **중국 의용군**과 합세하였다. …… 아군은 승세를 몰아 적들을 30여 리 정도 추격한 끝에 **영릉가성**을 점령하였다.
> – 『광복』 –

① 자유시 참변 이후 3부가 조직되었다.
② 일본군의 보복으로 간도 참변이 발생하였다.
③ 독립군 연합 부대가 청산리에서 큰 승리를 거두었다.
④ 일제가 독립군을 탄압하고자 미쓰야 협정을 체결하였다.
⑤ 스탈린에 의해 많은 한인이 중앙아시아로 강제 이주되었다.

02 (가) 전투에 대한 설명으로 옳은 것은?

빈칸형 50회

> 이곳은 부산 해운대에 있는 '애국지사 강근호 길'입니다. 그는 1920년 10월 백운평, 어랑촌, 고동하 등지에서 일본군에 맞서 싸운 (가) 당시 북로 군정서 중대장으로 활약하였습니다.

① 중국 호로군과 협력하여 진행되었다.
② 미국 전략 정보국(OSS)의 지원을 받았다.
③ 대한민국 임시 정부 수립에 영향을 주었다.
④ 조국 광복회의 지원 아래 유격전으로 전개되었다.
⑤ 대한 독립군, 대한 국민군 등이 연합하여 참여하였다.

정답 분석 ⑤

Q 정답의 단서 | 봉오동, 홍범도, 최진동, 조선 혁명군, 총사령 양세봉, 중국 의용군과 합세, 영릉가성

(가) **봉오동 전투**(1920.6.): **홍범도**는 의병장 출신으로 대한 독립군을 이끌면서 대한 국민회군, 군무도독부 등의 독립군과 연합하여 봉오동 전투에서 일본군을 상대로 큰 승리를 거두었다.
(나) **영릉가 전투**(1932): **양세봉**의 주도로 남만주 지역에서 조선 혁명당 산하의 군사 조직인 조선 혁명군이 조직되었다. 이들은 **중국 의용군과 연합** 작전을 전개하여 영릉가 전투에서 일본군에 승리하였다.
⑤ 스탈린은 만주 지역이 일본의 침략을 받기 시작하자 극동 지방의 안보를 우려하여 국경 지방인 연해주에 거주하는 한인 약 20만 명을 중앙아시아로 강제 이주시켰다(1937).

오답 분석

① · ④ 대한 독립 군단은 **자유시 참변**으로 큰 타격을 입고(1921) 만주로 돌아와 **3부**를 조직하였다. 이후 일본은 만주 지역의 독립운동을 탄압하기 위해 만주 군벌 장쭤린(장작림)과 **미쓰야 협정**을 체결하였다(1925). 협정에는 '만주에서 활약하는 독립군을 체포하여 일본에게 넘길 것', '이때 일본은 대가로 상금을 지불할 것' 등의 내용이 담겨 있어 **만주 지역 독립운동이 큰 제약**을 받게 되었다.
② 일제는 봉오동 전투와 청산리 전투의 패배에 대한 보복으로 독립군의 근거지를 소탕하기 위해 **간도 지역의 수많은 한국인을 학살**하는 만행을 저질렀는데 이를 **간도 참변**이라 한다(1920).
③ 김좌진이 이끄는 **북로 군정서**와 홍범도가 이끄는 대한 독립군이 주축이 된 독립군 연합 부대는 **청산리 전투**에서 일본군에 대승을 거두었다(1920.10.).

정답 분석 ⑤

Q 정답의 단서 | 부산 해운대, 애국지사 강근호, 백운평, 어랑촌, 고동하, 일본군에 맞서 싸움, 북로 군정서 중대장

강근호는 1916년 일제에 저항하여 학생 운동을 벌이다가 일본 경찰의 수배를 받게 되어 만주로 망명하였다. 이후 만주 군정서 무관 학교를 졸업하고 신흥 무관 학교 교관을 거쳐, 1920년에는 북로 군정서 중대장으로써 청산리 전투에서 활약하였다.
⑤ 김좌진을 중심으로 한 **북로 군정서**는 홍범도가 이끄는 **대한 독립군, 대한 국민군** 등과 함께 독립군 연합 부대를 결성하여 **청산리 전투**에서 일본군을 크게 격파하였다.

오답 분석

① **지청천**을 중심으로 북만주에서 결성된 **한국 독립군**은 **중국 호로군과 협력**하여 쌍성보 전투, 사도하자 전투, 대전자령 전투에서 일본군에 승리하였다.
② 충칭에서 대한민국 임시 정부의 직할 부대로 창설된 **한국 광복군**은 영국군의 요청을 받아 인도 · 미얀마 전선에 파견되었으며 **미국 전략 정보국(OSS)의 지원**을 받아 **국내 진공 작전**을 준비하였다.
③ 각계각층의 사람들이 참여한 **3 · 1 운동**으로 국내외 민족의 주체성을 확인하였고, 이는 **대한민국 임시 정부의 수립의 계기**가 되었다.
④ 1930년대 만주 지역에서는 항일 유격대의 활동이 활발하였고 김일성이 조직한 **조국 광복회**를 중심으로 **보천보 전투**를 전개하여 승리하였다.

03 (가) 단체에 대한 설명으로 옳은 것은? 빈칸형 55회

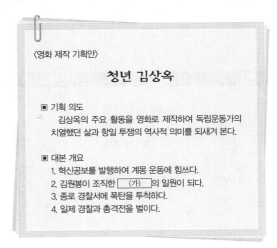

〈영화 제작 기획안〉

청년 김상옥

■ 기획 의도
　　김상옥의 주요 활동을 영화로 제작하여 독립운동가의 치열했던 삶과 항일 투쟁의 역사적 의미를 되새겨 본다.

■ 대본 개요
1. 혁신공보를 발행하여 계몽 운동에 힘쓰다.
2. 김원봉이 조직한 　(가)　의 일원이 되다.
3. 종로 경찰서에 폭탄을 투척하다.
4. 일제 경찰과 총격전을 벌이다.

① 조선 혁명 선언을 행동 강령으로 삼았다.
② 비밀 행정 조직으로 연통제를 실시하였다.
③ 고종의 밀지를 받아 결성된 비밀 단체이다.
④ 도쿄에서 일어난 이봉창 의거를 계획하였다.
⑤ 신흥 무관 학교를 세워 무장 투쟁을 준비하였다.

04 밑줄 그은 '의거'를 일으킨 단체에 대한 설명으로 옳은 것은? 설명형 51회

이 사진은 1945년 9월 2일 일왕을 대신하여 일본의 외무 대신이 연합군 앞에서 항복 문서에 서명하는 장면입니다.

서명하는 인물은 시게미쓰 마모루인데, 그는 윤봉길의 상하이 훙커우 공원 의거 당시 폭탄에 맞아 다리를 다쳤습니다.

① 신채호의 조선 혁명 선언을 활동 지침으로 삼았다.
② 김구를 단장으로 하여 활발한 의열 활동을 펼쳤다.
③ 조선 총독을 저격한 강우규가 단원으로 활동하였다.
④ 이상재 등의 주도로 민립 대학 설립 운동을 전개하였다.
⑤ 진상 조사단을 파견하여 광주 학생 항일 운동을 지원하였다.

정답 분석 ①

🔍 정답의 단서 | 김상옥, 항일 투쟁, 김원봉이 조직, 종로 경찰서에 폭탄 투척

김상옥은 혁신단이라는 비밀결사를 조직하고 혁신공보를 발행하여 계몽 운동을 전개하였다. 상하이로 망명하여 **의열단**에 입단한 후에는 **종로 경찰서에 폭탄을 투척**한 뒤 대한 독립 만세를 부르고 자결하였다.
① 1919년 **김원봉**이 결성한 **의열단**은 신채호가 작성한 **조선 혁명 선언**을 기본 행동 강령으로 하여 직접적인 투쟁 방법인 암살, 파괴, 테러 등을 통해 독립운동을 전개하였다.

오답 분석

② **대한민국 임시 정부**는 비밀 행정 조직으로 **연통제**를 실시하여 국내외의 연락망을 확보하고 독립운동 자금을 모았다.
③ 임병찬이 **고종의 밀지**를 받아 조직한 **독립 의군부**는 조선 총독부에 국권 반환 요구서 제출을 계획하고, 복벽주의를 내세워 의병 전쟁을 준비하였다.
④ 김구는 침체된 독립운동의 새로운 활로를 모색하기 위해 **한인 애국단**을 결성하였다. 한인 애국단원 **이봉창**은 도쿄에서 일본 국왕의 행렬에 폭탄을 투척하는 의거를 거행하였다.
⑤ 서간도 삼원보 지역에서 **신민회원**인 이상룡, 이회영 등이 중심이 되어 독립군 양성 학교인 신흥 강습소를 설립하였다. 이는 1919년에 본부를 옮기면서 **신흥 무관 학교**로 명칭이 바뀌었다.

정답 분석 ②

🔍 정답의 단서 | 윤봉길의 상하이 훙커우 공원 의거

김구는 대한민국 임시 정부의 침체된 활동을 타개하기 위해 상하이에서 한인 애국단을 결성하였다. 한인 애국단원 윤봉길은 상하이 훙커우 공원에서 열린 일본군 전승 축하 기념식장에서 폭탄을 던졌고, **이봉창**은 도쿄에서 **일본 국왕의 행렬에 폭탄**을 투척하였다.
② 김구는 상하이에서 **한인 애국단**을 결성하여 적극적인 **의열 투쟁 활동**을 전개하였다.

오답 분석

① 1919년 김원봉이 결성한 **의열단**은 **신채호가 작성한 조선 혁명 선언**을 활동 지침으로 삼아 의열 투쟁을 전개하였다.
③ **강우규**는 노인 동맹단 소속으로 서울에서 **사이토 총독에게 폭탄**을 투척하였다.
④ 1920년대 이상재, 윤치호 등은 조선 민립 대학 기성회를 조직하고 한국인을 위한 고등 교육 기관인 **민립 대학 설립 운동**을 전개하였다.
⑤ 한국인 학생과 일본인 학생 간의 충돌로 **광주 학생 항일 운동**이 발생하자 **신간회**가 진상 조사단을 파견하여 지원하였다.

40 1930년대 이후 국외 무장 투쟁

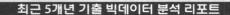

최근 5개년 기출 빅데이터 분석 리포트	빈출 키워드 Top 5	꼭 나오는 문제 유형 Top 3
■ 24 ■ 23 ■ 22 ■ 21 ■ 20 (연도)	1 국내 진공 작전 2 영릉가 전투 3 대전자령 전투 4 조선 의용대 5 인도·미얀마 전선에 파견	1 빈칸형 2 사료형 3 설명형

1 1930년대 국외 무장 투쟁

1. 한중 연합 작전

배경	• 만주 사변(1931), 만주국 수립 • 한국 독립운동의 새로운 활로 개척 움직임
조선 혁명군 (1929)	• 양세봉을 중심으로 남만주 일대에서 활동 • 중국 의용군과 연합 작전을 전개하여 영릉가 · 흥경성 전투 승리
한국 독립군 (1931)	• 지청천을 중심으로 북만주 일대에서 활동 • 중국 호로군과 연합 작전을 전개하여 쌍성보 · 사도하자 · 대전자령 전투에서 승리
결과	대한민국 임시 정부의 요청으로 대부분의 독립군 부대는 중국 관내로 이동

2. 중국 관내 항일 투쟁

배경	• 만주 사변과 중일 전쟁 등으로 일제의 중국 침략 본격화 • 독립운동 단체들의 이념 대립에 대한 반성
민족 혁명당 (1935)	김원봉 주도로 의열단 · 한국 독립당 · 조선 혁명당 등이 모여 결성한 한국 대일 전선 통일 동맹을 바탕으로 창당
한국 국민당 (1935)	김구 등 대한민국 임시 정부 중심의 민족주의 세력이 조직
조선 의용대 (1938)	• 김원봉이 조선 민족 전선 연맹 산하의 군사 조직으로 조직 • 중국 관내 최초의 한인 무장 부대 • 분화: 일부 세력이 화북 지방으로 이동하여 조선 의용대 화북 지대 결성(1941), 김원봉 등 나머지 세력은 충칭으로 이동하여 한국 광복군에 합류(1942)

기출 선택지로 개념 익히기 ◁》 오디오 학습을 이용해 보세요!

1 1930년대 국외 무장 투쟁

▶ 조선 혁명군 – 조선 혁명당의 군사 조직으로 남만주 지역에서 활약하였다.
▶ 조선 혁명군 – 총사령 양세봉의 지휘 아래 활동하였다.
▶ 조선 혁명군 – 흥경성 전투에서 승리하였다.
▶ 조선 혁명군 – 중국 의용군과 연합하여 흥경성 전투를 이끌었다. 4회 이상
▶ 조선 혁명군 – 영릉가 전투에서 일본군에게 승리하였다.

▶ 조선 혁명군 – 중국군과 함께 영릉가 전투에서 큰 전과를 올렸다. 8회 이상
▶ 한국 독립군 – 북만주 지역에서 활동한 한국 독립당의 산하 부대였다.
▶ 한국 독립군 – 중국 호로군과 연합 작전을 통해 항일 전쟁을 전개하였다.
▶ 한국 독립군 – 쌍성보에서 중국 호로군과 연합 작전을 전개하였다. 4회 이상
▶ 지청천 – 한국 독립군을 이끌고 쌍성보 전투에서 승리하였다.
▶ 한국 독립군 – 만주 사변 이후 대전자령 전투에서 일본군을 격퇴하였다.
8회 이상

2 1940년대 국외 무장 투쟁

1. 한국 광복군(1940)

창설	• 중일 전쟁 이후 중국 내륙 충칭으로 이동한 독립 군을 바탕으로 편성 • 총사령관 지청천
활동	• 대한민국 임시 정부 직할 부대 • 영국군의 요청으로 인도·미얀마 전선에 파견 • 미국 전략 정보국(OSS)의 지원을 받아 국내 진 공 작전 준비

2. 조선 의용군(1942)

창설	김두봉 등 화북 지방 공산주의자들이 조선 의용 대 화북 지대와 연합하여 화북 조선 청년 연합회 결성(1941) → 조선 독립 동맹으로 조직 확대· 개편 → 조선 의용대 화북 지대를 조선 의용군으 로 개편
활동	• 화북 지방에서 중국 공산당군(팔로군)과 함께 항 일 전선에 참여 • 광복 이후 중국 국공 내전 참가 후 북한 인민군 으로 편입

➕ 개념 PLUS+

▶ 1930년대 무장 투쟁

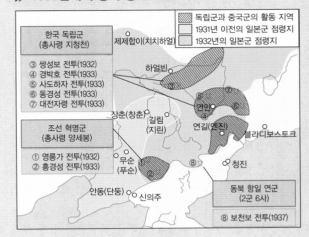

▶ 한국 독립군과 중국 호로군의 합의 내용
1. 한중 양군은 최악의 상황이 오는 경우에도 장기간 항전할 것을 맹세한다.
2. 중동 철도를 경계선으로 서부 전선은 중국이 맡고, 동부 전선은 한국이 맡는다.
3. 전시의 후방 전투 훈련은 한국 장교가 맡고, 한국군에 필요한 군수품 등은 중국군이 맡는다.

▶ 한국 광복군

▶ 한국 독립군 – 쌍성보, 대전자령 전투에서 일본군을 격파하였다.
▶ 김원봉 – 민족 혁명당을 결성하였다.
▶ 김구, 이시영 등이 항저우에서 한국 국민당을 창당하였다.
▶ 김원봉 – 중국 국민당과 협력하여 조선 의용대를 창설하였다.
▶ 조선 의용대 – 중국 관내(關內)에서 결성된 최초의 한인 무장 부대였다.
　　　　　　　　　　　　　　　　　　　　　　　　　8회 이상
▶ 김원봉 – 한국 광복군 부사령관으로 활약하였다.

☑ 1940년대 국외 무장 투쟁
▶ 한국 광복군 – 영국군의 요청으로 인도·미얀마 전선에서 활동하였다.
　　　　　　　　　　　　　　　　　　　　　　　　　4회 이상
▶ 한국 광복군이 미국과 연계하여 국내 진공 작전을 추진하였다. 12회 이상
▶ 한국 광복군 – 국내 정진군을 조직하여 국내 진공 작전을 추진하였다.
▶ 한국 광복군 – 미국 전략 정보국(OSS)의 지원을 받았다.
▶ 조선 의용군 – 중국 팔로군과 함께 호가장 전투에서 활약하였다. 4회 이상

01 (가) 단체에 대한 설명으로 옳은 것은? `빈칸형` 54회

> ___(가)___의 총사령 **①양세봉**, 참모장 김학규 등은 일부 병력을 이끌고 **②중국 의용군 부대**와 합세하였다. 일본군과 만주군이 신빈현성의 고지대를 거점으로 삼아 먼저 공격했으나 아군이 응전하여 이를 탈취하였다. 아군은 승세를 몰아 적들을 추격한 끝에 당일 오후 3시경 **③영릉가성**을 점령하였다. 5일간의 격렬한 전투에서 한중 연합군은 신빈현 일대 여러 곳을 점령하는 등 커다란 수확을 거두었다.

① 흥경성 전투에서 승리하였다.
② 자유시 참변 이후 세력이 약화되었다.
③ 중국 팔로군에 편제되어 항일 전선에 참여하였다.
④ 영국군의 요청으로 인도·미얀마 전선에서 활동하였다.
⑤ 북만주 지역에서 활동한 한국 독립당의 산하 부대였다.

02 (가) 부대에 대한 설명으로 옳은 것은? `빈칸형` `사료형` 67회

> 대전자령은 태평령이라고도 하는데, 일본군이 서남부의 왕청현 쪽으로 가려면 반드시 지나가야 하는 지점이었다. 대전자령의 양쪽은 험준한 절벽과 울창한 산림 지대로 되어 있어 적을 공격하기에 알맞은 곳이었다. 이 전투에 ___(가)___의 주력 부대 500여 명, 차이시잉(柴世榮)이 거느리는 중국 의용군인 길림구국군 2,000여 명이 참가하였다. …… 한중 연합군은 계곡 양편 산기슭에 구축되어 있는 참호 속에 미리 매복·대기하여 일본군 습격 준비를 마쳤다.
>
> - 『청천장군의 혁명투쟁사』 -

① 영국군의 요청으로 인도·미얀마 전선에 투입되었다.
② 간도 참변 이후 조직을 정비하고 자유시로 이동하였다.
③ 중국 관내(關內)에서 결성된 최초의 한인 무장 부대였다.
④ 홍범도 부대와 연합하여 청산리에서 일본군과 교전하였다.
⑤ 한국 독립당의 군사 조직으로 북만주 지역에서 활약하였다.

문제 파헤치기

정답 분석 ①

Q 정답의 단서 | 양세봉, 중국 의용군 부대와 합세, 일본군, 영릉가성, 한중 연합군

①양세봉은 남만주 지역에서 조선 혁명군을 조직하여 **②중국 의용군과 항일 연합 작전**을 전개하였다. 신빈현성에 주둔하고 있던 일본군이 한중 연합군을 먼저 공격하였으나, 한중 연합군은 이를 격퇴하고 신빈현성을 점령하였다. 승기를 잡은 한중 연합군은 일본군을 추격하여 **③영릉가성**을 점령하고 승리를 거두었다(영릉가 전투).
① 양세봉이 이끄는 조선 혁명군은 중국 의용군과 연합하여 **흥경성 전투**에서 일본군에 승리하였다.

오답 분석

② 대한 독립 군단은 간도 참변으로 인해 러시아 자유시로 근거지를 옮겼으나, 군 지휘권을 둘러싼 분쟁에 휘말려 **자유시 참변**을 겪으면서 세력이 약화되었다.
③ 조선 의용대 중 일부 세력은 후방 지원보다는 일본군과의 직접적인 전투를 위해 중국 화북 지역으로 이동하여 **조선 의용대 화북 지대**를 조직하였다. 이후 조선 의용대 화북 지대는 **중국 팔로군**과 함께 **항일 전선**에 참여하며 무장 투쟁을 전개하였다.
④ **한국 광복군**은 충칭에서 창설된 대한민국 임시 정부의 직할 부대로, 영국군의 요청을 받아 **인도·미얀마** 전선에 파견되었다.
⑤ **한국 독립군**은 한국 독립당 산하의 독립군 부대로, 북만주 지역에서 중국 호로군과 한중 연합 작전을 전개하였다.

정답 분석 ⑤

Q 정답의 단서 | 대전자령, 중국 의용군, 한중 연합군, 『청천장군의 혁명투쟁사』

지청천을 중심으로 **북만주**에서 결성된 **한국 독립군**은 중국 호로군과 연합하여 한중 연합군을 조직하였다. 이후 중국 의용군이 분화하면서 만들어진 길림구국군과 함께 **대전자령 전투**를 전개하여 일본군에 승리하였다.
⑤ 한국 독립당 산하의 군사 조직인 한국 독립군은 북만주에서 중국 호로군과 함께 한중 연합 작전을 전개하여 **쌍성보 전투, 사도하자 전투, 동경성 전투** 등에서 일본군에 승리하였다.

오답 분석

① 충칭에서 대한민국 임시 정부의 직할 부대로 창설된 **한국 광복군**은 **영국군**의 요청으로 **인도·미얀마** 전선에 투입되었으며, 미군과 협조하여 **국내 진공 작전**을 추진하였다.
② 간도 참변으로 인해 러시아 자유시로 근거지를 옮긴 **대한 독립 군단**은 군 지휘권을 둘러싼 분쟁에 휘말려 **자유시 참변**을 겪으면서 세력이 약화되었다.
③ **조선 의용대**는 김원봉의 주도로 중국 국민당의 지원을 받아 **중국 관내에서 결성된 최초의 한인 무장 부대**로, 조선 민족 전선 연맹 산하에 있었다.
④ 김좌진이 이끄는 **북로 군정서**와 홍범도가 이끄는 **대한 독립군**을 중심으로 한 독립군 연합 부대는 **청산리 전투**에서 일본군에 대승을 거두었다.

03 다음 성명서를 발표한 이후 대한민국 임시 정부의 활동으로 옳은 것은? 사료형 53회

> 우리는 삼천만의 한국인 및 정부를 대표하여 중국, 영국, 미국, …… 기타 국가들이 일본에 대해 전쟁을 선포한 것을 삼가 축하한다. 이것은 일본을 격패(擊敗)시키고 동아시아를 재건하는 가장 유효한 수단이다. 이에 특별히 다음과 같이 성명한다.
>
> 1. 한국 전체 인민은 현재 이미 반침략 전선에 참여한 상태이며 하나의 전투 단위로서 추축국에 전쟁을 선포한다.
> 2. 1910년의 합병 조약 및 일체 불평등 조약이 무효임을 재차 선포한다. 아울러 반침략 국가가 한국에 지닌 합리적 기득 권익을 존중한다.
> 3. 왜구를 한국, 중국 및 서태평양에서 완전히 축출하기 위하여 혈전으로 최후의 승리를 거둔다.

① 충칭에서 한국 광복군을 창설하였다.
② 국내 비밀 행정 조직으로 연통제를 두었다.
③ 파리 강화 회의에 독립 청원서를 제출하였다.
④ 의거 활동을 위해 한인 애국단을 조직하였다.
⑤ 미군과 연계하여 국내 진공 작전을 추진하였다.

04 (가)에 대한 설명으로 옳은 것은? 빈칸형 65회

전자 사료관

◎ 표시된 인물이 김원봉

자료는 ⟨(가)⟩의 창립 1주년을 기념하며 계림에서 촬영된 사진이다. 중국 국민당 정부의 지원을 받아 김원봉 등을 중심으로 창설된 ⟨(가)⟩은/는 중국 관내(關內)에서 만들어진 최초의 한인 무장 부대이다.

① 자유시 참변으로 시련을 겪었다.
② 대원 일부가 한국 광복군에 합류하였다.
③ 쌍성보 전투에서 한중 연합 작전을 전개하였다.
④ 독립군 양성 기관인 한인 소년병 학교를 설립하였다.
⑤ 홍범도 부대와 연합하여 청산리에서 일본군과 교전하였다.

정답 분석 ⑤

Q 정답의 단서 | 한국인 및 정부 대표, 일본에 대해 전쟁을 선포, 일본 격패, 동아시아 재건, 반침략 전선, 1910년 합병 조약 및 일체 불평 등 조약이 무효임을 선포

일본군의 진주만 기습 공격으로 연합국과 태평양 전쟁이 발발하자 **대한민국 임시 정부**는 김구 주석과 조소앙 외교부장 명의로 **대일 선전 성명서**를 발표하여 **일본에 대한 선전 포고**를 명문화하였다(1941).
⑤ 대한민국 임시 정부의 직할 부대인 **한국 광복군**은 영국군의 요청으로 인도 · 미얀마 전선에 파견되었으며, 미군과 협조하여 **국내 진공 작전**을 추진하였다(1945).

오답 분석

① 충칭에서 **대한민국 임시 정부의 직할 부대**로 **한국 광복군**이 창설되었다(1940).
② **대한민국 임시 정부**는 국내 비밀 행정 조직으로 **연통제**를 실시하여 국내와의 연락망을 확보하고 독립운동 자금을 모았다(1919).
③ **대한민국 임시 정부**는 파리 강화 회의에 김규식을 파견하여 **독립 청원서를 제출**하는 등 외교 활동을 전개하였다(1919).
④ **김구**는 대한민국 임시 정부의 곤경을 타개하고 침체된 독립운동의 새로운 활로를 모색하기 위해 상하이에서 **한인 애국단**을 결성하여 적극적인 투쟁 활동을 전개하였다(1931).

정답 분석 ②

Q 정답의 단서 | 중국 국민당 정부의 지원, 김원봉 등을 중심으로 창설됨, 중국 관내(關內)에서 만들어진 최초의 한인 무장 부대

② **조선 의용대**는 **김원봉**의 주도로 **중국 국민당의 지원**을 받아 **중국 관내에서 결성된 최초의 한인 무장 부대**이다. 조선 의용대의 일부 대원은 충칭 지역의 **한국 광복군**에 합류하여 항일 전선에 참여하였고, 나머지 주력 부대는 화북 지역으로 이동하여 조선 의용대 화북 지대를 조직한 뒤 **중국 팔로군**과 함께 무장 투쟁을 전개하였다.

오답 분석

① 대한 독립 군단이 간도 참변을 겪으며 러시아 자유시로 근거지를 옮겼으나, 군 지휘권을 둘러싼 분쟁에 휘말려 **자유시 참변**을 겪게 되면서 만주 지역의 독립군 세력이 약화되었다.
③ 지청천을 중심으로 북만주에서 결성된 **한국 독립군**은 **쌍성보 전투**에서 **중국 호로군**과 연합 작전을 전개하여 승리하였다.
④ 박용만은 **미국 네브라스카**에서 독립운동과 인재 양성을 목적으로 **한인 소년병 학교**를 설립하였다.
⑤ 김좌진이 이끄는 **북로 군정서**는 홍범도가 이끄는 **대한 독립군**과 연합하여 **청산리 전투**에서 일본군을 상대로 대승을 거두었다.

41 민족 문화 수호 운동

최근 5개년 기출 빅데이터 분석 리포트

- 24
- 23
- 22
- 21
- 20
(연도)

빈출 키워드 Top 5

1. 「아리랑」
2. 『한국통사』
3. 조선어 학회
4. 정인보
5. 『한국독립운동지혈사』

꼭 나오는 문제 유형 Top 3

1. 빈칸형
2. 설명형
3. 사료형

1 국학 운동

1. 국어 연구

조선어 연구회 (1921)	• 가갸날 제정 • 잡지 『한글』 간행
조선어 학회 (1931)	• 한글 맞춤법 통일안과 표준어 제정 • 『우리말 큰사전』(조선말 큰사전) 편찬 시작(1929) • 조선어 학회 사건(1942): 일제가 관련 인사들을 체포하고 학회를 강제 해산
한글 학회 (1949)	해방 이후 『우리말 큰사전』 완성

2. 역사 연구

배경	일제의 조선사 편수회 조직 → 한국사 왜곡, 『조선사』 간행
민족주의 사학	• 박은식: 민족의 '혼' 강조, 『한국통사』, 『한국독립운동지혈사』를 저술 • 신채호: 역사를 아(我)와 비아(非我)의 투쟁으로 봄, 『조선상고사』, 『조선사연구초』 등 저술
사회 경제 사학	백남운: 유물 사관을 바탕으로 식민 사학의 정체성론 반박, 『조선사회경제사』, 『조선봉건사회경제사』 저술
실증 사학	• 이병도, 손진태 • 진단 학회 조직, 『진단학보』 발간
조선학 운동	정인보: 민족의 '얼' 강조, 안재홍과 함께 조선학 운동 전개, 『여유당전서』 저술

기출 선택지로 개념 익히기 ◁◉ 오디오 학습을 이용해 보세요!

1 국학 운동

▸ 조선어 연구회 – 잡지 한글의 간행을 주도하였다.
▸ 조선어 학회 – 우리말 큰사전 편찬 사업을 추진하였다.
▸ 조선어 학회 – 한글 맞춤법 통일안과 표준어를 제정하였다. 4회 이상
▸ 조선어 학회에서 활동하는 교사
▸ 조선어 학회 사건으로 탄압받는 한글 학자
▸ 일제가 한글 학자들을 구속한 조선어 학회 사건이 일어났다.
▸ 박은식 – 유교 개혁을 주장하는 유교 구신론을 제창하였다.
▸ 박은식 – 실천적인 유교 정신을 강조하는 유교 구신론을 저술하였다.
▸ 박은식 – 일본의 침략 과정을 서술한 한국통사를 저술하였다. 8회 이상

▸ 박은식 – 조선 국혼을 강조하는 한국통사를 저술하였다.
▸ 박은식 – 한국통사를 저술하고 민족주의 사학의 기초를 닦았다.
▸ 박은식 – 독립 투쟁 과정을 정리한 한국독립운동지혈사를 저술하였다.
4회 이상
▸ 신채호 – 고대사 연구를 바탕으로 조선상고사를 저술하였습니다.
▸ 백남운 – 조선사회경제사에서 식민 사학의 정체성론을 반박하였다.
4회 이상
▸ 백남운 – 식민 사학을 반박하는 조선봉건사회경제사를 저술하였다.
▸ 백남운 – 유물 사관을 바탕으로 조선사회경제사를 저술하였다.
▸ 실증주의 사학의 연구를 위해 진단 학회를 창립하였다.

2 문학과 예술 활동

1. 문학 활동

1920년대	• 신경향파 문학, 『동인지』 발간 • 김소월의 「진달래꽃」, 한용운의 「님의 침묵」, 이상화의 「빼앗긴 들에도 봄은 오는가」
1930년대	• 저항 문학 • 심훈의 「그날이 오면」, 이육사의 「청포도」, 윤동주의 「서시」, 「쉽게 쓰여진 시」, 유고집 『하늘과 바람과 별과 시』

2. 예술 활동

영화	나운규의 「아리랑」(단성사 개봉, 1926)
연극	토월회(신극 운동 전개, 1923)
음악	안익태의 「코리아 환상곡」
미술	• 이중섭의 「소」, 나혜석(여성 화가) • 전형필(일본에 유출되는 문화재 수집·보호)

⊕ 개념 PLUS+

▶ 신채호의 『조선상고사』
역사란 무엇이뇨. …… 무릇 주체적 위치에 선 자를 아라 하고, 그 밖에는 비아라 하는데, 이를테면 조선 사람은 조선을 아라 하고, …… 그러므로 역사는 아(我)와 비아(非我)의 투쟁의 기록인 것이다.

▶ 백남운의 『조선사회경제사』
우리 조선의 역사적 발전의 전 과정은 …… 세계사적인 일원론적 역사 법칙에 의해 다른 민족과 거의 같은 궤도로 발전 과정을 거쳐 온 것이다. 그 발전 과정의 완만한 템포, 문화의 특수적인 농담(濃淡)은 결코 본질적인 특수성이 아니다.

▶ 윤동주

▶ 이병도, 손진태 – 진단 학회를 설립하여 실증주의 사학을 발전시켰다.
▶ 이병도, 손진태 – 진단 학회를 창립하고 진단 학보를 발행하였다.
▶ 정인보 – 여유당전서를 간행하고 조선학 운동을 전개하였다. 4회 이상
▶ 정인보 – 민족의 얼을 강조하고 조선학 운동을 추진하였다.
▶ 조선사 편수회에 들어가 조선사 편찬에 참여하였다.

2 문학과 예술 활동
▶ 신경향파 작가들이 카프(KAPF)를 결성하였다.
▶ 한용운 – 월간지 유심을 발간하여 불교 개혁 운동에 힘썼다.
▶ 심훈 – 저항시 그날이 오면을 발표하였습니다.

▶ 이육사 – 저항시 광야, 절정 등을 발표하였다.
▶ 이육사 – 시 광야에 드러난 항일 정신과 작가의 독립운동
▶ 나운규가 제작한 영화 아리랑이 처음 개봉되었다. 8회 이상
▶ 나운규 – 영화 아리랑의 제작, 감독, 주연을 맡았다.
▶ 나운규 – 단성사에서 개봉된 영화 아리랑을 제작하였습니다.
▶ 근대극 형식을 도입한 토월회를 조직하였습니다.

01 (가) 단체에 대한 설명으로 옳은 것은? 빈칸형 55회

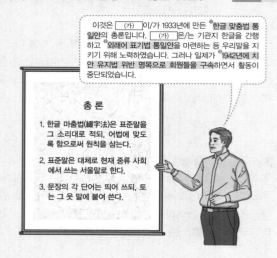

이것은 (가) 이/가 1933년에 만든 **한글 맞춤법 통일안**의 총론입니다. (가) 은/는 기관지 『한글』을 간행하고 **외래어 표기법 통일안**을 마련하는 등 우리말을 지키기 위해 노력하였습니다. 그러나 일제가 **1942년**에 치안 유지법 위반 명목으로 회원들을 구속하면서 활동이 중단되었습니다.

총 론

1. 한글 마춤법(綴字法)은 표준말을 그 소리대로 적되, 어법에 맞도록 함으로써 원칙을 삼는다.
2. 표준말은 대체로 현재 중류 사회에서 쓰는 서울말로 한다.
3. 문장의 각 단어는 띄어 쓰되, 토는 그 웃 말에 붙여 쓴다.

① 우리말 큰사전 편찬을 시도하였다.
② 한글 신문인 제국신문을 간행하였다.
③ 최초로 한글에 띄어쓰기를 도입하였다.
④ 우리말 음운 연구서인 언문지를 저술하였다.
⑤ 한글 연구를 목적으로 학부 아래에 설립되었다.

02 다음 가상 인터뷰의 주인공에 대한 설명으로 옳은 것은? 설명형 69회

며칠 전 경성에서 조선사회경제사 출판 축하회가 있었군요. 저자로서 책에 대한 소개를 부탁드립니다.

저는 우리 역사의 전개 과정을 세계사의 보편적인 발전 법칙에 따라 네 단계로 나누어 파악하였습니다. 이 책에서는 그중 원시 씨족 사회와 삼국 정립기의 노예제 사회에 대해 서술하였습니다.

① 진단 학회를 조직하였다.
② 한국독립운동지혈사를 저술하였다.
③ 식민 사학의 정체성론을 반박하였다.
④ 우리말 큰사전 편찬 사업을 추진하였다.
⑤ 민족의 얼을 강조하고 조선학 운동을 주도하였다.

문제 파헤치기

정답 분석 ①

정답의 단서 | 한글 맞춤법 통일안, 기관지 『한글』, 외래어 표기법 통일안, 치안 유지법 위반 명목으로 회원 구속

① 조선어 학회는 **한글 맞춤법 통일안**과 **외래어 표기법 통일안**을 제정하고 우리말의 체계화를 위해 노력하였으며, 우리나라 최초의 국어학 학술지인 『한글』을 간행하였다. 이후 『우리말 큰사전』(조선말 큰사전)의 편찬을 시작하였으나 일제는 조선어 학회를 독립운동 단체로 간주하여 관련 인사를 체포한 후 학회를 강제 해산시켰고(**조선어 학회 사건**), 중단된 『우리말 큰사전』의 편찬은 해방 이후 완성되었다.

오답 분석

② **이종일**은 이문사 관계인의 권유로 순 한글 신문인 **제국신문**을 창간하여 일반 서민층과 부녀자들을 대상으로 민중 계몽과 자주 독립 의식 고취에 힘썼다.
③ 미국인 선교사 **호머 헐버트**의 주장으로 **독립신문**에 **최초로 한글 띄어쓰기가 사용**되었다.
④ 조선 순조 때 유희가 한글 및 한자음 관계 연구서인 『언문지』를 저술하였다.
⑤ 학부 대신 이재곤의 건의로 학부 안에 설립된 국문 연구소는 지석영과 주시경을 중심으로 **한글의 정리와 국어의 이해 체계 확립**에 힘썼다.

정답 분석 ③

정답의 단서 | 『조선사회경제사』, 세계사의 보편적인 발전 법칙

③ 백남운은 『조선사회경제사』와 『조선봉건사회경제사』를 저술하면서 사적 유물론의 원리를 적용하여 주체적으로 역사를 해석하였다. 이를 통해 한국사가 세계사의 보편적인 발전 법칙에 맞게 발전하였음을 강조하면서 식민 사학의 정체성론을 반박하였다.

오답 분석

① **이병도, 손진태**는 한국 및 지역 문화를 연구하기 위해 **진단 학회**를 조직하여 **실증주의 사학**을 발전시켰다.
② 박은식은 갑신정변부터 3·1 운동까지의 역사에 초점을 맞춰 우리 민족의 항일 운동 역사를 다룬 『한국독립운동지혈사』를 저술하였다.
④ 조선어 학회는 『우리말 큰사전』 편찬 사업을 추진하였다. 그러나 일제의 탄압으로 조선어 학회가 강제 해산되면서 중단되었고 해방 이후에 완성되었다.
⑤ 정인보는 「5천 년간 조선의 얼」이라는 글을 동아일보에 연재하여 민족의 얼을 강조하였고, **안재홍**과 함께 **조선학 운동**을 주도하여 정약용의 저술을 모은 『여유당전서』를 간행하였다.

03 (가)에 들어갈 내용으로 옳은 것은? 빈칸형 53회

조사 보고서

△학년 △반 이름: ○○○

■ 주제: 경성의 거리 풍경

일제 강점기 경성은 청계천을 경계로 한국인이 사는 북촌과 일본인이 주로 사는 남촌으로 나뉘어 도시화가 이루어졌다. 도시 빈민인 토막민은 청계천이나 도시 외곽에 터를 잡았다.

① 나운규의 아리랑이 개봉된 장소
② 기미 독립 선언서가 인쇄된 장소
③ 조선 형평사 창립 대회가 개최된 장소
④ 전형필이 수집한 문화재가 전시된 장소
⑤ 강우규가 일본 총독에게 폭탄을 던진 장소

04 다음 인물의 활동으로 옳은 것은? 설명형 51회

이달의 독립운동가

민족을 이끌 초인을 염원한 ○○○

• 생몰년: 1904~1944
• 생애 및 활동

본명은 이원록으로 경상북도 안동에서 태어났다. 1927년 조선은행 대구 지점 폭파 사건에 연루되어 옥고를 치른 그는 1932년 중국으로 건너가 김원봉이 세운 조선 혁명 군사 정치 간부 학교 제1기생으로 입교하여 독립운동에 힘썼다. 대한민국 정부는 그의 공훈을 기려 1990년 건국훈장 애국장을 추서하였다.

① 종로 경찰서에 폭탄을 투척하였다.
② 저항시 광야, 절정 등을 발표하였다.
③ 친일파 이완용을 습격하여 중상을 입혔다.
④ 영화 아리랑의 제작, 감독, 주연을 맡았다.
⑤ 조선 국혼을 강조하는 한국통사를 저술하였다.

정답 분석 ①

🔍 **정답의 단서** | 일제 강점기 경성, 토막, 경성역, 미쓰코시 경성지점, 단성사

① 1907년 세워진 **단성사**는 **한국 최초의 상설 영화관**으로, 1919년 한국 최초의 영화가 이곳에서 개봉되었다. 일제 강점기의 영화인 **나운규의 「아리랑」이 단성사에서 개봉**되면서 한국 영화가 비약적으로 발전하는 데 기여하였다.

오답 분석

② 일제 강점기에 천도교 세력은 **보성사**에서 교회 서적, 학교 교과서 등을 인쇄하였다. 1919년 **3·1 운동** 때에는 최남선이 작성한 **기미 독립 선언서** 2만 1천 매의 인쇄를 담당하였다.
③ 백정들은 사회적 차별을 철폐하기 위해 **진주**에서 **조선 형평사 창립 대회**를 개최하고 형평 운동을 전개하였다.
④ 간송 **전형필**은 일제 강점기에 『**훈민정음 해례본**』, 청자 상감 운학문 매병 등 우리 민족의 문화유산을 수집하는 활동을 전개하였다. 이후 서울 성북동에 우리나라 최초의 근대적 사립 미술관인 보화각을 건립하였고, 그의 사후인 1966년 **간송 미술관**으로 개칭하면서 유물을 일반인에게 공개하였다.
⑤ **강우규**는 노인 동맹단 소속으로 서울에서 **사이토 총독에게 폭탄을 투척**하였다.

정답 분석 ②

🔍 **정답의 단서** | 초인, 이원록, 조선은행 대구 지점 폭파 사건, 조선 혁명 군사 정치 간부 학교 제1기생

일제 강점기의 저항 시인으로 잘 알려져 있는 **이육사(이원록)**는 1년여 간 일본 도쿄에서 유학을 하다가 귀국한 이후 의열단에 가입하였다. 그러던 중 의열단원 장진홍의 조선은행 대구 지점 폭파 사건 때 주도 세력으로 연루되어 옥고를 치렀는데, 이때 수감 번호 264를 따서 호를 육사(陸史)라 하였다. 1930년대 중반 이후에는 **민족의식을 깨우치고 항일 정신을 북돋기 위한 시와 글을 발표**하며 문학 활동을 계속하였다. ② 이육사는 저항시 「광야」, 「절정」 등의 작품을 발표하였다.

오답 분석

① 의열단원인 **김상옥**은 **종로 경찰서에 폭탄을 투척**하였다.
③ **이재명**은 을사오적 중 한 명인 **이완용을 습격**하여 중상을 입혔다.
④ **나운규**는 일제 강점기 때 영화인으로 다양한 작품을 제작하였다. 특히, 제작과 감독, 주연을 맡은 영화 「**아리랑**」이 단성사에서 개봉되었으며, 우리 민족의 항일 정신이 반영된 작품이다.
⑤ **박은식**은 독립을 위해 **국혼(國魂)을 강조**하였으며, 고종 즉위 다음 해부터 국권 피탈 직후까지의 역사를 기록한 『**한국통사**』를 저술하였다.

☑ 연대별 일제의 정책

1910년대	통치	• 헌병 경찰제(1910): 헌병이 경찰 업무를 수행하며 한국인 처벌 • 조선 태형령(1910): 한국인에 한하여 재판 없이 태형을 가함
	경제	• 토지 조사 사업(1910~1918): 토지 조사령을 공포하여 기한 내에 토지를 신고하게 함 • 회사령(1910): 한국인의 회사 설립을 억제하고자 회사 설립 시 총독의 허가를 받도록 함
1920년대	통치	• 3 · 1 운동을 계기로 문화 통치로 변경 • 치안 유지법(1925): 사회주의 및 독립운동 탄압
	경제	• 산미 증식 계획(1920~1934): 일본의 부족한 쌀 생산을 보충하기 위해 한국에서 쌀 수입 • 회사령 폐지(1920): 신고제로 변경
1930년대 이후	통치	• 황국 신민 서사 암송: 한국인에게 일왕에 대한 충성을 맹세하는 서사 암송을 강요 • 창씨개명: 한국인의 성명을 일본식으로 개명하도록 함
	경제	• 병참 기지화 정책: 일본이 침략 전쟁 수행을 위한 물자를 조달하기 위해 한반도를 병참 기지화하려고 함 • 국가 총동원법(1938): 한국을 전쟁에 필요한 인적 · 물적 자원을 수탈할 수 있는 전시 동원 체제로 재편

☑ 일제 강점기 민족 운동

3 · 1 운동(1919)	• 배경: 윌슨의 민족 자결주의, 도쿄 유학생의 2 · 8 독립 선언 • 의의: 대한민국 임시 정부 수립 계기
6 · 10 만세 운동(1926)	• 전개: 순종의 인산일에 민족주의 계열과 사회주의 계열이 만세 운동을 준비 • 의의: 신간회 창립의 계기
광주 학생 항일 운동 (1929)	• 배경: 광주에서 한국 학생과 일본 학생 간 충돌 발생 • 전개: 신간회가 진상 조사단을 파견

☑ 국민 대표 회의(1923)

창조파	• 임시 정부를 대체할 새로운 정부 수립 주장, 무장 투쟁론 존재 • 신채호 중심
개조파	• 임시 정부의 조직만 개편하자는 주장, 실력 양성론 주장 • 안창호 중심
현상 유지파	• 임시 정부 유지를 주장하며 국민 대표 회의 불참 • 김구, 이승만 등

☑ 일제 강점기 군대 조직

대한 독립군	• 조직: 1919년 만주 • 활동: 봉오동 전투	• 총사령관: 홍범도
북로 군정서	• 조직: 1919년 연해주 • 활동: 청산리 전투	• 총사령관: 김좌진
조선 혁명군	• 조직: 1929년 남만주 • 활동: 중국 의용군과 연합 작전, 영릉가 · 흥경성 전투	• 총사령관: 양세봉
한국 독립군	• 조직: 1931년 북만주 • 활동: 중국 호로군과 연합 작전, 쌍성보 · 사도하자 · 대전자령 전투	• 총사령관: 지청천
조선 의용대	• 조직: 1938년 한커우 • 특징: 중국 관내에서 결성된 최초의 한인 무장 부대, 일부 세력은 한국 광복군에 합류	• 창설: 김원봉
한국 광복군	• 조직: 1940년 충칭 • 활동: 인도 · 미얀마에서 연합 작전, 미국 전략 정보국(OSS)의 지원으로 국내 진공 작전 준비	• 총사령관: 지청천
조선 의용군	• 조직: 1942년 타이항산 • 활동: 중국 팔로군과 함께 항일 전선에 참여	• 총사령관: 무정

☑ 일제 강점기 종교계의 항일 운동

대종교	만주에서 무장 독립 단체인 중광단, 북로 군정서 조직
원불교	새생활 운동 전개, 실천 강조, 금주 · 금연 · 절약 · 근면 운동
불교	조선 불교 유신회 조직, 민족 불교 수호 운동, 사찰령 폐지 운동
천도교	제2의 3 · 1 운동 계획(6 · 10 만세 운동), 『개벽』, 『어린이』 등 잡지 간행
개신교	신사 참배 거부 운동
천주교	3 · 1 운동에 적극 참여, 의민단 조직, 잡지 『경향』 간행

☑ 일장기 말소 사건

배경	1936년 베를린 올림픽 대회 마라톤 경기에서 손기정 선수 우승
전개	동아일보 등 언론사들이 손기정 선수의 시상식 장면에서 선수복 가슴의 일장기를 삭제하고 보도 → 총독부의 압력으로 동아일보 · 조선일보 등 언론사 폐간

8

현대

| 선사 | 고대 | 고려 | 조선 전기 | 조선 후기 | 근대 | 일제 강점기 | 현대 11% | 특강 |

1945~1960년

1945	모스크바 삼국 외상 회의
1948	5 · 10 총선거, 제헌 헌법 공포
1950	6 · 25 전쟁
1952	발췌 개헌
1954	사사오입 개헌
1960	4 · 19 혁명

1961~1980년

1961	5 · 16 군사 정변
1965	한일 국교 정상화
1969	3선 개헌
1972	유신 헌법
1979	부마 민주 항쟁, 10 · 26 사태
1980	5 · 18 민주화 운동

최근 5개년 기출 출제 비율

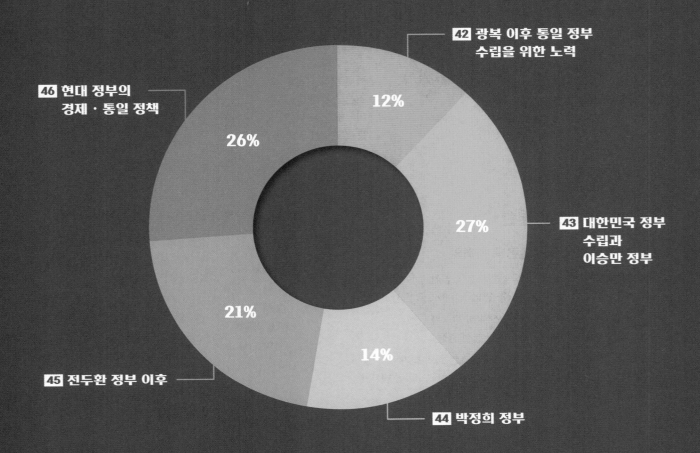

42 광복 이후 통일 정부 수립을 위한 노력

12%

46 현대 정부의 경제·통일 정책

26%

43 대한민국 정부 수립과 이승만 정부

27%

44 박정희 정부

14%

45 전두환 정부 이후

21%

1981~1990년	1991년~현재

	1981~1990년		1991년~현재
1982	프로야구 출범	**1991**	남북한 유엔 동시 가입, 남북 기본 합의서
1985	남북 이산가족 최초 상봉	**1997**	IMF 구제 금융 지원
1987	6월 민주 항쟁	**2000**	제1차 남북 정상 회담, 6·15 남북 공동 선언
1988	서울, 올림픽 대회 개최	**2007**	제2차 남북 정상 회담, 10·4 남북 공동 선언
		2010	서울, G20 정상 회의 개최

기출 선택지로 개념 익히기 는 오디오 학습으로 스마트하게!

42 광복 이후 통일 정부 수립을 위한 노력

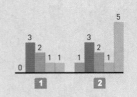

최근 5개년 기출 빅데이터 분석 리포트	빈출 키워드 Top 5	꼭 나오는 문제 유형 Top 3
■ 24 ■ 23 ■ 22 ■ 21 ■ 20 (연도)	1 신한 공사 2 좌우 합작 위원회 3 조선 건국 동맹 4 미·소 공동 위원회 5 모스크바 삼국 외상 회의	1 사료형 2 시기 일치형 3 빈칸형

1 8 · 15 광복과 분단

1. 광복 이전 한국 독립 관련 국제 회의

카이로 회담 (1943.11.)	• 미국 · 영국 · 중국 회의 참가 • 한국의 독립을 연합국이 최초로 명시
얄타 회담 (1945.2.)	• 미국 · 영국 · 소련 회의 참가 • 소련군의 대일전 참전 결정
포츠담 선언 (1945.7.)	• 미국 · 영국 · 중국 · 소련 회의 참가 • 일본의 무조건 항복 요구, 한국의 독립 재확인

2. 광복 직전 건국 준비 활동

조선 독립 동맹 (1942)	• 결성: 중국 화북 지방에서 김두봉 · 무정 등 사회주의계 인사들이 결성 • 건국 방침: 민주 공화국 지향, 보통 선거, 남녀 평등, 토지 개혁
조선 건국 동맹 (1944)	• 결성: 국내에서 여운형 주도로 사회주의자와 민족주의자를 망라하여 결성 • 건국 방침: 일본 제국주의 세력 축출, 조선 민족의 자유와 독립 회복, 민주주의 국가 수립

3. 8 · 15 광복과 모스크바 삼국(3국) 외상 회의

8 · 15 광복 (1945.8.15.)	연합군의 승리로 일본이 무조건 항복 선언 → 38도선을 경계로 미국은 남한을, 소련은 북한을 각각 분할 점령
조선 건국 준비 위원회 (1945.8.)	• 조선 건국 동맹을 중심으로 여운형과 안재홍 주도, 보수 우파(한국 민주당) 불참 • 전국에 지부 설치, 치안대 조직, 조선 인민 공화국 수립, 각 지역에 인민 위원회 조직
미 · 소 군정 실시	• 남한: 1945년 9월 초 미군 진주 → 미군정 실시(직접 통치) → 귀속 재산 처리를 위한 신한 공사 설립, 미국의 6-3-3 학제 도입 • 북한: 소련군이 인민 위원회를 통해 간접 통치 → 민족주의 세력 탄압
모스크바 삼국 외상 회의 (1945.12.)	• 임시 민주주의 정부 수립을 위한 미 · 소 공동 위원회 설치, 미국 · 영국 · 중국 · 소련 4개국에 의한 최대 5년간의 신탁 통치 결정 • 우익(반탁 운동 전개), 좌익(찬탁 운동 전개) → 좌우 대립 격화

기출 선택지로 개념 익히기 🔊 오디오 학습을 이용해 보세요!

1 8 · 15 광복과 분단
▸ 대일 항전을 준비하기 위해 조선 독립 동맹을 결성하였어요.
▸ 옌안에서 조선 독립 동맹을 결성하였다.
▸ 일제 패망과 광복에 대비하여 조선 건국 동맹을 결성하였다. 4회 이상
▸ 여운형이 중심이 되어 조선 건국 준비 위원회를 조직하였다.
▸ 조선 건국 준비 위원회 – 조선 인민 공화국을 수립하고 전국 각 지역에 인민 위원회를 조직하였다.

▸ 미군정 – 귀속 재산 처리를 위한 신한 공사가 설립되었다. 8회 이상
▸ 미군정 – 미국에서 시행되고 있던 6-3-3 학제를 처음 도입하였다.
▸ 모스크바 3국 외상 회의가 개최되었다. 4회 이상

2 통일 정부 수립을 위한 노력
▸ 두 차례의 미 · 소 공동 위원회가 개최되었습니다.
▸ 제1차 미 · 소 공동 위원회가 개최되었다. 4회 이상
▸ 제1차 미 · 소 공동 위원회가 결렬되었다.

2 통일 정부 수립을 위한 노력

미·소 공동 위원회	• 제1차 미·소 공동 위원회(1946.3.): 덕수궁 석조전에서 개최, 임시 정부 참여 단체에 대한 미·소의 의견 대립으로 결렬 • 제2차 미·소 공동 위원회(1947.5.): 같은 문제로 결렬
이승만의 정읍 발언 (1946.6.)	제1차 미·소 공동 위원회 결렬 이후 정읍에서 남한만의 단독 정부 수립 주장
좌우 합작 운동 (1946~1947)	• 배경: 제1차 미·소 공동 위원회 결렬, 이승만의 정읍 발언 • 김규식과 여운형을 중심으로 좌우 합작 위원회 결성 • 좌우 합작 7원칙 발표: 좌우 합작으로 임시 정부 수립, 미·소 공동 위원회 속개 요청, 유상 매상·무상 분배에 의한 토지 개혁, 과도 입법 기구에서 친일파 처리 등 • 여운형 암살 이후 좌우 합작 위원회 해체
미국, 한국 문제 유엔 상정	• 배경: 제2차 미·소 공동 위원회 결렬 → 미국이 한반도 문제를 유엔에 이관 • 유엔 총회(1947.11.): 인구 비례에 따른 남북한 총선거 결의 → 유엔 한국 임시 위원단 파견 → 북한과 소련의 입북 거부 • 유엔 소총회(1948.2.): 접근 가능한 지역(남한)만의 총선거 실시 결의
남북 협상 (1948)	김구, 김규식 등이 남한 단독 선거 결정에 반발하여 북한 김일성에게 남북 협상 제안 → 평양에서 남북 협상을 진행하였으나 성과 없이 해산

⊕ 개념 PLUS+

▶ 조선 건국 준비 위원회

본 준비 위원회는 조선의 완전한 독립 국가 조직을 실현하기 위하여 새 정권을 수립하는 산파적인 사명을 다하려는 의도에서 아래와 같은 강령을 세운다.

1. 우리는 완전한 독립 국가의 건설을 기함
2. 우리는 전 민족의 정치적·경제적·사회적 기본 요구를 실현할 수 있는 민주주의 정권의 수립을 기함
3. 우리는 일시적 과도기에 있어서 국내 질서를 자주적으로 유지하여 대중 생활의 확보를 기함

– 조선 건국 준비 위원회의 선언과 강령(1945.8.28.) –

▶ 이승만의 정읍 발언

이제 우리는 무기 휴회된 공위가 재개될 기색도 보이지 않으며 통일 정부를 고대하나 여의케 되지 않으니 남방만이라도 임시 정부 혹은 위원회 같은 것을 조직하여 38 이북에서 소련이 철퇴하도록 세계 공론에 호소하여야 될 것이니 여러분도 결심하여야 될 것이다.

– 서울신문(1946.6.4.) –

▶ 남북 협상 참여

▸ 제2차 미·소 공동 위원회가 개최되었다.
▸ 미·소 공동 위원회 – 임시 민주 정부 수립을 위한 협의에 참여할 단체의 범위를 두고 논쟁하였다.
▸ 이승만 – 정읍에서 남한만의 단독 정부 수립을 주장하였다.
▸ 이승만 – 남한만의 단독 정부 수립을 주장한 정읍 발언이 제기되었다.
▸ 좌우 합작 위원회가 출범하였다. 4회 이상
▸ 좌우 합작 위원회에서 좌우 합작 7원칙이 발표되었다. 8회 이상

▸ 유엔 총회에서 인구 비례에 의한 남북 총선거가 의결되었다.
▸ 유엔 한국 임시 위원단이 설치되었다.
▸ 유엔 소총회에서 남한만의 단독 총선거가 결의되었다.
▸ 김구, 김규식 – 분단을 막기 위해 남북 협상에 참석하였다. 4회 이상
▸ 김구, 김규식 등이 남북 협상에 참석하였다.
▸ 김규식 – 민족 자주 연맹을 이끌고 남북 협상에 참여하였다.

01 다음 기자 회견의 배경으로 가장 적절한 것은?

사료형 51회

> **●**군정 장관 아놀드 소장은 12월 29일 오전 10시 30분 군정청 제1회의실에서 신문 기자단과 회견하고 **●**신탁 통치에 관한 질문에 대략 다음과 같은 견해를 표명하고 일문일답을 하였다. "…… 신탁 통치는 조선 임시 민주 정부를 수립코자 함이 목적일 것이다. 우선 조선인이 당면한 경제 산업에 있어 유의하여 신탁 관리 문제로 모든 기관이 중지 상태로 들어가지 않기를 요망한다. 현 단계에 이르러 진실한 냉정이 필요할 것이다. 4개국을 믿고 있는 중에 직무에 충실하여야 한다."

① 좌우 합작 7원칙이 발표되었다.
② 제1차 미·소 공동 위원회가 결렬되었다.
③ 모스크바 삼국 외상 회의가 개최되었다.
④ 반민족 행위 특별 조사 위원회가 구성되었다.
⑤ 유엔 소총회에서 남한만의 단독 총선거가 결의되었다.

02 (가) 인물에 대한 설명으로 옳은 것은?

빈칸형 사료형 66회

> 항복 전에 정무총감 엔도 등이 법과 질서를 유지하고 일본인들의 생명과 재산을 지키기 위하여 [(가)]와/과 논의하였다. …… 일본인들은 그가 유혈 사태를 막아줄 수 있다고 믿었던 것 같다. …… 그런데 [(가)]은/는 조선 총독부가 생각했던 바를 따르지 않았다. 일본이 원했던 것은 연합군이 올 때까지 질서를 유지하기 위한 평화 유지 위원회 정도였다. 그러나 그는 실질적인 정부로 여겨질 수 있는 조선 건국 준비 위원회를 만들었다.

① 샌프란시스코에서 흥사단을 결성하였다.
② 조선어 학회 사건으로 구속되어 옥고를 치렀다.
③ 김규식과 함께 좌우 합작 위원회를 조직하였다.
④ 반민족 행위 특별 조사 위원회에서 활동하였다.
⑤ 미국에서 귀국하여 독립 촉성 중앙 협의회를 이끌었다.

문제 파헤치기

정답 분석 ③

Q **정답의 단서 | 군정 장관 아놀드, 신탁 통치, 조선 임시 민주 정부, 4개국**

③ 1945년 8월 15일 일본이 항복하면서 북위 38도 이남 한반도에 미군이 진주하게 되었고, 1948년 8월 15일 대한민국이 수립될 때까지 3년간 **●**미군정이 실시되었다. 그러던 중 세계 대전 전후 문제 처리를 위해 소련의 모스크바에서 열린 모스크바 삼국 외상 회의에서 한반도 미·소 공동 위원회 설치와 **●**최대 5년간의 신탁 통치 협정이 결정되었다(1945.12.).

오답 분석

① 중도파 세력이 중심이 되어 결성한 **좌우 합작 위원회**는 좌우 대립이 격화됨에 따라 중도적 사상의 통일 정부를 수립하는 것을 목표로 **좌우 합작 7원칙**을 발표하였다(1946.10.).
② **모스크바 삼국 외상 회의**의 결정에 따라 서울 덕수궁 석조전에서 **제1차 미·소 공동 위원회**가 개최되었다(1946.3.). 그러나 임시 정부 참여 단체에 대한 미국과 소련의 입장 차이로 결렬되었다.
④ 5·10 총선거를 통해 구성된 제헌 국회는 일제의 잔재를 청산하고 민족정기를 바로 잡기 위해 반민족 행위 처벌법을 제정하였고, 이에 따라 **반민족 행위 특별 조사 위원회**가 구성되었다(1948).
⑤ 유엔 총회는 한반도에서 인구 비례에 따른 총선거 실시를 결의하였다(1947). 그러나 소련이 38선 이북 지역의 입북을 거부하면서 **유엔 소총회**는 선거 실시가 가능한 **남한만의 단독 선거를 지시**하고 임시 위원단을 파견하여 선거를 감시하라는 결정을 내렸다(1948).

정답 분석 ③

Q **정답의 단서 | 정무총감 엔도, 조선 건국 준비 위원회를 만듦**

일본이 태평양 전쟁에서 패배할 조짐이 보이자, 조선 총독부는 조선에 거주하던 일본인의 안전한 귀국을 보장하는 조건으로 여운형에게 행정권의 일부를 이양하였으며, 일본의 항복 선언 후, 여운형은 안재홍과 함께 조선 건국 준비 위원회를 결성하였다.
③ 광복 이후 좌우 대립이 격화되면서 분단의 위기감을 느낀 중도파 세력들은 여운형, 김규식을 중심으로 좌우 합작 위원회를 수립하고 좌우 합작 7원칙을 발표하는 등 좌우 합작 운동을 전개하였다.

오답 분석

① **안창호**는 국권 회복을 위해 **샌프란시스코에 대한인 국민회**를 조직하고, 실력을 갖춘 젊은이를 육성하기 위해 민족 운동 단체인 **흥사단**을 창립하였다.
② 일제가 조선어 학회를 독립운동 단체로 간주하고 관련 인사를 체포한 후 학회를 강제 해산시키는 **조선어 학회 사건**이 발생하여, 이극로, 최현배 등이 구속되어 옥고를 치렀다.
④ 제헌 국회는 일제의 잔재를 청산하고 민족정기를 바로잡기 위해 **반민족 행위 처벌법**을 제정하고, **반민족 행위 특별 조사 위원회**를 구성하였다.
⑤ 광복 이후 **이승만**은 미국에서 귀국하여 좌·우익을 망라한 정치 단체인 **독립 촉성 중앙 협의회**를 조직하였다.

03 다음 자료의 상황이 나타나게 된 배경으로 적절한 것은?

우리는 조국 흥망의 관두(關頭)*에서 이 위기를 극복하기 위해 오직 민족 자결 원칙에 의하여 조국의 남북통일과 민주 독립을 촉진해야겠다. 우리 민족자주연맹 중앙집행위원회는 김구 선생과 김규식 박사의 제안에 의하여 실현되는 남북 정치 협상을 전적으로 지지하며, 아울러 그 성공을 위하여 적극적으로 협력할 것을 결의한다.
*관두: 가장 중요한 지점

① 허정 과도 정부에서 헌법이 개정되었다.
② 통일 주체 국민 회의에서 대통령이 선출되었다.
③ 유엔 소총회에서 남한만의 단독 총선거가 결의되었다.
④ 유상 매수, 유상 분배 원칙의 농지 개혁법이 제정되었다.
⑤ 국가 보안법 개정안을 통과시킨 보안법 파동이 일어났다.

정답 분석 ③
Q 정답의 단서 | 남북통일, 김구, 김규식, 남북 정치 협상

③ 유엔 총회에서 결의한 전체 한반도 내 선거가 무산되자 **유엔 소총회**에서는 선거 실시가 가능한 남한만의 단독 총선거를 결의하였다. 이에 남북 분단을 우려한 **김구, 김규식**은 **남북 협상**을 추진하였다(1948). 중도적 성격의 조직인 민족자주연맹도 이에 맞춰 단독정부 수립을 반대하고, 남북 협상을 지지하였다. 김구와 김규식은 북한에서 김일성을 만나 협상을 개최하였으나 큰 성과를 거두지는 못하였다.

오답 분석
① 4·19 혁명의 결과, **이승만이 하야**하고 임시적으로 **허정 과도 정부**가 수립되어 부정 선거를 단행한 자유당 간부들을 구속하였으며, 국회는 **내각 책임제**와 양원제를 골자로 한 개헌안을 통과시켰다(1960).
② **박정희 정부**는 유신 헌법을 발표하여 대통령 임기 6년과 **중임 제한 조항 삭제** 및 **통일 주체 국민 회의**를 통한 **대통령 간접 선거**의 내용을 담은 **제7차 헌법 개정**을 단행하였다(1972).
④ **이승만 정부의 제헌 국회**에서 **농지 개혁법**을 제정하여 유상 매수, 유상 분배를 원칙으로 농지 개혁을 실시하였다(1949).
⑤ **이승만의 자유당 정권**은 정부에 대한 비판 세력과 국민 여론을 통제하기 위해 **국가 보안법** 개정안을 마련하여 여당 단독으로 법안을 통과시키는 **보안법 파동**을 일으켰다(1958).

04 (가) 시기에 있었던 사실로 옳은 것은?

① 여수·순천 10·19 사건이 발생하였다.
② 유엔 한국 임시 위원단이 서울에 도착하였다.
③ 송진우, 김성수 등이 한국 민주당을 창당하였다.
④ 여운형 등의 주도로 좌우 합작 위원회가 발족되었다.
⑤ 조선 건국 준비 위원회에서 조선 인민 공화국을 선포하였다.

정답 분석 ④
Q 정답의 단서 | 정읍, 이승만, 단독 정부 수립 시사하는 발언, 소련, 제1차 미·소 공동 위원회, 미국, 신탁 통치에 반대하는 단체를 제외하는 것은 부당

• **이승만의 정읍 발언**(1946.6.): 모스크바 삼국 외상 회의 결과, 한국에 임시 정부 수립이 결정되고 이에 대한 논의를 위해 **제1차 미·소 공동 위원회**가 개최되었다(1946.3.). 소련은 모스크바 삼국 외상 회의의 결정에 찬성하는 정당만을 참여할 것을 주장한 반면, 미국은 이를 반대하였다. 이러한 미국과 소련의 입장 차이로 제1차 미·소 공동 위원회가 결렬된 이후 **이승만**은 정읍 발언을 통해 **남한 단독 정부 수립**을 주장하였다.
• **제2차 미·소 공동 위원회 결렬**(1947.5.): 제2차 미·소 공동 위원회가 개최되었으나 미국과 소련의 의견 차이가 좁혀지지 못하고 결렬되었다. 이에 미국은 유엔에 한반도 문제를 상정하였다(1947.9.).
④ 해방 이후 좌우 대립이 격화되자 분단의 위기를 느낀 중도파 세력들은 **여운형, 김규식**을 중심으로 **좌우 합작 위원회**를 수립하였다(1946.7.).

오답 분석
① 전남 여수에 주둔하던 일부 군인들이 **남한 단독 정부 수립에 반대**하여 일어난 제주 4·3 사건의 진압을 거부하며 여수와 순천 지역 일대를 장악하였다(1948).
② 미국이 유엔에 한반도 문제를 상정하였고 **유엔 총회**는 **한반도에서 인구 비례에 따른 총선거 실시**를 결의하였다(1947.11.). 그러나 소련이 38선 이북 지역의 입북을 거부하자 **유엔 소총회**는 선거 실시가 가능한 남한만의 단독 선거를 지시하고 임시 위원단을 파견하여 선거를 감시하라는 결정을 내렸다. 이에 따라 남한에서만 **우리나라 최초의 보통 선거**인 5·10 총선거가 실시되었다(1948).
③ 광복 직후 민족주의 계열인 **송진우, 김성수** 등이 **한국 민주당**을 창당하였다(1945).
⑤ 광복 직후 조직된 **조선 건국 준비 위원회**의 좌익 세력은 미군의 진주에 대비하여 서둘러 국가 체제를 갖추고자 **조선 인민 공화국**을 선포·수립하고 각 지방에 **인민 위원회**를 조직하였다(1945).

43 대한민국 정부 수립과 이승만 정부

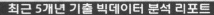

최근 5개년 기출 빅데이터 분석 리포트	빈출 키워드 Top 5	꼭 나오는 문제 유형 Top 3

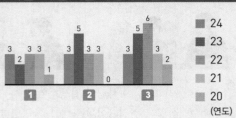

- 24
- 23
- 22
- 21
- 20
(연도)

빈출 키워드 Top 5
1. 진보당 사건
2. 농지 개혁법
3. 애치슨 선언
4. 반민 특위
5. 허정 과도 정부

꼭 나오는 문제 유형 Top 3
1. 설명형
2. 빈칸형
3. 사료형

1 대한민국 정부 수립 과정

1. 단독 정부 수립을 둘러싼 갈등

제주 4·3 사건(1948)	남한만의 단독 선거를 반대하며 제주도의 좌익 세력이 일으킨 무장 봉기 → 진압 과정에서 수많은 민간인 희생
여수·순천 10·19 사건 (1948)	제주 4·3 사건 진압을 거부한 여수 주둔 군대가 무장 반란을 일으켜 여수와 순천 일대 점령

2. 대한민국 정부 수립

5·10 총선거 (1948)	• 우리나라 역사상 최초의 민주적 보통 선거 • 제헌 국회의원 선출(임기 2년)
제헌 헌법 공포 (1948.7.17.)	• 3·1 운동 정신과 대한민국 임시 정부의 법통을 계승한 민주 공화국임을 명시 • 3권 분립, 대통령 중심제, 대통령 간선제(국회, 임기 4년), 단원제 국회
대한민국 정부 수립 (1948.8.15.)	국회에서 대통령 이승만, 부통령 이시영 선출

3. 제헌 국회 활동

친일파 청산 노력	• 반민족 행위 처벌법(1948.9.): 친일파 처벌을 위해 제정 • 반민족 행위 특별 조사 위원회(반민 특위): 친일 혐의자 체포·조사 → 이승만 정부의 소극적 태도와 비협조(국회 프락치 사건, 경찰의 반민 특위 습격) → 반민 특위 해체
농지 개혁법 (1949)	• 농지 개혁법 제정(유상 매수, 유상 분배) • 농민 중심의 토지 소유 확립, 자영농 비율 증가
귀속 재산 처리법 (1949)	일제로부터 몰수한 재산을 민간에 불하

기출 선택지로 개념 익히기 🔊 오디오 학습을 이용해 보세요!

1 대한민국 정부 수립 과정
▸ 4·3 사건으로 많은 주민이 희생되었다.
▸ 여수·순천 10·19 사건이 일어났다. 4회 이상
▸ 우리나라 최초의 보통 선거인 5·10 총선거가 실시되었다.
▸ 5·10 총선거 – 2년 임기의 국회의원이 선출되었다.
▸ 반민족 행위 처벌법이 제정되었다. 4회 이상
▸ 반민족 행위 특별 조사 위원회가 구성되었다. 8회 이상
▸ 반민 특위를 이끌던 국회의원들에게 간첩 혐의를 씌워 체포하였다.
▸ 경찰이 반민족 행위 특별 조사 위원회를 습격하였다.
▸ 유상 매수, 유상 분배 원칙의 농지 개혁법이 제정되었다. 4회 이상
▸ 일제가 남긴 재산 처리를 위한 귀속 재산 처리법이 처음 제정되었다.

2 6·25 전쟁
▸ 북한의 전면적인 남침으로 6·25 전쟁이 발발하였다.
▸ 애치슨 선언이 발표되었다. 8회 이상

2 6 · 25 전쟁

배경	• 애치슨 선언: 미국의 태평양 지역 방위선에서 한국과 타이완 제외(애치슨 라인) • 소련과 중국의 북한 지원
북한의 남침	전쟁 발발(1950.6.25.) → 서울 함락 → 유엔군 참전 → 낙동강 유역에서 치열한 전투
중국군 개입	인천 상륙 작전(1950.9.) → 서울 수복 → 압록강 진격 → 중국군 개입 → 흥남 철수 작전 → 1 · 4 후퇴(서울 함락, 1951) → 서울 재탈환 → 38도선 일대 교착
휴전 회담	소련의 제의로 회담 시작 → 군사 분계선 및 포로 송환 문제로 체결 지연 → 이승만의 거제도 반공 포로 석방 → 판문점에서 정전 협정 체결(1953.7.)
결과	• 한미 상호 방위 조약 체결(1953.10.) • 국토 황폐화, 산업 시설 파괴, 전쟁고아 · 이산가족 발생

3 이승만 정부와 4 · 19 혁명

1. 이승만 정부의 장기 집권

발췌 개헌 (제1차 개헌, 1952)	• 배경: 간선제로 재선이 어렵다고 판단한 이승만이 직선제 개헌 추진 • 과정: 6 · 25 전쟁 중 임시 수도였던 부산에 계엄령을 선포하고 기립 표결로 개헌안 통과 • 내용: 정 · 부통령 직선제
사사오입 개헌(제2차 개헌, 1954)	• 배경: 이승만 연임 목적 • 과정: 개헌 의석수 1표 차이로 결렬 → 사사오입 논리로 개헌안 불법 통과 선포 • 내용: 초대 대통령에 한해 중임 제한 철폐
독재 체제 강화	진보당 사건(1958, 조봉암 처형), 국가 보안법 개정(보안법 파동, 1958), 경향신문 폐간(1958) 등

2. 4 · 19 혁명(1960)

배경	자유당 정권의 3 · 15 부정 선거
전개	마산 의거 → 김주열 학생 시신 발견 → 학생과 시민들이 대규모 시위 전개 → 이승만 정부가 계엄령 선포 → 대학 교수단이 대통령 퇴진 요구 → 이승만 대통령 하야
결과	허정 과도 정부 수립 → 제3차 개헌(의원 내각제, 국회 양원제, 1960) → 장면 내각 출범

▸ 흥남 철수 작전이 전개되었다. 4회 이상
▸ 6 · 25 전쟁 때 포로 수용소가 설치되었다.
▸ 소련의 제안으로 정전 회담이 개최됐어요.
▸ 포로 송환 문제로 인해 체결이 지연되었다.
▸ 한미 상호 방위 조약이 체결되었다. 8회 이상

3 이승만 정부와 4 · 19 혁명
▸ 발췌 개헌 – 자유당이 정권 연장을 위해 직선제 개헌안을 통과시켰다.
▸ 비상계엄이 선포된 가운데 발췌 개헌안이 통과되었다. 4회 이상
▸ 부산에서 발췌 개헌안이 통과되었다.
▸ 사사오입 개헌 – 초대 대통령에 한해 중임 제한을 철폐하였다.

▸ 조봉암이 혁신 세력을 규합하여 진보당을 창당하였다. 4회 이상
▸ 진보당 사건 – 평화 통일을 주장한 진보당의 조봉암이 처형되었다. 8회 이상
▸ 국가 보안법 개정안을 통과시킨 이른바 보안법 파동이 일어났다. 4회 이상
▸ 여당 부통령 후보 당선을 위해 3 · 15 부정 선거를 자행하였다.
▸ 4 · 19 혁명 – 3 · 15 부정 선거에 항의하는 시위가 전국으로 확산되었다.
▸ 4 · 19 혁명 – 대학 교수단이 대통령 퇴진을 요구하며 시위 행진을 벌였다.
▸ 4 · 19 혁명 – 대통령 중심제에서 의원 내각제로 바뀌는 계기가 되었다.
4회 이상
▸ 민의원과 참의원의 양원제 국회가 출범하였다. 4회 이상
▸ 허정 과도 정부가 성립되는 배경이 되었다. 8회 이상
▸ 장면 내각이 출범하는 계기가 되었다.

01 (가), (나) 발표 사이의 시기에 있었던 사실로 옳은 것은?

시기 일치형 | 사료형 | 55회

> (가) 우리는 다음 달에 입국할 **유엔 한국 임시 위원단**을 환영하는 동시에, 그들로 하여금 우리가 원하는 자주 독립의 통일 정부를 수립하는 임무를 완수하도록 최선을 다하여야 할 것이다. 우리는 어떠한 경우든지 단독 정부는 절대 반대할 것이다.
>
> (나) 올해 10월 19일 **제주도 사건** 진압 차 출동하려던 **여수 제14연대** 소속 3명의 장교 및 40여 명의 하사관들은 각 대대장의 결사적 제지에도 불구하고 남로당 계열 분자 지도하에 반란을 일으켰다. 동월 20일 8시 여수를 점령하는 한편, 좌익 단체 및 학생들을 인민군으로 편성하여 동일 8시 순천을 점령하였다.

① 제1차 미 · 소 공동 위원회가 결렬되었다.

② 모스크바 삼국 외상 회의가 개최되었다.

③ 좌우 합작 위원회에서 좌우 합작 7원칙이 발표되었다.

④ 유상 매수, 유상 분배 원칙의 농지 개혁법이 시행되었다.

⑤ 우리나라 최초의 보통 선거인 5 · 10 총선거가 실시되었다.

문제 파헤치기

정답 분석 ⑤

🔍 **정답의 단서 |** 유엔 한국 임시 위원단, 단독 정부 절대 반대, 10월 19일, 제주도 사건 진압 차 출동, 여수 점령, 순천 점령

(가) **유엔 한국 임시 위원단 파견**(1947): 유엔 총회는 인구 비례에 따른 총선거 실시와 유엔 한국 임시 위원단 파견을 결의하였다. 그러나 **소련이** 유엔 한국 임시 위원단 입북을 거부하면서 한반도 전체 선거는 무산되었다.

(나) **여수 · 순천 10 · 19 사건**(1948): 전남 **여수**에 주둔하던 국방 경비대 제14연대 소속의 일부 군인들이 남한 단독 정부 수립에 반대하여 일어난 **제주 4 · 3 사건 진압을 거부**하며 여수와 순천 지역 일대를 장악하였다.

⑤ 유엔 한국 임시 위원단의 입북이 거부당하자 남한에서만 **5 · 10 총선거**가 실시되었다(1948).

[오답 분석]

① · ② 제2차 세계 대전 전후 문제 처리를 위한 **모스크바 삼국 외상 회의**의 결정에 따라 서울 덕수궁 석조전에서 **제1차 미 · 소 공동 위원회**가 개최되었지만(1946.3.), **미국과 소련의 입장 차이로 결렬**되었다.

③ 광복 이후 좌우 대립이 격화되면서 분단의 위기를 느낀 중도파 세력들은 **여운형, 김규식**을 중심으로 **좌우 합작 위원회**를 수립하였다(1946.7.). 이후 중도적 사상의 통일 정부를 수립하는 것을 목적으로 **좌우 합작 7원칙**을 합의하여 발표하였다(1946.10.).

④ 제헌 국회는 **농지 개혁법**을 제정하여(1949) 유상 매수, 유상 분배를 원칙으로 농지 개혁을 실시하였다(1950).

02 (가), (나) 사이의 시기에 있었던 사실로 옳은 것은?

시기 일치형 | 사료형 | 51회

> (가) 북한군의 공격에 밀려 낙동강 방어선으로 후퇴한 제1사단은 다부동 일대에서 북한군 제2군단의 공세에 맞서 8월 3일부터 9월 2일까지 치열한 전투를 벌였다. 이 전투에서 제1사단 12연대는 특공대를 편성, 적 전차 4대를 파괴하는 등 중요한 역할을 수행하며 전투를 승리로 이끌었다.
>
> (나) 개성에서 열린 첫 정전 회담에서 UN군 대표단은 어떠한 정치적 또는 경제적 문제의 논의를 단호히 거부하는 동시에 침략 재발의 방지를 보장하는 화평만이 전쟁을 종식시킬 수 있다고 공산군 대표단에게 경고하였다.

① 애치슨 선언이 발표되었다.

② 흥남 철수 작전이 전개되었다.

③ 여수 · 순천 10 · 19 사건이 일어났다.

④ 한미 상호 방위 조약이 체결되었다.

⑤ 부산에서 발췌 개헌안이 통과되었다.

정답 분석 ②

🔍 **정답의 단서 |** 북한군의 공격, 낙동강 방어선으로 후퇴, 개성에서 열린 첫 정전 회담, UN군 대표단, 공산군 대표

(가) 공방전 전개(1950.8.): 1950년 **6 · 25 전쟁**의 발발과 함께 국군은 서울을 점령당한 뒤 낙동강 방어선까지 밀려나게 되었다. **유엔군 파병** 이후에는 낙동강을 사이에 두고 치열한 공방전을 펼쳤다.

(나) 정전 회담 시작(1951.7.): 전쟁이 1년여간 지속되자 소련 측의 제의로 **개성에서 정전 회담**이 시작되었다.

② **중국군 개입** 이후 38도선 일대에서 교착 상태가 지속되었으며, 원산 지역을 뺏겨 전세가 불리해졌다. 이에 국군과 유엔군은 **흥남 철수 작전**을 전개하여 병력과 물자, 피난민을 철수시켰다(1950.12.).

[오답 분석]

① **애치슨 선언**은 미 국무 장관인 애치슨이 **한국을 미국의 태평양 방위선에서 제외**한다는 내용을 포함하여 발표한 것으로, 6 · 25 전쟁 발발의 원인을 제공하였다(1950.1.).

③ 제주도에서 남한 단독 정부 수립에 반대한 민중 봉기를 진압하는 과정에서 제주 4 · 3 사건이 발생하였고 **여수 · 순천의 일부 군인들**이 단독 정부 수립을 저지하기 위해 이에 대한 진압 출동 명령을 거부하고 **무장 봉기**를 일으켰다(1948.10.).

④ 이승만 정부는 **6 · 25 전쟁 휴전 이후 한미 상호 방위 조약**을 체결하여 미국과 군사적 동맹을 맺었다(1953.10.).

⑤ 이승만이 6 · 25 전쟁 중에 제출한 개헌안을 국회에서 부결시키자 정부는 **임시 수도 부산**을 중심으로 계엄을 선포하고 일부 국회의원을 구속하였다. 이러한 여야의 대립 속에서 **대통령 직선제와 내각 책임제를 발췌 · 혼합**한 새로운 개헌안을 토론 없이 **기립 표결로 통과**시켰다(1952.7.).

03 다음 민주화 운동에 대한 설명으로 옳은 것은?

설명형 66회

> ○○○○년 ○○월 ○○일
>
> 학생 대표의 연설이 끝나자 우리는 단단하게 스크럼을 짜고 교문 밖으로 행진했다. 3·15 부정 선거에 대한 분노와 얼마 전 마산에서 일어난 규탄 대회에서 김주열 군이 최루탄에 눈 부분을 맞고 마산 앞 바다에 죽은 채 떠올랐다는 소문이 파다하게 퍼져있던 터였다. …… 시위대의 물결이 경무대로 향했다. 그때 귀청을 뚫을 듯한 총소리가 연발로 들렸다. 얼마나 지났을까. 총소리가 멈춘 후 고개를 들고 주위를 둘러보다가 벌떡 일어나고 말았다. 같은 반 친구가 바지가 찢어진 채 피를 흘리며 쓰러져 있었다. 나는 정신없이 달려가 그를 안았다. 그러나 그는 이미 사지를 축 늘어뜨린 채 힘이 없었다.

① 시민군이 조직되어 계엄군에 저항하였다.
② 당시 대통령이 하야하는 결과를 가져왔다.
③ 호헌 철폐, 독재 타도 등의 구호를 내세웠다.
④ 3선 개헌 반대 범국민 투쟁 위원회가 주도하였다.
⑤ 장기 독재를 비판하는 3·1 민주 구국 선언이 발표되었다.

정답 분석 ②

🔍 **정답의 단서** | 3·15 부정 선거, 김주열, 최루탄에 눈 부분을 맞음, 마산 앞 바다에 죽은 채 떠오름, 시위대, 경무대

이승만은 정·부통령 선거에서 부통령에 자유당 이기붕을 당선시키고 장기 집권하기 위해 3·15 부정 선거를 자행하였다. 마산에서 부정 선거와 이승만의 장기 집권에 저항하는 대규모 시위가 일어나자 정부는 이를 강경 진압하였고, 시위 도중 경찰의 최루탄에 맞은 채로 마산 해변가에 버려진 학생 김주열의 시신이 발견되며 4·19 혁명이 전국적으로 확산되었다.
② 4·19 혁명의 결과로 이승만이 대통령직에서 하야하고 내각 책임제를 기본으로 하는 허정 과도 정부가 성립되었다.

오답 분석

① 광주에서 전두환을 비롯한 신군부 세력의 퇴진, 비상계엄 해제, 김대중 석방 등을 요구하는 항거가 일어났다. 이에 신군부는 공수 부대를 동원한 무력 진압을 강행하였고, 학생과 시민들이 자발적으로 시민군을 조직하여 이에 대항하면서 5·18 민주화 운동이 전개되었다.
③ 전두환 정부의 4·13 호헌 조치가 발표되고 박종철 고문치사 사건이 발생하자 이에 반발한 시민들은 호헌 철폐와 독재 타도 등의 구호를 내세우면서 6월 민주 항쟁을 일으켰다.
④ 박정희는 대통령 3선 연임을 허용하는 헌법 개정을 추진하였다. 이에 야당인 신민당 의원들은 재야 인사들과 함께 3선 개헌 반대 범국민 투쟁 위원회를 결성하고 반대 투쟁을 전개하였으나 결국 개헌안이 통과되었다.
⑤ 김대중, 함석헌 등의 정치인과 기독교 목사, 대학 교수 등은 박정희 정부의 유신 독재 체제에 저항하고, 긴급 조치 철폐 등을 요구하면서 3·1 민주 구국 선언을 발표하였다.

04 밑줄 그은 '국회'에 대한 설명으로 옳지 않은 것은?

설명형 63회

> 이 우표는 우리나라 최초로 실시된 총선거를 기념하기 위해 발행되었습니다. 보통·직접·평등·비밀 선거 원칙에 따라 치른 이 선거를 통해 구성된 국회에서 활동한 의원의 임기는 2년이었습니다.

① 반민족 행위 처벌법을 제정하였다.
② 의원들의 선거로 대통령을 선출하였다.
③ 민의원과 참의원의 양원제로 운영되었다.
④ 일부 지역의 국회의원이 선출되지 못한 채 출범하였다.
⑤ 일제가 남긴 재산 처리를 위한 귀속 재산 처리법을 만들었다.

정답 분석 ③

🔍 **정답의 단서** | 우리나라 최초로 실시된 총선거, 보통·직접·평등·비밀 선거 원칙, 국회 의원의 임기는 2년

③ 발췌 개헌과 허정 과도 정부의 제3차 개헌에서는 국회를 참의원과 민의원으로 구성하는 양원제를 채택하였다. 이를 바탕으로 내각 책임제와 양원제가 적용된 장면 내각이 출범하였다.

오답 분석

①·②·④·⑤ 1948년, 북한이 유엔 한국 임시 위원단의 입북을 거부하여 유엔 총회의 결정에 따라 남한에서만 우리나라 최초의 보통 선거인 5·10 총선거가 실시되었다. 이 당시 남한만의 단독 정부 수립에 반대한 남로당 제주도당의 무장 봉기와 이에 대한 미군정 및 경찰 토벌대의 강경 진압이 원인이 되어 발생한 4·3 사건으로 인해 제주도는 선거에서 제외되었다. 5·10 총선거를 통해 구성된 제헌 국회는 제헌 헌법을 제정하였으며, 이를 바탕으로 이승만이 국회에서 대통령으로 선출되어 제1공화국이 출범하였다. 이후 일제의 잔재를 청산하고 민족정기를 바로 잡기 위해 반민족 행위 처벌법을 제정하였고, 이에 따라 반민족 행위 특별 조사 위원회가 구성되어 활동하였다. 또한, 일제가 남긴 재산 처리를 위해 귀속 재산 처리법을 만들었으며, 농지는 농지 개혁법에 의해 처리하였다.

44 박정희 정부

최근 5개년 기출 빅데이터 분석 리포트	빈출 키워드 Top 5	꼭 나오는 문제 유형 Top 3
■ 24 ■ 23 ■ 22 ■ 21 ■ 20 (연도)	1 3 · 1 민주 구국 선언 2 6 · 3 시위 3 국민 교육 헌장 4 통일 주체 국민 회의 5 중학교 무시험 제도(추첨제)	1 설명형 2 사료형 3 빈칸형

1 5 · 16 군사 정변과 박정희 정부

1. 5 · 16 군사 정변(1961)

군사 정변	박정희를 중심으로 군인들이 권력 장악 → 반공을 국시로 내건 혁명 공약 발표
군정 실시	• 국가 재건 최고 회의를 중심으로 군정 실시 • 제5차 개헌(1962): 대통령 직선제 → 박정희 당선

2. 주요 정책과 사건

한일 국교 정상화 (1965)	• 배경: 미국의 수교 요구, 경제 개발에 필요한 자본 확보 • 한일 회담: 중앙정보부장 김종필과 일본 외상 오히라가 무상 원조와 차관의 대략적인 금액을 비밀 메모 형태로 합의(김종필 · 오히라 메모) • 6 · 3 시위: 굴욕적인 한일 국교 정상화 반대 시위 • 한일 협정 체결: 일본이 독립 축하금이라는 명목으로 무상 3억 달러, 유상 2억 달러, 민간 차관 3억 달러 제공 합의

베트남 파병 (1964~1973)	• 배경: 미국의 요청 • 브라운 각서(1966): 베트남 파병에 따른 미국의 군사적 · 경제적 지원 약속
새마을 운동	• 근면 · 자조 · 협동 강조, 농촌 환경 개선에 중점을 둔 정부 주도 운동 • 새마을 운동 기록물이 유네스코 세계 기록 유산으로 등재
교육 정책	• 국민 교육 헌장 제정(1968) • 중학교 무시험 제도, 고교 평준화
전태일 분신 사건 (1970)	동대문 평화 시장에서 재단사로 일하던 전태일이 낮은 임금과 열악한 노동 환경에 근로 기준법 준수를 요구하며 분신
광주 대단지 사건 (1971)	서울 도심을 정비하기 위해 10만여 명의 주민들을 경기도 광주로 강제 이주시키는 과정에서 대규모 시위 발생

기출 선택지로 개념 익히기 ◁» 오디오 학습을 이용해 보세요!

1 5 · 16 군사 정변과 박정희 정부
▸ 반공을 국시로 내건 혁명 공약을 발표하였다.
▸ 국가 재건 최고 회의를 기반으로 군정이 실시되었다.
▸ 한일 기본 조약의 비준
▸ 한일 국교 정상화에 반대하는 6 · 3 시위가 전개되었다. 8회 이상
▸ 굴욕적인 대일 외교에 반대하는 6 · 3 시위가 일어났다.
▸ 6 · 3 시위가 전개되고 비상계엄령이 선포되었다.

▸ 미국의 요청에 따라 베트남 파병이 시작되었다.
▸ 베트남 파병에 관한 브라운 각서가 체결되었다. 4회 이상
▸ 농촌 근대화를 표방한 새마을 운동이 전개되었다.
▸ 교육의 지표를 제시한 국민 교육 헌장을 선포하였다. 4회 이상
▸ 중학교 입시 제도를 폐지하고 무시험 추첨제를 실시하였다. 4회 이상
▸ 거리에서 자를 들고 미니스커트를 단속하는 경찰
▸ 전태일이 근로 기준법 준수를 외치며 분신하였다.

2 장기 집권과 유신 체제

1. 장기 집권 추진

3선 개헌 (제6차 개헌, 1969)	제6대 대통령 선거에서 재선 성공(1967) 이후 장기 집권을 위해 대통령의 3선 연임을 허용하는 개헌안을 편법으로 통과

2. 유신 체제

배경	제7대 대통령 선거에서 3선 성공(1971) → 비상 계엄령을 선포하고 국회 해산, 정당 및 정치 활동 금지 → 유신 헌법을 제정하여 국민 투표로 확정
유신 헌법 (제7차 개헌, 1972)	• 장기 독재 체제 마련: 통일 주체 국민 회의에서 대통령 선출, 대통령 임기 6년(중임 제한 철폐) • 대통령 권한 강화: 국회의원 1/3 선출권, 국회 해산권, 긴급 조치권 등
유신 반대 투쟁	개헌 청원 백만인 서명 운동 → 긴급 조치 발표(개헌 논의 금지), 민청학련 사건·인혁당 재건위 사건 → 3·1 민주 구국 선언(1976)
유신 체제 붕괴	YH 무역 사건(1979) → 김영삼 국회의원직 제명 → 부마 민주 항쟁 → 10·26 사태(박정희 피살)

---

2 장기 집권과 유신 체제

▶ 대통령의 3선 연임을 허용하는 개헌안이 통과되었다.
▶ 장기 집권을 위한 3선 개헌안이 통과되었다.
▶ 국회 해산과 헌법의 일부 효력 정지를 담은 유신이 선포되었다.
▶ 유신 헌법 – 대통령의 국회의원 1/3 추천 조항을 담고 있다.
▶ 유신 헌법 – 통일 주체 국민 회의에서 대통령이 선출되었다. 4회 이상
▶ 유신 헌법 – 통일 주체 국민 회의 대의원이 선출되었다.

▶ 긴급 조치 9호가 발동되었다.
▶ 인민 혁명당 재건위 사건을 조작해 관련자를 탄압하였다.
▶ 긴급 조치 철폐를 요구하는 3·1 민주 구국 선언이 발표되었다. 12회 이상
▶ YH 무역 노동자들의 농성을 강경 진압하였다.
▶ YH 무역 사건, 부마 민주 항쟁 – 유신 체제가 붕괴되는 계기가 되었다.
▶ 부마 민주 항쟁 – 유신 체제에 저항하여 부산, 마산 등지에서 시위가 일어났다.
▶ 부마 민주 항쟁 – 야당 총재의 국회의원직 제명으로 촉발되었다. 4회 이상

01 다음 사건의 영향을 받아 발생한 사실로 옳은 것은?

설명형 68회

> ¹근로 기준법을 준수하라!
>
> 나는 아주 작은 바늘 구멍이라도 내기 위해서 죽는 것입니다. 그 작은 구멍을 자꾸 키워 벽을 허물어야 합니다. 그래야 없는 사람도 살고 근로자도 살 수 있는 것입니다.

① 신한 공사가 설립되어 귀속 재산을 관리하였다.

② 부산에서 조선 방직의 총파업 사건이 발생하였다.

③ 경제 자립을 목표로 제1차 경제 개발 5개년 계획이 추진되었다.

④ 미국에서 들여온 원조 물자를 기반으로 삼백 산업이 발달하였다.

⑤ 평화 시장 노동자들을 중심으로 한 청계 피복 노동조합이 결성되었다.

문제 파헤치기

정답 분석 ⑤

Q 정답의 단서 | 근로 기준법을 준수하라!

박정희 정부 때인 1960년대에 급속한 산업화가 이루어져 **노동자들은 저임금과 열악한 노동 환경**에서 고통을 겪었다. 서울 평화 시장의 재단사였던 **전태일은 평화 시장 재단사 모임 '바보회'**를 조직하고 노동청에 비인간적인 노동 현실을 고발하였으나 요구가 받아들여지지 않았다. 이에 전태일은 **¹'근로 기준법을 준수하라', '우리는 기계가 아니다'**를 외치며 분신하여 항거하였다(**전태일 분신 사건, 1970.11.13.**).

⑤ **전태일 분신 사건**을 계기로 평화 시장 노동자들은 **청계 피복 노동조합**을 결성하였다. 청계 피복 노동 조합은 전태일의 동료와 어머니 이소선을 중심으로 활동하였으며, 새마을 노동 교실, 소모임, 노조 연대투쟁, 민주화 운동 등에 적극 참여하였다(1970.11.27.).

오답 분석

① 광복 직후 **미군정**은 일제 강점기 때 동양 척식 주식회사와 일본인·일본 회사의 소유였던 **토지 및 귀속 재산을 관할·처리**하기 위하여 **신한 공사**를 설립하였다(1946).

② **부산**에 위치한 국내 최초이자 최대 규모의 방직 공장인 **조선 방직**에서 열악한 노동 조건 개선을 요구하며 **총파업**을 시작하였다. 일제 경찰들과 조선 방직 관리자들은 파업에 참여한 노동자를 회유·협박하고, 수백 명의 노동자를 검거·해고하였으나 조선 방직 측에서 제안한 타협안이 받아들여져 해산되었다(1930).

③ **박정희 정부**는 **제1차 경제 개발 5개년 계획**을 추진하여 **경공업**을 중심으로 한 경제 자립을 추진하였다(1962).

④ **이승만 정부** 시기인 1950년대에는 미국의 원조에 기반을 두고 면화, 설탕, 밀가루를 중심으로 한 **삼백 산업**이 활성화되어 **소비재 공업**이 성장하였다.

---

02 다음 조치를 시행한 정부 시기에 있었던 사실로 옳은 것은?

사료형 64회

> **대통령 긴급 조치 제9호**
>
> **국가안전과 공공질서의 수호를 위한 대통령 긴급 조치**
>
> 1. 다음 각 호의 행위를 금한다.
>   가. 유언비어를 날조, 유포하거나 사실을 왜곡하여 전파하는 행위.
>   나. 집회·시위 또는 신문·방송·통신 등 공중 전파 수단이나 문서·도서·음반 등 표현물에 의하여 대한민국 헌법을 부정·반대·왜곡 또는 비방하거나 그 개정 또는 폐지를 주장·청원·선동 또는 선전하는 행위.
>   ⋮
> 8. 이 조치 또는 이에 의한 주무부 장관의 조치에 위반한 자는 법관의 영장 없이 체포·구금·압수 또는 수색할 수 있다.
>   ⋮
> 13. 이 조치에 의한 주무부 장관의 명령이나 조치는 사법적 심사의 대상이 되지 아니한다.

① 국민 방위군 설치법이 공포되었다.

② 내각 책임제를 골자로 하는 개헌이 이루어졌다.

③ 귀속 재산 처리를 위해 신한 공사가 설립되었다.

④ 평화 통일론을 주장한 진보당의 조봉암이 구속되었다.

⑤ 장기 독재에 저항하는 3·1 민주 구국 선언이 발표되었다.

정답 분석 ⑤

Q 정답의 단서 | 대통령 긴급 조치

박정희 정부 시기 **유신 헌법**을 제정하면서 대통령의 명령으로 국민의 자유와 권리에 무제한적인 제약을 가할 수 있도록 **대통령 긴급 조치권**을 규정하였다(1972). 이에 청원·선동 행위 등을 일절 금지하고 위반자를 유언비어 유포라는 죄목 등으로 영장 없이 체포·구속하였다.

⑤ 박정희 정부가 유신 헌법을 제정하자 **김대중, 함석헌** 등의 정치인과 **기독교 목사, 대학 교수** 등은 유신 독재 체제에 저항하여 긴급 조치 철폐 등을 요구하는 **3·1 민주 구국 선언**을 발표하였다(1976).

오답 분석

① **6·25 전쟁** 당시 중국군의 투입으로 많은 병력이 필요해지자 **이승만 정부**는 국민 방위군 설치법을 공포하였다(1950).

② **4·19 혁명** 이후 허정 과도 정부는 **내각 책임제**를 기본으로 민의원과 참의원의 **양원제 국회**를 구성하는 제3차 개헌을 단행하였다(1960).

③ **신한 공사**는 **미군정**이 일제 강점기 때 동양 척식 주식회사와 일본인·일본 회사의 소유였던 **토지 및 귀속 재산을 관할·처리**하기 위해 설립한 회사이다(1946).

④ **이승만 정권** 시기 **조봉암**은 제3대 대통령 선거에 출마하였으나 낙선하였다. 이후 그는 **진보당**을 창당하고 평화 통일론을 주장하다가 국가 변란, 간첩죄 혐의로 체포되어 사형에 처해졌으며 진보당은 해체되었다(**진보당 사건, 1958**).

03 밑줄 그은 '선거' 이후의 사실로 옳은 것은?

설명형 55회

① 정부 형태가 내각 책임제로 바뀌었다.
② 평화 통일을 주장한 진보당의 조봉암이 처형되었다.
③ 대통령의 3선 연임을 허용하는 개헌안이 통과되었다.
④ 한일 국교 정상화에 반대하는 6·3 시위가 전개되었다.
⑤ 국회 해산과 헌법의 일부 효력 정지를 담은 유신이 선포되었다.

04 (가) 헌법이 시행된 시기의 사실로 옳은 것은?

빈칸형 69회

① 김주열이 최루탄을 맞고 사망하였다.
② 부천 경찰서 성 고문 사건이 발생하였다.
③ 개헌 청원 백만인 서명 운동이 전개되었다.
④ 국민 보도 연맹원에 대한 학살이 자행되었다.
⑤ 민주화 시위 도중 대학생 강경대가 희생되었다.

정답 분석 ⑤

🔍 **정답의 단서 | 김대중, 박정희, 장충단 유세**

1967년에 재당선된 **박정희**는 대통령 3선 연임을 허용하는 **3선 개헌안**을 발표하고 여당인 민주 공화당 소속 의원만 모인 국회에서 변칙적으로 통과시켰다(1969). 이에 따라 박정희는 1971년 치러진 **제7대 대통령 선거**에 출마하여 김대중 후보를 누르고 선출되었다.
⑤ 3선에 성공한 박정희는 장기 집권을 위해 **유신 헌법**을 선포하여 대통령에게 국회의원 1/3 추천 임명권, 국회 해산권, 긴급 조치권 등 강력한 권한을 부여하였다(1972).

오답 분석

① 이승만과 자유당 정권의 3·15 부정 선거에 대한 항거로 **4·19 혁명**이 발발하였다. 이 결과, 이승만이 하야하고 **제3차 개헌**을 통해 **내각 책임제와 양원제**가 적용된 장면 내각이 출범하였다(1960).
② 이승만 정권 시기 **조봉암**은 제3대 대통령 선거에 출마하였으나 낙선하였다. 이후 진보당을 창당하고 **평화 통일론을 주장**하다가 국가 변란, 간첩죄 혐의로 체포되어 사형에 처해졌으며 진보당은 해체되었다(**진보당 사건, 1958**).
③ 1967년에 다시 선출된 **박정희**는 장기 집권을 위해 **대통령의 3선 연임을 허용**하는 3선 개헌을 강행하여 통과시켰다(1969).
④ **박정희 정부**가 한일 회담 진행 과정에서 추진한 **한일 국교 정상화**에 대한 협정 내용이 공개되자 학생과 야당을 주축으로 **굴욕적 대일 외교에 반대**하는 **6·3 시위**가 전개되었다(1964).

정답 분석 ③

🔍 **정답의 단서 | 인민 혁명당 재건위 사건, 긴급 조치 제4호**

박정희 정부가 **유신 헌법**을 통해 장기 집권을 시도하자 전국적으로 **유신 반대 투쟁**이 일어났다. 이에 중앙정보부는 투쟁을 주도하던 민청학련 배후에 북한의 지령을 받고 국가 변란을 기도한 '인혁당 재건위'가 있다고 조작·발표하면서 관련자 천여 명을 체포하였고, 그중 8명의 사형을 집행하였다(인민 혁명당 재건위 사건, 1974).
③ **장준하**는 각계 인사들과 함께 박정희 정권의 **유신 헌법 철폐**를 주장하는 **개헌 청원 백만인 서명 운동**을 전개하였다(1973).

오답 분석

① 이승만 정부의 3·15 부정 선거를 규탄하는 시위 도중 경찰의 최루탄에 맞아 사망한 학생 **김주열**의 시신이 마산 해변가에서 발견되었다. 이를 계기로 **4·19 혁명**이 전국적으로 전개되었다(1960).
② **전두환 정부** 시기에 노동 현장 위장 취업 혐의로 연행된 여학생에게 **부천 경찰서** 경장이 성 고문을 가하였다. 정부는 이를 축소·은폐하기 위해 각 언론사에 **보도 지침**을 내려 언론을 통제하였다(1986).
④ **국민 보도 연맹**은 1949년 좌익운동을 하다가 전향한 사람들을 계몽 및 지도하기 위해 조직된 단체이다. 1950년 6·25 전쟁 중에 군과 경찰에 의해 수만 명의 국민 보도 연맹원이 학살당하였다(국민 보도 연맹 사건, 1950).
⑤ **노태우 정부** 때 명지대학교 학생 **강경대**가 노태우 정권 타도, 학원 자율화 정책 완전화 등을 주장하며 시위를 전개하다가 사복 경찰에게 집단 구타를 당해 사망하였다(1991).

45 전두환 정부 이후

최근 5개년 기출 빅데이터 분석 리포트	빈출 키워드 Top 5	꼭 나오는 문제 유형 Top 3

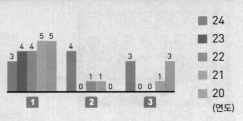

빈출 키워드 Top 5
1 호헌 철폐
2 5년 단임 대통령 직선제
3 5·18 민주화 운동
4 시민군
5 호주제 폐지

꼭 나오는 문제 유형 Top 3
1 설명형
2 빈칸형
3 사료형

1 전두환 정부

1. 5·18 민주화 운동(1980)

배경	12·12사태(1979): 전두환 중심의 신군부 세력이 정권 장악 → 신군부의 계엄령, 서울의 봄
전개	광주에서 신군부 반대 민주화 시위 전개 → 신군부가 공수 부대 동원 → 시민군을 조직하여 대항 → 계엄군의 무력 진압
의의	• 1980년대 이후 민주화 운동에 영향 • 5·18 민주화 운동 기록물이 유네스코 세계 기록 유산으로 등재(2011), 5·18 진상 규명을 위한 특별법 제정(2018)

2. 전두환 정부 수립

신군부의 정권 장악	5·18 민주화 운동 무력 진압 → 국가 보위 비상 대책 위원회 설치
전두환 정부 수립	통일 주체 국민 회의에서 제11대 대통령으로 전두환 선출(1980) → 제8차 개헌(7년 단임 대통령제, 대통령 선거인단에 의한 대통령 간선제) → 대통령 선거인단이 제12대 대통령으로 전두환 선출

3. 주요 정책

강압 정책	언론 통폐합, 삼청 교육대 운영
유화 정책	프로 야구·축구 창단, 야간 통행금지 해제, 해외여행 자유화
교육 정책	과외 전면 금지, 두발·교복 자율화, 중학교 의무 교육 실시, 본고사 폐지, 대학 졸업 정원제 실시

4. 6월 민주 항쟁(1987)

배경	박종철 고문치사 사건과 4·13 호헌 조치 발표, 대통령 직선제 거부
전개	전국 주요 도시에서 박종철 고문치사 사건 은폐·조작 규탄과 호헌 철폐를 위한 국민 대회 개최 → 이한열 최루탄 피격 사건 → 6·10 국민 대회를 열고 전국 각지에서 시위 전개(호헌 철폐, 독재 타도 구호)
결과	6·29 민주화 선언 → 제9차 개헌(5년 단임의 대통령 직선제 규정) → 제13대 대통령 노태우 당선

기출 선택지로 개념 익히기 〈》오디오 학습을 이용해 보세요!

1 전두환 정부
▸ 5·18 민주화 운동 – 신군부의 비상계엄 확대와 무력 진압에 저항하였다. *4회 이상*
▸ 5·18 민주화 운동 – 시위 과정에서 시민군이 자발적으로 조직되었다. *4회 이상*
▸ 5·18 민주화 운동 – 관련 기록물이 유네스코 세계 기록 유산으로 등재되었다. *8회 이상*

▸ 국가 보위 비상 대책 위원회가 설치되었다. *4회 이상*
▸ 대통령 선거인단에 의한 간접 선거제를 규정하였다.
▸ 선거인단이 선출하는 7년 단임의 대통령제가 실시되었다.
▸ 사회 정화를 명분으로 삼청 교육대가 설치되었다.
▸ 정치인들의 활동을 규제하고, 언론 기관을 통폐합하였다.
▸ 프로 야구가 6개 구단으로 출범하였다.
▸ 경기장에서 프로 축구를 관람하는 회사원

2 노태우, 김영삼 정부

1. 노태우 정부

3당 합당	여소야대 정국을 극복하기 위해 3당 합당(민주 정의당, 통일 민주당, 신민주 공화당)으로 민주 자유당 창립
올림픽 대회 개최	1988년 서울에서 올림픽 대회 개최
전 국민 의료 보험	전 국민 의료 보장 실현

2. 김영삼 정부

수립	5 · 16 군사 정변 이후 세운 첫 문민 정부
지방 자치제	지방 자치제 전면 시행 → 지방 자치 단체장 선거 실시
역사 바로 세우기 운동	국민학교 명칭을 초등학교로 변경, 조선 총독부 청사 건물 철거, 전직 대통령(전두환 · 노태우) 구속

3 김대중, 노무현 정부

1. 김대중 정부

국민 기초 생활 보장법	생활이 어려운 국민의 최저 생활 보장
월드컵 대회 개최	2002년 한일 월드컵 대회 개최

2. 노무현 정부

호주제 폐지	양성 평등 실현을 위해 부계 혈통을 바탕으로 한 호주제 폐지 결정
과거사 정리 위원회	현대사 전반의 반민주적 · 반인권적 사건 등에 대한 진실 규명
노인 장기 요양 보험법	건강 보험 제도와 별도로 노인 장기 요양 보험법을 제정하여 가사 지원 서비스 등을 제공
질병 관리 본부 설립	사스(SARS)가 유행함에 따라 국립보건원을 질병 관리 본부로 확대 · 개편
행정수도 이전 추진	행정수도 건설 특별법을 제정하여 세종시로 행정수도 이전 시도

➕ 개념 PLUS+

▶ 6월 민주 항쟁
오늘 우리는 전 세계 이목이 우리를 주시하는 가운데 40년 독재 정치를 청산하고 희망찬 민주 국가를 건설하기 위한 거보를 전 국민과 함께 내딛는다. 국가의 미래요 소망인 꽃다운 젊은이를 야만적인 고문으로 죽여 놓고 그것도 모자라서 뻔뻔스럽게 국민을 속이려 했던 현 정권에게 국민의 분노가 무엇인지를 분명히 보여 주고, 국민적 여망인 개헌을 일방적으로 파기한 4 · 13 폭거를 철회시키기 위한 민주 장정을 시작한다.

– 6 · 10 국민 대회 선언문 –

▶ 과외 전면 금지와 대학 졸업 정원제를 시행하였다.
▶ 김영삼과 김대중을 공동 의장으로 한 민주화 추진 협의회가 조직되었다.
▶ 박종철 고문치사 사건의 진상 규명을 요구하였다.
▶ 6월 민주 항쟁 – 4 · 13 호헌 조치 철폐를 요구하는 전 국민적인 저항이 벌어졌다. 12회 이상
▶ 6월 민주 항쟁 – 시위 도중 대학생 이한열이 희생되었다.
▶ 호헌 철폐, 독재 타도를 요구하는 6 · 10 국민 대회가 개최되었다.
▶ 호헌 철폐와 독재 타도 등의 구호를 내세웠다.
▶ 호헌 철폐 등을 내세운 시위로 6 · 29 민주화 선언이 발표되었다.
▶ 5년 단임의 대통령 직선제 개헌안이 통과되었다. 8회 이상

2 노태우, 김영삼 정부
▶ 노태우 정부 – 3당 합당으로 민주 자유당이 창당되었다.
▶ 김영삼 정부 – 지방 자치제가 전면 실시되었다.
▶ 김영삼 정부 – 국민학교라는 명칭을 초등학교로 변경하였다.

3 김대중, 노무현 정부
▶ 김대중 정부 – 국민 기초 생활 보장법이 실시되었다.
▶ 노무현 정부 – 양성 평등의 실현을 위해 호주제를 폐지하였다. 4회 이상
▶ 노무현 정부 – 진실 · 화해를 위한 과거사 정리 위원회가 처음으로 출범하였다.
▶ 노무현 정부 – 노인 장기 요양 보험법이 제정되었다.

01 (가) 민주화 운동에 대한 설명으로 옳은 것은? [빈칸형 53회]

① 유신 체제가 붕괴되는 계기가 되었다.
② 굴욕적인 한일 국교 정상화에 반대하였다.
③ 양원제 국회가 출현하는 결과를 가져왔다.
④ 신군부의 비상계엄 확대가 원인이 되었다.
⑤ 호헌 철폐와 독재 타도 등의 구호를 내세웠다.

문제 파헤치기

정답 분석 ⑤

🔍 **정답의 단서 |** 현행 헌법 체제, 박종철, 대통령 직선제, 6·29 선언, 이한열

⑤ 6월 민주 항쟁 당시 시민들은 **❶박종철 고문치사 사건**과 4·13 호헌 조치에 반발하여 **❷대통령 직선제 개헌**을 요구하며 호헌 철폐·독재 타도 등의 구호를 내세웠다. 시위 도중 경찰의 최루탄에 맞아 연세대 재학생 **❸이한열**이 사망하자 시위는 더욱 격화되어 6월 민주 항쟁이 전국적으로 확산되었다. 항쟁의 결과, 정부는 **❹6·29 민주화 선언**을 발표하여 5년 단임의 대통령 직선제를 골자로 하는 개헌을 단행하였다(1987).

오답 분석

① YH 무역 노동자들의 폐업 항의 농성이 신민당사 앞에서 일어나자 박정희 정부는 야당 총재 김영삼을 국회의원직에서 제명하였다. 이로 인해 김영삼의 정치적 근거지인 부산, 마산에서 유신 정권에 반대하는 **부마 민주 항쟁**이 전개되었다. 집권층 내에서 부마 민주 항쟁 진압 문제를 두고 대립하던 도중 **박정희가 피살**되는 10·26 사태가 일어나면서 **유신 체제가 붕괴**되었다(1979).
② 박정희 정부 때 학생과 야당을 주축으로 **굴욕적인 한일 국교 정상화에 반대**하는 6·3 시위가 전개되었다(1964).
③ 4·19 혁명 이후 허정을 중심으로 수립된 과도 정부는 의원 내각제를 기본으로 민의원과 참의원의 **양원제 국회를 구성**하는 **3차 개헌**을 단행하였다(1960).
④ 신군부의 비상계엄 확대와 무력 진압에 항거하여 광주에서 5·18 민주화 운동이 일어났다(1980).

02 (가) 민주화 운동에 대한 설명으로 옳은 것은? [빈칸형 51회]

노래로 읽는 한국사

임을 위한 행진곡

사랑도 명예도 이름도 남김 없이 한평생 나가자던 뜨거운 맹세 동지는 간데없고 깃발만 나부껴 새날이 올 때까지 흔들리지 말자 세월은 흘러가도 산천은 안다 깨어나서 외치는 뜨거운 함성 앞서서 나가니 산 자여 따르라

[해설]
이 곡은 (가) 당시 계엄군에 맞서 시민군으로 활동하다 희생된 고(故) 윤상원과 광주에서 야학을 운영하다 사망한 고(故) 박기순의 영혼결혼식에 헌정된 노래이다. 1997년 (가) 기념일이 정부 기념일로 지정된 이후 기념식에서 제창되었다.

① 3·1 민주 구국 선언이 발표되었다.
② 4·13 호헌 조치 철폐를 요구하였다.
③ 장면 내각이 출범하는 계기가 되었다.
④ 시위 도중 대학생 이한열이 희생되었다.
⑤ 신군부의 비상계엄 확대와 무력 진압에 저항하였다.

정답 분석 ⑤

🔍 **정답의 단서 |** 임을 위한 행진곡, 계엄군, 시민군, 윤상원, 박기순, 정부 기념일로 지정

5·18 민주화 운동에서 희생된 윤상원, 박기순의 영혼결혼식을 내용으로 하는 음악극에서 이들을 추모하기 위해 「임을 위한 행진곡」이라는 노래가 쓰였는데, 이후 서울과 전국으로 확산되어 한국 민주화 운동을 대표하는 민중가요가 되었다. 또한, 2011년에는 관련 기록물이 유네스코 세계 기록 유산으로 등재되었다.

⑤ 전두환을 비롯한 **신군부 세력의 12·12 쿠데타**에 저항하여 '서울의 봄'이라는 대규모 민주화 운동이 일어나자 5월 17일 신군부는 **비상계엄 조치를 전국적으로 확대**하였다. 5월 18일, 비상계엄 해제와 신군부 퇴진, 김대중 석방 등을 요구하는 광주 시민들의 항거가 이어지자 신군부는 **공수 부대를 동원한 무력 진압**을 강행하였고, 학생과 시민들이 시민군을 결성하여 이에 대항하면서 시위가 격화되었다(1980).

오답 분석

① **박정희 정부 시기** 김대중, 함석헌 등의 정치인과 기독교 목사, 대학 교수 등이 **유신 독재 체제에 저항**하여 긴급 조치 철폐 등을 요구하는 3·1 민주 구국 선언을 발표하였다(1976).
②·④ **전두환 정부**의 박종철 고문치사 사건 은폐·조작 시도와 국민들의 대통령 직선제 요구 논의를 중단시킨 **4·13 호헌 조치**로 인해 시민들은 '호헌 철폐, 독재 타도'라는 구호를 내걸고 민주적인 헌법 개정을 요구하는 시위를 전개하였다. 시위 도중 연세대 재학생 **이한열이 사망**하자 시위는 더욱 격화되어 **6월 민주 항쟁**이 전국적으로 확대되었다(1987).
③ 이승만의 장기 집권과 자유당 정권의 **3·15 부정 선거에 저항**하여 4·19 혁명이 발발하였다(1960). 그 결과, 이승만 대통령이 하야하고 내각 책임제를 기본으로 하는 허정 과도 정부가 구성되었다. 이후 구성된 국회를 통해 윤보선이 대통령으로 선출되었고, 장면이 국무총리로 지명되어 **장면 내각이 출범**되었다.

03 밑줄 그은 '정부' 시기의 사회 모습으로 옳은 것은?

① 금강산 관광이 시작되었다.
② 서울 올림픽 대회가 개최되었다.
③ 삼풍 백화점 붕괴 사고가 발생하였다.
④ 보도 지침을 통해 언론을 통제하였다.
⑤ 양성 평등 실현을 위해 호주제가 폐지되었다.

04 밑줄 그은 '정부' 시기의 사실로 옳은 것은?

대통령은 신년사에서 월드컵과 부산 아시안 게임 개최로 국운 융성의 한 해를 만들자고 강조하며, 공명한 대통령 선거와 지방 자치 선거에 최선을 다하겠다고 밝혔습니다. 아울러 정부도 경제적 정의 실현과 사회 안전망을 강화하여 중산층과 서민 생활 안정에 노력하겠다고 발표했습니다.

대통령, 공명 선거와 사회 정책 방향 제시

① 호주제가 폐지되었다.
② 대학 졸업 정원제가 시행되었다.
③ 노인 장기 요양 보험법이 제정되었다.
④ 국민 기초 생활 보장법이 실시되었다.
⑤ 중학교 무시험 진학 제도가 시작되었다.

정답 분석 ④

Q 정답의 단서 | 야간 통행 금지를 해제, 프로 야구와 프로 축구가 출범, 해외 여행, 삼청 교육대

④ 민주화 운동을 진압하고 무력으로 정권을 잡은 **전두환 정부**는 언론을 규제하기 위해 **언론 통폐합**을 단행하였고, 각 언론사에 기사 보도용 가이드라인인 **보도 지침**을 전달하여 언론을 통제하였다. 또한, 전국 각지의 군부대 내에 **삼청 교육대**를 설치하여 사회 정화책이라는 명분하에 가혹 행위와 인권 유린을 행하였다(1980). 이러한 강압 정치와 함께 **유화 정책** 또한 전개하여 해외여행 자유화(1981), 야간 통행 금지 해제(1982), 프로 축구 출범(1980), 프로 야구 출범(1982), 중고생 두발 및 교복 자율화(1983) 등을 실시하였다.

오답 분석

① **김대중 정부** 시기 해로를 통한 **금강산 관광 사업**이 추진되어 금강산 관광선인 금강호가 처음으로 출항하였다(1998). **노무현 정부 시기**에는 **금강산 육로 관광**이 정식으로 시작되어 승용차를 통한 금강산 관광이 가능하였다(2003).
② **노태우 정부**는 자본주의 국가와 공산주의 국가가 함께 참여한 **서울 올림픽 대회**를 성공적으로 개최하였으며(1988), 이를 기점으로 **적극적인 북방 외교 정책**을 추진하였다.
③ **김영삼 대통령** 때 **삼풍 백화점**이 부실 공사 등의 원인으로 붕괴되어 1천여 명 이상의 사상자가 발생하였다(1995).
⑤ **노무현 정부** 때 양성 평등을 실현하고자 **호주제 폐지를 결정**하였다(2005).

정답 분석 ④

Q 정답의 단서 | 월드컵, 사회 안전망 강화

김대중 정부 시기인 2002년에 **월드컵 대회**와 **아시안 게임**이 각각 서울과 부산에서 개최되었다.
④ 김대중 정부는 극심한 양극화 해소를 위한 복지 정책으로 생활 유지 능력이 없거나 생활이 어려운 국민의 최저 생활을 국가가 보장하는 **국민 기초 생활 보장법**을 실시하였다(1999).

오답 분석

① **노무현 정부** 때 양성 평등을 실현하고자 **호주제 폐지를 결정**하였다(2005).
② **전두환 정부**는 7·30 교육 개혁 조치를 통해 **대학 졸업 정원제**와 과외 전면 금지를 시행하였다(1980).
③ **노무현 정부**는 건강 보험 제도와 별도로 **노인 장기 요양 보험법**을 제정하여 신체 활동과 가사 지원 서비스 등을 제공하도록 하였다(2007).
⑤ **박정희 정부**는 중학교 입시 폐단을 해결하기 위하여 **중학교 무시험 진학 제도**를 발표하였다. 이는 1969년 서울을 시작으로 하여 1971년에는 전국적으로 실시되었다.

46 현대 정부의 경제·통일 정책

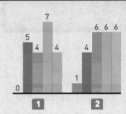

최근 5개년 기출 빅데이터 분석 리포트	빈출 키워드 Top 5	꼭 나오는 문제 유형 Top 3
■ 24 ■ 23 ■ 22 ■ 21 ■ 20 (연도)	1 이산가족 최초 상봉 2 금융 실명제 3 개성 공업 지구 4 한반도 비핵화 공동 선언 5 경제 협력 개발 기구(OECD)	1 설명형 2 사료형 3 빈칸형

1 경제 정책

이승만 정부	• 전후 경제: 생필품 부족, 물가 폭등 • 한미 원조 협정 체결(1948): 농산물 등 소비재 산업 원료 원조 → 삼백 산업(밀·설탕·면화) 발달
박정희 정부	• 제1·2차 경제 개발 계획(1962~1971): 경공업 중심 노동 집약적 산업, 경부 고속 도로 개통(1970) • 제3·4차 경제 개발 계획(1972~1981): 중화학 공업 중심, 포항 제철소 준공, 수출액 100억 달러 달성(1977), 제1·2차 석유 파동 • 외화 획득: 해외 노동자(서독에 광부·간호사 파견)
전두환 정부	3저 호황: 저달러·저유가·저금리 → 물가 안정, 수출 증가
김영삼 정부	• 우루과이 라운드 타결: 외국 농산물 수입 • 금융 실명제(1993): 대통령 긴급 명령으로 실시 • 경제 협력 개발 기구(OECD) 가입(1996) • 외환 위기(1997): 국제 통화 기금(IMF)의 금융 지원
김대중 정부	노사정 위원회 설치, 기업 구조 조정, 민간의 금 모으기 운동 → 구제 금융 지원금 조기 상환, 외환 위기 극복
노무현 정부	• 한 – 칠레 자유 무역 협정(FTA), 한미 자유 무역 협정(FTA) 체결(이명박 정부 때 발효) • 아시아·태평양 경제 협력체(APEC) 정상 회의 개최
이명박 정부	서울에서 G20 정상 회의 개최

기출 선택지로 개념 익히기 ◁)) 오디오 학습을 이용해 보세요!

1 경제 정책

▶ 이승만 정부 – 원조 물자를 가공하는 삼백 산업이 발달하였다. 4회 이상
▶ 박정희 정부 – 제1차 경제 개발 5개년 계획이 추진되었다. 4회 이상
▶ 박정희 정부 – 경부 고속 도로를 준공하였다. 4회 이상
▶ 박정희 정부 – 제3차 경제 개발 5개년 계획이 추진되었다.
▶ 박정희 정부 – 포항 제철소 1기 설비가 준공됐어요.
▶ 박정희 정부 – 한·독 정부 간의 협정에 따라 서독으로 광부가 파견되었다.
▶ 박정희 정부 – 8·3 조치로 사채 동결 등의 특혜가 기업에게 제공되었다.
▶ 박정희 정부 – 제2차 석유 파동으로 경제 불황이 심화되었다.
▶ 전두환 정부 – 저유가, 저금리, 저달러의 3저 호황이 있었다. 4회 이상

▶ 김영삼 정부 – 금융 실명제가 대통령 긴급 명령으로 실시되었다. 12회 이상
▶ 김영삼 정부 – 경제 협력 개발 기구(OECD)에 가입하였다. 8회 이상
▶ 김영삼 정부 – 전국 민주 노동조합 총연맹이 창립되었다. 4회 이상
▶ 김영삼 정부 – 국제 통화 기금(IMF)의 구제 금융을 받게 되었다.
▶ 김대중 정부 – 대통령 직속 자문 기구인 노사정 위원회가 구성되었다. 4회 이상
▶ 김대중 정부 – 외환 위기 극복을 위해 금 모으기 운동이 전개되었다. 4회 이상
▶ 노무현 정부 – 미국과 자유 무역 협정(FTA)을 체결하였다. 8회 이상
▶ 노무현 정부 – 칠레와 자유 무역 협정(FTA)을 체결하였다. 4회 이상

2 통일 정책

박정희 정부	• 남북 적십자 회담 제의(1971): 이산가족 문제 협의 • 7 · 4 남북 공동 성명(1972): 자주 · 평화 · 민족 대단결 통일 원칙, 남북 조절 위원회 설치 • 6 · 23 평화 통일 선언: 남북 유엔 동시 가입과 문호 개방 제시 → 북한의 거부
전두환 정부	• 남북 적십자 회담 재개 • 최초의 이산가족 상봉 및 예술 공연단 교환 방문 (1985)
노태우 정부	• 북방 외교: 중국, 소련, 동유럽 등 공산권 국가와 수교 • 남북 고위급 회담, 남북 유엔 동시 가입(1991) • 남북 기본 합의서(1991): 최초의 남북한 정부 간 공식 합의서 → 한반도 비핵화 공동 선언
김영삼 정부	한민족 공동체 통일 방안: '화해 · 협력 → 남북 연합 → 통일 국가'의 3단계 통일 방안 제시
김대중 정부	• 햇볕 정책: 남북 협력 및 민간 교류 확대, 금강산 해로 관광 사업 추진 • 제1차 남북 정상 회담(2000): 6 · 15 남북 공동 선언 발표 → 경의선 철도 복구 사업, 금강산 육로 관광, 개성 공업 지구 건설 합의 등
노무현 정부	제2차 남북 정상 회담(2007): 10 · 4 남북 공동 선언 → 개성 공단 착공
문재인 정부	남북 정상 회담 → 한반도 평화와 번영 · 통일을 위한 4 · 27 판문점 선언 발표(2018)

🔍 개념 PLUS+

▶ 6 · 15 남북 공동 선언(2000)
1. 남과 북은 나라의 통일 문제를 그 주인인 우리 민족끼리 서로 힘을 합쳐 자주적으로 해결해 나가기로 하였다.
2. 남과 북은 나라의 통일을 위한 남측의 연합 제안과 북측의 낮은 단계의 연방 제안이 서로 공통성이 있다고 인정하고 앞으로 이 방향에서 통일을 지향시켜 나가기로 하였다.
4. 남과 북은 경제 협력을 통하여 민족 경제를 균형적으로 발전시키고 사회 · 문화 · 체육 · 보건 · 환경 등 제반 분야의 협력과 교류를 활성화하여 서로의 신뢰를 다져 나가기로 하였다.

---

2 통일 정책

▸ 박정희 정부 – 제1차 남북 적십자 회담을 개최하였다.
▸ 박정희 정부 – 7 · 4 남북 공동 성명을 발표하였다. 4회 이상
▸ 박정희 정부 – 7 · 4 남북 공동 성명을 실천하기 위한 남북 조절 위원회를 구성하였다. 8회 이상
▸ 전두환 정부 – 최초의 이산가족 고향 방문과 예술 공연단 교환을 실현하였다. 12회 이상
▸ 노태우 정부 – 남북한이 유엔에 동시 가입하였다. 8회 이상
▸ 노태우 정부 – 남북한 간 최초의 공식 합의서인 남북 기본 합의서를 교환하였다.

▸ 노태우 정부 – 한반도 비핵화 공동 선언을 채택하였다. 12회 이상
▸ 김대중 정부 – 금강산 해로 관광 사업을 시작하였다.
▸ 김대중 정부 – 남북 정상 회담을 처음으로 개최하였다. 4회 이상
▸ 김대중 정부 – 6 · 15 남북 공동 선언을 채택하였다. 4회 이상
▸ 김대중 정부 – 개성 공업 지구 조성에 합의하였다.
▸ 노무현 정부 – 남북한의 교류 협력을 위한 개성 공업 지구 건설에 착수하였다. 12회 이상
▸ 노무현 정부 – 제2차 남북 정상 회담을 개최하고 10 · 4 남북 공동 선언을 발표하였다. 4회 이상
▸ 노무현 정부 – 10 · 4 남북 공동 선언을 발표하였다.

01 다음 담화문을 발표한 정부 시기의 경제 상황으로 옳은 것은? `사료형` 56회

> 헌법 제76조 제1항의 규정에 의거하여 「금융실명거래 및 비밀보장에 관한 대통령 *긴급재정경제명령*」을 반포합니다. …… 금융 실명제 없이는 건강한 민주주의도, 활력이 넘치는 자본주의도 꽃피울 수가 없습니다. 정치와 경제의 선진화를 이룩할 수가 없습니다. *금융 실명제는 '신한국'의 건설을 위해서 그 어느 것보다도 중요한 제도 개혁입니다.

① 경부 고속 도로를 준공하였다.
② 제1차 경제 개발 5개년 계획이 추진되었다.
③ 경제 협력 개발 기구(OECD)에 가입하였다.
④ 미국과 자유 무역 협정(FTA)을 체결하였다.
⑤ 귀속 재산 처리를 위해 신한 공사가 설립되었다.

02 다음 뉴스가 보도된 정부 시기의 경제 상황으로 옳은 것은? `설명형` 66회

> 서울 – 부산 간 고속 도로 준공식이 대구에서 열렸습니다. 대전 – 대구 구간을 마지막으로 경부 고속 도로가 완공되면서 서울에서 부산까지의 이동 시간이 4시간 30분 정도로 줄어들게 되었습니다. 하지만 2년 5개월여의 단기간에 고속 도로를 완공하면서 다수의 사상자가 발생하는 등 안타까운 일도 있었습니다.

① 제2차 경제 개발 5개년 계획이 추진되었다.
② 미국의 경제 원조로 삼백 산업이 발달하였다.
③ 귀속 재산 처리를 위한 신한 공사가 설립되었다.
④ 대통령 긴급 명령으로 금융 실명제가 실시되었다.
⑤ 최저 임금 결정을 위한 최저 임금 위원회가 설치되었다.

문제 파헤치기

정답 분석 ③

Q 정답의 단서 | 금융실명거래, 대통령 긴급재정경제명령, 금융 실명제

김영삼 정부는 부정부패와 탈세를 뿌리 뽑기 위해 *대통령 긴급재정경제명령*으로 *금융 실명제*를 실시하여 경제 개혁을 추진하였다(1993).
③ 김영삼 정부 시기 국제 경제의 세계화와 개방 경제 체제 확산에 따른 대응을 위해 경제 협력 개발 기구(OECD)에 가입하였다(1996).

오답 분석

① 박정희 정부 시기 경부 고속 도로가 단군 이래 최대의 토목 공사로 불리면서 준공되었다(1970).
② 박정희 정부의 주도로 제1차 경제 개발 5개년 계획이 추진되었다(1962).
④ 노무현 정부 때 한미 자유 무역 협정(FTA)이 체결되었다(2007).
⑤ 광복 직후 미군정은 신한 공사를 설립하여 일제 강점기 때의 동양 척식 주식회사와 일본인 · 일본 회사의 소유였던 토지 및 귀속 재산을 처리하고자 하였다(1946).

정답 분석 ①

Q 정답의 단서 | 경부 고속 도로가 완공, 단기간에 고속 도로를 완공

① 박정희 정부는 경제 개발 5개년 계획을 통해 외국에서 자본을 끌어와 수출 산업을 특별히 지원하는 '국가 주도 – 대외지향적 방식'으로 산업화 · 공업화 정책을 추진하였다. 제2차 경제 개발 5개년 계획 시행 중에는 경부 고속 도로가 단군 이래 최대의 토목 공사로 불리면서 개통되었다(1970).

오답 분석

② 이승만 정부 시기인 1950년대에는 6 · 25 전쟁 이후 미국의 원조에 기반을 두고 면화, 설탕, 밀가루를 중심으로 한 삼백 산업이 활성화되어 소비재 공업이 성장하였다.
③ 광복 직후 미군정은 일제 강점기 때 동양 척식 주식회사와 일본인 · 일본 회사의 소유였던 토지 및 귀속 재산을 관할 · 처리하기 위하여 신한 공사를 설립하였다(1946).
④ 김영삼 정부 때 부정부패와 탈세를 뿌리 뽑기 위해 대통령 긴급 명령으로 금융 실명제를 실시하여 경제 개혁을 추진하였다(1993).
⑤ 전두환 정부 때 최저 임금법을 제정하고, 최저 임금 심의 위원회를 설치하였다(1986). 이후 김대중 정부 때 최저 임금법이 개정되면서 최저 임금 위원회로 명칭이 변경되었다(2000).

03 (가) 정부의 통일 정책에 대한 설명으로 옳은 것은?

빈칸형 68회

저희 모둠은 우리 학교 학생들을 대상으로 (가) 정부의 연관 검색어를 조사해 보았습니다.

① 남북 기본 합의서에 서명하였다.
② 남북한이 유엔에 동시 가입하였다.
③ 7 · 4 남북 공동 성명을 발표하였다.
④ 6 · 15 남북 공동 선언을 채택하였다.
⑤ 남북 이산가족 고향 방문을 최초로 실현하였다.

04 다음 기사의 사건이 일어난 정부 시기의 통일 정책으로 옳은 것은?

설명형 50회

□□ 신문

제△△호　　　　　　　○○○○년 ○○월 ○○일

광주 대단지 주민 5만여 명, 대규모 시위

지난 10일, 경기도 광주시 중부면 광주 대단지에서 5만여 명의 주민들이 차량을 탈취하여 대규모 시위를 벌였다. 이번 시위는 서울 도심을 정비하기 위하여 10만여 명의 주민들을 경기도 광주로 이주시키는 과정에서 발생하였다. 서울시가 처음 내건 이주 조건과 달리, 상하수도나 교통 등 기반 시설이 갖추어지지 않은 채 강제로 이주시켰기 때문이다. 시위 과정에서 관공서와 주유소 등이 불에 탔고, 주민과 경찰 다수가 부상을 입었으며, 일부 주민들이 구속되었다.

① 남북한이 유엔에 동시 가입하였다.
② 10 · 4 남북 공동 선언을 발표하였다.
③ 남북한이 한반도 비핵화 공동 선언에 서명하였다.
④ 남북 조절 위원회를 설치하여 통일 방안을 논의하였다.
⑤ 남북한의 교류 협력을 위한 개성 공업 지구 건설에 착수하였다.

정답 분석 ④

🔍 **정답의 단서** | 최초의 남북 정상 회담, 노벨 평화상, 기초 생활 보장 제도, 대우 자동차 최종 부도 처리, 경의선 복원 사업 착공

④ **김대중 정부** 시기 극심한 양극화를 해소하고자 생활 유지 능력이 없거나 생활이 어려운 국민의 최저 생활을 국가가 보장하는 **국민 기초 생활 보장 제도**를 시행하였다(1999). 또한, 인권법을 마련하고 국가 공권력과 사회적 차별 행위에 의한 인권 침해를 구제하기 위하여 **국가 인권 위원회**를 설립하였다(2001). 대북 정책으로서는 **햇볕 정책**을 펼쳐 평양에서 **최초로 남북 정상 회담**을 개최하고 **6 · 15 남북 공동 선언**을 발표하였다(2000). 김대중 대통령은 이와 관련된 공로를 인정받아 2000년에 **노벨 평화상**을 수상하였다. 또한, 김영삼 정부 말 발생한 외환 위기 또한 기업 구조 조정, 노사정 위원회 설치 등을 통해 극복하여 **IMF 구제 금융**을 조기 상환하였다(2001).

오답 분석

① · ② **노태우 정부** 때 적극적인 북방 외교 정책을 전개하여 **남북한의 유엔 동시 가입**이 이루어졌으며, 남북한 화해 및 불가침, 교류 · 협력 등에 관한 공동 합의서인 **남북 기본 합의서**에 서명하였다(1991).
③ **박정희 정부** 때 서울과 평양에서 7 · 4 남북 공동 성명을 발표하고, **남북 조절 위원회**를 설치하였다(1972).
⑤ **전두환 정부** 때 분단 이후 **최초로 이산가족 고향 방문단** 및 예술 공연단 등 총 151명이 서울과 평양을 동시에 방문하였다(1985).

정답 분석 ④

🔍 **정답의 단서** | 광주 대단지 주민 5만여 명, 대규모 시위, 서울 도심 정비

박정희 정부는 광주 대단지(현재 경기도 성남시)를 지정하여 철거민 이주를 위해 서울시에 땅을 분양하였다. 그러나 상하수도 시설 등 기본적인 기반 시설조차 전혀 조성하지 않았다. 정부의 무계획적인 도시 정책과 졸속 행정에 반발한 주민들이 관공서를 파괴 · 방화하고 차량을 탈취하는 등 대규모 시위를 전개하였다(1971).
④ **박정희 정부**는 남북 간의 교류를 제의하여 서울과 평양에서 **7 · 4 남북 공동 성명**을 발표하고 **남북 조절 위원회**를 설치하였다(1972).

오답 분석

① · ③ **노태우 정부** 시기 적극적인 북방 외교 정책을 추진하여 **남북한의 유엔 동시 가입**이 이루어졌으며, **남북 기본 합의서**와 **한반도 비핵화에 관한 공동 선언**에 서명하였다(1991).
② **노무현 정부**는 제2차 남북 정상 회담을 진행하여 **10 · 4 남북 공동 선언**을 발표하였다(2007).
⑤ 김대중 정부 시기 평양에서 최초의 남북 정상 회담이 이루어져 개성 공단 건설 운영에 관한 합의서를 체결하였으나, 노무현 정부에 이르러서 비로소 **개성 공단 착공식이 진행**되었다(2003).

✅ 광복 직후 여러 정치 세력의 대립

한국 민주당	• 송진우, 김성수 등 보수 세력이 결성 • 대한민국 임시 정부 지지 주장, 미군정과 협력 관계
독립 촉성 중앙 협의회	• 이승만 중심 • 미군정의 지원, 반탁 운동, 단독 정부 수립 운동
한국 독립당	• 김구 중심 • 대한민국 임시 정부 요인들이 참여
국민당	• 안재홍 등 비타협적 민족주의자 중심 • 신민주주의, 신민족주의 표방
조선 인민당	• 여운형 중심의 중도 좌익 중심 • 건국 동맹과 조선 건국 준비 위원회 계승
남조선 노동당	• 박헌영 중심 • 미군정과 대립, 조선 공산당에서 개편

✅ 석유 파동

제1차 석유 파동 (1973)	• 배경: 중동 전쟁 발발 • 건설업 중동 진출로 위기 극복
제2차 석유 파동 (1978)	• 배경: 이란의 석유 생산 축소와 수출 중단, 이란 – 이라크 전쟁 • 한국 경제 성장률, 물가 상승률, 실업률 폭등 → YH 무역 사건

✅ 현대 노동 운동과 사회 정책의 변화

노동 운동	• 배경: 급속한 산업화와 도시화로 인한 저임금과 열악한 노동 환경 • 전태일 분신 사건(1970), YH 무역 사건(1979) 등
사회 보장 정책	최저 임금법 제정(1986), 국민 연금 제도(1988), 고용 보험 제도(1995), 국민 기초 생활 보장법 제정(1999)
교육 정책	• 미군정 시기: 6-3-3 학제, 남녀 공학제 도입 • 박정희 정부: 국민 교육 헌장 제정, 중학교 무시험 제도, 고교 평준화 • 전두환 정부: 과외 전면 금지 및 본고사 폐지

헌법 개정

제헌 헌법 (1948)	• 배경: 5 · 10 총선거로 제헌 국회 성립, 정부 수립 준비 • 내용: 대통령 간선제(국회), 단원제 국회 • 결과: 대한민국 정부 수립, 이승만 정부 출범
제1차 개헌 (발췌 개헌, 1952)	• 배경: 6 · 25 전쟁 중 이승만 집권 연장 시도 • 내용: 대통령 직선제, 양원제 국회(민의원 · 참의원), 국회의 국무위원 불신임제 • 결과: 이승만 재선
제2차 개헌 (사사오입 개헌, 1954)	• 배경: 이승만 종신 집권 시도 • 내용: 의원 내각제, 초대 대통령에 한해 중임 제한 철폐 • 결과: 이승만 3선
제3차 개헌 (1960.6.)	• 배경: 4 · 19 혁명, 이승만 대통령 하야 • 내용: 대통령 간선제(국회), 의원 내각제, 양원제 국회(민의원 · 참의원) • 결과: 민주당 장면 내각 출범, 대통령 윤보선
제4차 개헌 (소급 입법 개헌, 1960.11.)	• 배경: 3 · 15 부정 선거 관련자 및 부정 축재자 처벌 • 내용: 특별 재판소 및 특별 검찰부 설치 • 결과: 5 · 16 군사 정변
제5차 개헌 (1962)	• 배경: 5 · 16 군사 정변, 군부 세력 정권 장악 • 내용: 대통령 중심제, 대통령 직선제, 단원제 국회 • 결과: 공화당 박정희 정부 출범
제6차 개헌 (3선 개헌, 1969)	• 배경: 박정희 집권 연장 시도 • 내용: 대통령 3선 연임 제한 철폐, 대통령에 대한 탄핵 소추 요건 강화 • 결과: 박정희 3선
제7차 개헌 (유신 헌법, 1972)	• 배경: 박정희 종신 집권 시도 • 내용: 임기 6년의 대통령 간선제(통일 주체 국민 회의), 중임 및 연임 제한 규정 철폐, 대통령에 국회의원 1/3 추천권, 긴급 조치권 부여 • 결과: 박정희 장기 집권
제8차 개헌 (1980)	• 배경: 12 · 12 사태, 5 · 17 비상 조치 • 내용: 7년 단임의 대통령 간선제(선거인단) • 결과: 전두환 정부 출범
제9차 개헌 (1987)	• 배경: 6월 민주 항쟁, 6 · 29 민주화 선언 • 내용: 5년 단임의 대통령 직선제, 여야 합의 개헌 • 결과: 노태우 정부 출범

9

특강

선사	고대	고려	조선 전기	조선 후기	근대	일제 강점기	현대	특강 6%

독도	한국의 서원

최근 5개년 기출 출제 비율

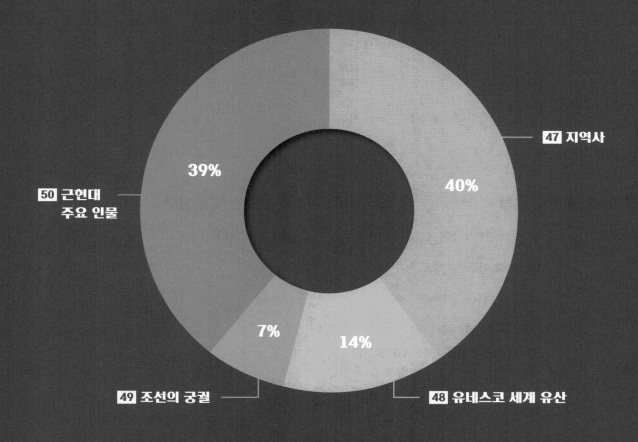

- **47 지역사** 40%
- **48 유네스코 세계 유산** 14%
- **49 조선의 궁궐** 7%
- **50 근현대 주요 인물** 39%

경복궁	이상설 / 안창호

기출 선택지로 개념 익히기 는 오디오 학습으로 스마트하게!

47 지역사

최근 5개년 기출 빅데이터 분석 리포트	빈출 키워드 Top 5	꼭 나오는 문제 유형 Top 3

■ 24
■ 23
■ 22
■ 21
■ 20
(연도)

① 강화도
② 평양
③ 공주
④ 독도
⑤ 진주

① 빈칸형
② 설명형
③ 사료형, 합답형

1 국외, 한반도 북부

서간도	일제 강점기	삼원보에 경학사, 신흥 강습소 설립
북간도	근대	명동 학교, 서전서숙 설립
	일제 강점기	중광단 설립(북로 군정서로 개편)
평양	고려	묘청의 서경 천도 운동
	근대	제너럴 셔먼호 사건, 대성 학교 설립(안창호)
	일제 강점기	물산 장려 운동(조만식), 강주룡의 고공 농성(을밀대)
개성	고려	고려의 수도, 만적의 난 발생
	조선	송상의 주요 활동 지역
	현대	개성 공업 지구 건설
원산	근대	강화도 조약을 통해 개항, 원산 학사(최초의 근대적 사립 학교)
	일제 강점기	원산 (노동자) 총파업

2 한반도 중남부

서울	선사	암사동 유적지(신석기 시대)
	고대	온조(하남 위례성에서 백제 건국), 북한산 순수비(신라 진흥왕의 한강 유역 확보)
인천	근대	강화도 조약을 통해 개항, 제물포 조약
	현대	인천 상륙 작전(6·25 전쟁)
강화도	선사	고인돌 유적 분포(유네스코 세계 유산)
	고려	몽골의 침입 당시 강화도로 천도
	조선	호란 당시 인조의 피난처, 정족산 사고(史庫), 강화 학파 형성(정제두)
	근대	병인양요·신미양요 발생, 운요호 사건(강화도 조약 체결)
공주	선사	석장리 유적지(남한 최초로 발굴된 구석기 유적지)
	고대	백제 문주왕의 웅진 천도, 김헌창의 난
	고려	명학소 망이·망소이의 난
	근대	우금치 전투(동학 농민 운동)
부여	고대	백제 성왕의 사비 천도

기출 선택지로 개념 익히기 ◁》 오디오 학습을 이용해 보세요!

1 국외, 한반도 북부
▶ 평양 – 묘청 등이 중심이 되어 서경 천도를 주장하였다. 8회 이상
▶ 평양 관민이 제너럴 셔먼호를 불태웠다. 8회 이상
▶ 평양 – 안창호가 민족 교육을 위해 대성 학교를 설립하였다.
▶ 평양 – 조만식 등을 중심으로 조선 물산 장려회가 결성되었다.
▶ 평양 – 강주룡이 을밀대 지붕에서 고공 농성을 전개하였다. 4회 이상
▶ 개성 – 만적을 비롯한 노비들이 신분 해방을 도모하였다. 4회 이상
▶ 개성 – 남북한 경제 협력 사업으로 설치된 공단의 위치를 파악한다.
▶ 노동 조건 개선을 요구하는 원산 노동자 총파업이 전개되었다. 4회 이상

2 한반도 중남부
▶ 강화도 – 몽골에 항전할 때 임시 수도였다.
▶ 강화도 – 배중손이 삼별초를 지휘하였던 근거지를 찾아본다.
▶ 강화도 – 인조가 피신하여 청군에 항전하였다.
▶ 강화도 – 양명학을 연구하여 강화 학파를 형성하였다. 8회 이상
▶ 강화도 – 한성근 부대가 서양 세력에 맞서 항전한 장소를 검색한다.
▶ 강화도 – 양헌수 부대가 적군을 물리쳤다.
▶ 강화도 – 프랑스군이 의궤를 약탈하였다. 4회 이상
▶ 강화도 – 어재연 부대가 광성보에서 항전하였다. 4회 이상
▶ 강화도 – 조일 수호 조규가 체결되었다.

충주	선사	단양 상시 동굴(구석기 유적지)
	고대	충주 고구려비, 통일 신라 5소경 중 중원경 설치
	고려	충주성 전투(대몽 항쟁)
	조선	신립의 탄금대 전투(임진왜란)
청주	고대	신라의 민정 문서(서원경 부근 4개 촌락), 통일 신라 5소경 중 서원경 설치
	고려	흥덕사에서 『직지심체요절』 간행
전주	고대	견훤의 후백제 건국(완산주)
	근대	전주 화약 체결(동학 농민 운동)
안동	고대	고창 전투(후삼국 시대)
	고려	홍건적의 침입 당시 공민왕의 피난처, 이천동 마애여래 입상, 봉정사 극락전
	조선	도산 서원, 병산 서원
대구	고대	공산 전투(후삼국 시대)
	근대	국채 보상 운동 시작
	현대	이승만 정부 때 2·28 민주 운동 전개
진주	조선	진주 대첩(김시민, 임진왜란), 임술 농민 봉기
	일제 강점기	조선 형평사 조직(형평 운동)

울산	선사	반구대 바위그림
부산	근대	강화도 조약을 통해 개항
	일제 강점기	부산 경찰서에 폭탄 투척(의열단원 박재혁)
	현대	임시 수도(6·25 전쟁)
제주도	선사	고산리 유적지(신석기 시대)
	고려	삼별초 항쟁(김통정, 항파두리성)
	조선	하멜의 표착지, 상인 김만덕의 선행
	현대	제주 4·3 사건
독도	고대	신라 지증왕 때 이사부가 우산국 정벌
	조선	『세종실록』 지리지에 우리나라 영토로 기재, 숙종 때 안용복이 일본으로 건너가 우리나라 영토임을 확인
	근대	대한 제국 칙령 제41호, 일본이 러일 전쟁 중 불법으로 자국 영토에 편입, 울도 군수 심흥택

▶ 공주 – 백제의 문주왕이 웅진으로 천도하였다.
▶ 공주 – 김헌창이 반란을 일으킨 근거지를 검색한다.
▶ 공주 – 망이·망소이가 봉기하였다. 8회 이상
▶ 공주 – 동학 농민군이 우금치에서 관군 및 일본군에 맞서 싸웠다. 4회 이상
▶ 부여 – 백제가 사비로 천도하였다. 4회 이상
▶ 충주 – 신립이 탄금대에서 배수의 진을 치고 싸웠다. 4회 이상
▶ 청주 흥덕사에서 금속 활자본으로 간행되었다. 4회 이상
▶ 전주 – 동학 농민군이 정부와 화해하는 약조를 맺었다. 4회 이상
▶ 안동 – 왕건이 고창 전투에서 후백제군을 상대로 승리하였다.
▶ 대구 – 신숭겸이 공산 전투에서 전사하였다. 4회 이상
▶ 국채 보상 운동 – 대구에서 시작되어 전국으로 확산되었다.
▶ 대구 – 2·28 민주 운동이 시작되었다.

▶ 김시민이 진주성에서 적군을 크게 물리쳤다. 4회 이상
▶ 진주 – 유계춘이 백낙신의 수탈에 맞서 봉기한 지역을 조사한다.
▶ 진주 – 조선 형평사를 조직하여 사회적 차별에 맞섰다. 8회 이상
▶ 부산 – 임진왜란 중 부사 송상현과 첨사 정발이 순절하였다.
▶ 부산 외 2개 항구를 개항한다는 내용을 포함하였다. 4회 이상
▶ 박재혁이 부산 경찰서에서 폭탄을 투척하는 의거를 일으켰다.
▶ 부산에서 발췌 개헌안이 통과되었다.
▶ 제주 – 하멜 일행이 표류하다가 도착한 곳이다.
▶ 제주 4·3 사건으로 많은 주민이 희생되었다.
▶ 독도 – 이사부를 보내 우산국을 복속시켰다. 8회 이상
▶ 독도 – 대한 제국 칙령 제41호에서 관할 영토로 명시한 곳이다.

01 다음 답사 지역에 대한 탐구 활동으로 가장 적절한 것은?

설명형 52회

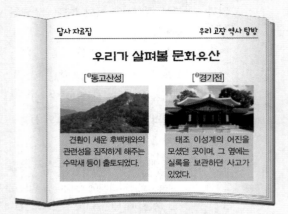

① 김헌창이 반란을 일으킨 근거지를 검색한다.
② 성왕이 새롭게 도읍지로 삼은 지역을 파악한다.
③ 동학 농민군이 정부와 화약을 체결한 장소를 알아본다.
④ 강우규가 총독 사이토에게 폭탄을 투척한 곳을 찾아본다.
⑤ 신립이 배수의 진을 치고 왜군과 맞선 격전지를 조사한다.

문제 파헤치기

정답 분석 ③

Q **정답의 단서** | 동고산성, 견훤이 세운 후백제, 경기전, 태조 이성계의 어진을 모셨던 곳, 실록을 보관하던 사고

- **①동고산성(승암산성):** 전주에 있는 산성으로, **견훤이 완산주(전주)에 도읍을 세우고 건국한 후백제의 궁성 터**라고 한다. 1980년에는 이곳에서 전주성(全州城)이라는 글자가 새겨진 막새기와가 발견되기도 하였다.
- **②경기전:** 전주에 있는 경기전은 **조선 태조의 어진을 모신 사당**이다. 태종 때 어용전이라는 이름으로 창건되었다가 세종 때 경기전으로 이름이 바뀌었고 **전주 사고가 설치되어 실록을 보관**하기도 하였다.
- ③ **동학 농민 운동** 당시 농민군이 황토현 전투에서 관군에 승리하고 **전주성을 점령하며 전라도 일대를 장악한 이후 정부와 전주 화약을 맺었다.**

오답 분석

① 통일 신라 헌덕왕 때 김주원이 왕위 쟁탈전에서 패배하자 아들인 **웅천주(공주) 도독 김헌창이 반란을 일으켰다.**
② **백제 성왕**은 웅진에서 **사비(부여)로 도읍을 옮기고** 국호를 남부여로 고쳐 새롭게 중흥을 도모하였다.
④ **강우규**는 노인 동맹단 소속으로 **서울에서 사이토 총독에게 폭탄을 투척하였다.**
⑤ 임진왜란 당시 **신립이 충주 탄금대에서** 배수의 진을 치고 왜군에 맞서 싸웠으나 결국 패배하였다.

02 다음 지역에서 있었던 사실로 옳은 것은?

설명형 52회

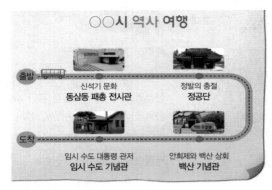

① 2 · 28 민주 운동이 시작되었다.
② 제2차 미 · 소 공동 위원회가 개최되었다.
③ 강주룡이 을밀대 지붕에서 고공 농성을 전개하였다.
④ 박재혁이 경찰서에서 폭탄을 투척하는 의거를 일으켰다.
⑤ 지주 문재철의 횡포에 맞서 농민들이 소작 쟁의를 벌였다.

정답 분석 ④

Q **정답의 단서** | 동삼동 패총, 정공단, 안희제, 백산 상회, 임시 수도 대통령 관저

- **부산 동삼동 패총:** 부산 영도구에 있는 대표적인 신석기 시대의 유적지이다. 패총뿐만 아니라 독무덤, 주거지, 화덕 자리 등을 포함한 대규모 복합 유적지이다.
- **정공단:** 부산 동구 좌천동에 있는 제단으로, 임진왜란 당시 부산성에서 전사한 충장공 정발과 군민의 충절을 추모하기 위해 조선 영조 때 설치되었다.
- **백산 기념관:** 일제 강점기의 독립운동가 안희제는 1914년 우리나라 최초의 주식회사인 백산 상회를 세우고 무역업을 통해 독립운동 자금을 모았다. 부산 중구청은 옛 백산 상회 자리인 중구 동광동에 기념관을 개관하였다.
- **임시 수도 기념관:** 1950년 6 · 25 전쟁 때 이승만 정부는 제대로 대응하지 못한 채 후퇴하다가 부산을 임시 수도로 정하였다. 약 3년 동안 서구 부민동에 위치한 경남 도지사의 관사가 대통령 관저로 사용되었고, 1984년 6월 25일, 임시 수도 시절 대통령 관저로서의 역사성을 기리기 위하여 이곳에 임시 수도 기념관을 개관하였다.
- ④ **의열단원 박재혁**은 **부산 경찰서** 서장 하시모토에게 **폭탄을 투척하는** 의거를 일으켜 중상을 입혔고, 대구 형무소에 수감되어 옥사하였다.

오답 분석

① 이승만 정권과 자유당이 3 · 15 정부통령 선거 당선을 위해 부당한 선거 운동을 벌이자, 이에 항거한 **대구 학생들이 2 · 28 민주 운동을** 주도하였다.
② 모스크바 삼국 외상 회의의 결정에 따라 임시 정부 수립을 위해 **서울 덕수궁 석조전에서 제1 · 2차 미 · 소 공동 위원회가 개최되었다.**
③ 일제 강점기 때 **평양 평원 고무 공장의 노동자 강주룡은 을밀대 지붕에서 고공 농성을** 벌이며 일제의 노동 착취를 규탄하고 노동 조건 개선을 주장하였다.
⑤ 전남 **신안군 암태도에서는** 한국인 지주 문재철의 횡포에 맞서 **일제 강점기 최대의 소작 쟁의가** 발생하였다.

03 다음 특별전에서 볼 수 있는 도시의 역사에 대한 설명으로 적절하지 <u>않은</u> 것은? 설명형 68회

① 고려 태조 왕건이 도읍으로 삼았다.

② 원의 영향을 받은 경천사지 십층 석탑이 축조되었다.

③ 조선 후기 송상이 근거지로 삼아 전국적으로 활동하였다.

④ 일제 강점기 강주룡이 을밀대 지붕 위에서 고공 농성을 하였다.

⑤ 북위 38도선 분할 이후 남한에 속했다가 정전 협정으로 북한 지역이 되었다.

04 (가) 섬에 대한 설명으로 옳지 <u>않은</u> 것은? 빈칸형 58회

1946년 1월에 작성된 연합국 최고 사령부 문서에는 제주도, 울릉도, (가) 이/가 우리 영토로 표시되어 있습니다. (가) 은/는 우리나라 동쪽 끝에 있는 섬입니다.

① 안용복이 일본에 건너가 우리 영토임을 주장하였다.

② 영국군이 러시아를 견제하기 위해 불법 점령하였다.

③ 러일 전쟁 때 일본이 불법으로 자국 영토로 편입하였다.

④ 대한 제국이 칙령을 통해 울릉 군수가 관할하도록 하였다.

⑤ 1877년 태정관 문서에 일본과는 무관한 지역임이 명시되었다.

정답 분석 ④

🔍 **정답의 단서 |** 송악(松嶽), 개주(開州), 열린 성(城)의 도시

<u>고려 태조 왕건</u>은 **송악** 남쪽을 도읍으로 정하여 고려를 건국하였다. 후삼국을 통일한 이후에는 송악을 중심으로 **개성군** 등 5개 지역을 묶어 개주라고 칭하였으며, 광종 때는 **개경**으로 개칭하였다. 이후 성종은 송악군과 개성군을 통합하여 **개성부**를 만들었다.

④ 일제 강점기 때 평양 평원 고무 공장의 노동자 강주룡은 일제의 노동 착취를 규탄하고 노동 조건 개선을 주장하기 위해 을밀대 지붕에서 고공 농성을 벌였다.

오답 분석

① **고려 태조 왕건**은 철원에서 왕으로 즉위한 다음 조상 대대로 살아온 지역인 **송악(개성)**을 고려의 도읍으로 삼았다.

② 개성에 세워진 **고려 원 간섭기의 석탑**인 **경천사지 십층 석탑**은 원의 석탑 양식에 영향을 받아 축조되었으며, 현재 국립 중앙 박물관에 위치해 있다.

③ **조선 후기** 상업의 발달로 등장한 **사상**이 전국 각지에서 활발한 상업 활동을 전개하였다. 그중 **개성의 송상**과 **의주의 만상**은 **대청 무역**을 통해 부를 축적하였다.

⑤ 광복 이후 북위 38도선을 기준으로 이남은 미군이, 이북은 소련군이 분할 통치하였다. 당시 **개성**은 남한에 속하였으나, **6 · 25 전쟁의 정전 협정**에서 확정된 군사 분계선에 따라 북한에 속하게 되었다.

정답 분석 ②

🔍 **정답의 단서 |** 1946년 1월, 연합국 최고 사령부 문서, 우리나라 동쪽 끝에 있는 섬

② 갑신정변 이후 청의 내정 간섭이 심화되자 조선은 이를 견제하기 위해 러시아를 끌어들였다. 이에 영국은 러시아의 남하를 막는다는 구실로 세 척의 함대를 파견하여 거문도를 불법 점령하였다.

오답 분석

① **조선 숙종** 때 동래에 살던 **안용복**이 울릉도와 독도에 왕래하던 일본 어부들을 쫓아내고 일본에 건너가 **독도**가 우리나라의 영토임을 확인받았다.

③ **일본**은 **러일 전쟁** 중 불법으로 **독도를 일본 영토로 편입**시키고, 현재는 **다케시마(竹島)**라는 이름으로 시마네현 행정구역에 포함시켰다.

④ **대한 제국**은 울릉도, 독도의 행정 관리를 강화하기 위해 **대한 제국 칙령 제41호**를 통해 울릉도를 군으로 승격시키고 독도를 관할하게 하여 우리의 영토임을 명시하였다.

⑤ 1877년 당시 일본의 최고 국가 기관인 **태정관**이 외교 문서에 울릉도와 **독도가 일본의 영토가 아님을 명시**하였다.

48 유네스코 세계 유산

최근 5개년 기출 빅데이터 분석 리포트

빈출 키워드 Top 5

① 『직지심체요절』
② 백제 역사 유적 지구
③ 5·18 민주화 운동 기록물
④ 고인돌 유적
⑤ 『승정원일기』

꼭 나오는 문제 유형 Top 3

① 빈칸형
② 설명형
③ 사진형

1 유네스코 세계 유산

석굴암 및 불국사 (1995)	• 석굴암: 화강암을 이용해 쌓아 만든 석굴로 원형의 주실 중앙에 본존불을 안치 • 불국사: 인공적으로 쌓은 석조 기단 위에 지은 목조 건축물로 고대 불교 건축의 정수
해인사 장경판전 (1995)	13세기에 제작된 팔만대장경을 보관하기 위해 지어진 건축물로 조선 초기의 목구조 형식
종묘 (1995)	조선 시대 역대 왕과 왕비의 신주를 봉안한 사당으로 종묘제례라 불리는 제사 의례를 행함
창덕궁 (1997)	건축과 조경이 잘 조화된 조선의 궁궐
수원 화성 (1997)	경기도 수원에 있는 조선 시대의 성곽으로 정조가 신도시를 건설하기 위해 조성
경주 역사 유적 지구 (2000)	신라의 수도였던 경주와 52개의 지정 문화재
고창·화순·강화 고인돌 유적(2000)	거대한 바위를 이용해 만들어진 청동기 시대 무덤
제주 화산섬과 용암동굴 (2007)	지질학적 특성과 발전 과정 등 화산의 형성 과정을 잘 보여주는 화산섬과 용암동굴
조선 왕릉 (2009)	조선의 역대 왕과 왕비 등의 무덤(40기)
하회·양동 마을 (2010)	조선 시대 유교적 양반 문화를 잘 보여주는 대표적인 씨족 마을
남한산성 (2014)	조선 시대 유사시를 대비하여 건설된 산성으로 경기도 광주에 위치
백제 역사 유적 지구 (2015)	공산성, 송산리 고분군, 관북리 유적, 부소산성, 능산리 고분군, 정림사지, 부여 나성, 왕궁리 유적, 미륵사지
산사, 한국의 산지 승원 (2018)	통도사, 부석사, 봉정사, 법주사, 마곡사, 선암사, 대흥사
한국의 서원 (2019)	소수 서원, 도산 서원, 병산 서원, 옥산 서원, 도동 서원, 남계 서원, 필암 서원, 무성 서원, 돈암 서원
한국의 갯벌 (2021)	서천 갯벌, 고창 갯벌, 신안 갯벌, 보성·순천 갯벌
가야 고분군 (2023)	전북 남원 유곡리와 두락리 고분군, 경북 고령 지산동 고분군, 경남 김해 대성동 고분군, 경남 함안 말이산 고분군, 경남 창녕 교동과 송현동 고분군, 경남 고성 송학동 고분군, 경남 합천 옥전 고분군

기출 선택지로 개념 익히기 ◁)) 오디오 학습을 이용해 보세요!

① 유네스코 세계 유산
▸ 고창·화순·강화 고인돌 유적
▸ 백제 역사 유적 지구
▸ 서원

② 유네스코 세계 기록 유산
▸ 조선왕조실록
▸ 직지심체요절 4회 이상
▸ 승정원일기
▸ 5·18 민주화 운동 기록물

2 유네스코 세계 기록 유산

훈민정음 (1997)	세종 대왕의 반포문·해설과 용례를 덧붙여 쓴 해설서, 해례본 포함	새마을 운동 기록물 (2013)	1970년부터 1979년까지 박정희 정부 시기 전개된 새마을 운동 관련 기록물
『조선왕조실록』 (1997)	조선 태조부터 철종까지 25대 472년(1392~1863)의 역사를 편년체로 기록한 책	한국의 유교책판 (2015)	조선 시대에 서책을 간행하기 위해 판각한 책판
『직지심체요절』 (2001)	고려 말인 1377년 백운화상이 청주 흥덕사에서 금속 활자로 인쇄한 책, 현재 프랑스 국립 박물관 소장	KBS 특별 생방송 '이산가족을 찾습니다' 기록물 (2015)	텔레비전을 활용한 세계 최대 규모의 이산가족 찾기 프로그램
『승정원일기』 (2001)	조선 인조부터 고종까지 272년(1623~1894) 동안 승정원에서 처리한 국정 등을 기록한 책		
조선왕조의궤 (2007)	조선 시대 유교적 원리에 입각한 국가 의례를 중심으로 중요 행사 등을 정해진 격식에 의해 정리·작성한 책	조선왕실 어보와 어책 (2017)	조선 왕실에서 책봉하거나 존호를 수여할 때 제작한 의례용 도장, 오색 비단에 쓴 교명, 책봉·명칭을 수여하는 글을 새긴 옥책·죽책·금책 등의 기록물
해인사 대장경판 및 제경판 (2007)	고려 몽골 침입기에 대장도감에서 제작한 대장경판	국채 보상 운동 기록물 (2017)	국가가 진 빚을 국민이 갚기 위해 1907년부터 1910년까지 일어난 국채 보상 운동의 과정을 보여주는 기록물
『동의보감』 (2009)	허준이 조선 선조 때 우리나라와 중국의 의학 서적을 하나로 모아 편집하여 광해군 때 완성한 의서	조선 통신사 기록물 (2017)	1607년부터 1811년까지 일본 에도 막부의 요청으로 조선에서 12회에 걸쳐 파견한 통신사의 기록
『일성록』 (2011)	조선 영조부터 순종까지 151년(1760~1910) 동안 국정 운영 내용을 일기체로 정리한 국왕의 일기	동학 농민 혁명 기록물 (2023)	1894년부터 1895년까지 발한 동학 농민 혁명과 관련한 공문서, 재판기록, 일기, 회고록 등의 기록물
5·18 민주화 운동 기록물 (2011)	1980년 5월 18일부터 27일까지 광주에서 전개된 민주화 운동 관련 문건·사진·영상 등의 자료	4·19 혁명 기록물 (2023)	1960년대 봄 대한민국에서 발발한 4·19 혁명을 비롯한 학생 주도의 민주화 운동에 대한 녹음·영상, 사진, 공문서, 선언문 등의 기록물
『난중일기』 (2013)	이순신이 1592년 1월 1일부터 1598년 11월 17일까지 7년간의 군중 생활을 직접 기록한 일기		

➕ 개념 PLUS+

▶ 『직지심체요절』

▶ 『조선왕조실록』

01 (가)~(마) 문화유산에 대한 설명으로 옳은 것은?

빈칸형 54회

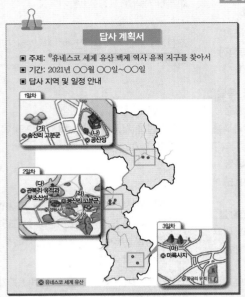

① (가) – 백제 금동 대향로가 출토되었다.
② (나) – 온조왕이 왕성으로 삼았다.
③ (다) – 재상을 선출하던 천정대가 있었다.
④ (라) – 무령왕과 왕비의 무덤이 발굴되었다.
⑤ (마) – 석탑 해체 과정에서 금제 사리봉영기가 발견되었다.

문제 파헤치기

정답 분석 ⑤

🔍 **정답의 단서 |** 백제 역사 유적 지구, 송산리 고분군, 공산성, 관북리 유적과 부소산성, 능산리 고분군, 정림사지, 나성, 미륵사지, 왕궁리 유적

유네스코 세계 유산에 등재된 백제 역사 유적 지구는 충남 공주와 부여, 전북 익산의 문화유산 총 8곳으로 구성되어 있다.
⑤ 백제 무왕 때 건립된 익산 미륵사지 석탑의 해체 복원 과정 중 1층 첫 번째 심주석에서 금제 사리봉영(안)기가 발견되어 석탑의 건립 연도가 명확하게 밝혀졌다.

오답 분석

① 부여 능산리 고분군 절터에서 출토된 백제 금동 대향로는 불교 유물이지만 도교적 이상향을 표현한 것이다.
② 백제 온조왕은 하남 위례성을 도읍으로 나라를 세웠다. 현재 서울 풍납동 토성을 하남 위례성으로 추정하고 있다.
③ 『삼국유사』에 따르면 백제의 귀족들은 부여의 천정대라는 바위에서 정사암 회의를 통해 재상을 선출하였다.
④ 공주 송산리 고분군은 웅진 백제 시대 왕들의 무덤이 모여 있는 곳이다. 이중 무령왕릉은 유일하게 묘지석이 출토되어 무령왕과 왕비가 매장되었다는 것이 기록되어 있다.

02 (가) 교육 기관에 대한 설명으로 옳은 것은?

빈칸형 56회

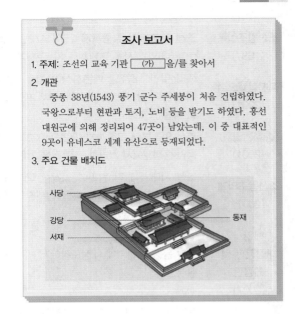

① 전국의 모든 군현에 하나씩 설치되었다.
② 선현의 제사와 유학 교육을 담당하였다.
③ 전문 강좌인 7재가 설치되어 운영되었다.
④ 중앙에서 교수나 훈도를 교관으로 파견하였다.
⑤ 소과에 합격한 생원, 진사에게 입학 자격이 부여되었다.

정답 분석 ②

🔍 **정답의 단서 |** 조선의 교육 기관, 풍기 군수 주세붕이 처음 건립, 흥선 대원군에 의해 정리

서원은 조선의 지방 사립 교육 기관으로, 조선 중종 때 풍기 군수 주세붕이 최초로 백운동 서원을 건립하였다. 국가의 공식 승인을 받은 사액 서원은 국가로부터 토지와 노비, 서적을 받고 면세 · 면역의 특권을 부여받았다. 그러나 지방 서원이 면세 혜택 등으로 국가 재정을 악화시키고 백성을 수탈하는 폐해를 저지르자 흥선 대원군 때 47개를 제외한 전국의 서원을 철폐시켰다. 2019년에는 조선의 성리학 교육 기관을 대표하는 서원 9곳(소수 서원, 남계 서원, 옥산 서원, 도산 서원, 필암 서원, 도동 서원, 병산 서원, 무성 서원, 돈암 서원)이 함께 연속 유산으로 유네스코 세계 유산에 등재되었다.
② 서원은 선현에 대한 제사와 양반 자제의 교육을 담당하였다.

오답 분석

①·④ 향교는 조선 시대 성균관의 하급 관학으로서 전국 부 · 목 · 군 · 현에 하나씩 설립된 지방 국립 교육 기관이다. 중앙에서는 향교의 규모나 지역에 따라 교관으로 교수나 훈도를 파견하였다.
③ 고려 중기에 최충헌의 문헌공도를 대표로 하는 사학 12도의 발전으로 관학이 위축되자 예종 때 국자감을 재정비하여 전문 강좌인 7재를 설치하였다.
⑤ 성균관은 조선 시대 최고의 국립 교육 기관으로, 초시인 생원시와 진사시에 합격한 유생들이 우선적으로 입학할 수 있었다.

03 다음 검색창에 들어갈 문화유산에 대한 설명으로 옳은 것은? 설명형 51회

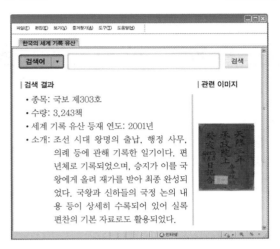

① 비국 등록이라고도 불렸다.
② 국왕의 비서 기관에서 작성하였다.
③ 세가, 지, 열전 등으로 구성되었다.
④ 우리나라 최고(最古)의 역사서이다.
⑤ 정조가 세손 시절부터 쓴 일기에서 유래하였다.

04 (가) 문화유산에 대한 설명으로 옳은 것은? 빈칸형 68회

2023년 프랑스 국립 도서관에서 열린 '인쇄하다! 구텐베르크의 유럽'전에서 [(가)]이/가 공개되었습니다.

1973년 '동양의 보물'전 이후 50년 만에 대중에게 전시되었다는 점에서 의미가 있습니다.

승려 백운이 편찬한 불서로 제자들이 1377년 청주 흥덕사에서 인쇄하였습니다. 현재 하권만 프랑스에 남아 있습니다.

① 신미양요 때 미군이 탈취하였다.
② 현존하는 최고(最古)의 금속 활자본이다.
③ 거란의 침입을 물리치기 위해 제작하였다.
④ 장영실, 이천 등이 제작한 활자로 인쇄하였다.
⑤ 불국사 삼층 석탑을 보수하는 과정에서 발견되었다.

정답 분석 ②

Q 정답의 단서 | 조선 시대, 왕명의 출납, 승지

② 조선 시대의 **승정원**은 왕명 출납을 담당하고 기밀을 취급하던 **국왕의 비서 기관**으로, 『**승정원일기**』는 편년체로 서술된 조선 왕조 최대의 기밀 기록이다. 이는 『조선왕조실록』을 편찬할 때 기본 자료로 활용하였기 때문에 실록보다 가치 있는 자료로 평가되기도 한다. 현재 원본은 1부만 남아 있으며, 2001년 유네스코 세계 기록 유산으로 등재되었다.

오답 분석

① 『**비변사등록**』은 조선 중·후기 국가 최고 회의 기관이었던 비변사의 활동을 기록한 자료이며, 『**비국 등록**』이라고도 한다. 조선 시대 정치, 군사, 경제, 사회, 문화 등 다양한 분야의 방대한 정보가 담겨 있는 중요한 역사적 기록 유산이다.
③·④ 『**삼국사기**』는 고려 인종의 명을 받아 김부식이 편찬하였다. 이는 유교적 사관을 바탕으로 본기, 세가, 연표, 지, 열전 등으로 구성된 **기전체 형식**으로 서술되었으며, **현존하는 우리나라 최고(最古)의 역사서**이다.
⑤ 『**일성록**』은 1760년(영조 36)부터 1910년(순종 4)까지 151년 동안의 국정 운영 내용을 매일 정리한 국왕의 일기이다. 임금의 입장에서 펴낸 일기의 형식을 갖추고 있으나 실질적으로는 정부의 공식적인 기록물이다. **정조가 세손 시절부터 쓴 「존현각일기」에서 유래**되었다.

정답 분석 ②

Q 정답의 단서 | 프랑스 국립 도서관, '인쇄하다! 구텐베르크의 유럽', 승려 백운이 편찬한 불서, 청주 흥덕사에서 인쇄

② 『**직지심체요절**』은 고려 우왕 때 **청주 흥덕사**에서 **금속 활자**로 인쇄된 **금속 활자본**이다. 이는 구한말 프랑스 공사로 왔던 콜랭드 플랑시가 수집한 후 귀국하면서 **프랑스로 유출**되었다. 이후 1967년 프랑스 국립 도서관 연구원에서 일하던 박병선이 『직지심체요절』을 발견하였고, 정확한 인쇄 장소와 연대가 기록되어 있어서 독일의 구텐베르크 성서보다 78년이나 앞서 만들어진 **세계 최고(最古)의 금속 활자본**임을 공인받았다.

오답 분석

① 제너럴 셔먼호 사건을 구실로 **미국의 로저스 제독**이 함대를 이끌고 **강화도**를 공격하여 **신미양요**가 발생하였다. 미군은 **강화도 덕진진**을 점거한 후 **광성보**로 진격하였고, 이에 **어재연**이 맞서 싸우다가 전사하며 조선군이 패배하였다. 승리한 미군은 어재연의 **수자기**를 전리품으로 탈취하였다.
③ 고려 현종 때 **거란의 침입**을 불력으로 물리치고자 우리나라 최초의 대장경인 **초조대장경**을 제작하기 시작하였다.
④ 조선 초기 금속 활자인 계미자와 경자자의 미흡한 점을 보완하기 위해 **세종**은 장영실, 이천 등 기술자에게 새로운 활자 제작을 명하였다. 이에 **갑인자**가 주조되어 조선의 인쇄 기술이 한층 더 발달하였다.
⑤ 경주 불국사 삼층 석탑의 보수 과정에서 **세계 최고(最古)의 목판 인쇄물**인 무구정광대다라니경이 발견되었다.

49 조선의 궁궐

최근 5개년 기출 빅데이터 분석 리포트	빈출 키워드 Top 5	꼭 나오는 문제 유형 Top 3

최근 5개년 기출 빅데이터 분석 리포트

```
2
    1 1 1    1
0                0 0 0 0
  1          2
(연도)
```

빈출 키워드 Top 5
- 24 ▌1 미 · 소 공동 위원회 개최
- 23 ▌2 조선 물산 공진회 개최
- 22 ▌3 인목 대비 유폐
- 21 ▌4 일본의 경복궁 점령
- 20 ▌5 규장각 설치

꼭 나오는 문제 유형 Top 3
- 1 빈칸형
- 2 –
- 3 –

1 본궁 · 법궁

1. 경복궁

사건	• 태조 이성계 때 **한양으로 천도**하며 **창건**, 정도 전이 이름을 지음 • 임진왜란 때 소실 • 흥선 대원군 때 중건 • **을미사변 발생**, **조선 물산 공진회 개최**, 조선 총 독부 건립 • 동학 농민 운동 때 **일본군의 경복궁 점령** → 내 정 개혁 요구 등 내정 간섭 심화
주요 건물	근정전, 경회루, 향원정 등

2. 창덕궁

사건	• 태종 창건 • 왕의 피서 · 요양 목적의 궁궐 • 임진왜란 이후 광해군이 중건(경복궁 중건 전까 지 법궁 역할) • 왕실 도서관 **규장각 설치** • 유네스코 세계 유산 등재
주요 건물	돈화문, 인정전, 낙선재, 주합루, 후원(연경당) 등

기출 선택지로 개념 익히기 🔊 오디오 학습을 이용해 보세요!

1 본궁 · 법궁
▸ 경복궁 – 정도전이 궁궐과 주요 전각의 명칭을 정하였다.
▸ 경복궁 – 조선 건국 이후 한양으로 천도한 과정을 조사한다.
▸ 일본이 군대를 동원하여 경복궁을 점령하였다.
▸ 일본이 경복궁을 점령하고 내정 개혁을 요구하였다.
▸ 경복궁 – 명성 황후가 일본 낭인들에 의해 시해된 장소입니다.

▸ 경복궁 – 일제에 의해 경내에 조선 총독부 청사가 세워졌다.
▸ 경복궁 – 조선 물산 공진회 개최 장소로 이용되었다.
▸ 창덕궁 – 왕실 도서관인 규장각이 설치된 곳이다.
▸ 창덕궁 – 태종이 도읍을 한양으로 다시 옮기며 건립하였다.

2 별궁·이궁

1. 창경궁

사건	• 성종 때 세 명의 대비를 위해 옛 수강궁 터에 창건(창경궁 개칭) • 일제가 동물원과 식물원 설치(창경원으로 격하) → 1980년대에 복원
주요 건물	홍화문, 명정전, 함인정 등

2. 덕수궁(경운궁)

사건	• 월산 대군의 집 • 임진왜란 이후 선조가 이궁으로 창건 • 광해군 때 경운궁으로 개칭, 광해군에 의해 인목 대비 유폐 • 고종이 아관 파천 이후 환궁하면서 대한 제국의 정궁 역할(순종 때 덕수궁 개칭) • 중명전에서 을사늑약 체결 • 석조전에서 제1·2차 미·소 공동 위원회 개최
주요 건물	중화전, 석조전, 정관헌 등

3. 경희궁(경덕궁)

사건	• 광해군이 이궁으로 창건 • 조선 후기 유사시 왕이 머무는 궁궐 역할 • 인조반정, 이괄의 난으로 창덕궁과 창경궁 소실되어 인조가 정사를 보던 본궁 역할 • 영조 때 경희궁으로 개칭 • 도성 내 서쪽에 위치하여 서궐로 불림
주요 건물	존현각, 숭정전, 자정전 등

7일차

---

2 별궁·이궁

▸ 창경궁 – 일제에 의해 창경원으로 격하되기도 하였다.
▸ 덕수궁 – 인목 대비가 광해군에 의해 유폐된 장소이다.
▸ 덕수궁 – 고종이 아관 파천 이후 환궁한 곳입니다.
▸ 덕수궁 – 제1차 미·소 공동 위원회가 개최되었다. 4회 이상
▸ 덕수궁 – 제2차 미·소 공동 위원회가 개최되었다.

▸ 덕수궁 – 두 차례의 미·소 공동 위원회가 개최되었습니다.
▸ 덕수궁 – 일제의 강압 속에 을사늑약이 체결된 현장입니다.
▸ 덕수궁 – 궁궐 안에 남아 있는 가장 오래된 서양식 건물이 있습니다.
▸ 경희궁 – 도성 내 서쪽에 있어 서궐이라고 불렸다. 4회 이상

01 (가) 궁궐에 대한 설명으로 옳은 것은? 빈칸형 53회

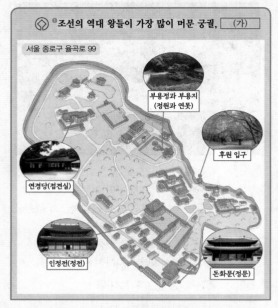

◎ 조선의 역대 왕들이 가장 많이 머문 궁궐, (가)

서울 종로구 율곡로 99

부용정과 부용지
(정원과 연못)

후원 입구

연경당(접견실)

인정전(정전)

돈화문(정문)

① 도성 내 서쪽에 있어 서궐로 불리었다.
② 제1차 미·소 공동 위원회가 개최되었다.
③ 왕실 도서관인 규장각이 설치된 곳이다.
④ 조선 물산 공진회 개최 장소로 이용되었다.
⑤ 인목 대비가 광해군에 의해 유폐된 장소이다.

02 (가) 궁궐에 대한 설명으로 옳은 것은? 빈칸형 66회

(가) 복원 기공식 대통령 연설문

　임진왜란 때 (가) 은/는 불길 속에 휩싸여 흥선 대원군이 그 당시의 국력을 기울여 중건할 때까지 270년의 오랜 세월 동안 폐허로 남아 있었습니다. 일제는 1910년 우리나라를 병탄한 뒤 우리 역사의 맥을 끊기 위해 350여 채에 이르던 전각 대부분을 헐어내고 옮겼습니다. 국권의 상징이던 근정전을 가로막아 총독부 건물을 세웠습니다. 이제 우리가 궁을 복원하려는 것은 남에 의해 훼손된 민족사에 대한 긍지를 회복하기 위한 것입니다.

① 일제에 의해 동물원 등이 설치되었다.
② 제1차 미·소 공동 위원회가 개최되었다.
③ 도성 내 서쪽에 있어 서궐이라고 불렸다.
④ 조선 물산 공진회 개최 장소로 이용되었다.
⑤ 태종이 도읍을 한양으로 다시 옮기며 건립하였다.

문제 파헤치기

정답 분석 ③

Q 정답의 단서 | 조선 역대 왕들이 가장 많이 머문 궁궐, 돈화문, 인정전, 연경당, 후원, 부용정과 부용지

임진왜란 때 정궁인 경복궁이 소실되자 흥선 대원군이 중건하기 전까지 **창덕궁이 정궁 역할**을 하며 조선의 역대 왕들이 가장 많이 머문 궁궐이 되었다.
③ 조선 정조 때 창덕궁 후원에 지은 왕실 도서관인 **규장각**은 별도 서고에서 서적들을 보관하였으며, 새로운 정책을 개발하는 연구 기관의 기능도 담당하였다.

오답 분석

① 조선 후기에 유사시 왕이 머무는 이궁으로 창건된 경덕궁은 **도성의 서쪽에 위치**하여 서궐로 불리었다. 인조반정 이후 인조가 이곳에서 정사를 보기도 하였으며, 이후 영조 때 **경희궁**으로 이름이 바뀌었다.
② 광복 직후 모스크바 삼국 외상 회의의 결정에 따라 **덕수궁 석조전**에서 **제1·2차 미·소 공동 위원회**가 개최되었다.
④ 일제 강점기에 일본이 조선을 근대화시킨다는 명분으로 **경복궁**에서 최초의 공식 박람회인 **조선 물산 공진회**를 개최하였다.
⑤ 조선 광해군은 왕위를 위협할 요소를 제거하기 위해 형인 임해군과 동생 영창 대군을 살해하고, 선조의 아내인 **인목 대비를 폐위**시켜 **경운궁(덕수궁) 석어당**에 가두었다.

정답 분석 ④

Q 정답의 단서 | 임진왜란 때 불길 속에 휩싸임, 흥선 대원군이 중건, 일제는 전각 대부분을 헐어내고 옮김, 근정전

경복궁은 **조선 태조 이성계**가 조선을 건국한 이후 도읍을 개경에서 한양으로 옮기면서 창건한 **조선의 법궁**이다. 근대에 들어서 **흥선 대원군**이 왕실의 권위를 회복하고자 임진왜란 때 소실된 경복궁을 중건하였다. **일제 강점기**에는 조선 총독부가 경복궁의 근정전 및 주요 전각 몇 군데를 제외한 대다수의 건물들을 헐어내고 그 자리에 **조선 총독부 신청사**를 세웠다.
④ **일제 강점기**에 일본은 **경복궁**에서 최초의 공식 박람회인 **조선 물산 공진회**를 개최하여 전국의 물품을 전시하였다.

오답 분석

① **창경궁**은 **조선 성종** 때 세 왕후(정희 왕후, 소혜 왕후, 안순 왕후)를 모시기 위해 수강궁을 확장하여 만든 별궁으로, 조선 시대 궁궐 중 유일하게 동쪽을 향해 지어졌다. **일제 강점기**에는 궐 안에 **동물원, 식물원** 등이 설치되었으며, 명칭이 창경원으로 격하되었다.
② 광복 직후 **모스크바 삼국 외상 회의**의 결정에 따라 한국의 임시 정부 수립을 의논하기 위해 **덕수궁 석조전**에서 **제1·2차 미·소 공동 위원회**가 개최되었다.
③ **경덕궁**은 조선 광해군 때 건립된 **이궁**이었으며, **도성의 서쪽에 위치**하여 **서궐**로 불렸다.
⑤ **조선 태종**은 수도를 개경에서 한양으로 다시 옮기면서 **창덕궁**을 새로 건립하였으며, 명칭이 창경원으로 격하되었다.

03 (가) 궁궐에 대한 설명으로 옳은 것은? 빈칸형 64회

① 일제에 의해 동물원 등이 설치되었다.
② 도성 내 서쪽에 있어 서궐이라고 불렸다.
③ 인목 대비가 광해군에 의해 유폐된 장소이다.
④ 정도전이 궁궐과 주요 전각의 명칭을 정하였다.
⑤ 태종이 도읍을 한양으로 다시 옮기며 건립하였다.

04 (가) 궁궐에 대한 설명으로 옳은 것은? 빈칸형 60회

> 대왕대비가 전교하였다. " (가) 은/는 우리 왕조에서 수도를 세울 때 맨 처음 지은 정궁이다. …… 그러나 불행하게도 전란에 의해 불타버린 후 미처 다시 짓지 못하여 오랫동안 뜻있는 선비들의 개탄을 자아내었다. …… 이 궁궐을 다시 지어 중흥의 큰 업적을 이루려면 여러 대신과 함께 의논해 보지 않을 수 없다."
> - 「고종실록」 -

① 근정전을 정전으로 하였다.
② 일제에 의해 동물원 등이 설치되었다.
③ 후원에 왕실 도서관인 규장각이 있었다.
④ 도성 내 서쪽에 있어 서궐이라고 불렸다.
⑤ 인목 대비가 광해군에 의해 유폐된 장소이다.

정답 분석 ⑤

Q **정답의 단서** | 유네스코 세계 유산에 등재, 조선의 궁궐, 돈화문, 금천교, 인정전, 낙선재, 부용지, 연경당

⑤ **조선 태종**은 수도를 개경에서 한양으로 다시 옮기면서 **창덕궁**을 새로 지었다. 창덕궁은 돌다리인 **금천교**, 정문인 **돈화문**, 정전인 **인정전**, 일상생활의 목적으로 만든 연침 공간 **낙선재**, 후원의 **부용정** 안에 있는 연못인 **부용지** 등으로 구성되어 있다. 이후 효명 세자가 순조와 순원 왕후를 위한 잔치를 베풀고자 추가로 **연경당**을 만들었다. 창덕궁은 1997년 유네스코 세계 유산에 등재되었다.

오답 분석

① **창경궁**은 조선 시대 궁궐 중 유일하게 동쪽을 향해 지어졌으며, **성종** 때 세 왕후(정희 왕후, 소혜 왕후, 안순 왕후)를 모시기 위해 수강궁을 확장하여 만든 별궁이었다. 이후, **일제 강점기**에는 궐 안에 **동물원, 식물원** 등이 설치되었다.
② **경덕궁**은 조선 후기에 유사시 왕이 머무는 **이궁**이었다. **인조반정** 이후 인조가 이곳에서 정사를 보기도 하였으며, 도성의 서쪽에 위치하여 **서궐**로 불렸다. 이후 영조 때 **경희궁**으로 이름을 바꾸었다.
③ **경운궁(덕수궁)**은 광해군이 왕위를 위협할 요소를 제거하기 위해 형인 임해군과 동생 영창 대군을 살해하고, 선조의 아내인 **인목 대비**를 폐위시켜 가둔 곳이다.
④ 조선 개국의 핵심 인물인 **정도전**은 태조의 명에 따라 **경복궁이라는 궁궐 이름**을 비롯해 강녕전, 교태전, 연생전, 경성전, 근정전 등 **주요 전각의 이름**을 지었다.

정답 분석 ①

Q **정답의 단서** | 수도를 세울 때 맨 처음 지은 정궁, 전란에 의해 불탐, 궁궐을 다시 지어 중흥의 큰 업적을 이룸

조선 태조는 조선을 건국한 후 도읍을 개경에서 한양으로 옮기면서 심덕부 등에게 **경복궁**을 창건하게 하였다. 이후 경복궁은 **임진왜란 때 불에 탄 뒤 방치**되었다가 흥선 대원군 즉위 이후 **왕실의 권위를 회복**하기 위해 **중건**되었다.

① 태조 때 **정도전**은 왕의 즉위식, 조회(朝會) 등 국가의 중요한 의식을 다루는 **경복궁의 중심 건물**을 부지런히 나라를 다스린다는 의미로 **근정전**이라 이름 지었다.

오답 분석

② **창경궁**은 **성종** 때 세 왕후(정희 왕후, 소혜 왕후, 안순 왕후)를 모시기 위해 수강궁을 확장하여 만든 별궁으로, **일제 강점기** 때 궐 안에 **동물원, 식물원** 등이 설치되었다.
③ 정조 때 **창덕궁 후원**에 지은 **왕실 도서관인 규장각**은 별도 서고에서 서적들을 보관하였으며, 새로운 정책을 개발하는 연구 기관의 기능도 담당하였다.
④ **경덕궁**은 조선 후기에 유사시 왕이 머무는 **이궁**이었으나, 인조를 비롯한 여러 왕들이 정사를 보았기 때문에 중요시되었다. 도성의 서쪽에 위치하여 **서궐**로 불렸으며, 영조 때 **경희궁**으로 이름을 바꾸었다.
⑤ **경운궁**은 광해군이 선조의 아내인 **인목 대비를 폐위시켜 가둔** 곳이다. 이후, 순종이 고종으로부터 제위를 물려받았을 당시에 **덕수궁**으로 이름이 바뀌었다.

50 근현대 주요 인물

최근 5개년 기출 빅데이터 분석 리포트	빈출 키워드 Top 5	꼭 나오는 문제 유형 Top 3

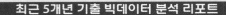

최근 5개년 기출 빅데이터 분석 리포트
- 24
- 23
- 22
- 21
- 20
(연도)
1

빈출 키워드 Top 5
1 여운형
2 안중근
3 지청천
4 이상설
5 박은식

꼭 나오는 문제 유형 Top 3
1 빈칸형
2 설명형
3 사료형, 합답형

1 근현대 주요 인물

최익현	• 흥선 대원군 하야 주장 상소 • 위정척사파: 왜양일체론 주장, 강화도 조약 반대, 을사의병 주도 • 쓰시마섬 순국
박정양	• 조사 시찰단으로 일본에 파견 • 초대 주미 공사, 갑오 · 을미개혁 추진, 중추원 관제 개편 추진
김홍집	• 2차 수신사로 다녀온 뒤 국내에 『조선책략』 유포 • 군국기무처 총재, 갑오개혁 주도
이회영	• 신민회 조직 • 경학사 · 신흥 강습소 설립
이승훈	• 신민회 조직 • 3 · 1 운동 기독교 대표 • 민립 대학 설립 추진
안창호	• 신민회 조직, 대성 학교 설립 • 대한인 국민회 조직 • 흥사단 창립
안중근	• 만주 하얼빈에서 이토 히로부미 사살 • 『동양 평화론』 저술 • 뤼순 감옥 순국
박은식	• 『유교 구신론』, 『한국통사』, 『한국독립운동지혈사』 저술 • 대한민국 임시 정부 제2대 대통령

기출 선택지로 개념 익히기 🔊 오디오 학습을 이용해 보세요!

▸ 최익현 – 관군에게 체포되어 쓰시마섬에서 순국
▸ 최익현 – 을사늑약에 반대하여 항일 의병을 이끌다
▸ 박정양 – 참정대신 자격으로 관민 공동회에서 연설하였다.
▸ 박정양(조사 시찰단) – 암행어사의 형태로 비밀리에 파견되었다.
▸ 박정양 – 초대 주미 공사로 임명되어 미국에 파견되었다.
▸ 박정양 – 독립 협회의 제안을 받아들여 중추원 관제 개편을 추진하였다.
▸ 김홍집이 가지고 온 조선책략이 국내에 유포되었다. 4회 이상
▸ 김홍집 – 황준헌이 쓴 조선책략을 국내에 들여왔다.
▸ 김홍집 – 군국기무처를 설치하여 근대적 개혁을 추진하였다.
▸ 김홍집 – 군국기무처의 총재로 개혁을 주도하다.
▸ 이회영 – 독립군 양성을 위해 신흥 강습소를 세웠어요.
▸ 이승훈 – 계몽 서적의 보급을 위해 태극 서관을 설립하였다. 4회 이상
▸ 이승훈 – 인재 육성의 일환으로 민립 대학 설립 운동을 전개하였다.

▸ 이승훈, 안창호 – 양기탁 등과 함께 신민회를 조직하였다.
▸ 안창호 – 대성 학교를 설립하여 민족 교육을 실시하였다.
▸ 안창호 – 샌프란시스코에서 흥사단을 창립하였다.
▸ 안창호 – 재미 한인을 중심으로 흥사단을 창립하였다.
▸ 안창호 – 대한인 국민회를 중심으로 외교 활동을 펼쳤다.
▸ 안창호 – 한국 독립 유일당 북경 촉성회가 창립되었다.
▸ 안중근 – 동양 평화론을 저술하였다.
▸ 안중근 – 이토 히로부미를 하얼빈에서 사살하였다.
▸ 박은식 – 유교 개혁을 주장하는 유교 구신론을 제창하였다.
▸ 박은식 – 실천적인 유교 정신을 강조하는 유교 구신론을 저술하였다.
▸ 박은식 – 일본의 침략 과정을 서술한 한국통사를 저술하였다.
▸ 박은식 – 한국통사를 저술하고 민족주의 사학의 기초를 닦았다. 8회 이상
▸ 박은식 – 독립 투쟁 과정을 정리한 한국독립운동지혈사를 저술하였다.

이동녕	• 신민회 조직, 경학사 · 신흥 강습소 설립 • 대한민국 임시 의정원 초대 의장
이상설	• 서전서숙 설립 • 헤이그 만국 평화 회의 특사로 파견 • 대한 광복군 정부 정통령
김원봉	• 의열단 조직, 황푸 군관 학교 졸업 • 조선 혁명 간부 학교 설립 • 민족 혁명당, 조선 의용대 창설 • 한국 광복군 합류

지청천	• 한국 독립군 총사령관(쌍성보 전투, 대전자령 전투) • 한국 광복군 총사령관
김규식	• 파리 강화 회의 참여 • 대한민국 임시 정부 부주석 • 좌우 합작 위원회 조직 • 남북 협상 참여
여운형	• 조선 건국 동맹 결성 • 조선 건국 준비 위원회 조직 • 좌우 합작 위원회 조직 • 해방 이후 암살

▶ 이동녕 – 대한민국 임시 의정원의 초대 의장을 맡았다.
▶ 이상설 – 헤이그에서 열린 만국 평화 회의에 특사로 파견되었다. 4회 이상
▶ 이상설 – 서전서숙을 설립하여 민족 교육을 실시하였다. 4회 이상
▶ 이상설 – 연해주에서 대한 광복군 정부를 수립하였다.
▶ 이상설, 이동휘를 정 · 부통령에 선임하였다.
▶ 김원봉 – 중국 국민당과 협력하여 조선 의용대를 창설하였다.
▶ 김원봉 – 조선 혁명 간부 학교를 세워 독립군을 양성하였다. 4회 이상
▶ 김원봉 – 의열단을 조직하여 단장으로 활동하였다.
▶ 김원봉 – 한국 광복군 부사령관으로 활약하였다.
▶ 지청천 – 중국 호로군과 연합 작전을 통해 항일 전쟁을 전개하였다.
▶ 지청천 – 만주 사변 이후 대전자령 전투에서 일본군을 격퇴하였다.
▶ 지청천 – 쌍성보 전투에서 중국 호로군과 연합 작전을 전개하였다. 4회 이상
▶ 지청천 – 한국 독립군을 이끌고 쌍성보 전투에서 승리하였다.

▶ 충칭에서 지청천을 총사령관으로 하는 한국 광복군이 창설되었다.
▶ 김규식 – 파리 강화 회의에 독립 청원서를 제출하였다. 12회 이상
▶ 김규식이 파리 강화 회의에 대표로 파견되었다.
▶ 김구, 김규식 등이 남북 협상에 참석하였다.
▶ 여운형 – 일제 패망과 광복에 대비하여 조선 건국 동맹을 결성하였다.
4회 이상
▶ 여운형이 중심이 되어 조선 건국 준비 위원회를 조직하였다.
▶ 좌우 합작 위원회에서 좌우 합작 7원칙을 발표하였다. 4회 이상

01 (가) 인물에 대한 설명으로 옳은 것은? 빈칸형 56회

이곳은 최근 다시 개관한 ^❶하얼빈의 [(가)] 기념관입니다. [(가)] 동상 위의 시계는 9시 30분에 멈춰 있습니다. ^❷이토 히로부미를 저격한 바로 그 시각입니다.

① 동양 평화론을 저술하였다.
② 친일 인사인 스티븐스를 사살하였다.
③ 5적 처단을 위해 자신회를 조직하였다.
④ 명동 성당 앞에서 이완용을 습격하였다.
⑤ 동양 척식 주식회사에 폭탄을 투척하였다.

02 (가) 인물의 활동으로 옳은 것은? 빈칸형 67회

초대 주미 공사인 [(가)]은/는 미국 대통령에게 고종의 국서를 전달하는 등 외교 활동을 펼친 후 귀국하여 미속습유를 집필하였습니다. 그는 이 책에서 미국의 문물과 제도를 소개하였으며, 미국과의 외교 관계를 강조하였습니다.

초대 주미 공사 특별전

① 샌프란시스코에서 흥사단을 창립하였다.
② 황준헌이 쓴 조선책략을 국내에 들여왔다.
③ 인재 양성을 위해 오산 학교를 설립하였다.
④ 국문 연구소를 설립하고 연구위원으로 활동하였다.
⑤ 독립 협회의 제안을 받아들여 중추원 관제 개편을 추진하였다.

정답 분석 ⑤

🔍 **정답의 단서 | 초대 주미 공사, 미국과의 외교 관계를 강조**

조미 수호 통상 조약의 체결 이후 **초대 주미 공사**로 부임하게 된 **박정양**은 백악관을 방문하여 미국 대통령에게 고종의 국서를 전달하였다. 또한, 미국을 시찰·견문하여 미국의 문물과 제도를 다룬 『미속습유』를 집필하였다.
⑤ **독립 협회**가 근대적 입헌 군주제를 추진하고자 **중추원의 의회 개편**을 제안하였다. 이에 **박정양 내각**과 협의하여 정부 대신들을 합석시킨 **관민 공동회**를 개최하고 **헌의 6조**라는 건의문을 채택하였다. 고종은 이를 받아들여 중추원 관제를 제정·공포하였고, 중추원은 근대적인 상원 형태로 개편되었다.

오답 분석

① **안창호**는 미국 샌프란시스코에서 민족 운동 단체인 **흥사단**을 창립하였다.
② **김홍집**은 황준헌이 쓴 『조선책략』을 국내에 처음 소개하였고, 이로 인해 **미국과 외교 관계**를 맺어야 한다는 여론이 형성되었다.
③ **신민회**는 민족의 **실력 양성**을 위해 **대성 학교와 오산 학교**를 설립하여 민족 교육을 실시하였다.
④ **지석영과 주시경**은 **국문 연구소**를 설립하여 한글의 정리와 국어의 이해 체계 확립에 힘썼다.

문제 파헤치기

정답 분석 ①

🔍 **정답의 단서 | 하얼빈, 이토 히로부미 저격**

① **안중근**은 을사늑약 체결을 주도하고 초대 통감을 지낸 ^❷**이토 히로부미**를 ^❶**만주 하얼빈역에서 사살**하였다. 현장에서 체포된 안중근은 재판을 받고 뤼순 감옥에 수감되었다. 뤼순 감옥에서 한국, 일본, 청의 동양 삼국이 협력하여 서양 세력의 침략을 방어하고 동양 평화를 실현해야 한다는 사상을 담은 『동양 평화론』을 집필하였으나 일제가 사형을 앞당겨 집행하면서 미완성으로 남게 되었다.

오답 분석

② **장인환과 전명운**은 미국 샌프란시스코에서 대한 제국의 외교 고문이었던 **친일파 미국인 스티븐스를 사살**하였다.
③ **나철**은 을사늑약을 체결하는 데 협력한 친일파 을사오적(박제순, 이지용, 이근택, 이완용, 권중현)을 암살하기 위해 **자신회를 조직**하여 활동하였다.
④ **이재명**은 명동 성당 앞에서 을사오적 중 한 명인 **이완용을 습격**하여 중상을 입혔다.
⑤ 의열단원인 **나석주**는 동양 척식 주식회사에 폭탄을 투척하였다.

03 (가)에 들어갈 내용으로 옳은 것은? [빈칸형] 68회

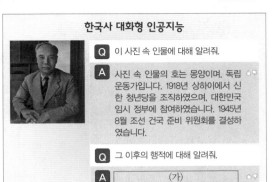

한국사 대화형 인공지능

Q 이 사진 속 인물에 대해 알려줘.

A 사진 속 인물의 호는 몽양이며, 독립 운동가입니다. 1918년 상하이에서 신한 청년당을 조직하였으며, 대한민국 임시 정부에 참여하였습니다. 1945년 8월 조선 건국 준비 위원회를 결성하였습니다.

Q 그 이후의 행적에 대해 알려줘.

A 　　　　(가)

① 한국 민주당을 창당하였습니다.
② 5 · 10 총선거에 출마하였습니다.
③ 단독 정부 수립을 주장하였습니다.
④ 조선 혁명 선언을 작성하였습니다.
⑤ 좌우 합작 위원회를 조직하였습니다.

04 (가) 인물에 대한 설명으로 옳은 것은? [빈칸형] 59회

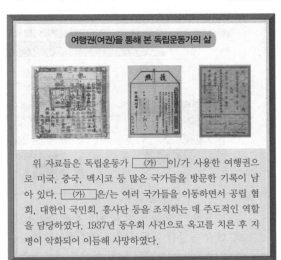

여행권(여권)을 통해 본 독립운동가의 삶

위 자료들은 독립운동가 ▢(가)▢ 이/가 사용한 여행권으로 미국, 중국, 멕시코 등 많은 국가들을 방문한 기록이 남아 있다. ▢(가)▢ 은/는 여러 국가들을 이동하면서 공립 협회, 대한인 국민회, 흥사단 등을 조직하는 데 주도적인 역할을 담당하였다. 1937년 동우회 사건으로 옥고를 치른 후 지병이 악화되어 이듬해 사망하였다.

① 일본의 침략 과정을 담은 한국통사를 저술하였다.
② 조선학 운동을 주도하여 여유당전서를 간행하였다.
③ 백산 상회를 설립하여 독립운동 자금을 마련하였다.
④ 친일 인사 스티븐스를 샌프란시스코에서 사살하였다.
⑤ 대한민국 임시 정부에서 내무총장 겸 국무총리 대리로 취임하였다.

정답 분석 ⑤

🔍 **정답의 단서 |** 몽양, 신한 청년당, 대한민국 임시 정부, 조선 건국 준비 위원회

⑤ 몽양 여운형은 대한민국 임시 정부를 모체로 하여 상하이에서 신한 청년당을 조직한 후, 파리 강화 회의에 김규식을 파견하여 독립 청원서를 제출하도록 하였다. 또한, 광복 이후의 민주주의 국가 건설을 목표로 조선 건국 동맹을 결성하였으며, 일본인의 안전한 귀국을 보장하는 조건으로 조선 총독부로부터 행정권의 일부를 이양받아 조선 건국 준비 위원회를 결성하였다. 제1차 미 · 소 공동 위원회가 결렬된 후 이승만이 단독 정부 수립을 주장하자, 김규식 등과 함께 미군정의 지원을 받으면서 좌우 합작 위원회를 조직하고 좌우 합작 7원칙을 발표하며 좌우 합작 운동을 전개하였다.

오답 분석

① 광복 직후 송진우, 김성수 등은 한국 민주당을 창당하였다. 한국 민주당은 조선 인민 공화국을 부정하고 충칭에 있는 대한민국 임시 정부를 지지하는 것을 방침으로 하였으나 이후 이승만의 정읍 발언에 동조하며 보수 정당의 역할을 하였다.
② 여운형은 5 · 10 총선거 이전에 서울 혜화동 로터리에서 한지근 외 다섯 명의 저격을 받고 암살당하였다.
③ 제1차 미 · 소 공동 위원회가 결렬되자 이승만은 남한만의 단독 정부 수립을 주장하였다.
④ 신채호는 김원봉의 요청을 받아 의열단의 기본 행동 강령인 조선 혁명 선언을 작성하였다.

정답 분석 ⑤

🔍 **정답의 단서 |** 독립운동가, 공립 협회, 대한인 국민회, 흥사단, 동우회 사건

⑤ 안창호는 양기탁 등과 함께 신민회를 결성하고 대성 학교와 오산 학교를 설립하여 민족 교육을 실시하였다. 이후 국권 회복을 위해 샌프란시스코에 대한인 국민회를 조직하고, 실력을 갖춘 젊은이를 육성하기 위해 민족 운동 단체인 흥사단을 창립하였다. 3 · 1 운동 이후 대한민국 임시 정부가 설립되자 상하이로 건너가 내무총장 겸 국무총리 대리로 취임하여 활동하였다.

오답 분석

① 박은식은 독립운동의 수단으로 민족사 연구에 몰두하여 일본의 침략 과정을 다룬 『한국통사』를 저술하였다.
② 정인보는 안재홍과 함께 조선학 운동을 주도하여 정약용의 저술을 모은 『여유당전서』를 간행하였다.
③ 일제 강점기의 독립운동가 안희제는 민족 자본으로 우리나라 최초의 주식회사인 백산 상회를 설립하고 무역업을 통해 독립운동 자금을 마련하였다.
④ 장인환과 전명운은 미국 샌프란시스코에서 대한 제국의 미국인 외교 고문이었던 친일 인사 스티븐스를 사살하였다.

7일차 하프 기출 테스트

01 (가) 시대의 생활 모습으로 옳은 것은?

주먹도끼, 찍개 등 **(가)** 시대의 대표적 유물이 한반도 남부에서 최초로 출토된 곳이다. 또한, 집자리 유적도 발굴되어 **(가)** 시대에 사람들이 이곳에서 생활하였음을 알 수 있다.

▲ 유물 출토 상태

① 명도전, 반량전 등의 화폐가 유통되었다.
② 반달 돌칼을 이용하여 곡식을 수확하였다.
③ 거푸집을 이용하여 세형 동검을 만들었다.
④ 주로 동굴이나 강가의 막집에 거주하였다.
⑤ 빗살무늬 토기를 만들어 식량을 저장하였다.

02 (가) 왕의 재위 기간에 있었던 사실로 옳은 것은?

백제 제25대 왕인 **(가)** 의 무덤 발굴 50주년을 기념하는 행사가 공주시에서 열립니다. **(가)** 은/는 백가의 난을 평정하고 22담로에 왕족을 파견하였습니다. 그의 무덤은 피장자와 축조 연대가 확인된 유일한 백제 왕릉입니다.

① 익산에 미륵사를 창건하였다.
② 중국 남조의 양과 교류하였다.
③ 고흥에게 서기를 편찬하게 하였다.
④ 마라난타를 통해 불교를 수용하였다.
⑤ 사비로 천도하고 행정 조직을 재정비하였다.

03 (가) 인물에 대한 설명으로 옳은 것은?

(가) 은/는 설총을 낳은 이후 속인의 옷으로 바꾸어 입고 스스로 소성거사라고 하였다. 우연히 광대들이 갖고 놀던 큰 박을 얻었는데 그 모양이 괴이하였다. 그 모양을 따라서 도구로 만들어 화엄경의 구절에서 이름을 따와 '무애(無㝵)'라고 하고, 노래를 지어 세상에 퍼뜨렸다.

① 부석사를 창건하였다.
② 백련 결사를 주도하였다.
③ 왕오천축국전을 남겼다.
④ 금강삼매경론을 저술하였다.
⑤ 신편제종교장총록을 편찬하였다.

04 다음 자료의 상황이 나타난 시기를 연표에서 옳게 고른 것은?

검모잠이 남은 백성들을 거두어 신라로 향하였다. 안승을 맞아들여 임금으로 삼았다. 다식(多式) 등을 신라로 보내어 고하기를, "지금 신 등이 나라의 귀족 안승을 받들어 임금으로 삼았습니다. 원컨대 변방을 지키는 울타리가 되어 영원토록 충성을 다하고자 합니다."라고 하였다. 신라 왕은 그들을 금마저에 정착하게 하였다.

612	618	645	660	676	698
(가)	(나)	(다)	(라)	(마)	
살수대첩	당 건국	안시성 전투	사비성 함락	기벌포 전투	발해 건국

① (가)　② (나)　③ (다)　④ (라)　⑤ (마)

05 밑줄 그은 '이 인물'에 대한 설명으로 옳은 것은?

이곳은 중국 양저우에 있는 이 인물의 기념관입니다. 그는 당에 유학하여 빈공과에 급제하였고, 황소의 난이 일어나자 '격황소서(檄黃巢書)'를 지어 이름을 떨쳤습니다. 또한, 당에서 쓴 글을 모은 계원필경을 남겼습니다.

① 당으로 건너가 군사 동맹을 체결하였다.
② 진성 여왕에게 시무책 10여 조를 올렸다.
③ 외교 문서 작성에 능하여 청방인문표를 지었다.
④ 진골 귀족 출신으로 화랑세기, 고승전 등을 저술하였다.
⑤ 한자의 음훈을 빌려 우리말을 표기한 이두를 정리하였다.

06 (가) 시기에 있었던 사실로 옳은 것은?

훈요 10조를 지어 후세에 전하노니, 밤낮으로 펼쳐보아 영구히 귀감으로 삼도록 하라.

(가)

신 최승로, 시무 28조를 작성하여 장계와 함께 따로 봉하여 올립니다.

① 정방이 설치되었다.
② 별무반이 편성되었다.
③ 노비안검법이 실시되었다.
④ 독서삼품과가 시행되었다.
⑤ 정동행성 이문소가 폐지되었다.

07 다음 제도가 시행된 국가의 경제 상황으로 옳은 것은?

○ 경종 원년, 처음으로 직관(職官)과 산관(散官) 각 품의 전시과를 제정하였다.
○ 문종 30년, 양반 전시과를 다시 고쳤다. 제1과는 중서령, 상서령, 문하시중으로 전지 100결과 시지 50결을 주며, …… 제18과는 한인(閑人), 잡류(雜類)로 전지 17결을 주었다.

① 솔빈부의 말이 특산물로 거래되었다.
② 청해진이 국제 무역 거점으로 번성하였다.
③ 시장을 감독하는 관청인 동시전이 설치되었다.
④ 건원중보가 발행되어 금속 화폐의 통용이 추진되었다.
⑤ 설점수세제의 시행으로 민간 광산 개발이 허용되었다.

08 (가) 국가에 대한 고려의 대응으로 옳은 것은?

[(가)] 임금이 강조를 토벌한다는 구실로 친히 군사를 거느리고 와서 흥화진을 포위하였다. 양규는 도순검사가 되어 성문을 닫고 굳게 지켰다. …… [(가)] 이/가 강조의 편지를 위조하여 흥화진에 보내어 항복하라고 설득하였다. 양규가 말하기를, "나는 왕명을 받고 온 것이지 강조의 명령을 받은 것이 아니다."라고 하면서 항복하지 않았다.

① 광군을 조직하여 침입에 대비하였다.
② 윤관을 보내 동북 9성을 개척하였다.
③ 화통도감을 설치하여 화포를 제작하였다.
④ 강화도로 도읍을 옮겨 장기 항전을 준비하였다.
⑤ 쌍성총관부를 공격하여 철령 이북을 수복하였다.

09 밑줄 그은 '왕'에 대한 설명으로 옳은 것은?

왕이 지정(至正) 연호의 사용을 중지하고 교서를 내려 말하기를, "…… 기철 등이 군주의 위세를 빙자하여 나라의 법도를 뒤흔들었다. 자신의 기분에 따라 관리를 마음대로 임명하여 정령(政令)이 원칙 없이 바뀌었다. 남이 토지를 가지고 있으면 그것을 차지하고, 노비를 가지고 있으면 빼앗았다. …… 이제 다행히도 조종(祖宗)의 영령에 기대어 기철 등을 처단할 수 있었다."라고 하였다.

— 「고려사」 —

① 중서문하성과 상서성을 복구하였다.
② 원의 요청으로 일본 원정에 참여하였다.
③ 조준 등의 건의로 과전법을 제정하였다.
④ 이인임 일파를 축출하고 왕권을 회복하였다.
⑤ 쌍기의 건의를 받아들여 과거제를 실시하였다.

10 밑줄 그은 '왕'의 재위 기간에 있었던 사실로 옳은 것은?

> ### 역사 신문
> 제△△호   ○○○○년 ○○월 ○○일
>
> #### 육조 직계제 부활하다
>
> 계유년에 황보인 등을 제거하고 권력을 장악한 이후 즉위한 왕은 강력한 왕권을 행사하고자 육조 직계제를 부활시켰다. 이번 조치는 형조의 사형수 판결을 제외한 육조의 서무를 직접 왕에게 보고하도록 한 것이다. 따라서 이전보다 더욱 강력한 육조 직계제가 시행될 것으로 예상된다.

① 주자소가 설치되어 계미자가 주조되었다.
② 조의제문이 발단이 되어 무오사화가 일어났다.
③ 통치 체제를 정비하기 위해 대전회통이 편찬되었다.
④ 제한된 범위의 무역을 허용한 계해약조가 체결되었다.
⑤ 현직 관리에게만 수조지를 지급하는 직전법이 시행되었다.

11 (가)~(라) 사건을 일어난 순서대로 옳게 나열한 것은?

> (가) 갑자년 봄에, 임금은 어머니가 비명에 죽은 것을 분하게 여겨 그 당시 논의에 참여하고 명을 수행한 신하를 모두 대역죄로 추죄(追罪)하여 팔촌까지 연좌시켰다.
> (나) 정문형, 한치례 등이 의논하기를, "지금 김종직의 조의제문을 보니, 차마 읽을 수도 볼 수도 없습니다. …… 마땅히 대역의 죄로 논단하고 부관참시해서 그 죄를 분명히 밝혀 신하들과 백성들의 분을 씻는 것이 사리에 맞는 일이옵니다."라고 하였다.
> (다) 정유년 이후부터 조정 신하들 사이에는 대윤이나 소윤이나 하는 말들이 있었다. …… 자전(慈殿)*은 밀지를 윤원형에게 내렸다. 이에 이기, 임백령 등이 고변하여 큰 화를 만들어 냈다.
> (라) 언문으로 쓴 밀지에 이르기를, "조광조가 현량과를 설치하자고 청한 것도 처음에는 인재를 얻기 위해서라고 생각했더니 …… 경들은 먼저 그를 없앤 뒤에 보고하라."라고 하였다.
> *자전(慈殿): 임금의 어머니

① (가) - (나) - (다) - (라)
② (가) - (나) - (라) - (다)
③ (나) - (가) - (라) - (다)
④ (나) - (다) - (가) - (라)
⑤ (다) - (라) - (나) - (가)

12 (가)~(마)에 들어갈 내용으로 옳은 것은?

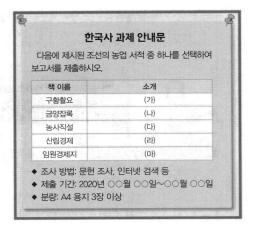

> #### 한국사 과제 안내문
> 다음에 제시된 조선의 농업 서적 중 하나를 선택하여 보고서를 제출하시오.
>
> | 책 이름 | 소개 |
> |---|---|
> | 구황촬요 | (가) |
> | 금양잡록 | (나) |
> | 농사직설 | (다) |
> | 산림경제 | (라) |
> | 임원경제지 | (마) |
>
> ◆ 조사 방법: 문헌 조사, 인터넷 검색 등
> ◆ 제출 기간: 2020년 ○○월 ○○일~○○월 ○○일
> ◆ 분량: A4 용지 3장 이상

① (가) - 목화 재배와 양잠 등 중국 화북 지방의 농법 소개
② (나) - 인삼, 고추 등의 상품 작물 재배법과 원예 기술 수록
③ (다) - 정초, 변효문 등이 우리 풍토에 맞는 농법을 종합하여 편찬
④ (라) - 농촌 생활을 위한 백과사전으로 서유구가 저술
⑤ (마) - 강희맹이 손수 농사를 지은 경험과 견문을 종합하여 서술

13 (가) 전쟁 이후에 있었던 사실로 옳은 것은?

이것은 (가) 의 결과, 심양에 볼모로 잡혀간 봉림 대군이 쓴 한글 편지입니다. 편지에는 척화론을 내세우다 끌려와 함께 있던 김상헌에 대한 염려가 담겨 있습니다.

① 국경 지역에 4군 6진이 개척되었다.
② 나선 정벌에 조총 부대가 동원되었다.
③ 강홍립 부대가 사르후 전투에 참전하였다.
④ 정봉수와 이립이 용골산성에서 항전하였다.
⑤ 제한된 무역을 허용한 기유약조가 체결되었다.

14 (가)에 들어갈 내용으로 옳은 것은?

조선 시대 국왕을 알아 맞히는 문제입니다. 이제 5단계 힌트입니다.

한국사 퀴즈

5단계 힌트	(가)
4단계 힌트	규장각 설치
3단계 힌트	신해통공 실시
2단계 힌트	초계문신제 시행
1단계 힌트	조선의 제22대 국왕

① 훈련도감 설치
② 수원 화성 건설
③ 나선 정벌 단행
④ 간도 관리사 파견
⑤ 이인좌의 난 진압

15 (가), (나) 사이의 시기에 있었던 사실로 옳은 것은?

(가) 평안 감사가 "이달 19일에 관군이 정주성을 수복하고 두목 홍경래 등을 죽이거나 사로잡았습니다."라고 임금께 보고하였다.

(나) 경상도 안핵사 박규수는 "이번 진주의 백성들이 난을 일으킨 것은 오로지 전 우병사 백낙신이 탐욕을 부려 포학스럽게 행동한 까닭에서 연유한 것이었습니다."라고 임금께 보고하였다.

① 최제우가 동학을 창시하였다.
② 정약종 등이 희생된 신유박해가 일어났다.
③ 오페르트가 남연군 묘 도굴을 시도하였다.
④ 공신 책봉 문제로 이괄이 반란을 일으켰다.
⑤ 이인좌를 중심으로 소론 세력 등이 난을 일으켰다.

16 밑줄 그은 '중건' 시기에 있었던 사실로 옳은 것을 〈보기〉에서 고른 것은?

경복궁 영건일기는 한성부 주부 원세철이 경복궁 중건의 시작부터 끝날 때까지의 상황을 매일 기록한 것이다. 이 일기에 광화문 현판이 검은색 바탕에 금색 글자였음을 알려주는 '묵질금자(墨質金字)'가 적혀 있어 광화문 현판의 옛 모습을 고증하는 근거가 되었다.

─ 보기 ─

ㄱ. 비변사가 설치되었다.
ㄴ. 사창제가 실시되었다.
ㄷ. 원납전이 징수되었다.
ㄹ. 대전통편이 편찬되었다.

① ㄱ, ㄴ
② ㄱ, ㄷ
③ ㄴ, ㄷ
④ ㄴ, ㄹ
⑤ ㄷ, ㄹ

17 (가)에 들어갈 내용으로 옳은 것은?

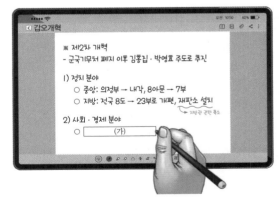

갑오개혁

※ 제2차 개혁
- 군국기무처 폐지 이후 김홍집 · 박영효 주도로 추진

1) 정치 분야
　○ 중앙: 의정부 → 내각, 8아문 → 7부
　○ 지방: 전국 8도 → 23부로 개편, 재판소 설치
　　　　　　　　　　　지방관 권한 축소

2) 사회 · 경제 분야
　○ ☐　(가)

① 지계 발급
② 태양력 사용
③ 한성순보 발행
④ 공사 노비법 폐지
⑤ 교육 입국 조서 반포

18 (가)에 대한 설명으로 옳은 것은?

동대문 일대 재개발 당시 발견된 하도감 터 사진이군요. 이곳은 어떤 용도로 사용된 장소인가요?

여기는 훈련도감에 속한 하도감이 있었던 장소로 군사를 훈련시키고 무기를 제작했던 곳입니다. 1881년부터 이듬해 구식 군인들에 대한 차별 대우로 발생한 ⟨가⟩ 때까지 교련병대의 훈련 장소로 사용되었습니다.

TV 교양 한국사

하도감 터

① 입헌 군주제 수립을 목표로 하였다.
② 조선 총독부의 방해와 탄압으로 실패하였다.
③ 우정총국 개국 축하연을 이용하여 일어났다.
④ 홍범 14조를 기본 개혁 방향으로 제시하였다.
⑤ 일본 공사관에 경비병이 주둔하는 계기가 되었다.

19 다음 자료를 활용한 탐구 활동으로 가장 적절한 것은?

○ 신(臣) 등이 들은 말에 의하면 일전에 외부(外部)에서 산림과 원야(原野)와 진황지(陳荒地)를 50년 기한으로 일본인에게 빌려주는 일을 정부에 청의(請議)하여 도하(都下)의 인심이 매우 술렁거리고 있습니다.
　　　　　　　　　　　　　　　　　　　　－『해학유서』 －

○ 종로에서 송수만, 심상진 씨 등이 각 부(府) · 부(部) · 원(院) · 청(廳)과 각 대관가(大官家)에 알리노라. 지금 산림과 하천 및 못, 원야, 황무지를 일본인이 청구하니, 국가의 존망과 인민의 생사가 경각에 달려 있노라.
　　　　　　　　　　　　　　　　　　　　－ 황성신문 －

① 105인 사건의 영향을 조사한다.
② 보안회의 활동 내용을 파악한다.
③ 독립문이 건립된 과정을 살펴본다.
④ 조선 형평사의 설립 목적을 검색한다.
⑤ 황국 중앙 총상회의 활동을 파악한다.

20 (가), (나)가 공포된 시기의 사이에 있었던 사실로 옳은 것은?

(가) 회사령 폐지에 관한 건
　　회사령은 폐지한다.
　　－ 부칙
　　1. 이 영은 공포일로부터 시행한다.
　　2. 구령에 의하여 설립한 회사로 이 영 시행 당시 존재하는 것은 조선 민사령에 의하여 설립한 것으로 본다.

(나) 조선 총독부 농촌 진흥 위원회 규정
　　제1조 조선의 농산어촌 진흥에 관한 방침, 시설 및 통제에 관한 중요 사항을 심의하기 위하여 조선 총독부에 조선 총독부 농촌 진흥 위원회를 둔다.
　　제3조 위원장은 조선 총독부 정무총감으로 한다.

① 함경도에서 방곡령이 선포되었다.
② 조선 물산 장려회가 평양에서 창립되었다.
③ 황국 중앙 총상회의 상권 수호 운동이 전개되었다.
④ 유상 매수, 유상 분배를 규정한 농지 개혁법이 제정되었다.
⑤ 국가 총동원법을 제정하여 인력과 물자를 강제 동원하였다.

21 (가)에 해당하는 지역을 지도에서 옳게 찾은 것은?

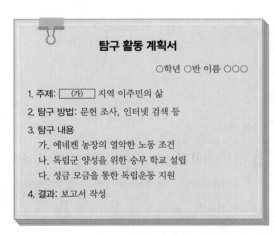

탐구 활동 계획서

○학년 ○반 이름 ○○○

1. 주제: ⟨가⟩ 지역 이주민의 삶
2. 탐구 방법: 문헌 조사, 인터넷 검색 등
3. 탐구 내용
　가. 에네켄 농장의 열악한 노동 조건
　나. 독립군 양성을 위한 숭무 학교 설립
　다. 성금 모금을 통한 독립운동 지원
4. 결과: 보고서 작성

㉠ 남만주　㉡ 연해주　㉢ 일본　㉣ 하와이　㉤ 멕시코

① ㉠　　② ㉡　　③ ㉢　　④ ㉣　　⑤ ㉤

22 밑줄 그은 '이 운동'에 대한 설명으로 옳은 것은?

진주에 있는 이곳은 독립운동가 강상호 선생의 묘입니다. 그는 '공평은 사회의 근본이요, 애정은 인류의 본령'이라는 취지 아래 백정에 대한 권익 보호를 목적으로 전개된 이 운동에 앞장섰습니다.

① 어린이날을 정하고 잡지 어린이를 발간하였다.
② 조선 형평사를 조직하여 사회적 차별에 맞섰다.
③ 계몽 서적의 보급을 위해 태극 서관을 설립하였다.
④ 일제가 이른바 문화 통치를 실시하는 결과를 가져왔다.
⑤ 라이징 선 석유 회사의 조선인 구타 사건을 계기로 시작되었다.

23 (가), (나) 사이의 시기에 있었던 사실로 옳은 것은?

(가) 연통제 공소 공판
히라야마 검사의 구형
피고 37명에 대하여 징역형

(나) 금년 1월 8일에 돌발한
앵전문 앞 대역 사건
범인은 경성 출생 이봉창

① 신규식 등이 대동단결 선언을 발표하였다.
② 대한민국 임시 정부가 대일 선전 성명서를 공표하였다.
③ 김구, 이시영 등이 항저우에서 한국 국민당을 창당하였다.
④ 충칭에서 지청천을 총사령관으로 하는 한국 광복군이 창설되었다.
⑤ 독립운동의 방략을 논의하기 위하여 국민 대표 회의가 개최되었다.

24 (가) 민주화 운동에 대한 설명으로 옳은 것은?

이것은 대전 지역의 고등학생들이 장면 부통령 후보 유세를 기회로 삼아 시작한 3·8 민주 의거를 기리는 탑입니다. 3·8 민주 의거는 대구의 2·28 민주 운동, 마산의 3·15 의거와 더불어 (가) 이/가 전국적으로 확산되는 계기가 되었습니다.

① 한일 국교 정상화에 반대하여 일어났다.
② 호헌 철폐와 독재 타도 등의 구호를 내세웠다.
③ 대학 교수단이 대통령 퇴진을 요구하며 시위 행진을 벌였다.
④ 3·1 민주 구국 선언을 통해 긴급 조치 철폐 등을 요구하였다.
⑤ 5년 단임의 대통령 직선제 개헌이 이루어지는 계기가 되었다.

25 다음 명령을 시행한 정부 시기에 있었던 사실로 옳은 것은?

금융실명거래 및 비밀보장에 관한 긴급재정경제명령

제1조(목적) 이 명령은 실지명의에 의한 금융거래를 실시하고 그 비밀을 보장하여 금융거래의 정상화를 기함으로써 경제정의를 실현하고 국민경제의 건전한 발전을 도모함을 목적으로 한다.

제3조(금융실명거래) ① 금융기관은 거래자의 실지명의(이하 "실명"이라 한다)에 의하여 금융거래를 하여야 한다.
② 금융기관은 이 명령 시행 전에 금융거래계좌가 개설된 금융자산(이하 "기존금융자산"이라 한다)의 명의인에 대하여는 이 명령 시행 후 최초의 금융거래가 있는 때에 그 명의가 실명인지의 여부를 확인하여야 한다. ……

제5조(기존비실명자산의 실명전환의무) ① 실명에 의하지 아니하고 거래한 기존금융자산(이하 "기존비실명자산"이라 한다)의 거래자는 이 명령 시행일부터 2월(이하 "실명전환의무기간"이라 한다) 이내에 그 명의를 실명으로 전환하여야 한다. 이 경우 실명전환의무기간은 대통령령이 정하는 바에 의하여 1월의 범위 안에서 이를 연장할 수 있다. ……

① 경부 고속 도로를 준공하였다.
② 경제 협력 개발 기구(OECD)에 가입하였다.
③ 칠레와 자유 무역 협정(FTA)을 체결하였다.
④ 제1차 경제 개발 5개년 계획을 추진하였다.
⑤ 원조 물자를 가공하는 삼백 산업이 발달하였다.

부여로 고쳐 새롭게 중흥을 도모하였다(538).

정답확인

01	④	02	②	03	④	04	④	05	②
06	③	07	④	08	①	09	①	10	⑤
11	③	12	③	13	②	14	②	15	①
16	③	17	⑤	18	④	19	②	20	②
21	⑤	22	②	23	⑤	24	③	25	②

01 구석기 시대 정답 ④

🔍 **정답의 단서 |** 공주 석장리 유적, 주먹도끼, 찍개, 집자리 유적

공주 석장리 유적은 국내 최초의 구석기 시대 유적지로, 1964년 처음 조사된 이후 13차례에 걸쳐 발굴 조사가 실시되었다. 이 과정에서 5개의 기둥자리와 불을 뗀 흔적이 남아 있는 집자리가 발견되었고, 주먹도끼, 찍개 등의 유물이 출토되었다.
④ 구석기 시대에는 동굴이나 강가에 막집을 짓고 거주하며 계절에 따라 이동 생활을 하였다.

오답 분석

① 철기 시대 때 중국과의 교류가 활발하여 중국 화폐인 명도전과 반량전이 유통되었다.
② 청동기 시대에는 조, 보리, 콩 등의 밭농사와 함께 벼농사도 짓기 시작하였으며 반달 돌칼을 이용하여 곡식을 수확하였다.
③ 후기 청동기 시대와 초기 철기 시대에는 거푸집을 사용하여 세형 동검 등의 청동 무기를 만들었다.
⑤ 신석기 시대에는 빗살무늬 토기를 이용하여 음식을 조리하거나 저장하였다.

02 백제 무령왕 정답 ②

🔍 **정답의 단서 |** 백제 제25대 왕, 공주시, 백가의 난 평정, 22담로에 왕족 파견, 피장자와 축조 연대가 확인된 유일한 백제 왕릉

백제 무령왕은 좌평 백가의 반란을 진압하였고, 지방에 설치한 22담로에 왕족을 파견하여 지방 세력을 통제하기도 하였다. 무령왕릉은 웅진(공주) 백제 시대 왕들의 무덤이 모여 있는 공주 송산리 고분군의 제7호분으로, 유일하게 묘지석이 발견되어 피장자와 축조 연대를 확인할 수 있다.
② 무령왕릉은 널길과 널방을 벽돌로 쌓은 벽돌무덤으로, 고분 양식을 통해 백제가 중국 남조의 양과 교류하며 영향을 받았음을 알 수 있다.

오답 분석

① 백제 무왕은 금마저(전북 익산)에 미륵사를 창건하였다(601).
③ 백제 근초고왕은 고흥으로 하여금 역사서인 『서기』를 편찬하게 하였다(375).
④ 백제 침류왕은 승려 마라난타가 중국 동진에서 건너오자 그를 맞이하고 불교를 수용하였다(384).
⑤ 백제 성왕은 웅진(공주)에서 사비(부여)로 천도하고 국호를 남

03 원효 정답 ④

🔍 **정답의 단서 |** 설총, 소성거사, 화엄경, 무애(無㝵)

④ 신라의 승려 원효는 종파 간 대립과 분열을 종식시키고 불교 화합을 이루기 위해 화쟁 사상을 주장하였다. 또한, 불교의 대중화를 위해 불교의 교리를 쉬운 노래로 표현한 「무애가」를 지었으며, 불교의 사상적 이해 기준을 확립한 『금강삼매경론』, 『대승기신론소』 등을 저술하였다.

오답 분석

① 신라의 승려 의상은 당에 가서 지엄으로부터 화엄에 대한 가르침을 받고 돌아와 화엄 사상을 펼치고 부석사를 창건하여 수많은 제자들을 양성하였다.
② 고려의 승려 요세는 만덕사(백련사)에서 자신의 행동을 참회하는 법화 신앙에 중점을 두고 백련 결사를 주도하였다.
③ 신라의 승려 혜초는 인도와 중앙아시아 지역을 답사한 뒤 『왕오천축국전』을 지었다.
⑤ 고려 문종의 넷째 아들로 승려가 된 의천은 중국과 우리나라의 불교 관련 저술을 수집하여 『신편제종교장총록』을 편찬하였다.

04 고구려 부흥 운동 정답 ④

🔍 **정답의 단서 |** 검모잠, 안승, 신라 왕이 금마저에 정착하게 함

• 사비성 함락(660): 당의 장수 소정방이 이끄는 나당 연합군에 의해 백제의 수도 사비가 함락되고 의자왕과 태자 융이 당으로 송치되면서 백제가 멸망하였다.
• 기벌포 전투(676): 신라 문무왕은 기벌포 전투에서 설인귀가 이끄는 당군에 승리하고 당의 세력을 한반도에서 몰아내면서 삼국을 통일하였다.
④ 나당 연합군에 의해 평양성이 함락되어 고구려가 멸망하였고, 검모잠과 고연무 등이 보장왕의 서자 안승을 왕으로 추대하여 (670) 한성(황해도 재령)과 오골성에서 고구려 부흥 운동을 전개하였다. 그러나 내분으로 인해 안승이 검모잠을 죽인 뒤 고구려 유민을 이끌고 신라로 망명하였다. 신라 문무왕은 당 세력을 몰아내기 위해 안승을 보덕국 왕으로 임명하고 금마저에 땅을 주어 고구려 부흥 운동을 지원하였다(674).

05 최치원 정답 ②

🔍 **정답의 단서 |** 당 유학, 빈공과 급제, 격황소서(檄黃巢書), 『계원필경』

최치원은 통일 신라 말 6두품 출신 유학자로, 당의 빈공과에 합격하여 관리 생활을 하였다. 최치원은 당에 있을 때의 작품을 간추린 문집인 『계원필경』을 신라 헌강왕에게 바쳤다. 이 중 제11권

첫머리에 수록된 '격황소서'는 당에서 황소의 난이 발생하였을 때 황소에게 항복을 권유하기 위한 격문을 대필한 것으로, 문체와 형식이 뛰어나 후세의 한학자들에게 많은 영향을 끼쳤다.
② 최치원은 신라로 돌아와 진성 여왕에게 시무책 10여 조를 건의하였으나 결국 받아들여지지 않았다.

오답 분석

① 김춘추는 백제가 신라를 지속적으로 공격하자 고구려 보장왕을 만나 원병을 요청하였으나 실패하였다. 이에 김춘추는 진덕 여왕의 명을 받고 당으로 건너가 나당 동맹을 성사시키고 나당 연합군을 결성하였다.
③ 강수는 신라 무열왕 때의 유학자로, 고구려·백제·당에 보내는 외교 문서 작성을 전담하였다. 특히, 당에 억류되어 있던 무열왕의 아들 김인문을 석방해 줄 것을 요청한 「청방인문표」를 작성하여 풀려나도록 하였다.
④ 김대문은 통일 신라 진골 귀족 출신으로, 화랑들의 전기인 『화랑세기』와 승려들의 전기인 『고승전』 등을 저술하였다.
⑤ 설총은 강수, 최치원과 함께 통일 신라의 3대 문장가로 꼽히는 인물로, 한자의 음과 훈으로 우리말을 표기하는 이두를 정리하였다.

06 고려 광종의 업적   정답 ③

🔍 **정답의 단서 |** 훈요 10조, 최승로, 시무 28조

- 고려 태조 왕건의 훈요 10조(943): 태조 왕건은 『정계』와 『계백료서』를 통해 관리가 지켜야 할 규범을 제시하고, 후대 왕들이 지켜야 할 정책 방향을 제시한 훈요 10조를 남겼다.
- 최승로의 시무 28조(982): 고려 성종은 6두품 출신의 유학자들을 중용하여 유교 정치를 실현하고자 하였다. 이에 최승로는 시무 28조를 올려 불교 행사의 억제와 유교의 발전을 요구하면서 역대 왕들의 치적에 대한 잘잘못을 평가하여 교훈으로 삼도록 하였다. 성종은 최승로의 의견을 받아들여 다양한 제도를 시행하고 통치 체제를 정비하였다.
③ 고려 광종은 호족 세력을 약화시키기 위해 노비안검법을 실시하였고(956), 후주 출신 쌍기의 건의를 받아들여 과거 제도를 시행하기도 하였다(958).

오답 분석

① 고려 무신 정권 시기 최충헌의 뒤를 이어 집권한 최우는 자신의 집에 정방을 설치하고 인사 행정을 담당하는 기관으로 삼아 인사권을 완전히 장악하였다(1225).
② 고려 숙종 때 부족을 통일한 여진족이 고려의 국경을 자주 침입하자 윤관이 왕에게 건의하여 신기군, 신보군, 항마군으로 구성된 별무반을 편성하였다(1104).
④ 통일 신라 원성왕은 국학의 학생들을 대상으로 독서삼품과를 시행하여 유교 경전의 이해 수준에 따라 관리를 채용하였다(788).
⑤ 고려 공민왕은 대외적으로 친원 세력을 몰아내는 반원 자주 정책을 추진하여 기철 등 친원 세력을 숙청하고, 정동행성 이문소를 폐지하였다(1356).

07 고려 시대의 경제 상황   정답 ④

🔍 **정답의 단서 |** 경종, 직관(職官)과 산관(散官), 각 품의 전시과 제정, 문종, 전시과를 다시 고침, 전지, 시지

고려 경종 때 처음 시행된 전시과는 관직 복무와 직역의 대가로 관료에게 토지를 나누어 주는 제도였다. 관리부터 군인, 한인까지 총 18등급으로 나누어 곡물을 수취할 수 있는 전지와 땔감을 얻을 수 있는 시지를 주었고, 지급된 토지는 수조권만 가졌다.
④ 고려 시대에는 상업 활동이 활발해지면서 화폐를 발행하였다. 고려 성종 때에는 우리나라 최초의 주화인 건원중보가 발행되었고, 이후 숙종 때 삼한통보, 해동통보, 해동중보 등의 동전과 활구(은병)를 만들어 통용을 추진하였으나 널리 유통되지는 못하였다.

오답 분석

① 솔빈부는 발해의 지방 행정 구역인 15부 중 하나로, 당시 발해는 목축과 수렵이 발달하여 솔빈부의 말을 주변 국가에 수출하였다.
② 통일 신라 장보고는 완도 지역에 청해진을 설치하고 해적들을 소탕하여 해상 무역권을 장악하였다. 이를 토대로 당, 신라, 일본을 잇는 국제 무역을 주도하였다.
③ 신라 지증왕은 경주에 시장을 설치하고 이를 관리·감독하기 위한 기구인 동시전을 설치하였다.
⑤ 조선 초기에는 민간의 광산 개발을 금지하였으나 조선 후기인 효종 때 설점수세제를 시행하여 민간 광산 개발을 허용해 주고 세금을 징수하였다.

08 거란의 침입과 고려의 대응   정답 ①

🔍 **정답의 단서 |** 강조 토벌, 흥화진, 양규

거란은 강조의 정변을 구실로 고려를 2차로 침입하여 압록강을 건너 흥화진을 공격하였다. 양규는 흥화진 전투에서 전투를 지휘하여 거란군을 물리쳤다.
① 정종 때 최광윤의 의견을 받아들여 거란의 침입에 대비하기 위한 광군을 조직하였다.

오답 분석

② 숙종 때 윤관의 건의로 설치된 별무반은 신기군, 신보군, 항마군으로 구성되었으며, 여진을 공격하여 동북 지역에 9성을 개척하였다.
③ 최무선은 화통도감의 설치를 건의하여 화약과 화포를 제작하였고, 이를 활용하여 진포 대첩에서 왜구를 격퇴하였다.
④ 최씨 무신 정권 시기 권력을 장악하고 있던 최우는 몽골의 침입에 대항하기 위해 강화도로 천도하고 장기 항전을 준비하였다.
⑤ 공민왕은 개혁 정치를 실시하면서 반원 자주 정책의 일환으로 쌍성총관부를 공격하여 철령 이북 지역의 영토를 수복하였다.

09 고려 공민왕의 개혁 정치

정답 ①

🔍 **정답의 단서** | 지정(至正) 연호 사용 중지, 기철 등 처단, 『고려사』

고려 공민왕은 과감한 개혁 정치를 펼쳐 대외적으로는 친원 세력을 몰아내고 대내적으로는 왕권 강화를 추진하였다. 반원 정책의 일환으로 원의 연호 폐지, 기철 등 친원 세력 숙청을 실시하고 내정 간섭 기구로 유지되었던 정동행성 이문소를 폐지하였으며, 쌍성총관부를 공격하여 원에 빼앗긴 철령 이북의 땅을 수복하였다. 왕권 강화를 위해서 정방을 폐지하고 신진 사대부를 대거 등용하였으며, 전민변정도감을 설치하여 권문세족이 부당하게 빼앗은 토지를 돌려주고 노비를 양민으로 해방시켰다.

① 공민왕은 자주적인 개혁 정치를 단행하여 관제 개혁을 추진하였다. 이에 따라 원 간섭기인 충렬왕 때 관제가 격하되면서 설치되었던 첨의부를 고쳐 중서문하성과 상서성으로 복구하였으며 6부제로 환원하였다.

오답 분석

② 충렬왕 때 원은 고려를 일본 원정에 동원하기 위해 정동행성을 설치하고 여몽 연합군을 구성하였다. 몽골의 일본 원정은 두 차례에 걸쳐 이루어졌으나 일본의 강한 저항과 태풍 등의 자연재해로 인해 모두 실패하였다.

③ 공양왕 때 신진 사대부 조준 등의 건의로 토지 개혁법인 과전법을 실시하였는데 지급 대상 토지를 원칙적으로 경기 지역에 한정하였다.

④ 우왕 때 최영은 이성계와 연합하여 이인임 일파를 축출하고 왕권 강화와 민심 수습을 위해 노력하였다.

⑤ 광종은 후주 출신 쌍기의 건의로 과거 제도를 실시하여 신진 세력을 등용하였다.

10 조선 세조의 업적

정답 ⑤

🔍 **정답의 단서** | 육조 직계제 부활, 계유년, 황보인 등 제거, 강력한 왕권 행사, 형조의 사형수 판결을 제외한 육조의 서무를 직접 왕에게 보고하도록 함

조선 태종 때 육조가 직접 조정에 참여하도록 하는 등 육조 직계제를 시행하였고, 세종 때 다시 의정부 서사제로 바뀌었다. 이후 계유정난을 통해 즉위한 세조는 왕권을 강화하기 위해 육조 직계제를 부활시켜 의정부를 거치지 않고 국왕이 바로 재가를 내리게 하였다.

⑤ 세조는 세습으로 인한 과전 부족을 초래하였던 과전법의 폐단을 바로잡기 위해 현직 관리에게만 수조지를 지급하는 직전법을 시행하였다(1466).

오답 분석

① 태종 때 왕명으로 주자소를 설치하여 금속 활자인 계미자를 주조하였다(1403).

② 연산군 때 사관 김일손이 영남 사림파의 영수인 김종직의 조의제문을 실록에 기록하였다. 이때 사림 세력과 대립 관계였던 유자광, 이극돈 등의 훈구 세력과 연산군이 이를 문제 삼으면서 무오사화가 일어났다(1498).

③ 흥선 대원군은 기존의 『대전통편』을 보완하고 각종 조례를 정리한 법전인 『대전회통』을 편찬하여 통치 체제를 정비하였다(1865).

④ 세종은 대마도주의 요구를 받아들여 부산포, 제포, 염포를 개방하였고(1426), 이후 제한된 범위 내에서 무역을 허락하는 계해약조를 체결하였다(1443).

11 조선의 사화

정답 ③

🔍 **정답의 단서** | 갑자년, 어머니가 비명에 죽은 것을 분하게 여김, 김종직의 조의제문, 부관참시, 대윤, 소윤, 윤원형, 조광조, 현량과

(나) 무오사화(1498): 연산군 때 사관 김일손이 영남 사림파의 영수인 김종직의 조의제문을 실록에 기록하였는데, 사림 세력과 대립 관계였던 유자광, 이극돈 등의 훈구 세력과 연산군이 이를 문제 삼으면서 무오사화가 발생하였다.

(가) 갑자사화(1504): 연산군의 생모인 폐비 윤씨 사사 사건의 전말을 연산군이 알게 되면서 갑자사화가 발생하였다. 이로 인해 당시 폐비 윤씨 사건에 관련된 인물들과 무오사화 때 피해를 면했던 사림들까지 큰 화를 입었다.

(라) 기묘사화(1519): 중종 때 등용된 조광조는 현량과 실시, 소격서 폐지, 위훈 삭제 등의 급진적인 개혁을 실시하였다. 이에 반발한 훈구 세력들이 주초위왕 사건을 일으켜 기묘사화가 발생하면서 조광조를 비롯한 사림들이 피해를 입었다.

(다) 을사사화(1545): 인종의 뒤를 이어 명종이 어린 나이로 즉위하자 명종의 어머니 문정 왕후가 수렴청정을 하였다. 인종의 외척인 윤임을 중심으로 한 대윤 세력과 명종의 외척인 윤원형을 중심으로 한 소윤 세력의 대립으로 을사사화가 발생하여 윤임을 비롯한 대윤 세력과 사림들이 큰 피해를 입었다.

12 조선의 농서

정답 ③

🔍 **정답의 단서** | 조선의 농업 서적, 『구황촬요』, 『금양잡록』, 『농사직설』, 『산림경제』, 『임원경제지』

③ 조선 세종은 정초, 변효문 등을 시켜 우리 풍토에 맞는 농법을 기술한 『농사직설』을 간행하였다.

오답 분석

① 고려 충정왕 때 이암이 목화 재배와 양잠 등 중국 화북 지방의 농법을 소개한 『농상집요』를 처음 들여왔으나 우리의 농업 실정과 맞지 않았다.

② 조선 숙종 때 홍만선이 상품 작물 재배법과 원예 기술 및 일상생활에 관한 내용을 기록한 『산림경제』를 저술하였다.

④ 조선 후기의 실학자 서유구는 농업과 임업, 의식주를 포함한 일상 문화를 집대성하여 당시 농업 정책과 경제론에 대한 내용을 백과사전 형식으로 기술한 『임원경제지』를 저술하였다.

⑤ 조선 성종 때 강희맹은 사계절의 농법과 농작물에 대한 주의 사항 등 직접 경험한 것을 종합하여 『금양잡록』을 저술하였다.

13 병자호란 이후의 상황   정답 ②

🔍 정답의 단서 | 심양에 볼모로 잡혀간 봉림 대군, 척화론, 김상헌

후금이 국호를 청으로 고치고 조선에 군신 관계를 요구하였으나 조선이 요청을 거부하자 병자호란이 일어났다(1636). 남한산성으로 피란하며 항전하던 인조는 강화도로 보낸 왕족과 신하들이 인질로 잡히자 삼전도에서 굴욕적으로 항복하였다. 이후 소현 세자와 봉림 대군 등이 볼모로 청에 압송되었고 이후 조선으로 돌아온 봉림 대군이 효종으로 즉위하여 북벌을 추진하였다.
② 효종 때 러시아가 만주 지역까지 침략해 오자 청은 조선에 원병을 요청하였고, 조선에서는 두 차례에 걸쳐 조총 부대를 출병시켜 나선 정벌을 단행하였다(1654, 1658).

오답 분석

① 세종 때 최윤덕이 압록강 상류 지역에 4군을 설치하고(1443), 김종서가 두만강 하류 지역에 6진을 설치하였다(1449).
③ 광해군은 명의 요청으로 후금과의 전투에 강홍립 부대를 파견하였다(1619). 그러나 명과 후금 사이에서 중립 외교 정책을 추진하여 사르후 전투에서 무모한 싸움을 계속하지 않고 투항하도록 명령하였다.
④ 인조 때 정묘호란이 발발하자 정봉수와 이립이 용골산성에서 의병을 이끌며 후금에 맞서 항전하였다(1627).
⑤ 광해군 때 대마도주와 기유약조를 체결하여 임진왜란으로 끊겼던 국교가 재개되고 부산에 왜관이 설치되었다(1609).

14 조선 정조의 정책   정답 ②

🔍 정답의 단서 | 규장각, 신해통공, 초계문신제, 조선의 제22대 국왕

조선의 제22대 국왕 정조는 규장각을 설치하고, 인재 양성을 위하여 새롭게 관직에 오르거나 기존 관리들 중 능력 있는 문신들을 규장각에서 재교육시키는 초계문신제를 실시하였다. 또한, 채제공의 건의에 따라 시전 상인의 금난전권을 폐지하는 신해통공을 시행하기도 하였다.
② 정조는 사도 세자의 묘를 수원으로 옮기고 수원 화성을 건설하여 정치적·군사적 기능을 부여하였다.

오답 분석

① 임진왜란 중 유성룡의 건의에 따라 포수, 사수, 살수의 삼수병으로 편성된 훈련도감을 설치하였다. 이들은 급료를 받는 상비군으로, 의무병이 아닌 직업 군인의 성격을 가졌다.
③ 효종 때 러시아가 만주 지역까지 침략해 오자 청은 조선에 원병을 요청하였고, 조선에서는 두 차례에 걸쳐 조총 부대를 출병시켜 나선 정벌을 단행하였다.
④ 의화단 운동으로 인해 청의 관심이 소홀해진 틈을 타 러시아가 간도를 점령하였고, 대한 제국은 간도에 살고 있는 조선인을 보호하기 위해 이범윤을 간도 관리사로 파견하였다.
⑤ 숙종 때 남인과의 세력 다툼 끝에 집권한 서인 세력은 다시 소론과 노론으로 세력이 나뉘었다. 이후 영조 때 정권에서 배제된 소론과 남인 일부가 연합하여 경종의 죽음과 영조의 정통성에 대해 의문을 제기하며 이인좌, 정희량 등을 중심으로 반란을 일으켰으나 진압되었다.

15 세도 정치 시기   정답 ①

🔍 정답의 단서 | 평안 감사, 정주성, 홍경래, 경상도 안핵사 박규수, 진주의 백성들이 난을 일으킴, 우병사 백낙신

(가) 홍경래의 난(1811): 조선 순조 때 세도 정치로 인한 삼정의 문란과 서북 지역 차별 대우에 불만을 품은 평안도 지방 사람들이 몰락 양반 출신 홍경래를 중심으로 봉기를 일으켰다. 평안북도 가산에서 우군칙, 이희저 등과 함께 청천강 이북 지역을 점령하기도 하였으나 관군에 의해 정주성에서 진압되었다.
(나) 임술 농민 봉기(1862): 철종 때 삼정의 문란과 경상 우병사 백낙신의 가혹한 수탈에 견디다 못한 진주 지역의 농민들이 몰락 양반 유계춘을 중심으로 봉기를 일으켜 진주성을 점령하였다. 이후 안핵사로 파견된 박규수는 민란의 원인이 삼정의 문란에 있다고 보고 삼정이정청을 설치하였다.
① 철종 때 최제우가 유교, 불교, 도교, 민간 신앙의 요소를 결합한 동학을 창시하였으며, 마음속에 한울님을 모시는 시천주와 사람이 곧 하늘이라는 인내천 사상을 강조하였다(1860).

오답 분석

② 순조 때 노론 벽파가 천주교에 대대적인 탄압을 가하면서 신유박해가 일어났다. 이때 정약종, 이승훈, 주문모 등 300여 명의 천주교 신자들이 처형되었고, 정약전, 정약용 등이 유배를 가게 되었다(1801).
③ 오페르트를 비롯한 서양인들이 덕산에 위치한 흥선 대원군의 아버지 남연군 묘를 도굴하려다가 실패하였다(1868).
④ 인조가 반정을 통해 왕위에 오르는 과정에서 큰 공을 세웠던 이괄은 2등 공신으로 책봉된 것에 불만을 품고 반란을 일으켰다(1624).
⑤ 영조 때 이인좌, 정희량 등 정권에서 소외된 소론 세력이 남인 일부와 연합하여 경종의 죽음과 영조의 정통성에 대해 의문을 제기하면서 반란을 일으켰으나 진압되었다(1728).

16 흥선 대원군의 정책   정답 ③

🔍 정답의 단서 | 『경복궁 영건일기』, 원세철, 경복궁 중건

고종이 어린 나이에 왕위에 오르면서 정치적 실권을 잡은 흥선 대원군은 세도 정치로 혼란에 빠진 국가 체제를 복구하기 위해 각종 개혁 정책을 실행하였다. 『경복궁 영건일기』는 흥선 대원군이 즉위 이후 왕실의 권위를 회복하기 위해 임진왜란 때 불탔던 경복궁을 중건하는 과정에서 건물의 용도와 명칭, 배수로, 공사 진행 사항 등을 기록한 문서로, 당시 한성부 주부 원세철이 작성하였다. 이에 따르면 광화문 현판이 검은색 바탕에 금색 글자임을 뜻하는 '묵질금자'로 기록되어 있어 옛 광화문의 현판 모습을 고증하는 근거가 되었다.
ㄴ·ㄷ. 흥선 대원군은 환곡의 폐단을 해결하기 위해 향촌에서 마을 단위로 운영하던 사창제를 전국적으로 실시하였고(1866), 경복궁을 중건하면서 백성들에게 원납전을 기부금 명목으로 징수하고 공사비로 충당하였다(1865).

오답 분석

ㄱ. 중종 때 삼포왜란이 발생하자 이를 계기로 외적의 침입에 대비하기 위한 임시 기구로 비변사를 처음 설치하였고(1510), 명종 때 을묘왜변을 계기로 상설 기구화 되었다(1555).

ㄹ. 정조 때 문물제도 및 왕조의 통치 규범을 정리한 법전인 『대전통편』을 편찬하였다(1785).

17 제2차 갑오개혁   정답 ⑤

Q 정답의 단서 | 제2차 개혁, 군국기무처 폐지, 김홍집·박영효 추진, 내각, 7부, 23부, 재판소 설치

군국기무처 폐지 이후 김홍집·박영효 연립 내각에 의해 제2차 갑오개혁이 추진되었다. 중앙 행정 기구인 의정부와 8아문을 각각 내각과 7부로, 지방 행정 구역을 8도에서 23부로 개편하였고, 재판소를 설치하여 사법권을 행정권에서 분리하였다.

⑤ 제2차 갑오개혁 때 교육 입국 조서를 반포하여 근대적 교육의 기본 방향을 제시하였고, 이에 따라 소학교, 중학교, 한성 사범 학교 등을 세웠다.

오답 분석

① 대한 제국은 광무개혁 때 양지아문을 설치하여 양전 사업을 실시하였고, 지계아문을 통해 토지 소유 문서인 지계를 발급하여 근대적 토지 소유권을 확립하고자 하였다(1901).

② 을미사변 이후 을미개혁이 추진되어 건양 연호와 태양력을 사용하게 되었다(1895).

③ 개항 이후 개화 정책의 일환으로 출판 기관인 박문국이 설치되었고 이곳에서 최초의 근대적 신문인 한성순보를 발행하였다(1883).

④ 군국기무처를 주도로 제1차 갑오개혁이 진행되면서 공사 노비법을 혁파하여 신분제가 법적으로 폐지되었다(1894).

18 임오군란   정답 ⑤

Q 정답의 단서 | 구식 군인들에 대한 차별 대우로 발생

⑤ 신식 군대인 별기군에 비해 차별 대우를 받던 구식 군인들이 선혜청을 습격하면서 임오군란이 발생하였다. 구식 군인들은 흥선 대원군을 찾아가 지지를 요청하였고, 정부 고관들의 집과 일본 공사관을 습격하였다. 조선 조정의 요청으로 군대를 보낸 청은 군란을 진압하고 흥선 대원군을 청으로 압송하였다. 조선은 임오군란의 피해를 보상하라는 일본의 요구로 일본인 교관 피살에 대한 사과 사절단 파견, 주모자 처벌, 배상금 지불, 일본 공사관 경비병 주둔 등을 명시한 제물포 조약을 체결하였다.

오답 분석

①·③ 김옥균을 중심으로 한 급진 개화파는 일본의 군사적 지원을 받아 우정총국 개국 축하연 자리에서 갑신정변을 일으켰다. 정권을 잡은 이들은 청과의 사대 관계 폐지, 입헌 군주제

수립, 능력에 따른 인재 등용을 주장하였으나 청군의 개입으로 3일 만에 실패하였다.

② 조선 총독부는 1910년 한일 병합 조약이 체결된 이후 설치되었으며 초대 총독으로 데라우치, 총리 대신으로 이완용이 부임하였다.

④ 김홍집 내각은 제2차 갑오개혁 때 홍범 14조를 반포하여 근대적 개혁의 기본 방향을 제시하고 청에 대한 자주 독립을 공고히 하였다.

19 보안회   정답 ②

Q 정답의 단서 | 송수만, 심상진, 산림과 하천 및 못, 원야, 황무지를 일본인이 청구

② 송수만, 심상진 등이 조직한 보안회는 일본이 대한 제국에 황무지 개간권을 요구하자 반대 운동을 전개하여 저지하였다(1904).

오답 분석

① 조선 총독부가 데라우치 총독 암살 미수 사건을 조작하여 많은 민족 운동가들을 체포한 105인 사건으로 인해 신민회가 와해되었다(1911).

③ 서재필은 갑신정변 이후 미국에서 돌아와 독립신문을 창간하고 독립 협회를 창립하였으며(1896), 청의 사신을 맞던 영은문을 헐고 그 자리에 독립문을 세웠다(1897).

④ 일제 강점기에 백정들은 사회적 차별을 철폐하기 위해 조선 형평사를 결성하고 형평 운동을 전개하였다(1923).

⑤ 조청 상민 수륙 무역 장정이 체결되어 외국 상인들로 인해 어려움에 처한 서울 도성의 시전 상인들은 황국 중앙 총상회를 조직하여 상권 수호 운동을 전개하였다(1898).

20 민족 말살 통치기   정답 ②

Q 정답의 단서 | 회사령 폐지, 조선 총독부 농촌 진흥 위원회

(가) 회사령 폐지(1920): 1920년대 일제는 허가제를 기반으로 한 회사령을 폐지하여, 회사를 설립할 때 신고하도록 변경하였다. 이로 인해 조선에 일본 기업들이 자유롭게 진출할 수 있게 되어 일본의 경제 침탈이 더욱 심화되었다.

(나) 조선 총독부 농촌 진흥 위원회 규정 발표(1932): 1930년대에 조선의 농업 경제가 악화됨에 따라 농민운동과 소작쟁의가 일어나 일제는 식민 통치에 어려움을 느꼈다. 이에 일제는 조선 농촌 진흥 운동을 진행하고 조선 총독부 농촌 진흥 위원회를 설치하는 등 농촌 경제 문제 해결을 빌미로 농촌을 더욱 통제하며 식민 통치를 이어 나갔다.

② 1920년대 일제의 경제 침탈이 심화되면서 조선의 경제권이 일본에 예속되었다. 이에 조만식은 민족 기업을 통해 경제 자립을 이루고자 평양에서 조선 물산 장려회를 창립하여 국산품을 장려하는 물산 장려 운동을 전개하였다. 물산 장려 운동은 서울에서 조선 물산 장려회가 조직되면서 전국적으로 확산되었다(1923).

① 함경도 관찰사 조병식은 흉년으로 곡물이 부족해지자 조일 통상 장정의 조항에 따라 일본으로 곡물이 유출되는 것을 막기 위해 방곡령을 선포하였다(1889). 그러나 일본이 시행 1개월 전에 일본 공사에 미리 알려야 한다는 조항 내용을 근거로 방곡령 철회를 요구하였고, 결국 조선은 방곡령을 철회하고 일본 상인에 배상금까지 지불하게 되었다.

③ 조청 상민 수륙 무역 장정이 체결되어 들어 온 외국 상인들로 인해 서울 도성의 시전 상인들이 어려움에 처하게 되었다. 이에 서울 상인들은 황국 중앙 총상회를 조직하여 상권 수호 운동을 전개하였다(1898).

④ 이승만 정부의 제헌 국회에서 유상 매수, 유상 분배를 규정한 농지 개혁법을 제정하였다(1949).

⑤ 1930년대 이후 일제는 대륙 침략을 위해 한반도를 병참 기지화하고 국가 총동원법을 제정하여 인력과 물자를 강제 동원하였다(1938).

21 멕시코 지역의 독립운동   정답 ⑤

Q 정답의 단서 | 에네켄 농장, 독립군 양성, 숭무 학교, 성금 모금, 독립운동 지원

⑤ 멕시코 메리다 지역의 한인들은 한인 사회를 형성하고 에네켄 농장에서 반노예적인 노동 조건과 착취를 견디면서 독립운동 자금을 모았다. 또한, 군 양성 기관인 숭무 학교를 설립하여 항일 무장 투쟁을 대비하기도 하였다.

22 형평 운동   정답 ②

Q 정답의 단서 | 진주, 강상호, 공평은 사회의 근본, 백정에 대한 권익 보호

② 일제 강점기의 사회 운동가 강상호는 경남 진주에서 백정 이학찬 등과 함께 백정에 대한 사회적 차별 철폐를 위한 형평사를 조직하였다. 형평사는 계급을 타파하고 백정에 대한 모욕적 칭호 폐지와 교육을 주장하였으며, 이후 서울 및 전국 지회가 조선 형평사로 통합되었다.

① 방정환, 김기전 등이 주축이 된 천도교 소년회는 1923년 5월 1일을 어린이날로 제정하고 『어린이』라는 잡지를 발간하는 등 소년 운동을 주도하였다.

③ 신민회 조직에 참여한 이승훈은 평양에서 계몽 서적이나 유인물을 출판 · 보급하고자 태극 서관을 설립하여 민족 기업을 육성하였다.

④ 1919년에 일어난 3 · 1 운동은 일제가 무단 통치를 완화하고 식민지 통치를 문화 통치 방식으로 변화시키는 계기가 되었다.

⑤ 영국인이 경영하는 문평 라이징 선 석유 회사에서 일본인 감독이 조선인 노동자를 구타한 사건을 계기로 파업이 일어난 후 회사가 요구 조건을 이행하지 않자 원산 노동 연합회를 중심으로 원산 노동자 총파업에 들어갔다.

23 국민 대표 회의   정답 ⑤

Q 정답의 단서 | 연통제 공소 공판, 히라야마 검사, 앵전문 앞 대역 사건, 이봉창

(가) 연통제 해체(1921): 대한민국 임시 정부는 비밀 행정 조직으로 연통제를 실시하여 국내와의 연락망을 확보하고 독립운동 자금의 유통을 관리하였다. 그러나 일제의 철저한 색출 작업으로 연통제 조직과 관련된 인물들이 체포되어 징역형을 선고받으면서 연통제는 해체되었다.

(나) 윤봉길 의거(1932): 김구는 대한민국 임시 정부의 침체된 활동을 타개하기 위해 상하이에서 한인 애국단을 결성하여 적극적인 투쟁 활동을 전개하였다. 단원 이봉창은 도쿄에서 일본 국왕의 행렬에 폭탄을 투척하였고, 윤봉길은 상하이 훙커우 공원에서 열린 일본군의 축하 기념식에서 폭탄을 던졌다.

⑤ 대한민국 임시 정부는 교통국과 연통제 조직이 일제에 의해 와해되고 무장 투쟁론과 외교 독립론의 갈등, 사회주의 계열과 민족주의 계열 간의 갈등이 심화되자 국민 대표 회의를 개최하여 독립운동의 새로운 방향을 모색하였다(1923).

① 신규식, 신채호, 조소앙, 박은식 등 해외에 거주하던 독립운동가 14명은 국내외의 여러 독립운동 단체를 하나의 통합된 조직으로 결성하고 민족 대회를 개시하기 위해 상하이에서 대동단결 선언을 발표하였다(1917).

② 대일 선전 성명서는 일본군의 진주만 기습 공격으로 태평양 전쟁이 발발하자, 대한민국 임시 정부의 김구 주석과 조소앙 외교부장 명의로 일본에 대한 선전 포고를 명문화한 자료이다(1941).

③ 김구, 이시영 등이 항저우에서 대한민국 임시 정부 유지 세력으로 구성된 한국 국민당을 창당하였다(1935).

④ 한국 광복군은 충칭에서 지청천을 총사령관으로 하여 대한민국 임시 정부의 직할 부대로 창설되었다(1940).

24 4 · 19 혁명   정답 ③

Q 정답의 단서 | 대전 지역의 고등학생, 장면 부통령 후보 유세를 기회로 삼음, 3 · 8 민주 의거, 대구의 2 · 28 민주 운동, 마산의 3 · 15 의거

③ 이승만과 자유당 정권의 3 · 15 부정 선거에 저항하여 4 · 19 혁명이 발발하였고, 대학 교수단이 대통령 하야를 요구하는 행진을 전개하는 등 시위가 전국적으로 확산되었다. 결국 이승만이 하야하고 내각 책임제를 기본으로 하는 허정 과도 정부가 구성되었다.

① 박정희 정부가 한일 회담을 진행하면서 한일 국교 정상화 추진에 대한 협정 내용이 공개되자 학생과 야당을 주축으로 이에 반대하는 6·3 시위가 전개되었고 정부는 비상계엄령을 선포하였다(1964).

②·⑤ 전두환 정부 시기 박종철 고문치사 사건과 4·13 호헌 조치가 원인이 되어 발생한 6월 민주 항쟁이 전국적으로 확산되었다. 시민들은 호헌 철폐와 독재 타도 등의 구호를 내세워 민주적인 헌법 개정을 요구하였다. 이 결과, 정부는 5년 단임의 대통령 직선제를 골자로 하는 6·29 민주화 선언을 발표하였다(1987).

④ 박정희 정부 시기 김대중, 함석헌 등의 정치인과 기독교 목사, 대학 교수 등이 유신 독재 체제에 저항하여 긴급 조치 철폐 등을 요구하는 3·1 민주 구국 선언을 발표하였다(1976).

25 김영삼 정부의 경제 정책 정답 ②

Q 정답의 단서 | 금융실명거래 및 비밀보장에 관한 긴급재정경제명령, 금융실명거래, 기존비실명자산의 실명전환의무

② 김영삼 정부는 부정부패와 탈세를 뿌리 뽑겠다는 의지로 금융 실명제를 실시하여 경제 개혁을 추진하였다(1993). 또한, 경제 협력 개발 기구(OECD)에 가입하는 등 경제 성장을 이끌었으나(1996), 임기 말 외환 위기로 인해 국제 통화 기금(IMF)으로부터 구제 금융을 받게 되었다(1997).

① 박정희 정부 시기인 1968년 초에 착공된 경부 고속 도로는 단군 이래 최대의 토목 공사로 불리면서 1970년 준공되었다.

③ 노무현 정부 시기에 한국 – 칠레 간 자유 무역 협정(FTA)을 체결하였다(2004).

④ 박정희 정부의 주도로 제1차 경제 개발 5개년 계획이 추진되었다(1962).

⑤ 이승만 정부 시기인 1950년대에는 6·25 전쟁 이후 미국의 원조에 기반을 두고 면화, 설탕, 밀가루를 중심으로 한 삼백 산업이 활성화되어 소비재 공업이 성장하였다.

좋은 책을 만드는 길, 독자님과 함께하겠습니다.
....

2025 시대에듀 PASSCODE 한국사능력검정시험 7일 완성 심화(1·2·3급)

개정3판1쇄 발행	2025년 03월 05일 (인쇄 2025년 01월 17일)
초 판 발 행	2022년 01월 05일 (인쇄 2021년 12월 14일)
발 행 인	박영일
책 임 편 집	이해욱
편 저	한국사수험연구소
편 집 진 행	이미림 · 백나현 · 박누리별
표지디자인	박수영
편집디자인	신지연 · 임창규
발 행 처	(주)시대고시기획
출 판 등 록	제10-1521호
주 소	서울시 마포구 큰우물로 75 [도화동 538 성지 B/D] 9F
전 화	1600-3600
팩 스	02-701-8823
홈 페 이 지	www.sdedu.co.kr
I S B N	979-11-383-8662-3 (13900)
정 가	17,000원

나에게 딱 맞는 한능검 교재를 선택하고 합격하자!

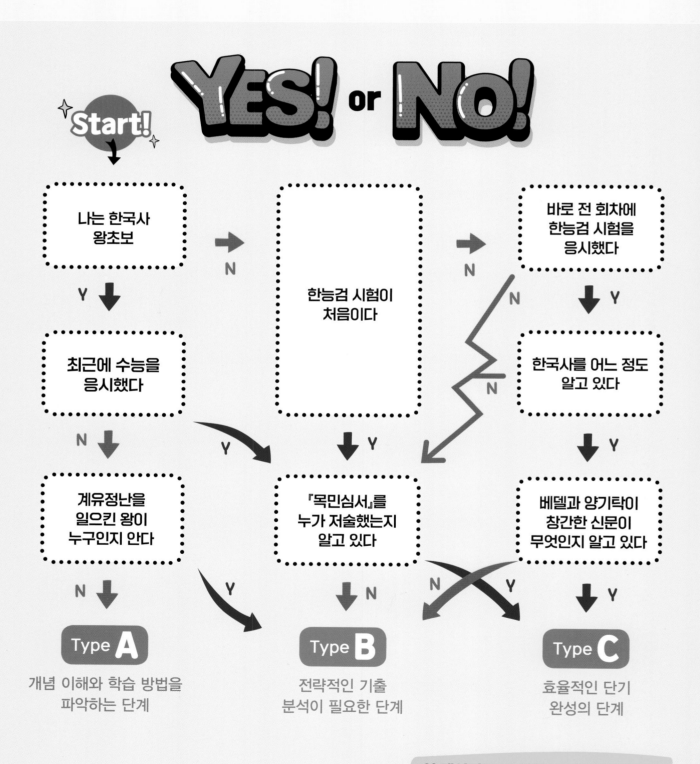

옆 페이지로 커리큘럼 계획하러 가기

시대에듀 한국사능력검정시험
심화(1·2·3급) 대비서 시리즈

개념 정복

Type A 개념 이해와 학습 방법을 파악하는 단계

PASSCODE 한국사능력검정시험 한권으로 끝내기 심화
- 황의방 교수 저자 직강 무료 제공
- 알짜만 모은 핵심 이론
- 시험에 자주 등장하는 키워드를 통한 철저한 기출문제 분석
- 한능검을 정복하는 20가지 유형별 문제 풀이 스킬 제시

Type B 전략적인 기출 분석이 필요한 단계

PASSCODE 한국사능력검정시험 시대별·주제별 기출문제집 심화
- 시대 통합 주제와 시대별 핵심 주제로 구성된 이론 및 문제를 통해 신유형 완전 정복
- 실제 기출된 사료와 선지를 재구성한 미니 문제를 통해 핵심 키워드 파악
- 전 문항 개별 QR코드로 나 홀로 학습 가능

Type C 효율적인 단기 완성의 단계

PASSCODE 한국사능력검정시험 7일 완성 심화
- 기출 빅데이터 분석으로 50개 주제별 빈출 키워드와 문제 유형 제시
- 오디오북으로 스마트하게 학습 가능한 꼭 나오는 기출 선택지 제시
- 최종 모의고사 1회분과 시대별 연표로 마지막 1문제까지 완벽 케어

나의 학습 단계에 맞는 한능검 교재를 통해
한국사 개념을 정복하고 문제 풀이 스킬을 업↑ 시켰다면,

최종 마무리 단계는 기출문제로 실전 감각 익히기!

기출 정복

마무리 한국사에 대한 개념이 빠삭한 단계

PASSCODE 한국사능력검정시험 기출문제집 800제 16회분 심화
- 회차별 최신 기출문제 최다 수록
- 오답부터 정답까지 기본서가 필요 없는 상세한 해설
- 기출 해설 무료 강의
- 회차별 모바일 OMR 자동채점 서비스 제공

WHY?

※ 시험의 활용 및 요강은 변경될 수 있습니다. 자세한 한국사능력검정시험 홈페이지(www.historyexam.go.kr)를 통해 확인하시기 바랍니다.

왜 한국사능력검정시험인가?

응시자격 부여
- 지역인재 7급 수습직원
- 외교관 후보자 선발
- 5급 공무원
- 교원임용

한국사 시험 대체
- 7급 국가직 · 지방직 공무원
- 우정서기보(계리) 공무원
- 경찰 · 소방 공무원
- 군무원

활용할 수 있는 곳이 무궁무진

가산점 부여
- 일부 대학의 수시모집
- 공무원 경력경쟁채용
- 사관학교 입시

기타
일부 기업 사원 채용이나 승진 시 반영

인증 등급 >>

심화: 1급(80점 이상) / 2급(70~79점) / 3급(60~69점)

기본: 4급(80점 이상) / 5급(70~79점) / 6급(60~69점)

문항 수 / 시간 >>

| 50문항(5지 택1형) / 80분
| 50문항(4지 택1형) / 70분

한국사능력검정시험 무료 동영상과 함께 학습하세요!

유튜브 접속 ▶▶▶▶ 시대에듀 채널에서 '한능검' 검색 ▶▶▶▶ '핵심 이론' + '기출 해설' 강의 보기

※ 해당 동영상 강의는 시대에듀(www.sdedu.co.kr)에서도 동일하게 제공됩니다.